धरती पुत्र का शोषण

धरती पुत्र का शोषण

प्रदीप कुमार मौर्य

PUBLICATIONS

कल्पज़ पब्लिकेशन्स

दिल्ली-110052

धरती पुत्र का शोषण

ISBN : 81-7835-065-3

प्रकाशन वर्ष 2001

कल्पज़ पब्लिकेशन्स्

सी –30, सत्यवती नगर, फेस–3, अशोक विहार, दिल्ली–110052

Phone : 3282060, 3261060 Fax : 3285914

E-mail : gyanbook@del2.vsnl.net.in

Visit Our Web Site At http:\\www.gyanbooks.com

अक्षर मुद्रांकन : ग्रो कंप्यूटर्स

Printed at : **Chawla Offset Printers**

अनुक्रम

लेखक की प्रेरणा स्रोत

मेरी पत्नी श्रीमति विद्यावती मौर्य, जिनको मैं सम्मान से स्वाभिमान कहता हूँ, की प्रेरणा एवं सतत सहयोग से ही यह पुस्तक संकलित हो पाई है। मैं अनुभव करता हूँ कि मेरे जीवन के हर स्तर पर इनका योगदान रहा है, इन्होंने न केवल मुझसे प्रेम ही किया है, बल्कि जीवनमूल्यों को मूर्त रूप प्रदान करने में तन, मन व वचन से स्वयं प्रेरणा स्रोत बनकर मेरे हृदय एवं मानस पर छाई रही हैं। सत्य है बिना 'स्वाभिमान' के सम्मान कहां इसीलिए मैंने और मेरी स्वाभिमान पत्नी ने दिनांक 10 अक्टूबर 1999 को 'समता सैनिक दल' की जोधपुर शाखा के तत्वावधान में श्रद्धेय भिक्षु प्रो. डॉ. स्वरूपानन्द महाबोधि कालेज सारनाथ (उत्तर प्रदेश) द्वारा बौद्ध धर्म की दीक्षा ली है।

इसके अलावा डॉ. सोहनपाल सुमनाक्षर राष्ट्रीय अध्यक्ष, भारतीय दलित साहित्य अकादमी, दिल्ली–9 के पत्र दिनांक 19 जुलाई, '99 से मुझे बहुत प्रोत्साहन मिला, जब उन्होंने लिखा कि – "यह पुस्तक काफी महत्वपूर्ण है और दलित उत्पीड़न का दस्तावेज है।" इसके साथ ही उन्होंने मुझे 'डा. अम्बेडकर फैलोशिप एवार्ड–1999' से सम्मानित करने का निर्णय लिया और 5 दिसम्बर 1999 को तालकटोरा इण्डोर स्टेडियम, नई दिल्ली में 15वें वार्षिक अधिवेशन में मुझे सम्मानित किया, जिससे मुझे और भी अधिक प्रोत्साहन मिला। यह एक अत्यन्त ही गौरवपूर्ण स्थिति का द्योतक है। मैं उनका आभार प्रदर्शित करता हूँ। जय भीम।

–प्रदीप कुमार मौर्य

समर्पण

मेरे स्वर्गीय पिताश्री बक्साराम जी एवं माताश्री श्रीमति देविका देवी की याद में, जो चाहते थे कि– ''करोड़ों दलित जिनका जीवन एक तलवार की धार पर चल रहा है, जिनका अस्तित्व करीब-करीब समाप्त प्रायः चल रहा है, जिनका भविष्य एवं आवाज रौंद दी गई है, और वे लोग इस आशा में जी रहे हैं कि कभी तो वह सुनहरा अवसर आयेगा, जब अन्य लोगों की तरह वे लोग भी मुस्करायेंगे और न्याय एवं समानता का भरपूर आनन्द उठा पायेंगे।''

तथा

उन भारतीय बुद्धिजीवी, नवयुवकों को जिनके हृदय में देश व समाज के प्रति एक टीस या दर्द है, और जो चाहते हैं समाज के उन दोषों को समाप्त करना, उनका पहला कर्तव्य है, जो घृणा, भेदभाव, ऊँच-नीच व छुआछूत को बढ़ाते हैं।

लेखक की ओर से

हमारे सामाजिक एवं आर्थिक जीवन में समानता से हम कितने और लम्बे समय तक अस्वीकृति की धारा प्रवाह को बनाये रखेंगे? यदि हम इस समानता अस्वीकृति की धारा को इसी प्रकार और भी लम्बे समय तक जारी रखते हैं तो वह एक ही मूल्य पर जारी रहेगी कि हमारा राजनैतिक प्रजातन्त्र एकमात्र छिछला या अर्थहीन हो जाये। कोई भी मानव अपने स्वयं के सम्मान, कोई भी महिला अपनी स्वयं की आबरू तथा कोई भी राष्ट्र अपनी स्वयं की स्वतंत्रता के मूल्य पर किसी के लिए आभार प्रदर्शित नहीं कर सकता। यदि राजनीति में कोई राष्ट्र ऐसा करता है तों वह निश्चित रूप में अधिनायकवाद की तरफ जायेगा जैसा कि भारत में जून, 1975 में आपातकाल के लागू करने व उसके परिणाम से हुआ था।

भारत में राजतंत्र के समय मुगलकाल से ही समाज का स्वरूप सामन्तवादी भ्रष्टाचार पर आधारित रहा था तथा दास प्रथा धर्म द्वारा ही स्वीकृत की गई थी। इसका परिणाम हमें भारी मात्रा में अशिक्षा, गरीबी तथा गुलामी के रूप में मिला। भूख, बीमारी तथा कर्ज से अधिकतम भारतीय ग्रसित हो चुके थे। बहुसंख्यक भारतीय जागीरदारों, सामन्तों, ब्राह्मणों तथा सामन्ती चाटूखोर धन कुबेरों के शिकंजे में जकडे हुये थे। मानव सम्मान जैसा कुछ नहीं था। करीब–करीब सम्पूर्ण समाज पुजारियों की दासता के धार्मिक जाल में गरीबी, अशिक्षा तथा कर्ज के कारण त्रसित था। भारतीय समाज में धार्मिक रूप से श्रेणीबद्ध वर्ण व्यवस्था की असमानतायें व्याप्त थी। तथागत गौतम तथा उनके उपासकों के भारी प्रयत्नों के उपरान्त भी समाज में कुछ विशेष सुधार नहीं आ पाया और दुष्टों ने अपना प्रभाव बराबर बनाये रखा। मण्डल आयोग के अनुसार दलितों एवं आदिम जातियों के अलावा और भी 3743 से अधिक जातियां सामाजिक एवं शैक्षणिक दृष्टिकोण से पिछड़ी हुई पाइ गयी थीं अर्थात् करीबन 85 प्रतिशत समाज शेष 15 प्रतिशत तथाकथित ऊँची जातियों के शिकंजे में जकड़ा हुआ था और अशिक्षित होने के कारण सही स्थिति से अनभिज्ञ था। भारतीय प्रजातंत्र के इन 15 प्रतिशत सामन्ती लोगों के साम्राज्यवाद के शिकंजे में जकड़ा होने के कारण आजादी के 52 वर्ष में 52 करोड़ से भी अधिक गरीब भारतीयों का जन्म हुआ, जिनका चुनावों में लाभ उठाकर साम्राज्यवाद को प्रजातंत्र के रंग में

स्थायी किया जा सके और देश अशिक्षा व गरीबी के शिकंजे में हमेशा के लिए जकड़ा रहे।

सन् 1928 में ब्रिटिश काल में भारतीय सिविल सेवा परीक्षा में 18 भारतीय चयनित हुये थे जिसमें 14 ब्राह्मण, एक क्षत्रिय तथा तीन कायस्थ थे। शिक्षा प्राप्त करने के अवसरों का अधिकतम लाभ प्राप्त करने के कारण ब्राह्मणों को लाभ होना स्वाभाविक था तथा शिक्षा की कमी से अन्य लोगों का घाटे में जाना उनकी परम्परागत समाज की देन का नतीजा था। राजनीति में भी इसी प्रकार ब्राह्मणों का ही प्रभुत्व था। समाज व्यवस्था के बारे में देश की स्वतंत्रता की बलि पर चढ़कर फांसी लगने से पहले, इसीलिए, सरदार भगत सिंह ने कहा था कि–

"समाज के वर्तमान ढांचे को हम उखाड़ फेंकना चाहते हैं। इस प्रयोजन के लिए पहले हम शक्ति प्राप्त करना चाहते हैं। वर्तमान प्रशासनिक मशीनरी धनवान लोगों के हाथों की कठपुतली है। हम राजकीय मशीनरी को अपने हाथ में लेना चाहते हैं ताकि हम लोग नये समाज का ढांचा बना सकें। इस आदर्श के लिए हम लड़ रहे हैं तथा जनता को तैयार कर रहे हैं।"

इसी क्रम में समाज को "ब्राह्मण व्यवस्था की देन "मनुस्मृति" की प्रति एक कलंक समझकर महाड़ सत्याग्रह के समय दिनांक 25 दिसंबर, 1927 को डॉ. अम्बेडकर (भारत रत्न) ने फाड़ दी थी ताकि दूषित प्रवृति समाज को और नुकसान न दे सके। प्रशासन में ब्राह्मणों के सम्पूर्ण आधिपत्य के संदर्भ में डॉ. अम्बेडकर (पूर्व कानून मंत्री, भारत सरकार, नई दिल्ली) ने अपने अनुभवों के क्रम में इस प्रकार वर्णन (दस स्पोक अम्बेडकर–दलित वायस फरवरी 16–28, 1997 पृष्ठ 2) किया है–

"सभी राज्यों के तथा भारत सरकार के विभागों में सेवाओं में कमोबेशी ब्राह्मणों का (एक जाति विशेष) एकमात्र प्रभुत्व हो गया था। ऐसी स्थिति और जारी न रखने हेतु अब्राह्मण दलों ने बम्बई व मद्रास प्रेसीडेन्सी (अब क्रमशः मुंबई और चेन्नई) में न्यूनतम योग्यता के आधार पर पारस्परिक तुलनात्मक संख्या में अब्राह्मण जातियों के राज्य सेवाओं के उम्मीदवारों की भर्ती करने में प्रथम वरीयता देने का एक सिद्धान्त बनाया था। मेरे विचार से इस प्रकार का सिद्धान्त बनाना कोई गलत कदम नहीं था, क्योंकि देश का प्रशासन एक ही जाति विशेष चाहे वह कितनी ही होशियार (चालबाज) क्यों न हो, के हाथों में होना कतई उचित नहीं था। इसमें कोई संदेह वाली बात नहीं थी।

विधान सभाओं एवं मंत्री मण्डलीय प्रशासन में सदस्यों के चुनाव में जिस प्रकार दक्षता या योग्यता का मापदण्ड नहीं है तथा दक्ष सरकार के सिद्धान्त की तुलना

में अच्छी सरकार का सिद्धान्त सर्वोपरि माना गया है, उसी प्रकार यदि अब्राह्मण दलों द्वारा अच्छा प्रशासन देने के उद्देश्य के बजाँय न्यूनतम योग्यता के आधार पर ताकि राज्य सीधे जनता के सम्पर्क में रहे, अब्राह्मण उम्मीदवारों की नियुक्ति करती है तो इसमें कोई गलत बात नहीं थी। कोई भी प्रशासन तब तक अच्छा नहीं होता जब तक वह जनता के प्रति सहानुभूति न रखे। यदि प्रशासन केवल मात्र एक ही जाति विशेष "ब्राह्मणों" द्वारा चलाया जाता है, तो सहानुभूति हो ही नहीं सकती है, क्योंकि ब्राह्मण स्वयं को साधारण जनता से ऊँचा मानते हैं तथा शेष तथाकथित नीची जातियों एवं शूद्रों का सदियों से तिरस्कार करते आये हैं, तथा स्वयं का वंश परम्परा से अपना आधिपत्य मानने से खुले भ्रष्टाचार के रूप में भेंट पूजा लेते आये हैं, इस कारण वे अच्छा प्रशासन कभी भी नहीं दे सकते हैं। जिस प्रकार कोई न कोई विदेशी लुटेरा भारत की जनता को लूटता चला आया है, उसी प्रकार "ब्राह्मण" ने भी कभी साधारण जनता के साथ सहानुभूति नहीं दर्शायी है। ब्राह्मणों के पास इसके विरुद्ध एक मात्र हथियार "दक्षता" होता है। शिक्षा के क्षेत्र में अब तक उनका अकेलों का क्षेत्राधिकार रहा और इसका लाभ वे इसी आधार पर वे उठाते रहे हैं। लेकिन वे भूल जाते हैं कि यदि "दक्षता" ही मापदण्ड का एकमात्र आधार होता तो अपनी स्वयं की जाति का आधिपत्य राज्य सेवा में नहीं प्राप्त कर सकते थे, जो उन्होंने प्राप्त किया था। "दक्षता" एकमात्र मापदण्ड की हालत में यह कहना गलत नहीं होता कि अंग्रेज, फ्रांसीसी, जर्मन तथा तुर्क लोग, ब्राह्मणों की तुलना में ज्यादा दक्ष होने के कारण प्रशासन की सेवाओं में नियुक्त किये जाते तो ज्यादा उचित होता और उस हालत में ब्राह्मण लोग, गैर–ब्राह्मणों की स्थिति में आ जाते। यदि ऐसी स्थिति में गैर–ब्राह्मण दल "दक्षता" का आदर नहीं करते हैं, और इसको लागू नहीं करते हैं, और सभी जातियों एवं धर्मों के हित में गैर–ब्राह्मण जातियों के उम्मीदवारों की नियुक्तियों से एक अच्छा प्रशासन बनाते हैं तो कोई गलती नहीं करते हैं। जब ब्राह्मणवाद शक्ति में था, तब वे भूल जाते थे कि उन गैर–ब्राह्मण जातियों के उम्मीदवारों को भी नियुक्त किया जाना चाहिए, जो न्यूनतम योग्यता रखते थे। यदि अब गैर–ब्राह्मण दलों द्वारा यह किया जाता है और इस सिद्धान्त को क्रियान्वित किया जाता है तो क्या गलत है? इसका यह तात्पर्य कतई नहीं निकलता है कि इस क्रियान्वयन के लिए किये गये आदेश किसी भी तरह से जन साधारण के हितों के विरुद्ध है।

गैर–ब्राह्मण दलों की यह नीति, ब्राह्मणों को अच्छी नहीं लगी तथा उन्होंने अपनी भावनाओं पर इसको कुठाराघात माना। डॉ. परांजपे इसी तरह के आलोचक रहे। उन्होंने गैर–ब्राह्मण दलों के इस सिद्धान्त को इस तरह से प्रस्तुत किया जैसे ऐसा कभी सम्भव हो ही नहीं सकता हो। डॉ. परांजपे से मेरी यह शिकायत है कि

इस सिद्धान्त में उन्होंने हास्य वाली क्या बात देखी। गैर–ब्राह्मण दलों ने कोई नई बात तो नहीं प्रस्तुत की थी। यह केवल मनुस्मृति की एक तरह से उल्टी स्थिति मात्र थी। इसमें केवल स्थान का ही परिवर्तन था। वे केवल ब्राह्मण को उस स्थान पर ला रहे हैं, जिस स्थान पर मनु ने शूद्रों को रखा था। क्या मनु ने ब्राह्मणों को विशेष लाभ इसलिए नहीं दिया था कि वे जन्म से ब्राह्मण थे? क्या मनु ने केवल शूद्रों को ही वे अधिकार नहीं दिये थे, जिनके वे अधिकारी थे? क्या अब वह शिकायत जोर शोर से हो सकती है कि शूद्रों को वे सब सुविधायें प्राप्त हो रही हैं, क्योंकि वे शूद्र हैं? यह कितनी भी तर्कहीन आवाज हो सकती है लेकिन यह नियम बिना परम्परा के नहीं है और वह परम्परा स्वयं मनुस्मृति ही है। ऐसी स्थिति में गैर–ब्राह्मण दलों पर कौन पत्थर मार सकता है? ब्राह्मण यदि बिना पाप के हैं तो ऐसा कर सकते हैं। लेकिन वे लेखक एवं पुजारी, जो मनुस्मृति को महान मानते हैं, क्या वे बिना पाप किये हुए हैं, जो ऐसा कर सकें? डॉ. परांजपे का लेख असमानता पर आधारित मानव धर्म प्रदर्शित करना, केवल मात्र ब्राह्मणों की उन भावनाओं की कुपित स्थिति को कि जब उन्हें शूद्र के स्थान पर रखा जावे तो उन्हें कैसे लगता है, मात्र प्रदर्शित करना ही है।

असमानता अन्य जगहों पर भी है लेकिन हिन्दूओं के समान ऊँच–नीच, मालिक व गुलाम के वर्गों में विभाजित असमानताऐं अन्यत्र कहीं भी नहीं है। इसके लिए कौन उत्तरदायी है?"

डॉ. अम्बेडकर ने इस प्रकार "भविष्य के गर्भ की एक आवाज" बताई थी। (डा. बाबा साहेब अम्बेडकर–"राईटिंग एण्ड स्पीचेज" वोल्यूम 12, पृष्ठ 723–725, 1993, गवर्नमेंट ऑफ महाराष्ट्र बम्बई संविधान में आरक्षण की बुनियाद में यही सिद्धान्त था।

दिसम्बर 1946 में भारत में स्वतंत्रता से पूर्व 608 यूरोपीय लोग इण्डियन सिविल सर्विसेज के उच्चतम पदों पर नियुक्त थे। जुलाई 1947 तक 429 ऐसे यूरोपीय अधिकारी परिवार सहित भारत छोड़ चुके थे। शेष 179 यूरोपीय ऐसे अधिकारी बाद में भारत छोड़ कर गये थे। स्वतंत्रता के समय भारतीय आई.सी.एस. 479 अधिकारियों में से 248 अधिकारी 10 वर्ष से कम, 187 अधिकारी 10 से 20 वर्ष के मध्य में तथा 44 अधिकारी 20 वर्ष से अधिक सेवा का अनुभव लिये हुए थे। संविधान के लागू होने के पहले अचानक 608 आई.सी.एस. पदों के रिक्त होने से प्रशासन में आई रिक्त स्थानों की पूर्ति में उपरोक्त बताये क्रम अनुभव के 248 अधिकारियों सहित सभी 479 भारतीय अधिकारियों को अवांछनीय पदोन्नतियां दी गईं थीं। इनमें अधिकतम ब्राह्मण व सवर्ण जातियों के थे। इसी प्रकार 608 रिक्त पदों

पर देशी रियासतों के एकीकरण के साथ–साथ उनकी सेवाओं में लीन चाटूखोर मुलजिमों को अवांछनीय पदोन्नतियां देकर भरे गये थे। इनमें दलित और आदिम जातियों से कोई नहीं था। स्वतंत्रता से पहले नामांकन से केवल 74 मुस्लिम और एक दलित को भर्ती किया गया था। इस प्रकार ब्राह्मण तथा अन्य उच्च सवर्ण जातियों के लिए बड़ी राजकीय सेवाओं में भर्ती करना इन वर्गों के लिए तो अचानक लाटरी खुलने जैसा हो गया था। इसमें दलित एवं आदिम जातियों को तथा इनके समान अन्य वर्ग को सेवाओं में प्रतिनिधित्व का कोई लाभ नहीं मिला था।

1950 में नया संविधान लागू होने के बाद आई.सी.एस. का नाम बदलकर भारतीय प्रशासनिक सेवा बनाकर दिया गया। इस सेवा में चयन एवं नियुक्ति का एक उदाहरण इस प्रकार है, जिससे दलितों के साथ भेदभाव या शोषण प्रमाणित होता है। लिखित परीक्षा के 1050 अंकों में तथा साक्षात्कार के 300 अंकों में से प्राप्तांक की स्थिति की समीक्षा इस प्रकार है–

अधिकारी का नाम	प्राप्तांक		
	लिखित	साक्षात्कार	कुल
श्री अच्यूतानन्द दास (दलित)	613	110	723
श्री एन कृष्णन (उच्च जाति)	602	260	862
श्री अनिरुद्ध दास गुप्ता (उच्च जाति)	494	265	759

दलित वर्ग के अधिकारी को लिखित परीक्षा में अधिकतम अंक प्राप्त करने के उपरान्त भी साक्षात्कार में कम अंक दिये जाने के कारण तथाकथित "मेरिट" में उसको 48वां स्थान मिला तथा उच्च जाति के दोनों उपरोक्त उम्मीदवारों को लिखित परीक्षा में कम अंक प्राप्त करने के उपरान्त भी साक्षात्कार में दुगने से भी अधिक (दलित उम्मीदवार की तुलना में) अंक प्राप्त करके मैरिट में क्रमशः प्रथम एवं छठा स्थान मिला था। इस प्रकार साक्षात्कार समिति के सदस्य उच्च जाति के होने के कारण दलित के प्रति सहानुभूति न रखने के कारण ऐसा किया गया था। ब्राह्मण व्यवस्था के कारण तथा दलितों के तिरस्कार की स्थिति से इस प्रकार का पक्षपातपूर्ण प्रशासन स्वतंत्रता के बाद भी पूर्व की भांति ही निरन्तर चलता आ रहा था। सेवाओं में उपरोक्तानुसार जो लाभ सामन्ती उच्च घरानों से आये लोगों को मिला, वह लाभ दलितों एवं आदिम जातियों तथा पिछड़े वर्गों को नहीं मिला। यह एक अत्यन्त ही विचारणीय विषय है।

सामन्ती उच्च परिवारों से तथा विशेषकर ब्राह्मण घरानों से आये उच्च अधिकारियों ने दलित परिवारों से आये लोगों के साथ राज्य सेवाओं में किस प्रकार

तिरस्कार युक्त सौतेला व्यवहार करके उनका शोषण किया गया, स्वतंत्रता के गत 50 वर्षों में, इसकी जानकारी सभी को होनी नितान्त आवश्यक है। आरक्षण के संवैधानिक प्रोविजनों के उपरान्त भी उच्च वर्ग की सहानुभूति के अभाव में दलित अधिकारी बराबर अपमानित किये जाते रहे तथा मिथ्या आरोपों से उनका निरन्तर शोषण किया जाता रहा है। सामन्ती रियासतों के एकीकरण से बना राजस्थान राज्य भला इससे अछूता कैसे रह सकता है? इसी का ज्वलन्त उदाहरण मेरी स्वयं की 1960 से 1995 तक की राज्य सेवा है।

मैंने एक निम्नतम दलित परिवार में जन्म लेकर गंभीर संकटों की लम्बी यात्रा के पश्चात् ''कनिष्ठ लिपिक'' के एक साधारण पद पर राज्य सेवा प्रारंभ करके (दिनांक 30 मई, 1959) विभाग के उच्च पद उपायुक्त (अपील्स) वाणिज्यिक कर, तक पहुंचकर 36 वर्षों की सेवा करके 30 जून, 1995 को 58 वर्ष की आयु में सेवानिवृत हुआ था। इस सेवाकाल में भी ऊँच–नीच, छुआछूत आदि भेदभाव तिरस्कार जैसे दैत्यों से लगातार संघर्ष करना पड़ा था। ब्राह्मण बाहुल्य प्रशासन ने मुझे रोकने में कोई कसर नहीं रखी थी तथा सामन्ती परिवारों से आये उच्च अधिकारियों की आंखों में हमेशा एक कंकर की तरह से अटकता रहा था, इसी कारण उन्होंने भी मुझ पर अत्याचारों का सिलसिला लगातार जारी रखा था। इसी का वर्णन इस पुस्तक ''धरती पुत्र का शोषण'' में किया गया है। इसमें कुल ग्यारह अध्याय रखे गये हैं, जिनमें अलग–अलग घटनाओं को बताते हुए जिन संकटों का मुझे सामना करना पड़ा, उनका अनुभव बताया गया है।

पहले अध्याय में दिनांक 14 नवम्बर, 1976 को आपातकाल में एक मंत्री स्तर के व्यक्ति का एक सामन्ती परिवार के भूतपूर्व जागीरदार के पुत्र के सामने झुकने से अभाव अभियोग का प्रकरण केवल एक ड्रामा मात्र रहा, के बारे में बताया है।

दूसरे अध्याय में देश की शिक्षा नीति व संविधानिक प्रावधानों पर एक विभागाध्यक्ष, जो जागीरदार घराने से था, ने किस प्रकार विधि को अपने हाथ में लेते हुए सामन्ती तलवार चलाई इसका विवरण दिया है।

तीसरे अध्याय में बताया है कि किस प्रकार उच्च अधिकारियों के भय से एक कनिष्ठ लिपिक भ्रष्टाचार में लिप्त होकर राजकोष को लूट रहा था, जिसको रोकने के प्रयत्न करने पर मुझे सेवा से निलम्बित कर, मिथ्या आरोप लगाकर शिकार किया था।

चौथे अध्याय में बताया गया है कि वर्ष 1964 में किस प्रकार ब्राह्मण अधिकारी की राय पर ब्राह्मण निरीक्षकों ने जनहित को रौंद कर राज्य की आय को हानि

पहुँचाई तथा बदले की भावना से विभागाध्यक्ष ने भी ब्राह्मण होने के कारण मेरा शोषण किया तथा मुझे बलि का बकरा बनाया था।

पांचवे अध्याय में बताया गया है कि किस प्रकार एक उच्च वर्ग का अधिकारी, जो अयोग्य था तथा तीन बार विभागीय परीक्षा में असफल हो गया था, फिर भी बिना कोई वरिष्ठता का निर्णय किये ही उसकी पदोन्नति स्थायी की गई, जबकि इसी दलित विरोधी ऊँच–नीच के कारण मुझे निचले पद पर साढ़े चौदह वर्ष तक रखा गया।

छठे अध्याय में वर्ष 1969 में गांधी जन्म शताब्दि वर्ष की 30 जनवरी को गांधी शहीद दिवस पर क्रूर रूप से मुझे रौंदा गया और तिरस्कृत करके साढे चौदह वर्ष तक शोषण किया, का वर्णन है।

सातवें अध्याय में बताया गया है कि किस सरकार द्वारा निर्धारित रोस्टर की अवहेलना करते हुए दलित आरक्षण के स्थान पर उच्च वर्ग से आये अधिकारियों को पदोन्नति दी गई थी तथा दलितों के विरुद्ध विभिन्न तरह की चालाकियों से उनकी पदोन्नति के अवसरों को रौंदा गया तथा ब्राह्मण अधिकारियों का पक्ष लिया जाता रहा।

आठवें अध्याय में मेरे पदोन्नति समिति के चयन करने के उपरान्त भी नौ महीने तक पदोन्नति आदेश जारी न करने पर मुझे माननीय मुख्यमंत्री जी के दरबार में घण्टी हिलानी पड़ी और उन्होंने इस शोषण चक्र को रोका, इसका विवरण दिया गया है।

नवें अध्याय में मेरा 1969 में निचले पद पर पदावनत आदेश पर भारत सरकार के कार्यालय आयुक्त अनुसूचित जातियाँ व आदिम जातियों द्वारा अनुच्छेद 338 के अन्तर्गत जांच तथा नियम 34 की रिव्यू पीटिशन राज्यपाल राजस्थान के समक्ष प्रस्तुत पर की गई। कार्यवाही का विवरण बताया गया है।

दसवें अध्याय में बताया गया है कि अप्रैल 1995 में उपायुक्त पद पर पदोन्नति के उपरान्त मई, 1995 से मिथ्या आरोपों पर अनुपस्थिति में की गई जाँच सेवानिवृति के पश्चात पर आरोप गलत तरीके से प्रमाणित मानकर रोकी गई पेंशन की दर्दनाक टीस का ब्यौरा दिया गया है। तथा

ग्यारवें अध्याय में मेरे बचपन से लेकर 1984 तक सेवा में किये जा रहे, दलित होने के कारण, शोषण चक्र का ब्यौरा बताया गया है कि समाज, जिसको बदलने के लिए भगतसिंह जैसों ने अपना बलिदान किया था, अब तक नहीं बदला।

यह पुस्तक "धरती पुत्र का शोषण" एक सरकार का राजनैतिक इतिहास तथा सामन्ती परिवारों व ब्राह्मण परिवारों से आये उच्च अधिकारियों ने किन घिनौने हथकण्डों से जनहित के विपरीत आजादी के गत 50 वर्षों में दलितों के साथ किये शोषण के एक उदाहरण के रूप में प्रस्तुत किया गया है जैसा कि कवि नीरज ने यह कहा था कि–

"क्या करेगा प्यार वह भगवान को,
क्या करेगा प्यार वह ईमान को,
जन्म लेकर गोद में इंसान की
कर न पाया प्यार जो इंसान को।"

अर्थात् मनुष्यों का वह समुदाय विशेष, जो व्यक्ति की गरिमा को गिराता है और इन्सानों को जातियों में बांटकर आपस में घृणा व द्वेष पैदा करता है वह समाज न तो व्यक्तियों का समूह है तथा न किसी धर्म की श्रेणी में आता है, बल्कि मानवता के विरुद्ध एक दानवों का कलंकित समूह मात्र है, जिसमें न ममता है, न देश प्रेम है तथा न ही भ्रातृत्व भावना है। केवल मात्र पतन का सूचक है। फिर धरती पुत्र का यह शोषण आखिर कब तक चलता रहेगा? यही इस पुस्तक का विषय है।

यह वह समाज है जहां राम दुःखी रहा तथा सीता के साथ अन्याय किया गया। राम जैसा एक पत्नीव्रत पुरुष इस पुरोहितवाद के आधिपत्य से नहीं निकल सका, यह हमारे लिए कोई गर्व की बात नहीं है। राम ने रावण विजय के बाद सीता की अग्नि परीक्षा ली है और सन्तुष्ट हुए थे, लेकिन अयोध्या के राजा बनने के पश्चात नारद एवं अन्य दूसरे पुरोहितों को यह आभास हो गया था कि सीता का सम्बन्ध अनार्य रक्त से था, इस कारण उन्होंने सीता के विरुद्ध षड़यंत्र किया और दुश्चरित्रता का आरोप लगाया, जिसके परिणामस्वरूप सीता को वनवास दिया गया था। राम जिसने अपने संकट के समय वानर, भील, निषाद आदि अनार्य जातियों से सहायता ली थी और सीता की तलाश की एवं रावण को मारा था तथा भीलणी के जूठे बेर खाकर भी घृणा नहीं की थी तथा सीता के लिए किस प्रकार तड़फते रहे थे, सर्वविदित है। सीता का सतीत्व अग्नि परीक्षा से और भी उत्कर्ष हो गया था तथा सभी ने स्वीकार किया था। राम वही आदर्श पुरुष था जिसने गौतम ऋषि की पत्नी अहिल्या का (जो इन्द्र के व्यभिचार की शिकार थी) स्पर्श करके उद्धार किया था, वही राम सीता के बिना कभी सुखी नहीं रहा था। बाल्मीकि ऋषि (जो चाण्डाल कुल से था) के आश्रम में वनवास काल में गर्भवती दशा में सीता सुरक्षित रही तथा दो बच्चों का सुरक्षित पालन पोषण हुआ जो बाद में राम ने स्वीकार किया और दोनों को राज्य दिया गया उन्हीं के नाम से आगे चलकर लव व कुश वंश जातियों में

सम्मानजनक माना गया था, लेकिन फिर भी सीता के साथ अन्याय हुआ क्यों? अनार्य रक्त को राम ने भी कभी बुरा नहीं माना था, फिर भी पुरोहितों के षडयंत्र के शिकार हुए और निर्दोष शम्बूक ऋषि बाल्मीकि ऋषि की ही तरह की हत्या की – कारण था नारद, गौतम आदि पुरोहितों की द्वेष भावना – यही कारण था कि राम के जीवन का अंतिम सोपान भयंकर दर्द व दुःख भरा रहा तथा तड़प–तड़प कर उन्होंने अपने प्राण त्यागे।

सीता निर्दोष थी, लेकिन अनार्य रक्त का सम्बन्ध उसके लिए भारी संकटों का कारण बना, ठीक उसी तरह से मेरा दलित होना मुझे भारी पड़ा है। मेरी इस पुस्तक "धरती पुत्र का शोषण" में सीता के दर्द समान ही मेरे दर्द की कहानी है। दर्द, दर्द ही होता है, जितना देखा सुना जाता है,उतना ही बढ़ता है। यह दर्द इक्कीसवीं शताब्दी के लिए एक चुनौती है, जिसका सामना आने वाली पीढ़ी को करना होगा। शायद सीता के दर्द की ही तरह से एक दलित का दर्द भी रंग लायेगा और समाज सुधारकों के लिए एक विचारणीय बिन्दू होगा। अगर इसमें कुछ भी सफलता मिलती है तो वही मेरी असल पूंजी व कमाई होगी।

भगवान गौतम बुद्ध ने न्याय एवं मानवता के धर्मचक्र के अन्तर्गत मौर्य सम्राट चन्द्रगुप्त तथा अशोक द्वारा शुरू किये गये क्रांतिकारी कदमों को, जो एक जालिम पुष्यमित्र शूंग द्वारा जारी नफरत की आग सारे समाज को जलाती आ रही है, अवश्य ही बन्द होगी और इसको कोई नहीं रोक सकता है। समझना सिर्फ यह है कि–

"हम कौन थे, क्या हो गये हैं,
और क्या होंगे अभी।
आओ, विचारें आज मिलकर
ये समस्यायें सभी।"

जय भीम।

-प्रदीप कुमार मौर्य

अध्याय – 1

वित्तमंत्री द्वारा अभाव अभियोग सुनवाई प्रकरण - एक दिखावा मात्र

अभाव अभियोग सुनवाई प्रकरण

दिनांक	:	14.11.1976, जवाहर लाल नेहरू जन्म दिवस
स्थान	:	जिला कलेक्टर कार्यालय, श्री गंगानगर, (राजस्थान)
प्रयोजन	:	वित्त मंत्री राजस्थान श्री चन्दनमल वैद का जनता के अभाव अभियोग की सुनवाई का प्रवास
माध्यम	:	जिला कलेक्टर एवं अध्यक्ष जिला अभाव अभियोग निराकरण समिति, जिला श्रीगंगानगर, श्री ईश्वर चन्द्र श्रीवास्तव, आई.ए. एस.

जिला अभाव अभियोग निराकरण एवं सतर्कता समिति की पूर्व में प्रस्तुत के आवेदन पर सुनवाई के क्रम में इस समिति के माध्यम से मेरा निम्न आवेदन पत्र माननीय वित्तमंत्री श्री चन्दनमल वैद के सम्मुख सुनवाई हेतु तथा जिला कलेक्टर की तरफ से दलितों के साथ अन्याय का एक उदाहरण प्रकरण के रूप में राज्य सरकार को गंभीरता से गहन विचार करके निर्णय हेतु स्वयं जिला कलेक्टर श्री आई.सी. श्रीवास्तव ने प्रस्तुत किया, जिस पर श्री चन्दनमल वैद, वित्त मंत्री जी ने राज्य सरकार की तरफ से निष्पक्ष जांच कर शीघ्र निर्णय करने का आश्वासन दिया था। मूल आवेदन पत्र इस प्रकार थाः–

(हिन्दी अनुवाद)

श्रीगंगानगर
दिनांक 14 नवम्बर, 1976

सम्मान में
माननीय वित्तमंत्री,
राजस्थान सरकार,
जयपुर।
प्रवास – श्रीगंगानगर

माध्यम – जिला कलेक्टर, श्रीगंगानगर, (राजस्थान)

विषय – विशेष अपील – ''सहायक वाणिज्यिक कर अधिकारी'' से पदावनत आदेश पर पुनिर्विचार।

मान्यवर,

अधिकतम सम्मान के अन्तर्गत निवेदन करता हूँ कि मेरा पदावनत आदेश विभागीय परीक्षा में असफलता तथा असन्तोषजनक कार्य के कारण किया जाना मुझे बताया जा रहा है, लेकिन आप देखें

1. कि वर्ष 1969 में मेरे समान ही एक अन्य सहायक वाणिज्यिक कर अधिकारी श्री हंसराज काबरा (तथाकथित उच्च वर्ग से) विभागीय परीक्षा में तीन बार असफलता के उपरान्त भी दिनांक 14.10.1971 से प्रभावित मानते हुए ''सहायक वाणिज्यिक कर अधिकारी'' पद पर स्थायी किया गया।

(2) कि असन्तोषजनक कार्य बताये जाने के सम्बन्ध में कृपया निम्न तथ्यों का अवलोकन करें:

(क) कि मैसर्स मिल्कराज लखाराम पदमपुर के प्रकरण में यात्री कर निरीक्षकों द्वारा रिश्वत प्राप्ति के रिकार्ड को दिनांक 13.7.1966 को वाणिज्यिक कर अधिकारी श्रीगंगानगर को बताया गया तथा वर्ष 1964–65 में लक्ष्य से 5.5 लाख रुपये के घाटे की ओर ध्यान आकर्षित किया गया, लेकिन उन्होंने यात्री कर निरीक्षकों के विरुद्ध सजातीयता (ब्राह्मण) के कारण कार्यवाही नहीं की। समान दोष के लिए परिवहन निरीक्षक के विरुद्ध क्रमांक 269/स्टेनो दिनांक 13.7.1966 से परिवहन डायरेक्टर को शिकायत की, क्योंकि वह उनका सजातीय बन्धु (ब्राह्मण) नहीं था।

(ख) कि मेरे स्पष्टीकरण आवेदन क्रमशः दिनांक 25.7.1966, 12.8.1966, 9.9.1966 तथा 19.9.1966 से आयुक्त वाणिज्यिक कर, राजस्थान जयपुर को निवेदन किया था लेकिन सजातीयता (ब्राह्मण) के कारण उन्होंने मेरी नहीं सुनी व मेरा स्थानान्तरण कर दिया। स्थानान्तरण पर विदाई के समय वाणिज्यिक कर अधिकारी ने छुआछूत के कारण अधीनस्थों के विदाई समारोह करने से मना कर दिया था तथा दिनांक 10.10.1966 को रिकार्ड खराब करने की धमकी दी थी।

(ग) कि आयुक्त वाणिज्यिक कर राजस्थान, जयपुर के समक्ष व्यक्तिगत तौर पर उपस्थित होकर दिनांक 15.5.1967 तथा 2.2.1968 को समस्त तथ्यों से अवगत कराते हुए न्याय के लिए निवेदन किया था लेकिन छुआछूत व जातिगत भेदभाव के कारण मेरी थोथी सुनवाई की तथा

सजातीयता (ब्राह्मण) के कारण वाणिज्यिक कर अधिकारी श्रीगंगानगर का अवांछनीय पक्ष लिया।

(घ) कि वर्ष 1967–68 के कार्य मूल्यांकन पर वाणिज्यिक कर अधिकारी, गंगापुर सिटी ने अ.शा. पत्र संख्या 599/जन. दिनांक 2.4.1968 से मेरी प्रशंसा की थी, लेकिन यह जानबूझकर मेरे विरुद्ध षड़यन्त्र किया गया था।

(3) कि विभाग के 102 सहायक वाणिज्यिक कर अधिकारी तदर्थ रूप से कार्यरत थे, जिनके नियमन के लिए कोई नियम नहीं थे, लेकिन 102 अधिकारियों की सूचि में से एकमात्र मुझे ही दिनांक 30.01.1969 को अपमानित करने के लिए बिना किसी सुनवाई के छुआछूत व जातीय द्वेष भावना के कारण पदावनत किया गया।

इस तरह से प्रार्थना करता हूँ कि समान न्याय के दृष्टिकोण से मेरे प्रकरण पर जनहित में पुनर्विचार करें।

उच्च आदर सहित।

भवदीय

(प्रदीप कुमार मौर्य)

मार्फत : कार्यालय वाणिज्यिक कर अधिकारी, श्रीगंगानगर।

दिनांक : 17.11.1976

स्थान : कार्यालय, जिला कलेक्टर, श्रीगंगानगर

प्रयोजन : श्री भीमसिंह आयुक्त, वाणिज्यिक कर विभाग, राजस्थान जयपुर, को सूचना पत्र।

श्री ईश्वरचन्द्र श्रीवास्तव, जिला कलेक्टर एवं अध्यक्ष, जिला अभाव अभियोग निराकरण समिति, श्रीगंगानगर के रूप में माननीय वित्त मंत्री राजस्थान, श्री चन्दनमल वैद के समक्ष दिनांक 14.11.1976 को प्रस्तुत आवेदन पत्र के क्रम में औपचारिक कार्यवाही हेतु अर्द्ध–शासकीय पत्र द्वारा इस प्रकार निवेदन किया–

(हिन्दी अनुवाद)

आई.सी. श्रीवास्तव
आई.ए.एस.

कार्यालय जिला कलेक्टर एवं अध्यक्ष, जिला अभाव अभियोग निराकरण समिति, श्रीगंगानगर

अ.शा. पत्र संख्या पी.ए./1094
दिनांक 17 नवम्बर, 1976

प्रिय श्री भीम सिंह,

कृपया संलग्न श्री प्रदीप कुमार मौर्य की मूल अपील उसके ''सहायक वाणिज्यिक कर अधिकारी'' पद से पदावनत पर पुनर्विचार तथा दिनांक 25.3.1976 के आदेश से निलम्बित आदेश को वापिस लेने बाबत, को अवलोकन करें।

यह आवेदन पत्र दिनांक 14.11.1976 को माननीय वित्त मंत्री राजस्थान सरकार, जयपुर के श्रीगंगानगर प्रवास में उनके समक्ष प्रस्तुत किए गए। इस व्यक्ति ने पहले जिला अभाव अभियोग निराकरण समिति के समक्ष एक प्रार्थना पत्र प्रस्तुत किया था, जिस पर अध्यक्ष के रूप में मैंने वाणिज्यिक कर अधिकारी, हनुमानगढ़ को श्री मौर्य को निलम्बन काल में निर्वाह भत्ता के भुगतान के लिए निर्देश दिया था। बाद में जिला अभाव अभियोग निराकरण समिति ने इस प्रकरण को विचारार्थ आपके समक्ष प्रस्तुत करने का निर्णय लिया, क्योंकि बुनियादी तौर पर यह व्यक्ति विभाग के उच्च अधिकारियों से न्याय प्राप्त करने में सफल नहीं हुआ था, इसलिए यह सब कागजात आपके समक्ष अग्रप्रेषित किये जाते हैं, जिन पर आप जो उचित समझें आदेश पारित करें।

वित्त मंत्री महोदय ने भी इन आवेदनों की प्रति अपने साथ ली है ताकि वे विभाग से इन पर प्रतिवेदन प्राप्त कर सकें। यह सूचनार्थ आपको प्रेषित है।

आपका भवदीय

ह./–

(आई.सी. श्रीवास्तव)

श्री भीमसिंह
वाणिज्यिक कर आयुक्त,
राजस्थान, जयपुर।

क्रमांक पी .ए./1095 दिनांक 17.11.1976

प्रतिलिपि – श्री प्रदीप कुमार मौर्य, मार्फत 568, विनोबा बस्ती, श्रीगंगानगर, आवश्यक उचित कार्यवाही हेतु।

ह./–

जिला केलक्टर, श्रीगंगानगर

इसके पश्चात पुनः दिनांक 26.11.1976 को जिला कलेक्टर एवं अध्यक्ष जिला जन अभाव अभियोग एवं सतर्कता समिति, श्रीगंगानगर के रूप में पत्र संख्या स्था. 1/14/947/विजा/76/629 दिनांक 26.11.1976 से वाणिज्यिक कर अधिकारी,

हनुमानगढ़ से मेरे निलम्बन स्थिति की प्रगति के बारे में पूछा तथा इसके जवाब में वाणिज्यिक कर अधिकारी, हनुमानगढ़ ने उपायुक्त (प्रशासन) वाणिज्यिक कर, बीकानेर को लिखते हुए पृष्ठांकन इस प्रकार किया था–

राजस्थान–सरकार

कार्यालय वाणिज्यिक कर अधिकारी, हनुमानगढ़

संख्या स्था./76/ दिनांक :

श्रीमान् उपायुक्त (प्रशासन)
वाणिज्यिक कर विभाग,
बीकानेर।

विषय : श्री प्रदीप कुमार मौर्य, वाणिज्यिक कर निरीक्षक (निलम्बित)

प्रसंग : श्रीमान् जिला जन अभाव अभियोग एवं सतर्कता समिति (जिलाधीश), श्रीगंगानगर का पत्र क्रमांक स्था./14/947 विजां/76/629 दिनांक 26.11.1976

श्रीमान् महोदय जी,

उपरोक्त प्रसंगिक निवेदन है कि श्री पी.के. मौर्य, वाणिज्यिक कर निरीक्षक (निलम्बित) द्वारा जिला जन अभाव अभियोग एवं सतर्कता समिति जिलाधीश, श्रीगंगानगर के समक्ष प्रार्थना पत्र पेश किया है कि मुझे निलम्बित करने का कोई कारण नहीं बताया गया है व उसे पुनः बहाल किया जावे। उक्त प्रसांगिक पत्र जिला जन अभाव अभियोग एवं सतर्कता समिति (जिलाधीश), श्रीगंगानगर प्राप्त हुआ है उसमें अंकित है कि श्री मौर्य को तुरन्त उनके खिलाफ लगाये गये आरोपों की चार्जशीट दी जाकर उनको स्पष्टीकरण का अवसर भी दिया जावे। इसका मामला नियमानुसार तय किया जावे।

अतः श्री पी.के. मौर्य, वाणिज्यिक कर निरीक्षक जांच, चौकी भीरानी पर कार्यरत था। श्रीमान् उपायुक्त (प्रशासन) वाणिज्यिक कर विभाग, जोधपुर (केम्प नोहर) के आदेश संख्या 255 दिनांक 25.3.1976 द्वारा निलम्बित किया गया था और इनका मुख्यालय निलम्बित काल में कार्यालय श्रीमान् उपायुक्त (प्रशासन), जोधपुर में रखा गया था। सहायक वाणिज्यिक कर अधिकारी घट, ब. नोहर को उपायुक्त महोदय द्वारा आदेश दिया गया था कि श्री पी.के. मौर्य के खिलाफ आरोप पत्र तथा आरोप विवरण तैयार कर भिजवाया जावे।

सहायक वाणिज्यिक कर अधिकारी, घट–ब–नोहर का पत्र क्रमांक 507 दिनांक 25.7.1976 द्वारा इस कार्यालय को सूचना दी गई थी कि पी.के. मौर्य के खिलाफ

आरोप पत्र तैयार कर उनके क्रमांक 498 दिनांक 4.7.1976 श्रीमान् उपायुक्त (प्रशासन) वाणिज्यिक कर विभाग, जोधपुर को प्रेषित किया जा चुका है। अतः श्री मौर्य को चार्जशीट श्रीमान् उपायुक्त (प्रशासन) द्वारा ही दी जानी थी। लेकिन श्री पी.के. मौर्य को चार्जशीट कब दी गई, इस कार्यालय को कोई सूचना नहीं है। इसलिए निवेदन है कि श्रीमान् सचिव जिला जन अभाव अभियोग एवं सतर्कता समिति (जिलाधीश), श्रीगंगानगर का पत्र क्रमांक 629 दिनांक 26.11.1976 की प्रतिलिपि इस पत्र के संलग्न की जा कर प्रेषित है। अतः अवलोकन फरमाया जाकर अग्रिम कार्यवाही फरमावे।

भवदीय

संलग्न — एक

ह./–

वाणिज्यिक कर अधिकारी

हनुमानगढ़ टाउन

संख्या स्था./76/2465 दिनांक 4.12.1976

प्रतिलिपि श्रीमान् सचिव जिला जन अभाव अभियोग एवं सतर्कता समिति जिलाधीश, श्रीगंगानगर को उनके पत्र क्रमांक 629 दिनांक 26.11.1976 के प्रसंग में प्रेषित है।

भवदीय

ह./–4.12.1976

वाणिज्यिक कर अधिकारी

हनुमानगढ़ टाउन

वाणिज्यिक कर अधिकारी हनुमानगढ़ टाउन को भी आरोपों के बारे में जानकारी नहीं थी।

सहायक वाणिज्यिक कर अधिकारी वार्ड. बी. नोहर ने अपने पत्र संख्या 498 दिनांक 4.7.1976 से केवल एक सूचना मात्र ही अपने नियंत्रित अधिकारी, वा.क.अ. हनुमानगढ़ को दी है कि उसने सीधे आरोप पत्र बनाकर उपायुक्त (प्रशासन) वा. कर, जोधपुर को भेज दिये हैं। निरीक्षक के कार्य के लिए, कार्य के बारे में समीक्षा व वार्षिक गोपनीय प्रतिवेदन का प्रस्तुतकर्त्ता वाणिज्यिक कर अधिकारी ही होता है तथा वाणिज्यिक कर अधिकारी की स्वीकृति के बिना, सहायक वाणिज्यिक कर अधिकारी को कोई शक्तियां प्राप्त नहीं होती कि वह वाणिज्यिक कर अधिकारी से छुपाकर उसकी राय के बिना ही सीधा उपायुक्त (प्रशासन) को प्रतिवेदन प्रस्तुत कर देवें। अतः यह सम्पूर्ण कार्यवाही दुर्भावना को ही प्रमाणित करती है।

आयुक्त वाणिज्यक कर का जवाब

जिला कलेक्टर श्रीगंगानगर के अर्धशासकीय पत्र संख्या पी.ए./1094 दिनांक 17.11.1976 के प्रत्युत्तर में वाणिज्यिक कर आयुक्त ने इस प्रकार जवाब दिया था–

(हिन्दी अनुवाद)

राजस्थान सरकार
वाणिज्यिक कर विभाग

क्रमांक : एफ 6(24)संस्था/आयुक्त/76/661 जनवरी 18, 1977

जिला कलेक्टर
श्रीगंगानगर

विषय : **श्री पी.के. मौर्य, वाणिज्यिक कर निरीक्षक की शिकायत**

महोदय,

आपके अर्द्धशासकीय पत्र संख्या पी.ए./1094 दिनांक 17.11.1976 से संदर्भित विषयान्तर्गत अवलोकन करें।

श्री पी.के. मौर्य, वाणिज्यिक कर निरीक्षक को दुराचरण के गंभीर दोषों के कारण निलम्बित रखा गया है और अब उसे पुनर्बहाली का कोई प्रश्न नहीं उठता है। श्री मौर्य को निर्वाह भत्ता नियमानुसार समय पर भुगतान किया जाता रहा है।

जहां तक उसके सहायक वाणिज्यिक कर अधिकारी पद से पदावनत का प्रश्न है, श्री पी.के. मौर्य के साथ किसी प्रकार का भेदभाव नहीं किया गया है। उसको इसलिए पदावनत किया गया था कि उसका कार्य तथा सेवा रिकार्ड सन्तोषजनक कतई नहीं पाया गया था, इस कारण राज्य सरकार ने उसके पदावनत का निर्णय लिया था।

श्री. पी.के. मौर्य ने श्री प्रहलादराय, कनिष्ठ लिपिक तथा श्री जे.जी. शहानी, सहायक वाणिज्यिक कर अधिकारी के विरुद्ध भी शिकायतें की हैं। इन शिकायतों को जांच के लिए उपायुक्त (प्रशासन) वाणिज्यिक कर, बीकानेर को जांच हेतु भेजा गया है। जब जांच कार्य पूर्ण हो जायेगा तो इसके परिणाम से आपको अवगत करा दिया जायेगा।

आपका आभारी
ह. भीम सिंह
18.1.1977
आयुक्त वाणिज्यिक कर विभाग,
(राजस्थान), जयपुर

निर्वाह भत्ते का भुगतान समय पर नहीं

जिला कलेक्टर, श्रीगंगानगर के बार–बार दूरभाष करने तथा निवेदन के उपरान्त वाणिज्यिक कर अधिकारी, हनुमानगढ़ ने जून, 1976 से सितम्बर, 1976 तक के निर्वाह भत्ते का भुगतान दिनांक 5 अक्टूबर, 1976 को किया गया था, इसी प्रकार जिला कलेक्टर, श्रीगंगानगर के पत्र संख्या 637, दिनांक 27.11.1976 के उपरान्त अक्टूबर, 1976 का निर्वाह भत्ता दिनांक 29.11.1976 को तथा नवम्बर, 1976 का निर्वाह भत्ता दिनांक 10 दिसम्बर, 1976 को दिया गया था। इसके बाद दिसम्बर, 1976 के निर्वाह भत्ते का भुगतान 20 जनवरी, 1977 तक नहीं किया गया तो पुनः माननीय जिलाधीश को इस प्रकार निवेदन करना पड़ा–

(हिन्दी अनुवाद)

कार्यालय जिला कलेक्टर, श्रीगंगानगर

क्रमांक : एफ।(14)(94)निजी/76–77/1109 दिनांक 20.1.1977

वाणिज्यिक कर अधिकारी,
हनुमानगढ़।

मेरे पत्र संख्या 637 दिनांक 27.11.1976 के क्रम में समय पर निर्वाह भत्ते का भुगतान न करने के बारे में दिसम्बर, 76 का आवेदन संलग्न किया जाता है। यह बहुत ही आश्चर्यजनक है कि बार–बार निवेदन के उपरान्त भी उसको निर्वाह भत्ते का भुगतान नियमित रूप से नहीं किया जा रहा है। क्या आप एक सप्ताह के भीतर यह भुगतान कर उसकी पालना प्रतिवेदन प्रस्तुत करेंगे।

ह./–
आई.सी. श्रीवास्तव
जिला कलेक्टर, श्रीगंगानगर

प्रतिलिपि– श्री पी.के. मौर्य, मार्फत 568, विनोबा बस्ती, श्रीगंगानगर सूचनार्थ एवं आवश्यक कार्यवाही हेतु।

ह./
आई.सी. श्रीवास्तव
जिला कलेक्टर, श्रीगंगानगर

इसके उपरान्त भी निर्वाह भत्ते का भुगतान समय पर नहीं किया गया। माह दिसम्बर, 1976 से जून, 1977 तक के निर्वाह भत्तों का भुगतान इस प्रकार किया गया था–

माह निर्वाह भत्ता	भुगतान तिथि	विलम्ब माह व दिन
दिसम्बर, 1976	28.01.1977	27 दिन
जनवरी, 1977	01.03.1977	एक माह
फरवरी, 1977	15.03.1977	14 दिन
मार्च, 1977	06.05.1977	एक माह 5 दिन
अप्रैल, 1977	06.05.1977	5 दिन
मई, 1977	08.06.1977	7 दिन
जून, 1977	04.08.1977	एक माह 3 दिन

इस प्रकार वाणिज्यिक कर अधिकारी, हनुमानगढ़ ने निलम्बन काल में निर्वाह भत्ते का कभी भी समय पर नियमित भुगतान नहीं किया था। यह भी माननीय जिला कार्यालय के सतत् नियमित बार–बार स्मरण कराने के पश्चात किया गया था। ऐसा क्यों हुआ? स्वयं जिला कलेक्टर भी परेशान थे।

जिला कलेक्टर द्वारा आयुक्त, अभाव अभियोग निराकरण विभाग से सम्पर्क

जिला कलेक्टर ने परेशान होकर निलम्बन प्रकरण का मामला श्रीमान् आयुक्त, अभाव अभियोग निराकरण विभाग, राजस्थान सरकार, जयपुर को भेजा तथा उक्त आयुक्त द्वारा अपने स्तर से आयुक्त, वाणिज्यिक कर राजस्थान, जयपुर से लम्बी कार्यवाही के उपरान्त मुझे निलम्बित स्थिति से निम्न प्रकार आदेश दिनांक 30.06.1977 से वापसी बहाल किया गया।

राजस्थान सरकार

कार्यालय, उपायुक्त (प्रशासन) वाणिज्यिक कर, बीकानेर

क्रमांक : केम्प श्रीगंगानगर–स्पेशल 1475 दिनांक 30.06.1977

''आदेश''

श्री पी.के. मौर्य, वाणिज्यिक कर निरीक्षक को उपायुक्त (प्रशासन) वाणिज्यिक कर, जोधपुर के क्रमांक 255 दिनांक 25.3.76 द्वारा निलम्बित किया गया था। श्री पी.के. मौर्य के विरुद्ध विभागीय जांच सम्पन्न होने में अभी और समय लगने की सम्भावना है। अतः राजस्थान सिविल सेवा (वर्गी. नियंत्रण एवं अपील) नियम 1959

के नियम 13(5) के अन्तर्गत श्री पी.के. मौर्य को विभागीय जांच के दर्मियान पुनः ड्यूटी पर उपस्थित होने के दिनांक से बहाल किया जाता है। श्री पी.के. मौर्य को बहाल किये जाने पर वृत सूरतगढ़ में वाणिज्यिक कर निरीक्षक के पद पर पदस्थापित किया जाता है। श्री पी.के. मौर्य वाणिज्यिक कर अधिकारी, सूरतगढ़ को डूयूटी हेतु रिपोर्ट करें।

ह./
सिंघवी
उपायुक्त (प्रशासन)
वाणिज्यिक कर, बीकानेर
केम्प–श्रीगंगानगर

सत्याग्रह के लिए आमरण अनशन

सेवा में,

श्रीमान् सचिव महोदय,
प्रशासनिक सुधार विभाग एवं कार्मिक (क–3) विभाग,
राजस्थान–सरकार, जयपुर।

विषय : बिना कारण निलम्बित रखकर परेशान व सर्विस रिकार्ड खराब करने तथा आगामी षड़यन्त्रों से बचाने हेतु निवेदन।

सन्दर्भ : आपका सं. एफ 2(70) कार्मिक (क–3)/77 दिनांक 23.5.1977 व मेरा प्रार्थना पत्र दिनांक 8.5.1977 के क्रम में।

मान्यवर महोदय,

सविनय नम्र निवेदन है कि तत्कालीन उपायुक्त (प्रशासन), वाणिज्यिक कर, बीकानेर के समक्ष दिनांक 11.7.1977 व 12.7.1977 को आवश्यक जांच में दिये गये बयानों के प्रतिकार के रूप में मेरे खिलाफ भयंकर आक्रमण करके शिकार करने के प्रयत्न किये जा रहे हैं:–

इमरजेन्सी का लाभ उठाकर दुर्भावना से दिनांक 25.3.1976 से 30.6.1977 तक 15 महीने तक बिना कारण व बिना जांच मुझे सेवा से निलम्बित रखकर तंग किया गया तथा अब बदले की भावना व छुआछुत तथा जातीयता पक्षपात के कारण मुझे शिकार किया जा रहा है। अतः लाचार होकर सत्याग्रह के लिए आमरण अनशन

पर मजबूर किया जा रहा है। इस सम्बन्ध में प्रस्तुत ज्ञापन संलग्न कर निवेदन है कि श्रीगंगानगर में मेरे व मेरे परिवार के खतरे में लटके जीवन की रक्षा करें। आपकी अति कृपा होगी।

दिनांक : 31.8.1977
संलग्न : ज्ञापन–8

भवनिष्ठ
ह./
(पी.कुमार मौर्य)
568, बिनोबा बस्ती,
श्रीगंगानगर

विभागीय जांच में निर्दोष

दिनांक 17.11.1977 को आरोप पत्र जारी किया जिसकी जांच करके मुझे निम्न प्रकार से दोष मुक्त किया गया–

राजस्थान सरकार
वाणिज्यिक कर विभाग

क्रमांक स.प. 6 (24) संख्या/वा.क./76/पार्ट–2 दिनांक

''आदेश''

श्री पी.के. मौर्य, वाणिज्यिक कर निरीक्षक को राजस्थान सिविल सेवा (वर्गीकरण नियंत्रण एवं अपील) नियम 1958 के नियम 16 के अन्तर्गत इस कार्यालय के पत्र क्रमांक प. 6 (124) संख्या/वा.क./76/18465 दिनांक 17.11.1977 द्वारा आरोप पत्र व अभिकरण विवरण पत्र जारी किये गये। आरोपों का विवरण इस प्रकार है–

आरोप संख्या - 1

दिनांक 21 नवम्बर, 1975 को मैसर्स अग्रवाल ट्रेडिंग कंपनी, भादरा से रिश्वत के रूप में 150/– रु. प्राप्त किये।

आरोप संख्या - 2

माह फरवरी, 1976 में श्री दयाल देवानी, कनिष्ठ लिपिक चैक पोस्ट शुल्क से प्रतिमाह 150/– रुपये घूस के रूप में माहवारी व तेल, साबुन, हजामत, शराब व रोटी का पूरा खर्चा मांगा।

आरोप संख्या - 3

मैसर्स सत्य नारायण पूरणमल, भादरा से दिनांक 6.3.1976 को चैक पोस्ट की राशि पर रु. 450/– रिश्वत के रूप में मांगे।

आरोप संख्या - 4

मैसर्स सत्य नारायण पूरनमल, भादरा को एक नोटिस क्रमांक 126 दिनांक 6.3.1976 को केवल परेशान करने की नीयत से जारी किया जिसमें रा.वि.क.अधि. की धारा 22(ए) 3 और 22 (ए) (7) के अन्तर्गत शास्ति आरोपित करना था।

आरोप संख्या - 5

दिनांक 7.2.1976 से 11.2.1976 को दोपहर एक बजे तक चैक पोस्ट पर ड्यूटी से अनुपस्थित रहे।

आरोप संख्या - 6

दिनांक 27.11.1975 से 1.2.1976, 27.2.1976, 1.3.1976 से 2.3.1976, 13.3.1976 से 16.3.1976 तक स्वेच्छा से ड्यूटी से अनुपस्थित रहे।

आरोप संख्या - 7

दिनांक 1.11.1976 को नोहर प्रवास बिना वाणिज्यिक कर अधिकारी, हनुमानगढ़ की पूर्व स्वीकृति के रखा।

आरोप संख्या - 8

दिनांक 9.11.1975, 10.11.1975 व 12.11.1975 को भादरा पशु मेले व भादरा के व्यापारियों से सम्पर्क की अधिकृत स्वीकृति के बिना प्रवास रखा।

आरोप संख्या -9

अक्टूबर, 1975 व नवम्बर, 1975 में अपनी अकुशलता को छिपाने के लिए गलत आंकड़े अंकित किये व अपना कार्य अत्यन्त धीमी गति से, औसत से बहुत कम और लापरवाहीपूर्ण ढंग से सम्पादन किया।

आरोप संख्या - 10

विभाग की लम्बी सेवा के पश्चात भी "सिल्क" पर देय बिक्री कर की कोई जानकारी नहीं है।

आरोप संख्या - 11

दिनांक 22.3.1976 को चैक पोस्ट ऐफाजा की "निरीक्षण पुस्तिका" की पृष्ठ संख्या 23 पर टिप्पणी लिखी जो अनियमित थी।

आरोप संख्या - 12

पत्र क्रमांक 133/चैक पोस्ट/मिरानी दिनांक 6.3.1976 को पत्र लिखा जिसमें निराधार आरोप पत्र अवांछनीय भाषा का प्रयोग उच्च अधिकारियों की प्रतिक्रिया है।

उपरोक्त आरोपों की जांच हेतु उपायुक्त (अपील), वाणिज्यिक कर, बीकानेर को जांच अधिकारी नियुक्त किया गया जिन्होंने अपना जांच प्रतिवेदन क्रमांक स्टेनो 123 दिनांक 5.7.1980 द्वारा प्रस्तुत किया। जांच प्रतिवेदन एवं संबंधित अभिलेखों का अवलोकन किया गया। जांच अधिकारी ने अपने निष्कर्षों में श्री पी.के. मौर्य के विरुद्ध कोई भी आरोप प्रमाणित नहीं होना माना है। अतः मैं जांच अधिकारी के निष्कर्षों से सहमत होते हुए श्री पी.के. मौर्य, वाणिज्यिक कर निरीक्षक को उपरोक्त समस्त 12 आरोपों से दोषमुक्त करता हूँ।

ह./–
(आर.वी. सोनटके)
आयुक्त
वाणिज्यिक कर विभाग,
राजस्थान – जयपुर।

क्रमांक : प.6(24)संस्था/वा.क./76/पार्ट–2/23703 दिनांक 17.11.1980

प्रतिलिपि सूचनार्थ–

1. उपायुक्त (प्रशासन) वाणिज्यिक कर, बीकानेर।
2. उपायुक्त (अपील) वाणिज्यिक कर, बीकानेर।
3. श्री पी.के. मौर्य, वाणिज्यिक कर निरीक्षक, बीकानेर।
4. वाणिज्यिक कर अधिकारी, हनुमानगढ़।
5. संस्थापन "अ" शाखा, मुख्यालय।

ह./–
(आर.वी. सोनटके)
आयुक्त
वाणिज्यिक कर विभाग,
राजस्थान – जयपुर।

सहायक वाणिज्यिक कर अधिकारी पद पर 1971 से दिनांक 19.07.1983 को पदोन्नति

राजाज्ञा संख्या एफ 3(47) वित्त/ग्रुप 4/79 दिनांक 19 जुलाई, 1983 को निम्न आदेश जारी किया गया–

आज्ञा

राजस्थान वाणिज्यिक कर सेवा नियम 1971 के नियम 17(2) (अ) के अन्तर्गत गठित चयन समिति की सिफारिश पर उक्त सेवा में अस्थाई/तदर्थ रूप से नियुक्त

निम्नलिखित सहायक वाणिज्यिक कर अधिकारियों को उक्त नियमों के नियम 17(9) के अनुसरण में वर्ष 1971 के रिक्त स्थानों के लिए किये गये चयन के आधार पर उक्त सेवा में नियम 22 के प्रावधानों के अधीन सहायक वाणिज्यिक कर अधिकारी के पद पर स्थापन्न रूप से नियुक्त किया जाता है–

क्रमांक	नाम अधिकारी
1 से 7 तक	–
8	श्री एस.सी. भार्गव
9	श्री वी.एस. माथुर
10 से 11 तक	–
12	श्री रामचन्द्र चौहान
13 से 22 तक	–

उक्त समिति की सिफारिश के आधार पर श्री पी.के. मौर्य, वाणिज्यिक कर निरीक्षक को वर्ष 1971 के रिक्त स्थान के प्रति कार्यभार सम्भालने की तिथि से स्थानापन्न रूप से सहायक वाणिज्यिक कर अधिकारी के पद पर नियुक्त किया जाता है। श्री मौर्य का पदस्थापन आदेश, आयुक्त, वाणिज्यिक कर पृथक् से जारी करेंगे।

राज्यपाल की आज्ञा से
ह./–
(जीवन सिंह महेचा),
उपशासन सचिव

बाद में विभागीय परीक्षा, 1983 उत्तीर्ण करने के पश्चात् आदेश क्रमांक एफ 3(16)एफ डी/ग्रुप 4/84 दिनांक 21.06.1984 से वर्ष 1971 से प्रभावशील करते हुए इस पद पर स्थायी किया गया।

वाणिज्यिक कर अधिकारी पद पर पदोन्नति

राजस्थान सरकार ने मुझे "सहायक वाणिज्यिक कर अधिकारी" पर स्थायीकरण के आदेश दिनांक 21.06.1984 के दूसरे दिन "वाणिज्यिक कर अधिकारी" पद पर तदर्थ पदोन्नति के आदेश निम्न प्रकार जारी किये। क्रमांक एफ 3 (   ) वित्त/ग्रुप 4/82 जयपुर दिनांक 22.06.1984 से आदेश इस प्रकार हुआ–

आज्ञा

राजस्थान वाणिज्यिक कर सेवा के निम्नलिखित अधिकारियों के स्थानान्तरण/पदस्थापन तत्काल प्रभाव से किये जाते हैं:–

क्र.सं.	नाम अधिकारी	वर्तमान पद	नया पद
1.	श्री हंसराज काबरा	सहायक वाणिज्यिक कर अधिकारी, मुख्यालय जयपुर	वाणिज्यिक कर अधिकारी (प्र. 1) मुख्यालय जयपुर
4.	श्री रामचन्द्र चौहान	सहायक वाणिज्यिक कर अधिकारी, बांसवाड़ा	वाणिज्यिक कर अधिकारी एन्टीइवेजन, उदयपुर
8.	श्री पी.के मौर्य	सहायक वाणिज्यिक कर अधिकारी, राजगढ़ (चुरू) चैकपोस्ट	वाणिज्यिक कर अधिकारी वृत धौलपुर
21.	श्री शिवकिशन व्यास	सहायक वाणिज्यिक कर अधिकारी, बालोतरा	वाणिज्यिक कर अधिकारी (द्वितीय) मुख्यालय जयपुर

सर्वश्री हंसराज काबरा से श्री शिवकिशन व्यास तक के उपरोक्त समस्त सहायक वाणिज्यिक कर अधिकारी, राजस्थान वाणिज्यिक कर सेवा के नियम 19(7) के अन्तर्गत उक्त सेवा में वाणिज्यिक कर अधिकारी की साधारण वेतन शृंखला के उपरोक्त नवीन पद पर कार्यभार ग्रहण करने के दिनांक से एक वर्ष के लिए या जब तक राजस्थान वाणिज्यिक कर सेवा नियम के अधीन विहित रीति से नियमित रूप से चयनित अभ्यर्थी उपलब्ध न हो जावे (जो भी पहले हो) पूर्णतः अविलम्बनीय/अस्थायी रूप से पदोन्नत किये जाते हैं।

राज्यपाल की आज्ञा से
ह./–
(जीवन सिंह महेचा)
शासन उप सचिव

बाद में इसी पद पर वर्ष 82-83 में पदोन्नति

सरकार के आदेश संख्या एफ 3 (83) वित्त/ग्रुप 4/80 दिनांक 14.12.87 से निम्न प्रकार पदोन्नति दी गई–

आज्ञा

राजस्थान वाणिज्यिक कर सेवा नियम 1971 के नियम 17(2) (अ) के अन्तर्गत गठित चयन समिति की सिफारिश पर उस सेवा में नियुक्त निम्नलिखित सहायक वाणिज्यिक कर अधिकारियों को उक्त नियमों के नियम 17(ए) के अनुसरण में वर्ष 1982–83 के रिक्त स्थानों के लिए किये गये चयन के आधार पर वाणिज्यिक कर अधिकारी (साधारण वेतन श्रृंखला) के पद पर स्थापन्न रूप से नियुक्त किया जाता है:–

1. श्री एम.पी. गुप्ता
2. डी.एस. भटनागर
3. श्री फूलसिंह चौहान
4. श्री जी.आर. चौधरी
5. श्री बी.एल. सोनी
6. श्री बी.डी. गुप्ता
7. श्री एस.के. माथुर
8. श्री तेजराज सिंह
9. श्री पी.के. मौर्य (अनु. जाति)
10. श्री बद्रीप्रसाद (अनु. जाति)
11. श्री एन.एल. मीना (अ.जन जाति)

इन नियुक्त अधिकारियों का वेतन निर्धारण सम्बन्धित वर्ष के पदों के प्रतिकूल नियम 13 के उप नियम 11 (ए) के अन्तर्गत किया जायेगा लेकिन जिस अवधि में उन्होंने वास्तविक रूप से उक्त पदों पर कार्य नहीं किया है, उस अवधि का कोई एरियर देय नहीं होगा।

राज्यपाल की आज्ञा से–
ह./–
(सी.एस. राजन)
उप शासन सचिव

हंसराज काबरा (उच्च जाति) के समान व्यवहार नहीं किया गया

अन्य तथाकथित उच्च वर्ग के सदस्यों के समान सहायक वाणिज्यिक कर अधिकारी पद पर तदर्थ पदोन्नति को दिनांक 28.02.69 तक के अस्थायी वेतन भुगतान की स्वीकृति आदेश क्रमांक प. 11(98) वित्त/वा.कर/66 जयपुर दिनांक 18.09.1968 से इस प्राकर दी गई थी– (महालेखाकार राजस्थान, जयपुर के नाम पत्र) :–

विषय : सहायक वाणिज्यिक कर अधिकारियों के अस्थायी वेतन भुगतान के सम्बन्ध में।

संदर्भ : इस विभाग के समसंख्यक पत्र दिनांक 05.03.1968 के क्रम में।

महोदय,

मुझे निम्नलिखत कार्यवाहक सहायक वाणिज्यिक कर अधिकारियों के अस्थायी वेतन भुगतान दिनांक 28.02.1969 तक या राजस्थान लोक सेवा आयोग द्वारा चयन किये गये योग्य अभ्यर्थियों के कार्य सम्भालने तक जो भी पहले हो, करने की राज्यपाल की स्वीकृति सूचित करने का निर्देश हुआ है, चूंकि इसके कार्य करते रहने की स्वीकृति राजस्थान लोक सेवा आयोग से प्राप्त नहीं हुई है।

1 से 8 तक	–
9	श्री बांकेबिहारी सक्सेना
10 से 24 तक	–
25	श्री गणपतराम चौधरी
26 से 30 तक	–
31	श्री हंसराज काबरा
32 से 42 तक	–
43	श्री लक्ष्मीमल भण्डारी
44 से 45 तक	–
46	श्री मदन लाल नाटानी
47 से 55 तक	–
56	श्री पी.के. मौर्य
57 से 70 तक	–
71	श्री रामचन्द्र चौहान
72 से 74 तक	–
75	श्री शंकरलाल जैन
76 से 77 तक	–
78	श्री एस.सी. भार्गव

79	श्री तेजचन्द भूरट
80 से 84 तक	–
85	श्री विष्णु प्रसाद शर्मा
86 से 88 तक	–
89	श्री हरीराम शर्मा
90 से 102 तक	–

भवदीय

ह./–

(स.ना. पुरोहित)

अनुभाग अधिकारी"

विभागीय परीक्षाओं में प्राप्तांकों की तुलनात्मक स्थिति इस प्रकार रही थी

प्रश्न–पत्र

अधिकारीगण	I	II	III	IV	V	VI	VII	अवसरों के वर्ष
कुल अंक	100	100	100	100	50	50	100	
उत्तीणांक	40	40	40	40	20	20	40	
श्री पी.के. मौर्य	35	51	45	50	24	25	40	1966, 1967 व 1968
श्री हंसराज काबरा	34	65	52	47	26	38	45	1966, 1967 व 1969

1968 की विभागीय परीक्षा के परिणाम दिनांक 30 जुलाई, 1968 के परिणाम में 18 अधिकारियों में केवल मेरे को अकेले ही एक प्रथम प्रश्न पत्र में 5 अंक की कमी दिखाकर असफल किया था, जो मुझे स्पष्ट षड़यंत्र नजर आ रहा था, इसलिए मैंने उत्तर पुस्तिका की दुबारा जांच का निवेदन दिनांक 31 जुलाई, 1968 को किया था, लेकिन रजिस्ट्रार ने पत्र क्रमांक एफ 3(4) (24) डी ड/ओटीएस/68/3016 दिनांक 20.08.1968 से निम्न जवाब दिया था–

"विषय : सहायक वाणिज्यिक कर अधिकारियों की विभागीय परीक्षा जून, 1968

प्रसंग : आपका पत्र संख्या 513/आर पी जी टी/ए/68 दिनांक 31 जुलाई, 1968

उपरोक्त प्रसंग में लेख है कि राजस्थान नागरिक सेवा में विभागीय परीक्षा नियम 1959 में उत्तर पुस्तकों के दुबारा जांचने का कोई प्रावधान नहीं है।

ह./–
उप–प्रधानाचार्य

20 मई, 1970 का रजिस्ट्रार का टेलिग्राम

"STATE EXPRESS TELEGRAM"

1. Sh. Hansraj Kabra
   Assistant Commercial Taxes Officer,
   Ward-II Circle-A, Jodhpur.
2. Sh. Pradeep Kumar Maurya
   Commercial Taxes Inspector,
   Udaipur.

FUND NOT ELIGIBLE (.) ROLL NUMBER CANCELLED.

REGISTRAR-PRINCIPAL
N.T.B.T
Sd/-
H.C. Mathur
Registrar-cum-Principal
State Institute of Public Administration,
Jaipur.

No. F. 11(21)S/PA/69/2047 dated 20th May, 1970

Copy in confirmation by post to the above officers.

Sd/-

Registrar-Principal

आयुक्त, वाणिज्यिक कर का पत्र दिनांक 22.5.1970

कर आयुक्त, राजस्थान, जयपुर ने अपने पत्र संख्या एफ 9(सी) 4 (जन/एडम)आयुक्त/70/3064 दिनांक 22.5.1970 का वाणिज्यिक कर अधिकारी, उदयपुर को इस प्रकार जारी किया–

(हिन्दी अनुवाद)

'विषय : स.वा.क. अधिकारियों की विभागीय परीक्षा में बैठने बाबत्।

प्रसंग : आपका क्रमांक 887/संस्था/70 दिनांक 29.4.1970

श्री पी.के. मौर्य विभागीय परीक्षाओं स.वा.क. अधिकारियों की परीक्षा में तीन बार असफल हो जाने के कारण, उसकी नियुक्ति की शर्त के अनुसार उत्तीर्ण न करने कारण उसका वाणिज्यिक कर निरीक्षक पद पर पदावनत किया गया था।

वाणिज्यिक कर अधिकारी, उदयपुर ने अपने पत्र संख्या स्था./70/1029 दिनांक 03.06.1970 से मुझे सूचित किया था।

राज्यपाल के समक्ष पुनरीक्षण प्रतिवेदन दिनांक 6 अगस्त 1970

समान स्थिति के बावजूद राज्य सरकार ने श्री हंसराज काबरा स.वा.क. अधिकारी को तीन बार विभागीय परीक्षा में असफल हो जाने के उपरांत भी मेरे समान निरीक्षक पद पर पदावनत नहीं किया। स्पष्ट जातिगत भेदभाव किया जा रहा था। लिहाजा मेरा पदावनत आदेश दिनांक 30 जनवरी, 1969 को दण्डात्मक मानते हुए, राजस्थान नागरिक सेवायें (वर्गीकरण नियंत्रण एवं अपील) नियम 1958 के नियम 34 के अन्तर्गत उक्त राज्यादेश के विरुद्ध पुनरीक्षण प्रतिवेदन दिनांक 6 अगस्त, 1970 को नियमानुसार प्रस्तुत किया।

राजस्थान राजपत्र दिनांक 28 जनवरी 1971

"राजस्थान राजपत्र पृष्ठ संख्या – 1526

भाग–7

जनवरी 20, 1971

मई, 1970 में आयोजित सहायक वाणिज्यिक कर अधिकारियों का विभागीय परीक्षाफल।

(कुल 27 सदस्य)
निम्न के अलावा शेष उत्तीर्ण हुए

क्रम संख्या		
8.	सत्यप्रकाश माथुर	< विभागीय परीक्षा में बैठने के पात्र नहीं पाये गये
17	रामचन्द्र चौहान	अनुत्तीर्ण
19	एस. सी. भार्गव	अनुत्तीर्ण

21	प्रदीप कुमार मौर्य	परीक्षा में बैठने के पात्र नहीं पाये गये
23	हंसराज काबरा	

ह./
पंजियक
विभागीय परीक्षाएं,
राज्य सेवा में"

4 अप्रैल, 1971 को आयुक्त को विशेष निवेदन

तत्कालीन आयुक्त, वाणिज्यिक कर, राजस्थान श्री नारायणचन्द्र भटनागर के उदयपुर प्रवास में दिनांक 4 अप्रैल, 1971 को पदावनत आदेश दिनांक 30 जनवरी, 1969 के विरुद्ध नियम 34 के अन्तर्गत उपरोक्त पुनरीक्षण प्रतिवेदन दिनांक 6 अगस्त, 1970 के क्रम में विशेष निवेदन किया, जिसके परिणामस्वरूप श्री भटनागर साहिब ने निम्न आदेश किया–

"राजस्थान सरकार

क्रमांक – केम्प उदयपुर दिनांक 4 अप्रैल, 1971

आदेश

श्री पी.के. मौर्य, वाणिज्यिक कर निरीक्षक आज मुझ से मिले और अपना प्रकरण प्रस्तुत किया लेकिन उसका रिकार्ड जयपुर होने के कारण उसको सलाह दी जाती है कि वह समस्त रिकार्ड सहित दिनांक 14 अप्रैल, 1971 को मेरे जयपुर कार्यालय में उपस्थित हों। साथ में वह अपने पक्ष के लिए समस्त रिकार्ड लावें।

ह./–
नारायणचन्द्र भटनागर
आयुक्त,
वाणिज्यिक कर, राजस्थान,
जयपुर।
प्रवास – उदयपुर।

क्रमांक : केम्प/उदयपुर दिनांक : 4 अप्रैल, 1971

प्रतिलिपि –

1. वाणिज्यिक कर अधिकारी, उदयपुर।

2. श्री पी.के. मौर्य, वाणिज्यिक कर निरीक्षक, वाणिज्यिक कर विभाग, उदयपुर।

ह./–
नारायण चन्द्र भटनागर
आयुक्त,
वाणिज्यिक कर, राजस्थान
जयपुर।
प्रवास – उदयपुर।"

आयुक्त के समक्ष सुनवाई

दिनांक 14 व 15 अप्रैल, 1971 को जयपुर कार्यालय में आयुक्त, वाणिज्यिक कर, राजस्थान श्री नारायण चन्द्र भटनागर ने मेरी सुनवाई की। दो दिवस तक लगातार सुनवाई चलती रही और उन्होंने समस्त प्रकरण को समझा।

आयुक्त का राज्य सरकार को प्रतिवेदन

मई, 1971 में श्री नारायणचन्द्र भटनागर, आयुक्त वाणिज्यिक कर, राजस्थान, जयपुर ने वित्त विभाग को अपना प्रतिवेदन मेरे पक्ष में निर्णय करने हेतु प्रस्तुत किया। उन्होंने स्पष्ट शब्दों में लिखा था कि श्री हंसराज काबरा (तथाकथित उच्च वर्ग) सहायक वाणिज्यिक कर अधिकारी भी विभागीय परीक्षा में तीन बार असफल हो गया है तथा नियुक्ति की एक शर्त के अनुसार यह परीक्षा उत्तीर्ण करना आवश्यक है, अतः श्री काबरा व श्री मौर्य समान स्थिति में हैं तथा समान व्यवहार के हकदार हैं। अतः या तो श्री मौर्य का पदावनत आदेश दिनांक 30 जनवरी, 1969 को वापिस लिया जावे या श्री काबरा को श्री मौर्य के समान निचले निरीक्षक पद पर पदावनत किया जावे, ताकि समान न्याय हो सके। श्री मौर्य, अनुसूचित जाति के होने के कारण विशेष सहानुभूति के हकदार हैं, उनके साथ न्याय करना समय की पुकार है। इस प्रकार राज्य सरकार के समक्ष प्रकरण प्रस्तुत किया गया था।

बाद में श्री भटनागर ने मुझे बताया था कि सचिवालय में वित्त विभाग के उप सचिव अपने किसी रिश्तेदार श्री मोहनप्रकाश व्यास तथा श्री हंसराज काबरा दोनों के पक्ष में वाणिज्यिक कर सेवा नियमों के सृजन करने में व्यस्त हैं तथा उप सचिव वित्त ने आयुक्त को जवाब दिया था कि हंसराज काबरा की पत्रावली अभी मिल नहीं रही है, तलाश जारी है, ज्यों ही पत्रावली मिल जायेगी, उसके विरुद्ध श्री पी.के. मौर्य

के समान कार्यवाही की जावेगी। यह केवल कार्यवाही टालने का एक बहाना मात्र था। श्री भटनागर ने मुझे बताया था कि उपसचिव न्याय नहीं करेगा। यदि कोई बड़ा कैबिनेट स्तर का मंत्री कोशिश करें तो ही कार्यवाही संभव है अन्यथा मुश्किल है। उस समय केबिनेट मंत्री स्तर का कोई व्यक्ति मेरा जानकार नहीं था। केन्द्रीय सरकार में एक व्यक्ति "जगन्नाथ पहाड़िया" जानकार थे लेकिन वे पहले ही तत्कालीन वित्त मंत्री मथुरादास माथुर से वार्त्ता कर चुके थे जिससे श्री माथुर भयंकर नाराज हो गये थे, जो ही इस पदावनत आदेश दिनांक 30 जनवरी, 1969 का कारण परदे के पीछे बन गया था। प्रशासकीय निर्देश की आड़ में मेरे साथ अन्याय किया गया था।

वाणिज्यिक कर सेवा नियम 1971 का 14 अक्टूबर,1971 से पक्षपातपूर्ण प्रभाव

श्री हंसराज काबरा (उच्च वर्ग) को तीन बार विभागीय परीक्षा में असफलता की अयोग्यता से बचाने तथा श्री मोहन प्रकाश व्यास (ब्राह्मण) जो दिनांक 1 जनवरी, 1968 में तदर्थ सहायक वाणिज्यिक कर अधिकारी नियुक्त किया गया था, को बिना वरिष्ठता घोषित किये तथा इन दोनों की विभागीय परीक्षा की असफलता तथा कनिष्ठ (जूनियर) स्थिति में छुपाने के उद्देश्य से सेवा के प्रारम्भिक संगठन के नाम पर उपनियम (4) नियम 5 में निम्न प्रावधान रखा –

> "दिनांक 1 जनवरी, 1968 से तदर्थ सहायक वाणिज्यिक कर अधिकारी पद पर लगातार कार्य कर रहे हों तथा उक्त तिथि को स्थायी रूप से वाणिज्यिक कर निरीक्षक हों तथा 14 अक्टूबर, 1971 को निरीक्षक पद पर 5 वर्ष का अनुभव रखते हों, व्यक्तियों का "सहायक वाणिज्यिक कर अधिकारी" पद की योग्यता के रिकार्ड की जांच की जायेगी।"

यह प्रावधान इसी तरह से दिनांक 28.06.1974 तक बिना किसी संशोधन के चलता रहा था। इस बीच जुलाई 1973 में स्क्रीनिंग कमेटी बिठाकर श्री हंसराज काबरा को विभागीय परीक्षा में तीन बार असफलता की अयोग्यता तथा श्री मोहन प्रकाश व्यास को यह विभागीय परीक्षा के उत्तीर्ण न करने की अयोग्यता से मुक्त कर दिया तथा वाणिज्यिक कर निरीक्षक पद की वरिष्ठता दिनांक 1 जनवरी, 1968 या 14 अक्टूबर, 1971 की दोनों की जानबूझकर छुपाकर रखी गई तथा आज तक घोषित नहीं की। इस प्रकार सेवा के संस्थायी नियमों को रौंदते हुए श्री हंसराज काबरा तथा श्री मोहन प्रकाश व्यास जो 1966 बैच के वाणिज्यिक कर निरीक्षक थे तथा सबसे कनिष्ठ (जूनियर) थे, को जातीय (ब्राह्मणवाद) पक्षपात करते हुए दिनांक 14.10.1971 से प्रभावित मानते हुए "सहायक वाणिज्यिक कर अधिकारी" के

राजपत्रित पद आदेश दिनांक 2 अगस्त, 1973 से स्थायी कर दिया गया। बाद में इसी आधार पर इनसे वरिष्ठ निरीक्षक जैसे – सुरेन्द्र कुमार माथुर, तेजराज सिंह, बी.डी. गुप्ता तथा सैकड़ों निरीक्षकों को इसी प्रकार बिना वरिष्ठता घोषित किये तथा बिना विभागीय परीक्षा उत्तीर्ण किये ही उनको 14 अक्टूबर, 1971 से प्रभावित मानते हुए "सहायक वाणिज्यिक कर अधिकारी" पदों पर स्थायी किया गया। यह कितना भयंकर भेदभाव है जिसका एकमात्र कारण जातीय विचार आधार रहा है। श्री हंसराज काबरा (तथाकथित उच्च वर्ग) तथा श्री मोहन प्रकाश व्यास (ब्राह्मण) को लाभ इसलिए दिया गया कि वे उच्च हिन्दू वर्णों के जन्मजात सदस्य थे। उसी कारण मेरे प्रकरण में 30 जनवरी, 1969 को विभागीय परीक्षा में असफलता को आधार मानकर दलित जाति का होने के कारण निचले पद पर अपमानित करने के जातीय द्वेष के कारण पदावनत किया गया। यह कितना बड़ा भेदभाव रहा? यह गंभीर विचारणीय तथ्य है।

असन्तोषजनक क़ार्य वाले तद्र्थ नियुक्त अधिकारियों का परिणाम समान शर्तों के अन्तर्गत तद्र्थ रूप से नियुक्त सहायक वाणिज्यिक कर अधिकारियों में जुलाई, 1973 की स्क्रीनिंग कमेटी की जांच में अयोग्य पाये गये अधिकारीगण (सभी तथाकथित उच्च वर्ग) सर्वश्री नन्दलाल मोगरा, दुर्गालाल माथुर, बी.एस. माथुर, तेजचन्द भुर्रट, जगदीश लाल माथुर, आर.के. थानवी, एन.के. शाह, बी.बी. सक्सेना, एम.डी. सल्या, विष्णु प्रसाद शर्मा, एस.सी. भार्गव, आर.सी. चौहान, हरीराम शर्मा, मदनलाल मित्तल तथा श्री जमील अहमद को दिनांक 29.11.1973 के आदेश से निचले पद निरीक्षक पर राज्य सरकार ने पदावनत कर दिया था।

यदि यह मान लिया जाता कि मेरा पदावनत भी असन्तोषजनक कार्य के कारण हुआ तो मुझे–

(1) दिनांक 30 जनवरी, 1969 से 28.11.1973 तक "सहायक वाणिज्यिक कर अधिकारी" पद पर कार्य करने का अवसर और (4 वर्ष तथा 10 माह तक) मिलता और उपरोक्त 15 अधिकारियों के अलावा मैं 16वां अधिकारी होता तथा दिनांक 30 जनवरी, 1969 से अचानक मुझे पदावनत निचले पद पर नहीं किया जाता।

(2) आगे चलकर पदोन्नति समिति जुलाई, 1983 में आदेश दिनांक 19 जुलाई, 1983 से रिक्त पद वर्ष 1971 के लिए मेरा चयन "सहायक वाणिज्यिक कर अधिकारी" पद पर नहीं किया जाता यदि मेरा वर्ष 1964 से 1970 तक का सेवा रिकार्ड खराब होता। इसका तात्पर्य यह है कि मेरा पदावनत 30 जनवरी, 1969 का मेरे असन्तोषजनक कार्य पर कतई आधारित नहीं था।

आयुक्त वाणिज्यिक कर, राजस्थान से निवेदन

सितंबर, 1972 को तत्कालीन आयुक्त, वाणिज्यिक कर, राजस्थान, जयपुर से उनके कार्यालय में उपस्थित होकर व्यक्तिगत रूप से उपरोक्त परिस्थितियों का वर्णन किया था, लेकिन उन्होंने मेरे साथ सम्मानजनक व्यवहार नहीं किया था। उन्होंने कहा था –

> "अम्बेडकर कौन है? जिसने सारे समाज को खराब कर दिया–जगजीवन राम को लिखने या सिफारिश कराने से काम नहीं होता है – सरकार में बदमाशी चल रही है कि तुम ठेठ–चमारों को राज्य में नौकरी दी जा रही है आदि बहुत सी अनर्गल बातें कहीं।"

उनकी बातें सुनकर मैं दंग रह गया था। पहले तो उन्होंने मुझे छः घण्टे तक बाहर बिठाये रखा तथा मिलने की चिट देने के उपरान्त भी नहीं बुलाया तथा बाद में बुलाया और उपरोक्त बातें कही। इसलिए मैं इनका बगैर कोई जवाब दिये ही कार्यालय से बाहर आने लगा तो उन्होंने मुझे रोका और कहा कि–

किसलिए आये हो, यह तो बताओ, चुपचाप ही कैसे जा रहे हो।

मैनें जवाब दिया – "मैं यह सोचकर आया था कि कोई व्यक्ति बीकानेर के पूर्व महाराजा गंगासिंह का रिश्तेदार आयुक्त पद पर आया है जो न्यायप्रिय, निष्पक्ष व ईमानदार व्यक्ति है और सुनवाई करेगा, लेकिन आपकी उपरोक्त बातें सुनकर मैं जान गया हूँ कि आप वह व्यक्ति नहीं हैं, इसलिए अब आपसे निवेदन करने में मेरी रुचि नहीं रही है।"

इस पर उन्होंने फिर कहा कि–

"तुम पहले व्यक्ति हो जो "निरीक्षक" जैसे छोटे पद पर कार्य करते हुए भी मेरे से इतना कहने की हिम्मत कर रहे हो अन्यथा निरीक्षकों की पिण्डलियाँ मेरे सामने आने से कांपती हैं। इसलिए मुझे बताओ कि किसलिए मेरे पास आये थे?"

इस पर मैंने जवाब दिया था कि–

"आप इतने उच्च पद "आयुक्त" पर विराजमान हैं तथा मैं आपके अन्तर्गत एक छोटे "निरीक्षक" पद पर कार्यरत एक व्यक्ति हूँ, इसलिए सेवा नियमों के अन्तर्गत मजबूर हूँ कि आपके उपरोक्त कटु आलोचनाओं का मैं समुचित जवाब दे सकूं, इसलिए मैं आपसे कुछ भी निवेदन करके अपना समय बर्बाद नहीं करना चाहता हूँ, इसलिए जा रहा हूँ। दूसरी बात यह है कि आपसे केवल एक ही स्तर मानवता के स्तर पर ही वार्त्ता सम्भव है जो आपको स्वीकार नहीं होगा, फिर भी आप चाहें

तो एक रास्ता है कि आप स्वयं को "आयुक्त" न मानकर केवल "मानव" मानकर कार्यालय से बाहर आ जावें, वहां मानवता के स्तर पर खड़े होकर वार्त्ता करें तो आपको भी मालूम हो जायेगा कि कौन जोर की आवाज में बोल सकता है इसका भी निर्णय हो ही जायेगा। "आयुक्त" की कुर्सी पर बैठकर तो मैं भी आपसे कहीं तेज आवाज में बोल सकता हूँ। ऐसा आपको स्वीकार नहीं होगा, इसलिए मैं जा रहा हूँ।"

इस पर उन्होंने मुझे रोका और कहा कि–

"तुम बहुत अच्छे आदमी हो। मैं सोच भी नहीं सकता कि मेरे अन्तर्गत किसी निरीक्षक में इतनी हिम्मत हो सकती है कि मुझसे इस प्रकार वार्त्ता कर सके। मैं इसकी प्रशंसा करता हूँ।

इस बीच वहां बैठे एक डिप्टी कमिश्नर श्री जैन कुछ कहना चाहते थे कि आयुक्त भीमसिंह ने उनको गुस्से में फटकारा कि हम जब दो व्यक्ति बात कर रहे हैं तो क्या बीच में बोलना जरूरी है? कितने अच्छे व्यक्ति से मैं बात कर रहा हूँ। तुम्हारी समझ में क्यों नहीं आती। बेचारा जैन, डिप्टी कमिश्नर चुप हो गया।

फिर मेरी तरफ मुड़कर बोले–

"हां तो मौर्या साहब, आप क्यों मेरे से मिलने आये, मुझे बतायें।"

मैंने निवेदन किया कि "मेरे आप से मिलने से पहले जो विचार थे वे अब आपसे मिलकर बदल गये हैं, अब मुझे यह आशा दिखाई नहीं देती कि आप जैसा व्यक्ति हमारे (दलित वर्ग) हित में सोच सकता है, इसलिए अब मैं आपसे कुछ निवेदन करने में कोई सार नहीं मानता। इसलिए मेरा जाना ही उचित है।

इस पर फिर उन्होंने रोका और कहा कि "ठहरो, कुछ तो बताओ कि मुझसे क्या चाहते हो?"

इस पर मैंने कहा कि – "आप बीकानेर के रहने वाले हो और मेरा परिवार भी बीकानेर ही रहता है तो अच्छा होगा कि मेरा पदस्थापन्न भी बीकानेर कर दें ताकि आप मुझे पहचान सकें कि मैं कैसा आदमी हूँ।

इस पर उन्होंने बीकानेर स्थानान्तरण का मुझे आश्वासन दिया तथा बाद में कर भी दिया था, लेकिन उनकी आंखों में स्पष्ट मेरे प्रति ऐसे भाव नजर आ रहे थे, जैसे कि किसी भेड़िये की ललचायी नजर मेमने की तरफ होती है या कोई कसाई बकरे को देखता है कि इसे किस प्रकार हलाल करूं।

बाद में मुझे विश्वस्त सूत्रों से मालूम हुआ कि आयुक्त श्री भीमसिंह के पिताश्री जीवराजसिंह राठौड़ चुरू जिले में साढवां जागीर के जागीरदार थे और राजस्थान राज्य बनने के पश्चात् बीकानेर स्टेट के राजस्थान में विलय पर बीकानेर राज्य

के एक पुराने सेवक के रूप से राजस्थान राज्य की सेवा में शामिल कर लिये गये तथा वेतन स्थिरीकरण से भारतीय प्रशासनिक सेवा में बाद में उक्त श्री भीमसिंह को शामिल कर लिया था तथा बाद में वे वाणिज्यिक कर आयुक्त हो गये थे। जागीरदारी के समय में उनके पिताश्री ने बेगार न देने के कारण एक पददलित चमार की गर्म सलाखों से आंखें निकाली थीं, जिसको श्री भीम सिंह आयुक्त, एक अच्छा कार्य मानते हुए गर्व से कहते रहे थे कि "मेरे पिताश्री ने जिन्दा चमार की आंखें निकलवा दी थीं, इसलिए मुझसे सावधान रहे।"

ऐसे व्यक्ति से न्याय की कामना कैसे रखी जा सकती थी?

वित्त मंत्री की निष्क्रियता ने अनर्थ किया

दिनांक 14.11.1976 को श्रीगंगानगर प्रवास में वित्त मंत्री, राजस्थान के समक्ष प्रस्तुत अभाव अभियोग आवेदन पर कोई सार्थक कार्यवाही जन नेता द्वारा न करने पर जागीरदार पुत्र आयुक्त ने अपनी मनमानी और आपातकाल स्थिति का लाभ उठाकर मुझे जाल में फंसाने और सेवा से हटाने के उद्देश्य से दिनांक 25.03.1976 को जानबूझकर निलम्बित किया था। यह बात अलग है कि बाद में उनके द्वारा तैयार 12 आरोपों के ज्ञापन दिनांक 17.11.1977 की जांच में मैं निर्दोष प्रमाणित हुआ तथा दिनांक 17.11.1980 को दोषमुक्त करके निलम्बन काल को ड्यूटी मानते हुए बरी कर दिया था।

फिर धरती पुत्र का शोषण क्यों हुआ? गम्भीर विचारणीय विषय है। ऐसा दूसरा उदाहरण विश्व इतिहास में दुर्लभ है। श्री चन्दनमल वैद जैसे पुराने कांग्रेसी नेता जो समानता व न्याय के दम भरते रहते थे, अपने स्वयं के जाति (बनिये) के हंसराज कावरा के समान व्यवहार मेरे साथ नहीं किया तथा मेरे बारे में आयुक्त के मई 1971 के प्रतिवेदन को अनदेखा किया तथा जागीरदार पुत्र श्री भीमसिंह (आयुक्त) के सामने उनका मस्तिष्क कैसे निष्क्रिय हो गया था? श्री मोहनप्रकाश व्यास (एक ब्राह्मण कनिष्क निरीक्षक) को बिना पारस्परिक वरिष्ठता पर विचार किये ही (दिनांक 2.07. 1973 को) 'सहायक वाणिज्यिक कर अधिकारी' के उच्च राजपत्रित पद पर पदोन्नति कैसे स्वीकार की तथा श्री व्यास से वरिष्ठ निरीक्षक श्री भगवानदास गुप्ता की उच्च न्यायालय में रिट याचिका के जवाबदावे में श्री व्यास की वरिष्ठता के बिन्दु पर सही स्थिति नहीं बताई क्योंकि ऐसा करने पर श्री व्यास को वापिस 'निरीक्षक' पद पर नीचे लाना पड़ता, जो ब्राह्मण बाहुल्य प्रशासन में कैसे सम्भव था तथा राजनेता श्री चन्दनमल वैद क्यों एक 'अछूत' को न्याय दिलाते? मनुवादी महात्मा गांधी के भगत जो ठहरे। श्री वैद की इस चुप्पी ने दलितों पर अत्याचार करने वालों को भारी सहयोग दिया, जो अनर्थ ही कहा जा सकता है। एक तहर से, यह एक घोषणा थी, जो धरती पुत्र के शोषण की धारा को कभी न रुकने वाला मोड़ दिया था।

अध्याय – 2

शिक्षा नीति पर एक सामन्ती प्रहार आपातकाल स्थिति का दुरुपयोग

वर्ष 1974–75 में एल.एल.बी. प्रथम वर्ष में आगामी अध्ययन

राज्य सरकार के नीति निर्देशन नियुक्ति (क–3) विभाग का परिपत्र क्रमांक एफ.18(17) नियुक्ति/क–3/55 दिनांक 4 जून, 1965 के अन्तर्गत इस प्रकार थाः–

"विषय : शिडयूल्ड कास्ट्स/ट्राइब्स के प्रकरणों में आगामी अध्ययन जारी रखने में शिथिलता

समसंख्यक मीमो दिनाक 31 जुलाई, 1961 के पैरा। के आयटम–2 की तरफ ध्यान आकर्षित करते हुए, जिसमें यह कि राज्य कर्मचारियों के स्नातक स्तर के उपरान्त तथा 45 वर्ष की आयु के उपरान्त आगामी अध्ययन जारी रखने के लिए वर्ष के एक मार्च से आवेदन आमंत्रित किये जाते हैं, के क्रम में आगे विचार करती है कि शिडयूल्ड कास्ट्स एवं ट्राइब्स के राज्य कर्मचारियों के स्नातक स्तर से आगे पोस्ट ग्रेजूएट डिग्री या डिप्लोमा समाज शास्त्र, सामाजिक कार्य या सामाजिक सुधार या प्रशासनिक सुधार के आगामी अध्ययन की स्वीकृति विभाग के मुखिया (दी हैड्स ऑफ डिपार्टमेन्ट) स्वीकार कर सकेंगे।"

इससे यह स्पष्ट हो गया कि राज्य की नीति शिडयूल्ड कास्ट्स/ट्राइब्स के राज्य कर्मचारियों के आगामी अध्ययन के आवेदनों पर पूर्ण सहानुभूति से स्वीकृति प्रदान करने के आदेश विभागाध्यक्ष को थे।

भारत सरकार के आयकर आयुक्त, राजस्थान, जयपुर ने भी वर्ष 1974–75 में एल.एल.बी. प्रथम वर्ष में आगामी अध्ययन हेतु रात्रि/प्रातः कक्षा में ज्वाइन करने की स्वीकृति श्री वी.डी. यादव (जयपुर), एम.सी.कोवल, (जयपुर), जे.पी. गुप्ता

(कोटा), खेमचन्द (जोधपुर), आयकर निरीक्षक गणों को दी थी, जो बिक्री कर निरीक्षक के समान ही कर्तव्य में रत रहे थे, तथा शिक्षा नीति के अन्तर्गत ही अध्ययन को उचित माना था।

वर्ष 1974–75 में मेरा पदस्थापन ''वाणिज्यिक कर निरीक्षक'' पद पर प्रतिकरापवंचन शाखा में वाणिज्यिक कर अधिकारी, वृत बीकानेर के अन्तर्गत था तथा उनका प्रशासकीय नियन्त्रणकर्ता, उपायुक्त (प्रशा.) वाणिज्यिक कर, जोधपुर थे। उपायुक्त (प्रशा.) वाणिज्यिक कर प्रतिकरापवंचन, राजस्थान जयपुर का सीधा वाणिज्यिक कर अधिकारी, वृत बीकानेर पर कोई नियंत्रण नहीं था।

मैंने बीकानेर में वर्ष 1974–75 में आगामी अध्ययन एल.एल.बी. प्रथम वष में करने हेतु मेरा स्नातक होने से आवेदन पत्र दिनांक 18.03.74 को आयुक्त वाणिज्यिक कर के नाम से उचित माध्यम वाणिज्यिक कर अधिकारी, वृत, बीकानेर के माध्यम से प्रस्तुत किया था। इसके पश्चात् क्रमशः दिनांक 02/04/1974, 22/04/1974, 15/07/1974 तथा 15/08/1974 को उपायुक्त (प्रशासन) वाणिज्यिक कर जोधपुर तथा उपायुक्त (प्रशा.) वाणिज्यिक कर प्रतिकरापवंचन, राजस्थान, जयपुर का विशेष ध्यान आकर्षित किया था। दिनांक 30.08.1974 श्री डूँगर कॉलेज, बीकानेर में एडमीशन फार्म प्रस्तुत कर फीस जमा कराने की आखिरी तिथि थी, अतः तत्कालीन वाणिज्यिक कर अधिकारी, वृत बीकानेर श्री रमेश चन्द्र रुंगटा से कॉलेज एडमीशन फार्म अग्रप्रेषित कराकर दिनांक 30.08.1974 को कॉलेज फीस जमा करा दी थी। वाणिज्यिक कर अधिकारी, वृत बीकानेर द्वारा कॉलेज एडमीशन फार्म को अग्रप्रेषित करना एक तरह से राज्य शिक्षा नीति के अनुसार कॉलेज में कक्षाएं ज्वाइन करने की वैधिक स्वीकृति ही थी, क्योंकि इससे यह स्पष्ट प्रमाणित होता था कि विभाग को जहां पर मैं कार्यरत था, मेरे कार्य के सम्बन्ध में मेरे किसी उच्च अधिकारी को इसका विरोध या आपत्ति नहीं थी। वाणिज्यिक कर अधिकारी, वृत बीकानेर से उच्च अधिकारियों का मेरे अर्द्धशासकीय पत्र दिनांक 15.08.1974 के क्रम में दिनांक 30 अगस्त, 1974 तक कोई आपत्ति नहीं उठाई गई थी। इस प्रकार मैं एल.एल.बी. प्रथम वर्ष कक्षा में नियमित रूप से ज्वाइन शुरू कर दिया तथा अपना अध्ययन जारी रखा था। क्योंकि मैं राजस्थान विश्वविद्यालय का वर्ष 1959 का उपाधि प्राप्त स्नातक था।

दिनांक 31.08.1974 को उपायुक्त (प्रशासन) एन्टीइवेजन, वाणिज्यिक कर राजस्थान, जयपुर का दिनांक 27.08.1974 का पत्र पृष्ठांकन पत्र मुझे मिला, जो इस प्रकार था :–

उपायुक्त (प्रशासन) एन्टीइवेज़न क्रमांक : पं./65/74/संस्था/डीसी/ए4
वाणिज्यिक कर विभाग, जयपुर।

उपायुक्त (प्रशासन), दिनांक ...अगस्त 1974
वाणिज्यिक कर विभाग, जोधपुर।

विषय : श्री प्रदीप कुमार मौर्य, वाणिज्यिक कर निरीक्षक के आगामी अध्ययन के सम्बंध में।

प्रसंग : श्री मौर्य का अ.श.प.स. 151 दिनांक 15.8.1974

उपरोक्त विषय में श्री प्रदीप कुमार मौर्य वाणिज्यिक कर निरीक्षक, बीकानेर द्वारा इस कार्यालय को प्रेषित अर्धशासकीय पत्र की प्रति प्रेषित में लेख है कि श्री मौर्य ने उनके द्वारा आपको लिखे पत्रों का विवरण देते हुए सूचित किया है कि उन्होंने बीकानेर में एल.एल.बी. की कक्षाओं में अध्ययन प्रारम्भ कर दिया है।

उपायुक्त (प्रशासन) एन्टीइवेज़न,
वाणिज्यिक कर, राजस्थान, जयपुर।

क्रमांक प. 65/74/संस्था/एई/74/2412 दिनांक 27.8.1974

1. प्रतिलिपि श्रीमान् आयुक्त महोदय, वाणिज्यिक कर विभाग, राजस्थान, जयपुर को श्री मौर्य के पत्र की प्रति सहित सूचनार्थ।
2. श्री पी.के. मौर्य, वाणिज्यिक कर निरीक्षक, एन्टीइवेजन, बीकानेर, रानी बाजार, बीकानेर को उनके अर्धशासकीय पत्र सं. 152/सीटीआई–एई/ दिनांक 15.8.1974 के क्रम में प्रेषित कर लेख हैं कि आप द्वारा बिना स्वीकृति प्राप्त किए आगामी अध्ययन प्रारम्भ करना अनुशासनहीनता का प्रतीक है। अतः आप इस संबंध में अपना स्पष्टीकरण दें कि क्यों न आपके विरुद्ध अनुशासनात्मक कार्यवाही की जाये।

इस पत्र से श्री अर्जुन कोटवानी, उपायुक्त (प्रशासन) वाणिज्यिक कर एन्टीइवेजन, राजस्थान, जयपुर ने, उपायुक्त (प्रशासन) वाणिज्यिक कर विभाग, जोधपुर को केवल सूचित क्रिया है। कि बीकानेर में एल.एल.बी. की कक्षाओं में अध्ययन प्रारम्भ कर दिया है। अध्ययन पर किसी प्रकार की आपत्ति प्रकट नहीं की गई है। मेरे पृष्ठांकन में केवल यह लिखा है कि आप द्वारा बिना स्वीकृति प्राप्त किये आगामी अध्ययन प्रारम्भ करना अनुशासनहीनता का प्रतीक है। अतः इस सम्बन्ध में आप अपना स्पष्टीकरण शीघ्र प्रस्तुत करें कि क्यों न आपके विरुद्ध अनुशासनात्मक कार्यवाही प्रारम्भ की जावे। इस क्रम में दिनांक 13/09/1974 को उनको स्पष्टीकरण प्रस्तुत कर दिया था तथा बाद में पुनः दिनांक 15.02.1975 के आवेदनों

द्वारा दोनों उपायुक्तों (प्रशासन) क्रमशः वाणिज्यिक कर, जोधपुर तथा एन्टीइवेजन, जयपुर को सूचित कर दिया था, जिसका कोई प्रतिउत्तर मुझे नहीं दिया गया था।

चूँकि यूनिवर्सिटी फार्म भरने का समय आ गया था तथा आयुक्त कार्यालय द्वारा लिखित स्वीकृत नहीं आई थी, जो अब तक आ जानी चाहिये थी। अतः उच्च अधिकारियों का ध्यान अ.शा. पत्र दिनांक 5 मार्च, 1975 से आकर्षित किया था तथा बाद में दिनांक 7 मार्च, 1975 को टेलीग्राम द्वारा आयुक्त कार्यालय को सूचित कर दिया था। यद्यपि उपायुक्त (प्रशासन) वाणिज्यिक कर, जोधपुर द्वारा कोई आपत्ति नहीं उठाई गई थी, लेकिन राज्य नीति के अन्तर्गत लिखित स्वीकृति भी आवश्यक होती है, इस सद्भावनां में यह निवेदन किया जा रहा था। इस सम्बन्ध में उपायुक्त (प्रशासन) मुख्यालय, वाणिज्यिक कर विभाग, राजस्थान, जयपुर द्वारा पत्र दिनांक 18/03/75 से लिखा कि ''भविष्य में किया जाने वाला पत्र व्यवहार ''उचित माध्यम'' के द्वारा ही करें''। यह पत्र मुझे दिनांक 24/03/1975 को मिला था, जिसकी पालना में दिनांक 24./03/1975 को एक और आवेदन पत्र ''उचित माध्यम'' द्वारा आयुक्त के नाम प्रस्तुत कर दिया था, जिसका बाद में कोई जवाब नहीं आया था। दिनांक 18/03/1975 का पत्र इस प्रकार है–

राजस्थान सरकार
वाणिज्यिक कर विभाग

क्रमांकः प. 9(सी)6(एडम)सीसीटी/74/2931 दिनांक : 18.3.1975

श्री पी.के. मौर्य
वाणिज्यिक कर निरीक्षक,
एन्टीइवेजन,
बीकानेर।

विषय : अग्रिम अध्ययन की स्वीकृति के सम्बन्ध में।

प्रसंग : आपका तार दिनांक 7.3.1975 तथा अ.शा.पत्र क्रमांक 277
दिनांक 5.5.1975

उपर्युक्त अंकित विषयान्तर्गत उल्लेखित प्रासंगिक पत्रों के क्रम में आपको लेख है कि आप भविष्य में किया जाने वाला पत्र व्यवहार 'उचित माध्यम' के द्वारा ही करें।

उपायुक्त (प्रशासन) मुख्यालय,
वाणिज्यिक कर विभाग,
राजस्थान, जयपुर

इस प्रकार राज्य शिक्षा नीति के अन्तर्गत मैंने लिखित स्वीकृति आगामी अध्ययन के लिए प्राप्त करने के लिए अनेक प्रयत्न किये। मेरे बीकानेर स्थित नियंत्रणकर्त्ता अधिकारीगणों का मेरे आगामी अध्ययन के प्रति कोई विरोध नहीं था तथा उन्होंने मुझे पूर्ण सहयोग व मदद की थी। एल.एल.बी. कक्षाओं में सम्मिलित होकर अध्ययन करने से मैंने विभाग के किसी अनुशासन को भंग नहीं किया तथा मेरे कार्य से मेरे उच्च अधिकारी पूर्ण संतुष्ट थे तथा उन्होंने कभी भी कोई शिकायत मेरे कार्य के बारे में नहीं की थी। विभिन्न स्थानों पर विभिन्न तरह की फील्ड ड्यूटीज मैंने पूर्ण रूपेण दी तथा उच्च अधिकारियों को कोई शिकायत का मौका नहीं दिया था। राज्य कार्य में किसी प्रकार की रुकावट आये, ऐसा मेरे आगामी अध्ययन वर्ष 1974–75 से नहीं हुआ था। जिस प्रकार आयकर निरीक्षक गण अपना आगामी अध्ययन तथा कर्तव्य निभाते रहे हैं, उसी प्रकार मैंने भी वर्ष 1974–75 में किया तथा कोई ऐसा कार्य नहीं किया, जो विभाग के किसी कार्य के विपरीत पड़ा हो। मैंने अपने उच्च अधिकारियों को मेरे राजकीय कार्य के बारे में शिकायत का कोई मौका नहीं दिया था तथा सब अधिकारीगण मुझसे खुश थे। उपायुक्त (प्रशासन) वाणिज्यिक कर, जोधपुर ने मेरे आगामी अध्ययन का कभी भी विरोध नहीं किया था।

उपायुक्त (प्रशासन) एन्टीइवेजन, वाणिज्यिक कर राजस्थान, जयपुर भी मेरे कार्य से बहुत खुश थे तथा उन्होंने मेरे आगामी अध्ययन के सम्बन्ध में मेरे स्पष्टीकरण दिनांक 13.09.1974 से सन्तुष्ट थे, इस कारण उन्होंने आगामी अध्ययन वर्ष 1974 75 रोकने के लिए कोई निर्देश नहीं दिये थे तथा न कोई अन्य प्रकार से आपत्ति ही उठायी थी। बल्कि वर्ष 1975–76 में एल.एल.बी. द्वितीय वर्ष में आगामी अध्ययन का आवेदन उन्होंने (उपायुक्त प्रशासन, एन्टीइवेजन, जयपुर) स्वयं मांगा तथा मैंने क्रमांक 311 दिनांक 17.5.1975 से उनके समक्ष प्रस्तुत किया था, जिसको उन्होंने दिनांक 14.06.75 को आयुक्त कार्यालय को इस प्रकार अग्रप्रेषित कर दिया था।

उपायुक्त (प्रशासन) एन्टीइवेजन
वाणिज्यिक कर विभाग,
जयपुर

विषय : वर्ष 75–76 में आगामी अध्ययन

संदर्भ : आपका पत्र 311 दिनांक 17.5.75

उपरोक्त विषय में लेख है कि आपका आगामी अध्ययन आवेदन वर्ष 75-76 के लिये एक कार्यालय से आयुक्त महोदय को अग्रप्रेषित कर दिया गया है।

उपायुक्त (प्रशासन) एन्टीइवेजन
वाणिज्यिक कर विभाग, जयपुर

इसके अलावा श्री अर्जुन कोटवानी, उपायुक्त (प्रशासन) एन्टीइवेजन, वाणिज्यिक कर, राजस्थान, जयपुर ने अपने आदेश क्रमांक एफ 2(डीसी)/एई/स्था./75/2868 दिनांक 9 जून, 1975 से बीकानेर से श्रीगंगानगर (कार्यालय ए.सी.टी.ए.ई. 2) स्थानान्तरण कर दिया था। इसमें स्वयं श्री कोटवानी जी को ध्यान था कि मुझे वर्ष 1975-76 में एल.एल.बी. द्वितीय वर्ष में आगामी अध्ययन करना है, इस कारण श्रीगंगानगर में "ला कॉलेज" होने के कारण इस सहानुभूति के कारण मेरा यह स्थानान्तरण आदेश उन्होंने किया था।

यह सब इस बात का सक्षम प्रमाण थे कि श्री अर्जुन कोटवानी, उपायुक्त (प्रशासन) एन्टीइवेजन, जयपुर मेरे आगामी अध्ययन के विरुद्ध नहीं थे, अन्यथा वे मेरा द्वितीय वर्ष एल.एल.बी. अध्ययन के आवेदन को अग्रप्रेषित आयुक्त कार्यालय में नहीं करते तथा मेरा स्थानांतरण श्रीगंगानगर कभी नहीं करते।

यह इस बात का भी सक्षम प्रमाण है कि श्री अर्जुन कोटवानी, उपायुक्त (प्रशासन) एन्टीइवेजन, राजस्थान, जयपुर ने पूर्व में क्रमांक एफ डिस्प/डीसी/एई/स्था/75/2214 दिनांक 30 अप्रैल, 1975 से राजस्थान असैनिक सेवा (अनु. वर्गी. एवं नियंत्रण) नियम 1958 के नियम 17 के अन्तर्गत शुरू की गई कार्यवाही के क्रम में मेरे दिनांक 14 जून, 1975 के स्पष्टीकरण जो इस प्रकार था,

Bikaner
Dtd. 14th June, 1975

To,

Dy. Commissioner (Adm.) Anti-Evasion
Commercial Taxes, Jaipur.

Through : Proper Channel

Sir,

With due respect I beg to state as under in explanation to your letter No. F.Disp/DC/AE/Estt/75/2214 dated 30th April, 1975 before any action is proposed vide your above referred notice, it is obligatory to convey the delinquent employee the rule of Govt. servants conduct rules contravened. However, as far as I could conclude the charges against me as conveyed are as under—

"............................I shall proceed to take action against you u/r 17 of the classification control and appeals Rules for your indiscipline displayed by joining the L.L.B. class *without seeking written permission* of the commissioner as required under the Govt. Rules" (in your letter dated 30.04.1975).

I assure you that I have never displayed indiscipline rather I had been a willing worker. The cause lead to take a disciplinary action against me under rule 17 is that I joined the L.L.B. classes without seeking written permission. However, the letter conveyed that I joined classes without seeking written permission of the commissioner. In this respect, I beg to state that every stage viz. before enrolment, before the submission of the application for admission and before depositing the university examination fee, I sought the permission of the competent authority. All along I persued the application, submitted for permission on 19.03.1974. Since I had not been discouraged at any stage and at any level, therefore. I continued my studies. Only I received the letter of 30th April, 1975 which also did not prevent me to continue.

If do not construed otherwise, I beg to invite your kind attention to the letter No. F.18(17)Apptts(A)55/Group-III Jaipur the 31st July, 1961. It is inter alia mentioned therein that the employee seeking permission should not be over 45 years in age, preference should be given the employees over 35 and below 45 years, more than five per cent employees should not be permitted in particular year and no premission will be given to a person who fails at any examination more than once. In this context, I humbly assert that I fulfill all the conditions except five per cent employees. However, there had been no application from Inspector cadre.

Furthermore, it will be tangible to cite the order No. F(7) Apptts/D/60 Dated 16.03.1960 in which it is emphasised that—

(1) Members of the Scheduled Castes and Scheduled Tribes in Government service who desire to persue further studies may be allowed as a rule to take study leave admissible under Rule 110 of the R.S.R. order to extend this benefit have been issued under Finance Deptt. order No. I.D. 4494/59 F.A. (21) A/Rules dated 17th August, 1959.

I hope that you will appreciate that I applied in time i.e. on 19.03.1974 and persued vide applications dated 02.04.1974, 22.04.1974, 15.07.1974, 15.08.1974, 13.09.1974, 15.02.1975,

05.03.1975, 07.03.1975 and 24.03.1975 continuously for seeking the written permission.

Inspite of my sincere efforts to get the permission in time, I had never been asked to leave my studies at any stage. However I had been asked to route all the correspondence in this connection through proper channel which I complied with.

It is on the record that I concealed no fact. On the otherhand I apprised the administration of my every act without delay and any ommission. Therefore, I beg to request you to very kindly grant me the permission if not accorded.

I shall be highly obliged for this act of kindness.

Submitted.

Yours faithfully

(Pradeep Kumar Maurya)
Inspector, AE
Commercial Taxes,
Bikaner.

No. 317/CTI/AE/BKN/75
Dated 14th June, 1975.

उससे भी पूर्ण सन्तुष्ट हो गये थे, इसी कारण उन्होंने मेरे वर्ष 1975–76 में एल.एल.बी. द्वितीय वर्ष में आगामी अध्ययन के आवेदन पत्र दिनांक 17.05.1975 को श्रीमान् आयुक्त, वाणिज्यिक कर विभाग, राजस्थान, जयपुर को अग्रप्रेषित कर दिया था अर्थात् वर्ष 1974–75 में एल.एल.बी. प्रथम वर्ष में आगामी अध्ययन की कार्यवाही व उसकी लिखित विधिक स्वीकृति के लिए वे पूर्णतया सहमत थे, इसी कारण द्वितीय वर्ष में आगामी अध्ययन के लिए सहमत होते हुए आवेदन पत्र को दिनांक 14.06.1975 को अग्रप्रेषित किया था। अब फिर किस बात की अनुशासनहीनता और दुराचरण हो गया। क्या लिखित स्वीकृति आगामी अध्ययन की निवेदन करना ही अनुशासनहीनता या दुराचरण है?

आपातकाल (इमरजेन्सी) में सामन्ती तलवार

25 जून, 1975 को देश में श्रीमती इंदिरा गांधी ने आपातकाल की घोषणा करवाई जिसमें उच्च अधिकारियों की शक्तियों में भारी बढ़ोत्तरी हो गयी थी। ऐसी स्थिति में जागीरदार पुत्र आयुक्त, वाणिज्यिक कर, राजस्थान, जयपुर भला पीछे रहने वाले कहां थे। मैं नहीं जानता था कि आयुक्त श्री भीमसिंह, भारत की शिक्षा

नीति के विरुद्ध, आगामी अध्ययन की कार्यवाही को इस प्रकार अपनी व्यक्तिगत इच्छा के अन्तर्गत लेंगे। शिक्षा नीति के अनुसार यह एक फोरमल कार्यवाही ही थी कि वे मुझे एल.एल.बी. में आगामी अध्ययन की स्वीकृति जारी करते, लेकिन इसके विपरीत उन्होंने अपनी व्यक्तिगत इच्छा की सन्तुष्टि के लिए बिना किसी अन्य प्रशासनिक कारण के श्री महेन्द्र कुमार व्यास, उपायुक्त (प्रशासन) वाणिज्यिक कर जोधपुर तथा श्री अर्जुन कोटवानी, उपायुक्त (प्रशासन) एन्टीइवेजन, जयपुर को दूरभाष पर निर्देश देकर मेरा स्थानान्तरण श्रीगंगानगर से वृत्त हनुमानगढ़ में आदेश क्रमांक प.1(ग)(1)स्था./उपा.जो./75/2876 दिनांक 24 जुलाई, 1975 से करवाया ताकि मैं श्रीगंगानगर में एल.एल.बी. द्वितीय वर्ष में आगामी अध्ययन न कर सकूं।

श्री अर्जुन कोटवानी, उपायुक्त (प्रशासन) एन्टीइवेजन, वाणिज्यिक कर, जयपुर ने जागीरदार पुत्र आयुक्त, वाणिज्यिक कर, राजस्थान के कहने पर एल.एल.बी. प्रथम वर्ष 1974–75 में अध्ययन करने के कारण दण्ड स्वरूप एक ग्रेड इन्क्रीमेंट बंद करने की सजा देने की नीयत से मुझे अपने पत्र क्रमांक एफ/डी/ए/संस्था/डीसी/एई/75/3682 दिनांक 10 जुलाई, 1975 से देश में आपातकाल की स्थिति का लाभ उठाते हुए नोटिस दिया, जिसके लिए वे अधिकृत नहीं थे, क्योंकि वर्ष 1974–75 में मेरा पदस्थापन्न वाणिज्यिक कर अधिकारी, वृत्त बीकानेर के अन्तर्गत था जिनके कॉलेज एडमीशन फार्म पर अग्रप्रेषण करने के फलस्वरूप ही मैंने श्री डूंगर कॉलेज, बीकानेर में एल.एल.बी. कक्षाएँ अध्ययन हेतु ज्वाइन की थी तथा अध्ययन किया था। वाणिज्यिक कर अधिकारी, वृत्त बीकानेर के अन्तर्गत कार्यरत रहने तथा जब तक उनके द्वारा कोई शिकायत मेरे विरुद्ध नहीं की जाती तब तक बिना आधार अनुशानात्मक कार्यवाही किया जाना सिद्धान्तः ही न्याय के विरुद्ध था। श्री अर्जुन कोटवानी उपायुक्त (प्रशासन), एन्टीइवेजन, जयपुर भी सुलझे हुए व अच्छे प्रशासक थे, जिन्होंने स्वयं एल.एल.बी. द्वितीय वर्ष 1975–76 में अध्ययन हेतु मेरे आवेदन पत्र को दिनांक 14 जून, 1975 को स्वीकृति हेतु आयुक्त, वाणिज्यिक कर, राजस्थान के समक्ष प्रस्तुत किया था, यदि वे वर्ष 1974–75 के मेरे अध्ययन के विरुद्ध होते तो दिनांक 14 जून, 1975 को मेरे आगामी अध्ययन के आवेदन को कभी अग्रप्रेषित नहीं करते। यह इस बात का सक्षम प्रमाण है कि वे स्वयं की इच्छा से इस सम्बन्ध में कोई कार्यवाही नहीं कर रहे थे, बल्कि जागीरदार पुत्र वाणिज्यिक कर आयुक्त, राजस्थान के दबाव से यह सब कार्य कर रहे थे अर्थात् देश में आपातकाल की स्थिति से अपनी स्वयं की नौकरी को खतरे से बचाने के लिए स्वयं के स्वार्थ में आयुक्त के भारी दबाव से कार्य कर रहे थे। वे अच्छी तरह से जानते थे कि मेरे नियंत्रणकर्त्ता अधिकारीगण जैसे सहायक वाणिज्यिक कर अधिकारी, एन्टीइवेजन, बीकानेर, वाणिज्यिक कर अधिकारी, वृत्त बीकानेर तथा

उपायुक्त (प्रशासन), वाणिज्यिक कर जोधपुर मेरे आगामी अध्ययन के विरुद्ध नहीं थे तथा उनकी ओर से मेरे विरुद्ध कोई किसी प्रकार की भी शिकायत उच्च अधिकारियों को नहीं की गई थी। स्वयं श्री अर्जुन कोटवानी, उपायुक्त (प्रशासन) एन्टीइवेजन,जयपुर ने दिनांक 27 अगस्त, 1974 को मेरे वर्ष 1974–75 में आगामी अध्ययन की सूचना उपायुक्त (प्रशासन) वाणिज्यिक कर, जोधपुर को दी थी तथा उनको किसी प्रकार की कोई शिकायत नहीं की थी। यदि वे मेरे आगामी अध्ययन को बुरा मानते तो अवश्य मेरे विरुद्ध दिनांक 27 अगस्त, 1974 को शिकायत करते। उनके कथनानुसार चाहे गये मेरे दिनांक 13 सितम्बर, 1974 को मेरे द्वारा प्रस्तुत स्पष्टीकरण से भी वे पूर्ण सन्तुष्ट थे, इस कारण अप्रैल, 1975 तक उन्होंने इस संबंध में कोई सार्थक कार्यवाही मेरे विरुद्ध नहीं की थी, बल्कि दिनांक 14 जून, 1975 को मेरे वर्ष 1975–76 में आगामी अध्ययन का आवेदन स्वीकृति हेतु आयुक्त वाणिज्यिक कर, राजस्थान के समक्ष प्रस्तुत किया था।

फिर भी माननीयं उपायुक्त (प्रशासन), एन्टीइवेजन, वाणिज्यिक कर राजस्थान, जयपुर के दिनांक 10 जुलाई, 1975 द्वारा चाहे गये नोटिस के क्रम में उनके समक्ष मेरे स्पष्टीकरण दिनांक 14 जून, 1975 को प्रस्तुत किया था। राज्य शिक्षा नीति निर्देशन क्रमांक एफ 18(17) नियुक्ति/ए/55/ग्रुप–3/जयपुर दिनांक 31 जुलाई, 1961 के क्रम में 4 जून, 1965 को जारी विशेष निर्देशन दलित जातियों को लाभ देने के क्रम मैंने उचित माध्यम द्वारा दिनांक 19 मार्च, 1974 को आगामी अध्ययन का आवेदन प्रस्तुत किया था, जिसका किसी अधिकारी ने किसी भी स्तर पर कोई विरोध नहीं किया था तथा उक्त अवधि में मेरे कार्य सम्बन्धी कोई शिकायत किसी स्तर पर नहीं की गयी थी। इस प्रकार यह सम्पूर्ण कार्यवाही दुर्भावनापूर्ण थी। दिनांक 4 अगस्त, 1975 को मेरा स्पष्टीकरण इस प्रकार प्रस्तुत किया गया था–

Registered A.D.

From :-

P.K. Maurya,
Commercial Taxes Inspector,
Anti-Evasion I,
Sri Ganganagar.

To

The Dy. Commissioner (Adm) A.E.,
Commercial Taxes Department,
Rajasthan, Jaipur.

Sub : Seeking admission & paying fee for L.L.B. First Year in College.

Ref : Your No. F/D.A/Estt/DC/AE/75/3682 dated 10.7.1975.

Sir,

With reference to your letter cited above I have to submit that the permissions to prosecute further studies are always conveyed by the competent authority after the closing dates of admissions as will be apparent from the following instances and, therefore, the Principal of the College grants provisional admissions to the prospective government employee who wishes to prosecute further studies. Had the admission been sought after the receipt of official permission to prosecute further studies, no one could have got admission and could have prosecuted further studies. Accordingly all candidates who got permission to prosecute further studies uptil now in the past had invariably sought admission and had deposited fee in anticipation of the permission and, therefore, all of such employees who had prosecuted further studies, and were permitted by the Government will likewise be liable for action for seeking admission and paying fee before the permission to do so was issued by the competent authority.

2. Permission to prosecute further studies during the Academic Session 1970-71 was given as late as on 22nd Feb., 1971 vide letter No. F.9(C)2(Gen/Adm) CCT/70. Permission for study during the year 1972-73 was given as late as on 6th Sept., 1972. Thus, it will be crystal clear that the permissions had always been issued late i.e. after lapse of the last date fixed for applying for admissions. As such, if admissions and payments of fees are to be made after receipt of the permission, no body would get the admission in the college for further studies. Admissions are, therefore, being sought and payment of fees are being made provisionally invariably in anticipation of the permission.

3. Besides this, to grant permission to the candidates of Scheduled Caste for further studies as a *Rule* as per Finance Deptt. Order No. 1D. 4494/59 FA(21)A/Rules dated 17th August, 1959 and, therefore, I hoped that permission would be granted to me as a rule and, therefore, I sought provisional admission by applying for admission in time and paying the fee thereof as other higher caste persons are doing.

4. Provisional admission prior to permission is, therefore, a recognised practice and, therefore, if I had sought provisional admission as all others have done at all times, I have done no irregularity.

Despite all the above facts and circumstances if the authorities still are biased to conclude that I alone have committed irregularity in seeking provisional admission, it will be a clear case of discrimination between a Scheduled Caste candidate and the candidates from so-called higher castes. This will also mean that the authorities are bent upon to crush the scheduled caste candidates/ employees on one lame pretext or the other.

It is, therefore, prayed that in the interest of fair play of justice, the notice under reference may kindly be vacated and the scheduled caste persons under your control may not be thumbed down and perished.

Yours faithfully,

(P.K. Maurya)
Inspector, A.E.-I,
Commerical Taxes,
Sri Ganganagar

Dated 4.8.75

जहां तक श्रीगंगानगर से हनुमानगढ़ वृत्त में स्थानान्तरण का प्रश्न है मैंने जोधपुर सम्भाग के उपायुक्त (प्रशासन) वाणिज्यिक कर जोधपुर श्री महेन्द्र कुमार व्यास के आदेश दिनांक 24 जुलाई, 1975 के विरुद्ध विशेष निवेदन पत्र दिनांक 7 अगस्त, 1975 तथा बाद में इसी क्रम में दिनांक 2 सितम्बर, 1975 को टेलिग्राम से भी निवेदन किया था कि मेरा उक्त स्थानान्तरण आदेश मेरे आगामी अध्ययन में बाधक है, अतः इसको निरस्त किया जावे। इसकी सूचना मुख्यालय आयुक्त कार्यालय जयपुर को भी अ.शा. पत्र क्रमांक 32 दिनांक 22 अगस्त, 1975 से विशेष निवेदन भी किया था।

CONFIDENTIAL

P. Kumar Maurya,
Inspector,
Commercial Taxes

D.O. No. 23/CTI-AE/I/75/SSNR
C/o Asstt. Commercial Taxes,
Officer (Anti-Evasion-I),
Sri Ganganagar.

Dated 7th August, 1975.

Sub.: Further study in L.L.B. II Year in Year 1975-76 and my transfer to Hanumangarh.

Ref. : D.C. (Adm.) AE Jaipur's No. प./अ.शा./संस्था/डीडी/एडी/75/2932 dated 14.6.75 and your No. प. 1(ग) (1)/संस्था/उप.जौ/75/2876 dated 24.7.75.

Respected Shri Vyas Ji Sahib,

I have the honour to invite to your kind attention towards the approved policy of the government vide order No. F.18(17)Apptts(A)55/ Group 111 Jaipur dated 31.7.1961, further even No. dated 4.6.1965 and No. F(7)Apptts/D/60 dated 16.3.1980 in respect of the facilities for prosecution of higher studies to Government employees belonging to the scheduled caste and scheduled tribes.

2. In reference to these orders, my application for further study in L.L.B. II Year in year 1975-76 has been forwarded to the Commissioner Sahib by the Dy. Commissioner (Admn) Anti Evasion, Jaipur as his intimation to me vide his letter cited above. To grant permission to the candidates of scheduled caste for further studies as a rule as per Finance Deptt. Order No. 1D 4494/59 Fa (21)A/ Rules dated 17th August, 1959 and, therefore, I hope that the permission will be granted to me as a rule and, therefore, I have been trying to get provisional admission in the college under the policy of the government.

3. With reference to your order cited above in respect of my transfer from Sri Ganganagar to Hanumangarh which is given to me yesterday on 6.8.75, I beg to state that I joined at Sri Ganganagar one and half month back and in such a short period this further transfer disturbs my mental equalibrium as my children's study (who are recently admitted in various schools at Sri Ganganagar) are also in difficult position. All the depressed castes are very poor and illiterate. The criteria used to place people as such me are bad behaviour, poverty and low treatment received by us traditionally, may kindly be not repeated again as our Prime Minister feels *"National strength could be attained only when the weaker section of the society were strengthened and social inequalities and injustice corrected".*

4. Sir, I want to get myself and my children's education going up to the upper level. Do not like to lie low and poor in whole life. We must go forwarded, we do not want to lag behind. World is progressing, so there will be progress in us also.

"To go up brings us mental satisfaction.
Desire to go up for the betterment of our children
Ever-body goes up and why should we lag behind?
We hope that past days would not dawn again.
Forget past days, how long should we remain poor?
We want to get honour and respect from society."

5. Justice should be applied to life through love and not by any "rule of thumb". The old authoritarian spirit of justice is wrong, when the cost of living rises, increases in wages become imperative, we have to determine the "principle of equality of justice". This can only be done putting the whole problem before a fair minded person and by transting his judgment. Statistical calculations alone cannot help. Thus, justice and love should regulate the entire compass of idealism. They should be treated as a guide to social policy. Highest principles must be brought into play to check narrow loyalities. For example the ideals of freedom must not violate the principles of love nor should demand for social service offered against justice. This is a National Law.

6. The Chairman of the Drafting Committee of our Constitution Dr. B.R. Ambedkar told once as (Indian Statutory Commission's report)- "I wish to say most emphatically that in many cases the law is administered to the disadvantage of the depressed calls man I would like to give a concrete case of what actually happened in one of the districts, without ofcourse, mentioning names.........Now, I think that is a most flagrant abuse of administrative power which is entrusted to the officials, and I personally attach for more importance to good administration of law than to, more efficient administration of law. "And further justice Dr. Inor Jehnings said–"that among equals the laws should be equal and should be equally administered, for the same kind of action should be the equally administered, for the same kind of action should be same for all citizens of full age and understand, and without distinction of race, religion, wealth, social status or political influence."

It is therefore, prayed that in the interest of fair play of justice the tansfer order dated 24.7.75 (to Hanumangarh) under reference may kindly be vacated and my posting at Sri Ganganagar or the place where the Law College of Rajasthan University is situated may kindly be posted and the Scheduled Caste persons under your control may not be thumbed down and perished.

Yours faithfully,

(P. Kumar Maurya)

Shri M.K. Vyas Sahib,
Dy. Commissioner (Admn.),
Commercial Taxes
Jodhpur.

ORDINARY TELEGRAM

DEPTAX ADM

JODHPUR

REFER APPEAL SEVENTH AUGUST - PRAY TRANSFER GANGANAGAR - BIKANER WHERE LAW COLLEGE RAJASTHAN UNIVERSITY SITUATED - PROMISE WORK HARD-CONVEY DECISION

MAURYA INSPECTOR

N.T.B.T.

Sd/-

2.9.75

P.K. Maurya
Commercial Taxes
Inspector 568,
Binoba Basti, SGNR

Copy submitted for confirmation with the request to Dy. Commissioner (Adm), Commercial Taxes, Jodhpur that the State is not however prevented from making any special provision for the advancement of any socially and educationally backward classes of citizen or for the Scheduled Castes and Tribes" (Art. 29(2)) and Finance Deptt. order No. ID-4494/59FA(21)A/Rules dt. 17.8.1959 and further order No. 18(17) Apptts(A) 55/Group III dt. 31.7.1961, the Dy. Commissioner (Adm) AE Jaipur information No. II/अ.शा./संस्था/डी.सी./ए.ई./75/2932 dt. 14.6.75, I have to be obtained the admission in LL.B. in Rajasthan University either at Ganganagar or Bikaner. My appeal submitted vide my No. 23/CTI-AE/I/75/SGNR dt. 7.8.75, (the same spare copy is enclosed here), has been pending at your kind office.

It is, therefore, prayed in the interest of fair play of justice that the transfer order dated 24.7.75 (to Hanumangarh) may kindly be re-considered in the interest of future education (as provided in Article 46) and be posted me either at Ganganagar or Bikaner where the Law College of Rajasthan University is situated, immediately so that I may obtain the admission in College timely and I, a member of Scheduled Caste under your control may not be thumbed down and perished.

I promise to work hard in Government interest and will not allow any higher officer to make any complaint in respect of my working. The decision of my appeal may kindly be intimated to me soon so that I may think my future plan in respect of my future advancement.

Kind Regards,

Dt. 2.9.1975.

Encl - Copy of my appeal
dt. 7.8.75.

Yours faithfully,
Sd/- Pradeep Kumar
(Pradeep Kumar Maurya)
Inspector Commercial Taxes
(in joining time)
c/o 568, Binoba Basti,
Sri Ganganagar.

लेकिन उपायुक्त (प्रशासन) वाणिज्यिक कर, जोधपुर श्री महेन्द्र कुमार व्यास ने मुझे कोई जवाब मेरे आवेदनों के क्रम में नहीं दिया था। इसका तात्पर्य यह भी निकलता है कि वे मेरे आगामी अध्ययन की क्रिया से नाराज नहीं थे बल्कि चुप रहने के कारण उनका मानस स्वीकृति के पक्ष में ही था। लिखित में कोई आपत्ति न प्रकट करना सिर्फ यही प्रमाणित करता था। श्री अर्जुन कोटवानी, उपायुक्त (प्रशासन), एन्टीइवेजन, वाणिज्यिक कर, राजस्थान, जयपुर ने पहले ही दिनांक 14 जून, 1975 को मेरा आगामी अध्ययन वर्ष 1975–76 के लिए स्वीकृति हेतु अग्रप्रेषित कर दिया था, जो किसी विरोध या अस्वीकृति का प्रतीक नहीं था।

दिनांक 24.9.75 को मुझे मुख्यालय के उपायुक्त (प्रशासन), जयपुर पत्र दिनांक 8 सितम्बर, 1975 मिला जो इस प्रकार था–

वाणिज्यिक कर विभाग

क्रमांक : 09(सी)7/एडम/सी.सी.टी./75/14132 दिनांक 8.9.75

श्री पी.के. मौर्य,
वाणिज्य कर निरीक्षक,
द्वारा सहायक वाणिज्य कर अधिकारी,
एन्टीइवेजन–प्रथम, श्रीगंगानगर।

विषय : विधि स्नातक द्वितीय वर्ष में अध्ययन (1975–76) एवं स्थानान्तरण रद्द करने के सम्बन्ध में।

प्रसंग : आपका अ.शा. पत्र क्रमांक 32 दिनांक 22.8.1975

प्रासंगिक पत्र के संदर्भ में लेख है कि आपको वर्ष 1974–75 में भी अग्रिम अध्ययन की स्वीकृति प्रदान नहीं की गई थी और न ही वर्ष 1975–76 में आपको अग्रिम अध्ययन की स्वीकृति प्रदान की गई है। अतः इस आधार पर आपका स्थानान्तरण निरस्त करने का प्रश्न ही नहीं उठता है।

उपायुक्त (प्रशासन) मुख्यालय,
वाणिज्यिक कर विभाग,
राजस्थान, जयपुर

क्रमांक : प.09(सी)7/एडम/सी.सी.टी./75/ दिनांक

प्रतिलिपि उपायुक्त (प्रशासन) एन्टीइवेजन, वाणिज्यिक कर, जयपुर को सूचनार्थ।

यह केवल वर्ष 1974–75 व 1975–76 में अग्रिम अध्ययन की अब तक स्वीकृति नहीं दी गई है, इसलिए इस आधार पर स्थानान्तरण निरस्त नहीं किया जा सकता है। यह मेरे अ.शा. पत्र संख्या 32 दिनांक 22 अगस्त, 1975 का जवाब मात्र है। इससे मुख्यालय का क्या तात्पर्य है, यह समझ में नहीं आता है। उन्होंने यह स्पष्ट जाहिर नहीं किया था कि अग्रिम अध्ययन स्वीकृति का प्रकरण कब तक लम्बित चलेगा या उनको स्वीकृति देनी ही नहीं है, इसकी कोई नीति स्पष्ट नहीं की थी। जब तक अग्रिम अध्ययन की स्वीकृति के आवेदन पत्रों दिनांक 19 मार्च, 1974, 24 मार्च, 1975 तथा 17 मई, 1975 के आवेदनों को अंतिम निर्णय नहीं किया जाता तब तक यह तो कैसे माना जा सकता था कि अग्रिम अध्ययन की स्वीकृति नहीं दी जायेगी। स्वयं श्री अर्जुन कोटवानी, उपायुक्त (प्रशासन) एन्टीइवेजन, वाणिज्यिक कर, राजस्थान, जयपुर ने वर्ष 1975–76 के आवेदन को दिनांक 14 जून, 1975 को स्वीकृति हेतु आयुक्त महोदय के समक्ष अग्रप्रेषित किया था।

ऐसी स्थिति में अग्रिम अध्ययन की अस्वीकृति की कल्पना तो नहीं की जा सकती थी। यह भी समझ में नहीं आया था कि दिनांक 9 जून, 1975 को मेरा स्थानान्तरण बीकानेर से श्रीगंगानगर किया गया तथा उसके डेढ़ माह पश्चात दिनांक 24 जुलाई, 1975 को श्री गंगानगर से हनुमानगढ़ वृत्त में स्थानान्तरण फिर किया गया। इतने कम समय में स्थानान्तरण की कल्पना कैसे की जा सकती थी जबकि मेरे बच्चों को बोकानेर से हटाकर श्रीगंगानगर की शिक्षण संस्थाओं में अध्ययन वर्ष 1975–76 हेतु भर्ती करा दिया गया था। कौन सा प्रशासनिक कारण हो सकता था जिसके अन्तर्गत यह स्थानान्तरण आवश्यक था, यह बिल्कुल समझने में आने वाली बात नहीं थी। ऐसा दिखता था कि जागीरदार पुत्र आयुक्त, वाणिज्यिक कर राजस्थान को केवल अपने पिताश्री के जागीर के जमाने की प्रशासनिक व्यवस्था के मनचाहे कानून ही याद थे। मानव कल्याणकारी लोकतंत्र व्यवस्था के कानून एवं विधि सम्भवतया उनकी समझ के बाहर का मामला था।

एल.एल.बी. प्रथम वर्ष उत्तीर्ण

16 सितम्बर, 1975 को मेरे एल.एल.बी. प्रथम वर्ष का राजस्थान विश्वविद्यालय (रोल नम्बर 1056) परीक्षा परिणाम इस प्रकार घोषित किया था–

क्रमांक	प्रश्न पत्र विषय	अंक प्राप्त किये			उत्तीर्णांक
		लिखित	शेशनल	योग	
		85	15	100	36
1.	इण्डियन लीगल और कन्स्टीटयूशनल हिस्ट्री	43	13	56	36
2.	दी ला ऑफ कान्ट्रक्टस एण्ड सेल आफ गुडस एवं पार्टनरशिप	53	12	65	36
3.	दी ला ऑफ टार्ट्स एवं इजमेन्टस	40	13	53	36
4.	कान्स्टीटयूशनल ला ऑफ इण्डिया	45	13	58	36
5.	हिन्दू लॉ	43	13	56	36

6.	मुस्लिम लॉ	38	13	51	36
	योग	262	77	339	216 उत्तीर्ण
इंग्लिश प्रोफिसियेन्सी टेस्ट				40	36 उत्तीर्ण

जयपुर
16 सितम्बर, 1975 प्रतिशत अंक प्राप्त – 56.5 प्रतिशत

वर्ष 1974-75 में अग्रिम अध्ययन आवेदन करने पर एक ग्रेड इन्क्रीमेंट बन्द का दण्डादेश

दिनांक 22.10.1975 को श्री अर्जुन कोटवानी, उपायुक्त (प्रशासन), एन्टीइवेजन, वाणिज्यिक कर, राजस्थान, जयपुर ने अपने आदेश से मेरे पूर्व में प्रस्तुत आवेदनों की अवहेलना करते हुए वर्ष 1974–75 में बीकानेर में अग्रिम अध्ययन करने के कारण एक वार्षिक ग्रेड इन्क्रीगेंट बंद करने के दण्ड से दण्डित किया। यह देश में आपातकाल स्थिति का लाभ लेकर जागीरदार पुत्र आयुक्त, वाणिज्यिक कर के डर से अपनी नौकरी बचाने हेतु श्री अर्जुन कोटवानी ने यह दण्डादेश जारी किया था, ऐसा प्रतीत होता है।

"Office of the Dy Commissioner (Adm.) Commercial Taxes, Jaipur
O:F./DC/AE/Estt./75/ Dated: Oct, 1975

Order

(U/r 17 of the classification control and Appeals Rules, 1955)

1. Sh. P.K. Maurya who was working as C.T.I. Anti-Evasion Bikaner has applied for permission for prosecuting higher study to the Commissioner, Commercial Taxes, Rajasthan, Jaipur through the Dy-Commissioner, Commercial Taxes (Adm.) Jodhpur (instead of) routing of that application through this office) for the year 1974-75. However, the Commissioner as a policy decision did not permit any Inspector of the Department to prosecute higher studies in year 1974-75 in order that they may not neglect the field duties according to which the inspectors have had to remain on field duty to different times and at different places. It is an admitted fact that if any Inspector joins any college he has to remain present at the headquarter where the college is situated in order to avoid the shortage of attendance

and accordingly his prosecuting high studies does interfere with the efficient discharge of field duties.

2. Shri P.K. Maurya, ignoring the departmental discipline joined the L.L.B. classes at Bikaner in year 1974-75 although no permission for the same was received by him from the commissioner.

3. Accordingly a show cause notice was issued to him U/r 17 of the C.C.A. Rules, 1955 on 30.4.75 for showing indiscipline and misconduct. Shri P.K. Maurya in his replies dated 14.6.75 and 4.8.1975 however, stressed upon the fact that he belongs to scheduled caste and the Government encourages the prosecuting of higher studies by scheduled castes, his joining L.L.B. classes without the permission of the Commissioner may be condoned.

4. It can not be denied that the scheduled castes deserve the encouragement for prosecution the higher studies in order that they may make the better future careers. It, however, cannot be denied that this can not be permitted even to the scheduled caste at the cost of departmental discipline. The commercial taxes Department has enormous burden of collecting the state revenues. The field staff is an essential link between the field and the assessing authority. His inefficiency or inattentiveness in the field duties are likely to impair the departmental interest in the collection of revenues. Therefore, Shri P.K. Maurya's indiscipline and misconduct by joining the L.L.B. classes in a Bikaner college without obtaining the written permission of the Commissioner, deserves deterrent punishment for setting an example for other such Inspectors who may tend to commit such indiscipline and misconduct. However, in view of the fact that Shri P.K. Maurya belongs to a scheduled caste, I do not take any stern action against his indiscipline and misconduct and accordingly feel that the lenient view is warranted in his case.

5. Having been satisfied that Shri P.K. Maurya has committed a gross indiscipline and displayed misconduct by joing L.L.B. classes at Bikaner without obtaining Commissioner's permission, I punish him with stoppage of one annual grade increment without comulative effect U/r 17 of the C.C.A. Rules, with direction that he will not

prosecute any higher study without the permission of the Commissioner.

Sd/-

No:F/DC/AE/Estt./75/6072
dated: 22.10.75

Dy. Commissioner (Adm.)
Anti-Evasion
Commercial Taxes,
Jaipur

इस आदेश से श्री अर्जुन कोटवानी, उपायुक्त (प्रशा.), एन्टीइवेजन जयपुर ने स्वयं की इच्छा के विपरीत बाहरी दबाव में आकर आधारहीन निर्णय दिया था। निम्नलिखित बिन्दु गौरतलब हैं–

(1) कि उचित माध्यम द्वारा आवेदन पत्र दिनांक 19 मार्च, 1974 भेजा गया था। चूंकि मैं वाणिज्यिक कर अधिकारी, वृत्त बीकानेर के अन्तर्गत कार्यरत था, जो जोधपुर सम्भाग में उपायुक्त (प्रशासन), जोधपुर के प्रशासनिक नियंत्रण होने के कारण भेजा गया था। उपायुक्त (प्रशा.) एन्टीइवेजन के मार्फत भेजना जरूरी नहीं था, यदि था भी तो यह गलती सहायक वाणिज्यिक कर अधिकारी, एन्टीइवेजन बीकानेर की थी, जिसने इस आवेदन पत्र को बीकानेर वृत्त कार्यालय में अग्रप्रेषित किया था।

(2) कि आगामी अध्ययन का आवेदन पत्र दिनांक 19 मार्च, 1974 राज्य सरकार की शिक्षा नीति निर्देशन एफ 18(17) नियुक्ति/क 3/55 दिनांक 4 जून, 1965 के अन्तर्गत था जिसका कोई निर्णय नहीं किया गया था। आयुक्त, वाणिज्यिक कर स्वयं कोई नीति निर्णय राज्य सरकार के निर्देशनों के विपरीत करने की सक्षमता नहीं रखते थे। शिक्षा नीति सम्पूर्ण देश में एक थी जो आयकर निरीक्षक एवं वाणिज्यिक कर निरीक्षकों पर समान रूप से लागू होती थी।

(3) कि मैंने विभाग का कोई अनुशासन नहीं तोड़ा था तथा किसी प्रकार का कोई दुराचरण नहीं दिखाया था। आगामी अध्ययन कॉलेज एडमीशन फार्म को वाणिज्यिक कर अधिकारी द्वारा अग्रप्रेषित करने के उपरान्त फीस जमा कराकर कक्षाओं में शामिल होना कोई दुराचरण या विभाग का अनुशासन तोड़ना नहीं कहलाता है।

(4) कि विभागीय अनुशासन के मूल्य पर अनुसूचित जातियों से सहानुभूति नहीं रखी जा सकती, यह कथन तथ्यों के विपरीत व मिथ्या है। विभाग का कोई अनुशासन मैंने नहीं तोड़ा था।

(5) कि मैंने कोई अनुशासनहीनता तथा दुराचरण का कार्य नहीं किया था। आवेदन पत्र का निर्णय करना और लिखित स्वीकृति देना या न देना आयुक्त वाणिज्यिक कर कार्यालय का काम था, मेरा काम केवल आवेदन करना था, जिसका कोई निर्णय नहीं किया गया था।

सामन्ती युग की यातना का पुनः अवतरण

वाणिज्यिक कर अधिकारी, हनुमानगढ़ सर्किल श्री के.पी. गोस्वामी का निम्न पत्र दिनांक 02.11.1975 को श्रीगंगानगर में मिला–

''कार्यालय वाणिज्यिक कर अधिकारी, हनुमानगढ़

क्रमांक : एच.सी./सी.टी.ओ./एच.एम.ओ./450 दिनांक 2.11.75

श्री पी.के. मौर्य,
वाणिज्यिक कर निरीक्षक,
श्रीगंगानगर।

श्री भीमसिंह जी आई.ए.एस., आयुक्त वाणिज्यिक कर, राजस्थान, जयपुर दिनांक 6.11.75 को हनुमानगढ़ पधार रहे हैं, इसलिए आपका अवकाश अस्वीकृत किया जाकर आदेश दिया जाता है कि कृप्या दिनांक 5.11.75 को कार्यालय हनुमानगढ़ में उपस्थित होवें।

ह./
(के.पी. गोस्वामी)
वाणिज्यिक कर अधिकारी,
सर्किल हनुमानगढ़''

इसकी पालना में मैं दिनांक 05.11.75 को हनुमानगढ़ पहुंचा। दिनांक 06.11.75 को श्री भीमसिंह आयुक्त, सिंचाई विभाग के रेस्ट हाऊस हनुमानगढ़ जक्शन पर प्रवास था। श्री भीमसिंह ने अपने व्यक्तिगत कार्य पारिवारिक बंटवारे का उनकी भाभी चन्द्रकला से चल रहा अभियोग से वकील से वार्त्ता करने के लिए यह प्रवास रखा था तथा आयुक्त, वाणिज्यिक कर के पद के रूप में यात्रा बता रहे थे। इसलिए तीन चार दिन का प्रवास उन्होंने हनुमानगढ़ में रखा था। आपातकाल का समय था। लोगों में आमतौर पर शासक वर्ग व वरिष्ठ अधिकारियों से भय व्याप्त था। कहने को तो लोकतंत्र प्रणाली हमारे देश में चल रही थी, लेकिन जागीरदार

घरानों से आये श्री भीमसिंह के समान वरिष्ठ अधिकारी सत्ता का जमकर दुरुपयोग कर रहे थे तथा पुनः सामन्ती युग की राजतन्त्र की याद को ताजा कर रखा था।

मैंने देखा कि हनुमानगढ जंक्शन के सिंचाई विभाग के रेस्ट हाऊस पर दिनांक 6.11.75 को जागीरदार पुत्र श्री "ीमसिंह का केम्प चल रहा था। ऐसा महसूस हो रहा था जैसे कि श्री भीमसिंह, आयुक्त, वाणिज्यिक कर कम नजर आ रहे थे, बल्कि जागीरदार ज्यादा लग रहे थे। हमारे विभाग के निरीक्षकगण इस प्रकार गर्दन झुकाये खड़े थे, मानो किसी जागीरदार के कारिन्दे या बेगारी खड़े हों। "घणी खम्मा" का उच्चारण और कमर झुकाकर खड़े रहने की उनकी जागीर की पुरानी परम्परा का स्पष्ट प्रदर्शन चल रहा था। मेरे दो चूंकि कमर झुकाकर "घणी खम्मा" या "अन्नदाता" कहने की (प्रकृति के अनुसार) आदत नहीं थी, इस कारण मैं मजबूर था तथा मेरी तरफ श्री भीमसिंह टेढ़ी नजर से गुस्से में देख रहे थे। सीधे मुझसे वार्त्ता करने का उनका साहस नहीं था लेकिन पीछे से अधिकारियों को श्री भीमसिह ने यह कहा था कि–

"मेरे पिताजी साँढ़वा के जागीरदारी में जिन्दा चमार की बेगार न देने पर आँखें निकाल ली थीं। श्री मौर्या इन्सपेक्टर को बोल देना कि यदि उसने एल.एल.बी. में आगामी अध्ययन जारी रखा, तो मैं उसे नौकरी से बर्खास्त कर दूंगा।"

इससे श्री भीमसिंह की जातीय द्वेष पर आधारित दुर्भावना स्पष्ट नजर आ रही थी। सहायक वाणिज्यिक कर अधिकारी घट–ब हनुमानगढ़ श्री जे.जी. शाहनी से गुप्त वार्त्ता करके श्री भीमसिंह ने उनको गोपनीय निर्देशन दिये थे ताकि मेरे विरुद्ध कोई षड़यंत्र कर सके।

जयपुर पहुंच कर श्री भीमसिंह ने आयुक्त, वाणिज्यिक कर विभाग के कार्यालय से निम्न पत्र जारी किया था, जिसका विवरण इस प्रकार हैः–

"राजस्थान सरकार

कार्यालय आयुक्त, वाणिज्यिक कर, राजस्थान, जयपुर।

क्रमांक : प.9(सी)6 सा.प्र./आयुक्त/75/18122 दिनांक 11.11.75

श्री पी.के.मौर्य,
वा.क. निरीक्षक,
मार्फत – वा.क.अ. हनुमानगढ़

विषयः अग्रिम अध्ययन हेतु आवेदन पत्र के सम्बन्ध में।

सत्र 1975–76 में एल.एल.बी. (द्वितीय वर्ष) की परीक्षा हेतु अग्रिम अध्ययन

करने व उक्त परीक्षा में बैठाने सम्बन्धी आपका आवेदन पत्र अस्वीकृत किया जाता है।

ह./–
उपायुक्त (प्रशा.) मुख्यालय
वाणिज्यिक कर विभाग
राजस्थान, जयपुर

क्रमांक प. 9(सी)6 सा.प्र./आयुक्त/75 दिनांक :

प्रतिलिपि निम्नलिखित को सूचनार्थ व आवश्यक कार्यवाही हेतुः–

1. उपायुक्त (प्रशासन) एन्टीइवेजन/अपील्स, वाणिज्यिक कर............................

2. वाणिज्यिक कर अधिकारी, मण्डल ....

सम्बन्धित कार्यालय अध्यक्ष इस पत्र प्राप्ति से 15 दिन के अन्दर अपनी रिपोर्ट प्रेषित करेंगे कि उपरोक्त कर्मचारी, जिसका आवेदन अस्वीकृत हो चुका है, अग्रिम अध्ययन तो नहीं कर रहा है। अगर कोई कर्मचारी बिना स्वीकृति के अग्रिम अध्ययन करते पाया जावे तो उसके विरुद्ध अनुशासनात्मक कार्यवाही शीघ्र प्रारम्भ की जावें।

हस्ताक्षर
उपायुक्त (प्रशासन) मुख्यालय"

इसकी पालना में श्री के.पी. गोस्वामी, वाणिज्यिक कर अधिकारी हनुमानगढ़ टाउन ने मुझसे लिखित में लिया कि मैं एल.एल.बी. में भविष्य में आगामी अध्ययन न करूं। इस प्रकार श्री भीमसिंह ने राज्य नीति के विरुद्ध स्वयं का सामन्ती प्रचलन जारी रखा और देश की शिक्षा नीति को रौंद डाला तथा आपातकाल का लाभ उठाकर संविधान विरोधी प्रवृतियों को कायम रखकर जागीरदारी के जमाने के अन्याय के युग को वापिस लोकतंत्र में लाकर दिखा दिया, जो हमारे देश के लिए एक शर्म की बात है कि किस प्रकार एक जागीरदार पुत्र ने देश की शिक्षा नीति पर कुठाराघात किया, जिसका कोई उदाहरण लोकतंत्र शासन प्रणाली में नहीं मिलेगा।

श्री महेन्द्र कुमार व्यास, उपायुक्त (प्रशासन), जोधपुर का हनुमानगढ़ प्रवास तथा मेरा पुनः स्थानान्तरण

वार्ड–बी हनुमानगढ़ में मुश्किल से दो माह का ही समय हुआ था, कि दिनांक 06.12.1975 को अपने हनुमानगढ़ प्रवास में श्री महेन्द्र कुमार व्यास, उपायुक्त

(प्रशासन) जोधपुर ने मेरा पुनः स्थानान्तरण "चेक पोस्ट भीरानी (हरियाणा बोर्डर)" पर कर दिया, जिसमें दो अन्य राज्य की हरियाणा बोर्डर चेक पोस्टें झांसल तथा फेफाणा की देखरेख करना भी शामिल था। इसके पीछे आयुक्त श्री भीमसिंह के (जागीरदार पुत्र) के गुप्त निर्देश मुझे परेशान करने तथा तथाकथित उच्च हिन्दू जाति के निरीक्षक श्री पी.के. साहीवाला को आराम देना शामिल था, क्योंकि श्री साहीवाला के पास ऊँची सिफारिश थी, जो मेरे पास नहीं थी। दलित होने के कारण ब्राह्मण जाति के अधिकारी श्री के.पी. गोस्वामी वाणिज्यिक कर अधिकारी, हनुमानगढ़ तथा श्री महेन्द्र कुमार व्यास उपायुक्त (प्रशासन), दोनों ही मेरे विरुद्ध थे, क्योंकि उनके लिए "जाति" का प्रश्न विभाग के मूल कार्य से कहीं ज्यादा महत्वपूर्ण था।

अपील प्रतिवेदन

दण्डादेश दिनांक 22.10.1975 के विरुद्ध नियमानुसार आयुक्त, वाणिज्यिक कर कार्यालय, जयपुर के समक्ष दिनांक 2 जनवरी, 1976 को अपील प्रस्तुत की तथा द्वितीय वर्ष एल.एल.बी. में आगामी अध्ययन वर्ष 1975–76 का आवेदन अस्वीकृत दिनांक 12.11.1975 के विरुद्ध दिनांक 23 जनवरी, 1976 को विशेष अपील इस प्रकार प्रस्तुत की थी–

The Commissioner, Dt. 23.1.76
Commercial Taxes Rajasthan,
Jaipur.

Through - Proper Channel

Subject– Special Appeal Application against Dy. Commissioner (Adm)HQRS Commercial Taxes Rajasthan Jaipur's order No. F.9(c)7/सा.प्र./CCT/75/18122 dt. 12.11.75

May it please your honour,

The humble Appellant, Pradeep Kumar Maurya most respectfully begs to submit the application on the following facts and grounds–

1. That on 4-12-75, the Commercial Taxes Officer Hanumangarh delivered the Appellant the impugned order No. F.9(C)7/ /CCT/ 75/18122 dated 12.11.75 of the Dy. Commissioner (Adm.) Commercial Taxes HQRS, Jaipur and copy of this impugned order is submitted herewith.
2. That the Appeal Application is submitted within time according to rules as the same was delivered me on 4.12.75.

3. That emphasising the need for rapid spread of education among the Scheduled Castes the educational development was the pivot round which the socio-economic progress of these communities revolved. Considering the discipline of Govt. order No. F.13(17) Apptts (Ka-5)55 dated 31.7.61 and 20.1.68 the Appellant applied for the sanction of further study in LL.B. Second year vide No. 287/CTI-AE/75 dated 20.03.1975 through proper channel and also attracted your personal attentions vide D.O. letter dated 24.9.75 and 20.10.75.

4. That according to the discipline of the department the Hon'ble Dy. Commissioner (Adm) Anti-Evasion, Jaipur also invited upto 24.5.75, the same applications for further study vide his No. 4065/संस्था/डी.सी./ए.ई./75/2322 dt. 8.5.75. In the response of the Appellant's application dated 17.5.75 the Hon'ble Dy. Commissioner (Adm) AE Jaipur intimated the appellant vide No. प./आ.भ./संस्था/डी.सी./ए.ई./75/2932 dated 14.6.75 as "उपरोक्त विषय में लेख है कि आपका आगामी अध्ययन आवेदन वर्ष 1975–76 के लिए इस कार्यालय से आयुक्त महोदय को अग्रप्रेषित कर दिया गया है।"

5. That the appellant comes under the policy of the Government vide sub-para (iii) of the decision No. F.13(17) Apptt (A)55 Group III dated 1.7.61 as— *"Priority should be given to employees over 35 years of age below 45 years" and further sub-para (VI) tells* as "No permission will be given to a person who fails at any examination more than once." But, the Appellant obtained 56.5 per cent marks in LL.B. Ist year in year 1974-75. *This way the appellant had the hope to get sanction the same as he was deserving the same according to the policy of the Government.*

6. That the learned Dy. Commissioner (Adm), Anti Evasion, Commercial Taxes, Jaipur posted the appellant at Sri Ganganagar vide his order No. F.2/DC/AE/Estt/75/2868 dated 9.6.75 maintaining the policy of the Government and the Administration in respect of the prosecution of the further studies in LL.B. Classes.

7. That the learned Additional Commissioner, the Dy. Secretary to the Government Food and Civil Supply, Rajasthan sanctioned

the further study in LL.B. Classes at Sri Ganganagar to Sh. Mohan Lal Boonkar, Enforcement Inspector vide his No. F.2/(5)FD/Estt/Adm/74/30874-78 dt. 22.7.75 (the copy enclosed) Similarly the Collector, Sri Ganganagar sanctioned to the following field duty officers for further studies at Sri Ganganagar in year 1974-75 and 1975-76 as under:–

(A) In year 1974-75 vide order No. F.9(14) (1) (49) 74-75/10857 dated 30.11.74.

1. Sh. Shyam Lal	-	Land	Revenue	Inspector
2. Sh. Ranjeet Singh	-	"	"	"
3. Sh. Kailash Chandra	-	"	"	"
4. Sh. Ashok Anand	-	"	"	"

(B) In year 1975-76 vide order No. F.9(14)(1)(62) 75/8254 dated 31.10.75.

1. Sh. Shyam Lal Land Revenue Inspector
2. Sh. Kailash Chandra Land Revenue Inspector
3. Sh. Subhash Chandra Land Revenue Inspector.

Therefore, the question of the negligence of field duties according to which the Inspectors have had to remain on field duty at difference times and at different places does not arise.

8. That the *Government of Haryana* has passed the orders in general for prosecution of higher studies in LL.B. classes for the Inspectors and higher officers of Excise and Sales Tax Deptt. in the interest of the Administration. Therefore, the appellant also felt the necessity in the interest of the administration by way of studying.

9. That the appellant *belongs to Scheduled Caste*. Under the directions of the high powered committee set up under the Chairmanship of the Prime Minister various concessions have been provided to scheduled castes and tribes employees in the light of the 20 point economic programme. Therefore, the appellant had the great hope for the considering the matter with the hand of kind and sympathetic because only speedy execution of welfare schemes by way of allowing them for the prosecution

of higher studies would ameliorate the conditions of Scheduled Castes and Scheduled Tribes.

10. That the appellant was further transferred from Sri Ganganagar to Hanumangarh within very short period of less than a month vide Dy. Commissioner (Adm)Commercial Taxes Jodhpur No. पं. 1;(ग) (1) स्था./उपा.जो/ग/2876 dated 24.7.1975. The appellant worked at Sri Ganganagar in the month of July, 1975 and August, 1975 and had no complaint from anywhere, but in the interest of another Inspector the appellant was transferred. The appellant requested to Hon'ble Dy. Commissioner (Adm) Jodhpur vide his No. 23/CTI-AE/I/75/SGNR dated 7.8.1975 and also met personally to him on 19.8.75 and explained the whole circumstances. Besides this, the appellant further requested to higher officers vide his applications dated 22.8.1975, 2.9.1975, 12.9.1975, 24.9.1975 and 20.10.1975 for considering his case *with special care as according to the Article 46 of the Constitution.*

11. That the appellant has fixed his family at Sri Ganganagar after transfer from Bikaner and got admission of his children at Sri Ganganagar. The appellant was relieved from Sri Ganganagar in the last days of August, 1975 and joined at Hanumangarh on 4.9.1975 but he was not allotted any fixed work there till 4.10.1975 about one month period. Further within very short period of two months he is again ordered to transfer from Ward B (HQRS Nohar) to Check Post Bhirani (Near Bhadra and Hissar) *with the motive to exploit him and his children where no field work* with an inspector is being provided. *This way, the appellant and his family have been surrounding in very difficult positions as his children have been studying in the various schools at Sri Ganganagar. Two elder daughters of the appellant have been studying in Higher Secondary School at Sri Ganganagar and have no other solution thereof.* Therefore, the appellant has been riding on two horses and has not been in a position to give Govt. duties in efficient manner nor to keep the safeguard of his family. *This way, the appellant is penalised in double ways.*

12. That the Article 46 makes it obligatory for the State to promote *with special care* the educational and economic interests of the

weaker sections of the people and in *particular of the Scheduled Castes and Scheduled Tribes and to protect them from social injustice and all forms of exploitation*. In view of this Article, the Govt. of Rajasthan fixed her policy vide order No. F. 18 (17) Apptts (A)55/Group III-dated 31.7.1961, further No. F.1;(17) Apptts (A-III) 53 dated 4.6.1961 and No. F.7/Apptts/D/60 dated 16.3.1960 in respect of the enhancement of education among Govt. employees National Integration Council, Ministry of Home Affairs, Govt. of India declared on 5.11.1970 as "*—Whatever the success efforts taken for the welfare of the Scheduled caste, it is clear that they will enjoy the fruits of such efforts only when they are secure from harassments and exploitation*". The wording of Hon'ble Dr. B.R. Ambedkar, the Chairman of the Drafting Committee, of our constitution as— "*who should be in power is left to be determined by the people as it must be. If the system is to satisfy the Tests of democracy. But whoever captures power will not be free to do what he likes with it. In the exercise of it he will have to respect these instruments of instructions which are called directive Principals. He can not ignore them.*" also certify it that the Article 46 is the soul of our constitution. Therefore, if *the appellant had raised the step to obtain higher education as all others, has done no irregularity.*

13. That the appellant requests in your kind honour that there should be a fair determination of this question. Arbitrariness will certainly not ensure the fairness but will lead the exploitation in other form. If your honour will disregard the materials here or will refuse to apply the mind to this question then it will reach a conclusion which will bear no relations to the facts before it, and will lead further injustice and *fraud to our constitution and National policy declared by our Prime Minister.*

14. That it is for your kind information that the appellant could not continue his study in current year 1975-76 because of maintaining the respect of your order dated 12.11.1975 as already confirmed in your honour vide my application dated 12.12.1975 and 16.12.1975 through the CTO Hanumangarh. Now the appellant wants to continue his study further in year 1976-77. Therefore, it

is requested that as according to para (v) of the Govt. of Rajasthan policy fixed vide No. F.18(17) Apptts (A)55/Group III dated 31.7.61, the appellant kindly be transferred to Sri Ganganagar with immediate effect and the valid permission also be sanctioned accordingly and the appellant an employee of down-trodden class be obliged.

Hon'ble Justice,

It is, therefore, prayed that your honour will graciously be pleased to call the record, accept the appeal and set aside the effect of the impugned order dated 12.11.1975 of Dy. Commissioner (Adm)HQRS, Jaipur and to meet the ends of legal and natural justice Sir,

Yours faithfully,

Dt. 23.1.1976

Encl-3

(1) Impunged order
dt. 12.11.1975

(2) Order of Dy. Secre.
F&S Deptt. Rajasthan

(3) Govt. order
dated 31.7.1961

Sd/-

(Pradeep Kumar Maurya)
c/o Commercial Taxes Officer
Hanumangarh Town.

श्री भीमसिंह, आयुक्त, वाणिज्यिक कर, राजस्थान, जयपुर ने अपने पत्र संख्या प. 6(122)संस्था/वा.क./75/17537 दिनांक 30.08.1976 से मेरी अपीलों पर इस प्रकार निर्णय दिया था–

"श्री पी.के. मौर्य,
वाणिज्यिक कर निरीक्षक,
मार्फत–वाणिज्यिक कर अधिकारी,
हनुमानगढ़।

विषय : उपायुक्त (प्रशासन) करापवंचन वाणिज्यिक कर राजस्थान, जयपुर के आदेश क्रमांक प./डी.सी./संस्था/75/6068–6072 दिनांक 22.10. 1975 के विरुद्ध अपील।

आपके अपील प्रतिवेदन दिनांक 23.01.1976 पर पूर्ण विचार करने के पश्चात्

ऐसा कोई तथ्य नजर नहीं आया जिसके आधार पर उपायुक्त (प्रशासन) करापवंचन, वाणिज्यिक कर, राजस्थान, जयपुर द्वारा प्रचलित आदेश क्रमांक प./डी.सी/संस्था/75/6068–6072 दिनांक 22.10.1975 में कोई परिवर्तन करना सम्भव हो सके। अतः आपका अपील प्रतिवेदन अस्वीकार कर दिया गया है।

ह./–
(भीम सिंह)
आयुक्त, वाणिज्यिक कर,
राजस्थान, जयपुर"

विशेष पुनरीक्षा अपील प्रतिवेदन

आयुक्त, वाणिज्यिक कर, राजस्थान, जयपुर के निर्णय क्रमांक प. 6(122) संस्था/वा.क./75/17537 दिनांक 30.08.1976 के विरुद्ध विशेष पुनरीक्षा अपील प्रतिवेदन राज्य सरकार को उसकी शिक्षा नीति के अन्तर्गत माननीय मुख्य सचिव राजस्थान सरकार, जयपुर को उचित माध्यम से वाणिज्यिक कर अधिकारी हनुमानगढ़ के पत्र क्रमांक एसटी/सीटीओ/एचएमओ/76/318 दिनांक 29.09.1976 से मेरे आवेदन पर मानवीय सद्भावना से कोई विचार नहीं किया गया था। आवेदन इस प्रकार था–

पंजीकृत 1 ए.डी.

सेवा में,

श्रीमान् मुख्य सचिव
राजस्थान–सरकार, जयपुर।

द्वारा – उचित माध्यम

विषय : विशेष पुनरीक्षा अपील प्रतिवेदन अन्तर्गत नियम 32, राजस्थान असैनिक(वर्गीकरण, नियन्त्रण एवं अपील) नियम 1958, विरुद्ध आयुक्त, वाणिज्यिक कर, राजस्थान, जयपुर के अपील निर्णय क्रमांक प. 6(122) संस्था। बा.क./75/17537 दिनांक 30.8.1976.

मान्यवर महोदय,

राजस्थान असैनिक (वर्गीकरण, नियंत्रण एवं अपील) नियम 1958 के नियम 32 के अन्तर्गत विशेष पुनरीक्षा अपील प्रतिवेंदन सहानुभूतिपूर्ण विचारार्थ श्रीमान की सेवा में सादर प्रस्तुत है। इस सम्बन्ध में आवश्यक तर्क व तथ्य इस प्रकार हैं:–

(1) श्रीमान उपायुक्त (प्रशा.) एन्टीइवेजन वाणिज्यिक कर जयपुर के आदेश क्रमांक एफ/डीसी/एड/संस्था/75/6072 दिनांक 22.10.1975 मेरे अपील प्रतिवेदन दिनांक 2.1.1976 व दिनांक 23.1.1976 तथा श्रीमान आयुक्त वाणिज्यिक कर राजस्थान, जयपुर के पत्र क्रमांक प. 6(122)स./वा.क./75/17537 दिनांक 30.8.1976 की प्रतिलिपियां अवलोकनार्थ प्रस्तुत हैं।

(2) दिनांक 19.3.1974 को सत्र 1974–75 में एल.एल.बी. प्रथम वर्ष से आगामी अध्ययन राज्य सरकार के आदेश क्रमांक एफ 18(17) नियुक्ति (क) 55/ग्रुप–3 दिनांक 31.7.1961 के प्रार्थना पत्र उचित माध्यम द्वारा स्वीकृति हेतु श्रीमान सहायक वाणिज्यिक कर अधिकारी, एन्टीइवेजन बीकानेर के कार्यालय में प्रस्तुत किया। इस प्रार्थना पत्र का किसी प्रकार के निर्णय से मुझे अवगत नहीं कराया गया। इस क्रम में निवेदन पर वाणिज्यिक कर विभाग, मुख्यालय, जयपुर के पत्र क्रमांक प. 8(सी)6(एडम) सीसीटी 74/2931 दिनांक 18.3.1975 की पालना में पुनः दिनांक 24.3.1975 को प्रार्थना पत्र उचित माध्यम द्वारा श्रीमान आयुक्त वाणिज्यिक कर, राजस्थान, जयपुर को प्रस्तुत किया गया जिसका आज तक कोई निर्णय नहीं किया गया।

(3) श्रीमान उपायुक्त (प्रशा.), एन्टीइवेजन, वाणिज्यिक कर, जयपुर ने अचानक अपने पत्र संख्या एफ/डिस्प/डी सी/संस्था/75/2214 दिनांक 30.4.1975 द्वारा आरोप लगाया कि बिना पूर्व अनुमति वर्ष 74–75 में प्रथम वर्ष एल.एल.बी. की कक्षाओं में प्रवेश लेकर आगामी अध्ययन प्रारम्भ कर दिया है। तद्नुसार आपने अनुशासनहीनता का परिचय दिया है। इसके जवाब में दिनांक 14.6.1975 को राज्य सरकार के आदेश क्रमांक एड. 18 (17 नियुक्ति (क) 55/ग्रुप–3 दिनांक 31.7.1961 के पैरा (3), (4), व (6) की तरफ ध्यान आकर्षित करते हुए तथा आदेश क्रमांक एफ(7) नियुक्ति/डी/60 दिनांक 16.3.1960 वित्त विभाग के आदेश क्रमांक /डी 4494/59 एफ ए (21)ए (नियम दिनांक 17.8.1959 के अन्तर्गत निर्धारित नीति व राजस्थान सेवा नियम 110 की भावना की पृष्ठभूमि में अनुसूचित जाति के राज्य कर्मचारियों को आगामी अध्ययन की स्वीकृति की आकांक्षा रखना अत्यन्त ही स्वाभाविक था। इसमें अनुशासनहीनता के परिचय का प्रश्न ही नहीं उठता है। श्रीमान उपायुक्त (प्रशा.), एन्टीइवेजन, वाणिज्यिक कर जयपुर ने इसमें खुले मस्तिष्क से काम नहीं लिया था।

(4) श्रीमान उपायुक्त (प्रशा.) एन्टीइवेजन वाणिज्यिक कर जयपुर ने अपने पत्र संख्या प./अ.शा./संस्था/डीसी/एई/75/3682 दिनांक 10.7.1975 द्वारा लिखा कि "क्योंकि इस विभाग में किसी भी निरीक्षक को आगामी अध्ययन की स्वीकृति श्रीमान आयुक्त महोदय द्वारा नहीं दी गई थी अतः आप द्वारा बिना स्वीकृति वर्ष 74–75 में अध्ययन प्रारम्भ कर आपने पूर्ण अनुशासनहीनता का परिचय दिया है।"

इस सम्बन्ध में मेरे प्रतिवेदन दिनांक 4.8.1975 की राज्य सरकार की नीति निर्देशन आदेश क्रमांक एफ 18(17) नियुक्ति (क)55 (ग्रुप–3) दिनांक 31.7.1961 व एफ (7) नियुक्ति/डी/60 दिनांक 16.3.1960 की पृष्ठभूमि की भावना में अनुसूचित जाति के राज्य कर्मचारी के आगामी अध्ययन की राज्य सरकार की नीति को खुले मस्तिष्क से विचार नहीं किया। प्रति वर्ष वाणिज्यिक कर विभाग में आगामी अध्ययन हेतु राज्य कर्मचारी बिना स्वीकृति के ही विभिन्न कालेजों में अध्ययन हेतु भर्ती होते हैं तथा विश्वविद्यालय की भर्ती आखिरी तिथि तक उन्हें कभी भी स्वीकृति नहीं मिलती है। यह इस विभाग का आम प्रचलन रहा है। अतः सिर्फ एक अनुसूचित जाति के राज्य कर्मचारी के विपरीत ही कार्यवाही करना स्पष्ट भेदभाव का परिचायक है। इस प्रकार उपायुक्त (प्रशा.), एन्टीइवेजन, वाणिज्यिक कर जयपुर ने अपने खुले मस्तिक से राज्य नीति पर विचार करते हुए अपने निर्णय से पूर्व नहीं सोचा। अतः स्पष्ट न्याय का हनन हुआ है।

(5) अनुसूचित जाति के कर्मचारियों को आगामी अध्ययन की स्वीकृति देना एक **राष्ट्रीग नीति है।** इसी राष्ट्रीय नीति के अन्तर्गत राजस्थान सरकार ने अपने आदेश क्रमांक एफ (7) नियुक्ति/डी/60 दिनांक 16.3.1960 व एफ 18(17) नियुक्ति (क) 55/ग्रुप–3 दिनांक 31–7–1961 के आदेश विभागाध्यक्षों के नाम जारी किये हैं तथा इनकी पालना में ही आगामी अध्ययन की स्वीकृति दी जाती है। इसी क्रम में श्रीमान उपायुक्त (प्रशा.) एन्टीइवेजन, वाणिज्यिक कर जयपुर ने आगामी अध्ययन हेतु प्रार्थना पत्र अपने क्रम संख्या प. 65/संस्था/डी. सी/एई/75/2322 दिनांक 8–5–1975 द्वारा आमन्त्रित किये थे तथा आगे चलकर मेरा प्रार्थना पत्र उन्होंने अपने क्रमांक प./आ.अ./संस्था/डीसी/एई/75/2932 दिनांक 14.6.1975 आयुक्त, वाणिज्यिक कर, राजस्थान जयपुर की सेवा में प्रस्तुत किया था। इसमें निरीक्षक को स्वीकृति देना राष्ट्रीय नीति के विपरीत होता तो निरीक्षकों प्रार्थना पत्र से आमंत्रित नहीं किये जाते। लेकिन वास्तव में ऐसा नहीं हुआ। इसी राष्ट्रीय नीति

के अन्तर्गत श्रीमान जिलाधीश श्रीगंगानगर ने अपने आदेश क्रमांक एफ 9(14)(1)(49) भू. अभिलेख/स्थ/74–75 ।10857 दिनांक 30.11.1974 द्वारा वर्ष 74–75 में आगामी अध्ययन की स्वीकृति निम्नलिखित भू–आय निरीक्षकों को दी थी–

(1) श्री श्यामलाल

(2) श्री रणजीत सिंह

(3) श्री कैलाशचन्द्र

(4) श्री अशोक आनन्द

इसी प्रकार वर्ष 75–76 में निम्नलिखित भू–आय निरीक्षकों को आगामी अध्ययन की स्वीकृति प्रदान की गई :

(1) श्री श्यालमलाल

(2) श्री कैलाशचन्द्र

(3) श्री सुभाषचन्द्र

इसी प्रकार श्रीगंगानगर में राजस्थान सरकार के खाद्य एवं रसद विभाग के उपसचिव के क्रमांक एफ 2(5) एफ डी/संस्था/एडम/74/30874–78 दिनांक 22–7–1975 द्वारा वर्ष 75–76 के लिए एल.एल.बी में आगामी अध्ययन हेतु भी मोहनलाल बुनकर प्रवर्तक निरीक्षक को स्वीकृति दी गई थी।

इसी राष्ट्रीय नीति के अन्तर्गत आयुक्त, आयकर राजस्थान जयपुर ने अपने आदेश क्रमांक संस्था/ई–2(41) पी जे एम सी/76–77/2876 दिनांक 16.8. 1976 द्वारा निम्न **आयकर निरीक्षकों** को एल.एल.बी. में आगामी अध्ययन की स्वीकृति दी है:–

(1) श्री आर.डी.यादव,	एल.एल.बी. आयकर अधि., जयपुर
(2) श्री एम.सी. कैथल	एल.एल.बी. आयकर अधि., जयपुर
(3) श्री जे.पी. गुप्ता	एल.एल.बी. टी आर ओ, कोटा
(4) श्री कर्मचन्द	एल.एल.बी. आई टी ओ, जोधपुर।

इनको वर्ष 1974–75, 75–76 व 76–77 में लगातार स्वीकृति मिलती आ रही है। अतः एक निरीक्षक द्वारा आगामी अध्ययन करना किसी विभागीय नीति या अनुशासन के विपरीत नहीं माना जा सकता है। आयकर निरीक्षक व बिक्री कर

निरीक्षक के कर्तव्य में किसी भी प्रकार की असमानता नहीं है। अतः विभागीय अनुशासन के विपरीत आगामी अध्ययन का माना जाना विभाग के अधिकारियों की संकुचित विचारधारा है। विभागाध्यक्ष ने इस सम्बन्ध में खुले मस्तिष्क से विचार नहीं किया। इससे पूर्व भी वाणिज्यिक कर निरीक्षक श्री कन्हैयालाल शर्मा को जोधपुर में एल.एल.बी. में आगामी अध्ययन की स्वीकृति दी गई थी। इसलिए इस मामले में विभागीय अनुशासन के विपरीत कृत्य को तो विचारा ही नहीं जा सकता है। इसमें खुले मस्तिष्क से विचार करना आवश्यक है।

(6) राष्ट्रीय नीति के अन्तर्गत ही हरियाणा सरकार की कोशिश पर कुरुक्षेत्र विश्वविद्यालय में हरियाणा सरकार के तीन वर्ष की सेवा के बाद निम्न अधिकारियों को एल.एल.बी. में आगामी अध्ययन के लिए बिना कालेज उपस्थिति के प्राइवेट परीक्षा देने की आम नीति की घोषणा की है।

1. भारतीय प्रशासनिक सेवा
2. भारतीय पुलिस सेवा।
3. हरियाणा असैनिक सेवायें
4. हरियाणा पुलिस सेवा
5. आयकर विभाग के निरीक्षक व उससे उच्च अधिकारीगण
6. अधिकारी व वाणिज्यिक कर विभाग के निरीक्षक व उससे उच्च अधिकारीगण।

इस प्रकार आयुक्त, वाणिज्यिक कर, राजस्थान, जयपुर में आगामी अध्ययन की स्वीकृति में विभागीय कार्य में दक्षता बढ़ाने की नीति व राष्ट्रीय नीति का खुले मस्तिष्क से विचार नहीं किया। इसके विपरीत राष्ट्रीय नीति पर विचार न करते हुए संकुचित दृष्टिकोण से विचार करके विभागीय नीति या अनुशासनहीनता का नाम देकर विभाग की दक्षता में सहायक कानून जानने की जिज्ञासा पर कुठाराघात किया है जो निष्पक्षता व खुले मस्तिष्क को प्रमाणित नहीं करती है। इस पर व्यापक दृष्टिकोण से विचार करने की आवश्यकता है।

(7) श्रीमान उपायुक्त (प्रशा.), एन्टीइवेजन, वाणिज्यिक कर, जयपुर से दिनांक 22.10.1975 को राष्ट्रीय नीति के विरोध में आगामी अध्ययन को अनुशासनहीनता मानकर एक अनुसूचित जाति के राज्य कर्मचारी का एक ग्रेड इंक्रीमेंट बंद कर दिया। इसकी दिनांक 2.1.1976 व 23.1.1976 को श्रीमान आयुक्त वाणिज्यिक कर विभाग, राजस्थान, जयपुर को (विभागाध्यक्ष) अपील की गई जिसका उन्होंने

निर्णय दिनांक 30.8.1976 को दिया। इसमें दण्डाशा की पुष्टि की गई लेकिन आरोप प्रमाणित के कोई कारण नहीं दिये गये। इस प्रकार यह निर्णय दूषित निर्णय है। (ए.आई.आर. 1968 इलाहाबाद 91) ऐसा आभास होता था कि सुनवाई से पूर्व ही आयुक्त महोदय ने अपने विचार बना लिये थे। क्योंकि इस आगामी अध्ययन की राष्ट्रीय नीति को मद्देनजर रखते हुए मैंने श्रीमान आयुक्त महोदय को दिनांक 24.9.1975 व 20.10.1975 को व्यक्तिगत पत्रों द्वारा विशेष प्रार्थना भी की थी। इससे स्पष्ट होता है कि उन्होंने सुनवाई से पूर्व ही राष्ट्रीय नीति के विरोध में आगामी अध्ययन की स्वीकृति न देने की नीति के विचार बना लिये थे। इसी कारण इस सम्बन्ध में मेरी अपील केवल मिथ्या कार्य (Farce) प्रमाणित हुई। (1968 एस एल आर 470)।

(8) राज्य सरकार के आदेश क्रमांक एफ 18(17) नियुक्ति (क) 55/ग्रुप–3 दिनांक 31.7.1961 के पैरा (3), (4) व (6) के अनुसार निर्धारित नीति पर विचार नहीं किया गया। राज्य कर्मचारियों जिनकी आयु 35 वर्ष से 45 वर्ष की बीच है, आंगामी अध्ययन की स्वीकृति में प्राथमिकता दी जानी चाहिए तथा केवल उस राज्य कर्मचारी का आगामी अध्ययन को रोका जा सकता है जो एक से अधिक बार सफल हो गया हो। इस नीति पर खुले मस्तिष्क से बिल्कुल विचार नहीं किया गया। अपील अधिकारी श्रीमान आयुक्त महोदय ने अपनी संकुचित विचारधारा के कारण कानून के आवश्यक प्रावधानों व आगामी अध्ययन की राष्ट्रीय नीति के पक्ष में सही निर्देशनों को खुले मस्तिष्क से नहीं देखा व सब परिस्थितियों पर विचार करके न्यायोचित आज्ञा पारित नहीं की। (1969 एल एल आर 66)।

(9) अपील प्रतिवेदन दिनांक 2.1.1976 व दिनांक 23.1.1976 में वर्णित तथ्यों का श्रीमान आयुक्त महोदय ने अपने अपील आदेश दिनांक 30.8.1976 में अपने कोई विचार व आज्ञा नहीं दी है। इस प्रक्रिया का पालन न होने से राष्ट्रीय नीति आगामी अध्ययन के सम्बन्ध में व संवैधानिक प्रावधानों को महत्व न देकर न्याय का हनन हुआ है। आयुक्त महोदय, वाणिज्यिक कर, राजस्थान, जयपुर को मैंने अपने प्रार्थना पत्र संख्या 146/सी टी आई/एवं/74 दिनांक 15.7.1974, 2801/सी टी आई/एई/75 दिनांक 7.3.1975, मेरे प्रतिवेदन दिनांक 24.3. 1975 तथा अपील प्रतिवेदन दिनांक 2.1.1976 व 23.1.1976 में वर्णित तथ्यों को खुले मस्तिष्क से अध्ययन नहीं किया तथा मेरे व्यक्तिगत पत्र दिनांक 24. 9.1975 व 20.10.1975 पर निष्पक्ष रूप से आगामी अध्ययन की राष्ट्रीय नीति

व कमजोर वर्ग में शैक्षणिक प्रगति की योजना पर राष्ट्रहित में विचार नहीं किया गया। अतः अपील आज्ञा न्यायसंगत नहीं है तथा कमजोर वर्ग की शैक्षणिक नीति के लिए घातक है। ए आई आर 1970 कलकत्ता (545)

(10) अनुसूचित जाति के राज्य कर्मचारियों के आगामी अध्ययन के सम्बन्ध में राज्य सरकार के आदेश क्रमांक एफ 18(17) नियुक्ति (क) 55/ग्रुप–3 दिनांक 31.7.1961 व दिनांक 4.6.1965, वित्त विभाग की नीति आदेश क्रमांक आई. डी. 4494/59 एफ ए (21) ए. नियम दिनांक 17.8.1959 व नियुक्ति विभाग आदेश क्रमांक एफ (7) नियुक्ति/डी/60 दिनांक 16.3.1960 एवं एफ 6(7) नियुक्ति/डी/60 दिनांक 7.4.1962 की पालना व उसकी पृष्ठभूमि में निहित राज्य नीति को श्रीमान आयुक्त महोदय, वाणिज्यिक कर विभाग, राजस्थान, जयपुर ने निष्पक्ष रूप से खुले मस्तिष्क से विचार नहीं किया। आगामी अध्ययन की राष्ट्रीय नीति पर भी विचार नहीं किया गया। अतः श्रीमान उपायुक्त (प्रशा.), एन्टीइवेजन, वाणिज्यिक कर, जयपुर को आदेश क्रमांक एफ डी सी (एई/संस्था/75/6072 दिनांक 22.10.1975 और श्रीमान आयुक्त, वाणिज्यिक कर, राजस्थान, जयपुर का क्रमांक प. 6(122) संस्था/व.क./75/17537 दिनांक 30.8.1976 आगामी अध्ययन की राष्ट्रीय नीति व राज्य नीति तथा संविधान के अनुच्छेद 46 व 15(4) की भावना के विपरीत असमाजवादी नीति का परिचायक है। हमारी प्रधानमत्री के 20 सूत्री आर्थिक सामाजिक योजना में भी यह कमजोर वर्ग की शैक्षणिक प्रगति में बाधक है। अतः इन आदेशों को अस्वीकृत करने की कृपा करें।

मान्यवर,

इस सम्बन्ध में सभी आवश्यक कागजात व पत्रावली मंगाकर आगामी अध्ययन की राष्ट्रीय नीति को मद्देनजर रखते हुए तथा कमजोर वर्ग की शैक्षणिक प्रगति की भावना व प्रधानमंत्री जी के 20 सूत्री योजना को ठोस क्रियान्वयन देने की आकांक्षा से मेरी पुनरीक्षा अपील प्रतिवेदन स्वीकार करें व श्रीमान उपायुक्त (प्रशा.) एन्टीइवेजन, वाणिज्यिक कर, जयपुर के आदेश दिनांक 22.10.1975 व श्रीमान आयुक्त महोदय वाणिज्यिक कर, राजस्थान, जयपुर के आदेश दिनांक 30.8.1976 को अस्वीकृत

करके कमजोर वर्ग में शैक्षणिक प्रवृति बढ़ाने की आगामी अध्ययन की राष्ट्रीय नीति की रक्षा करें।

भवनिष्ठ

श्रीगंगानगर
दिनांक 25.9.1976
संलग्न –प्रतिलिपियां

(प्रदीप कुमार मौर्य)
वा.कर निरीक्षक,
मार्फत वाणिज्यिक कर अधिकारी,
श्रीगंगानगर।

1. आदेश दिनांक 22.10.1975
2. अपील प्रतिवेदन दिनांक 2.1.1976
3. अपील प्रतिवेदन दिनांक 23.1.1976
4. अपील निर्णय पत्र दिनांक 30.8.1976

अग्रिम प्रतिलिपि सेवा में :– (1) श्रीमान मुख्य सचिव, राजस्थान, जयपुर। (2) श्रीमान आयुक्त महोदय, वाणिज्यिक कर विभाग, राजस्थान, जयपुर। (3) श्रीमान विशेष सचिव, वित्त विभाग, राजस्थान, जयपुर।

(प्रदीप कुमार मौर्य)

अन्य तरह से शोषण

एल.एल.बी. में आगामी अध्ययन के लिए प्रयत्नशील क्रियाओं के अलावा अन्य समानान्तरण मिथ्या दोषारोपण के षड़यंत्र के अन्तर्गत जागीरदार पुत्र आयुक्त, वाणिज्यिक कर के इशारे पर उपायुक्त (प्रशा.) वाणिज्यिक कर, जोधपुर श्री महेन्द्र कुमार व्यास ने दिनांक 25 मार्च, 1976 को अपने नोहर प्रवास में मुझे सेवा से निलम्बन का आदेश पारित किया तथा दिनांक 30 जून, 1977 तक 15 महीने तक देश में आपातकाल में निलम्बित अवस्था में रखा गया। दिनांक 17.11.1977 को 12 आरोपों से ज्ञापन दिया तथा दिनांक 17.11.1980 को आयुक्त, वाणिज्यिक कर के आदेश से दोषमुक्त करार दिया गया और उपायुक्त (प्रशासन), वाणिज्यिक कर, बीकानेर के आदेश दिनांक 17.12.1980 से निलम्बन काल को कर्तव्यकाल माना गया। इस प्रकार बिना आधार मेरा लगातार शोषण किया गया था। इसका विस्तृत विवरण अगले अध्याय में किया जायेगा।

एल.एल.बी. द्वितीय वर्ष, 1979 उत्तीर्ण

दिनांक 28 नवम्बर, 1979 को राजस्थान विश्वविद्यालय ने एल.एल.बी. द्वितीय वर्ष, 1979 का परिणाम घोषित किया था जिसमें मेरा परिणाम (रोल नम्बर 3388) इस प्रकार घोषित किया गया था–

क्रमांक प्रश्न पत्र विषय	अंक प्राप्त किये			उत्तीर्णांक
	लिखित	शेशनल	योग	
	85	15	100	36
1. लीगल थ्योरी	44	13	57	36
2. लॉ ऑफ	36	13	49	36
3. ट्रान्सफर ऑफ, प्रोपर्टीज	41	13	54	36
4. कम्पनी लॉ	55	14	69	36
5. पब्लिक इन्टरनेशनल लॉ	35	13	48	36
6. टेक्सेशन लॉ	34	15	49	36
योग	245	081	326	216
प्रथम वर्ष में	–	–	339	उत्तीर्ण
कुल योग			665	

प्राप्तांक प्रतिशत अंक– 55.4 प्रतिशत

द्वितीय श्रेणी

एल.एल.बी. तृतीय वर्ष प्रोफेशनल परीक्षा 1981 का परीक्षा परिणाम

दिनांक 15 मार्च, 1982 को राजस्थान विश्वविद्यालय ने एल.एल.बी. तृतीय वर्ष प्रोफेशनल परीक्षा 1981 का परिणाम घोषित किया, उसमें मेरा परिणाम (रोल नम्बर 1066) इस प्रकार रहाः–

क्रमांक	प्रश्न पत्र विषय	अंक प्राप्त किये			
		लिखित	शेशनल	योग	उत्तीर्णांक
		85	15	100	36
1.	ला ऑफ इविडेन्स एण्ड लिमिटेशन्स	47	13	60	36
2.	लॉ ऑफ क्रिमिनल प्रोसीजर	51	13	64	36
3.	सिविल प्रोसीजर एण्ड आरबीटेशन	48	13	61	36
4.	लैण्ड लॉ	39	14	53	36
5.	प्लीडिंग कन्वेसींग एण्ड रूल्स आफ कोर्टस	39	15	54	36
6.	लीगल रिमेडीज	45	13	58	36
	योग	269	81	350	216
	प्राप्तांक प्रथम, द्वितीय वर्ष में			665	
	कुल योग अंक प्राप्त			1015	
	उत्तीर्ण प्रतिशत			56.4	
	द्वितीय श्रेणी				

30 जून, 1982 को विश्वविद्यालय ने बैचलर ऑफ लॉज (प्रोफेशनल) की उपाधि से मुझे अलंकृत किया।

14 दिसम्बर, 1987 को वर्ष 1982-83 के रिक्त स्थान के लिए वाणिज्यिक कर अधिकारी पद पर पदोन्नति

वर्ष 1974–75 से एल.एल.बी. अध्ययन में रुचि रखते हुए 15 मार्च 1982 (81–82) तक मैं बैचलर ऑफ लॉ (प्रोफशनल) की उपाधि प्राप्त करने में सफल रहा, जो मुझे 30 जून, 1982 को प्रदान की गई। इसी तरह राजकीय कार्य में पूर्ण लगन व निष्ठा से कार्य किया था। इसलिए वर्ष 1974–75 से 1981–82 के सेवा रिकार्ड के आधार पर ही विभागीय पदोन्नति समिति दिसम्बर, 1987 ने वर्ष

1982–83 के रिक्त पद के विपरीत पद "वाणिज्यिक कर अधिकारी (साधारण वेतन श्रृंखला)" के लिए चयनित किया तथा तद्नुसार राज्य सरकार ने दिनांक 14 दिसम्बर, 1987 को पदोन्नति आदेश विधिवत् जारी किये थे। यह इस बात का सक्षम व वजनदार प्रमाण है कि मैंने अपना कर्तव्य निर्वाह कितनी लगन व निष्ठा से किया था।

यह बात अलग है कि इसके लिए मुझे तत्कालीन जागीरदार पुत्र आयुक्त वाणिज्यिक कर की सामन्ती तलवार के नीचे से गुजरना पड़ा व मानसिक रूप से भारी परेशान रहना पड़ा था, जैसा कि आगे के अध्याय से स्थिति और भी विस्तृत रूप से स्पष्ट हो जायेगी।

संविधान की आकाक्षाऐं

भारतीय संविधान 1950 की रजत जयन्ती वर्षों में भारत के स्वतन्त्रता से पूर्व काला सामन्ती इतिहास दोहराया गया। साँढवा जागीरदार (चुरू जिला राजस्थान) महाराजा गंगासिंह के (बीकानेर) समय बेगार न देने वाले चमार की आंखें निकलवा दी थी, का इतिहास बनाने वाले ठाकुर के पुत्र भीमसिंह ने धरती पुत्र का इस प्रकार भयंकर शोषण किया। संविधान निर्माताओं की आकांक्षाओं के विरुद्ध हमारा लोकतंत्र क्या इसी प्रकार शोषण को रोकने में कब तक असमर्थ रहेगा, यह बहुत ही गम्भीरता से विचार योग्य विषय है। हम कब समर्थ बन पायेंगे?

अध्याय – 3

भ्रष्ट लिपिक के पक्ष में क्यों रहा प्रशासन

दलित विरोधी षड़यंत्र

आपातकाल के दौरान दिसम्बर, 1975 में श्री भीमसिंह (जागीरदार पुत्र), आयुक्त, वाणिज्यिक कर विभाग ने दूरभाष से श्री महेन्द्र कुमार व्यास, उपायुक्त (प्रशासन), जोधपुर को निर्देश देकर मेरा पुनः स्थानान्तरण घट–ब हनुमानगढ़ से चेकपोस्ट भीरानी (हरियाणा बोर्डर) पर करवा दिया था। इस स्थानान्तरण का भी कोई प्रशासनिक कारण नहीं था, बल्कि श्री भीमसिंह (आयुक्त महोदय) की स्पष्ट दुर्भावना थी, क्योंकि उनका उद्देश्य मुझे सरकारी नौकरी से किसी भी तरह का षड़यंत्र करके हटाना ही था। इस भयंकर विषम स्थिति में मुझे इस पद पर कार्य करना पड़ा था।

हरियाणा बोर्डर पर राजस्थान की तीन चैक पोस्टों भीरानी, फेफाणा तथा झांसल पर राजस्व आय नियंत्रण की देखभाल मुझे ही करनी होती थी। मुख्यालय भीरानी चैक पोस्ट था, जहां से अन्य दो चैक पोस्टों पर यात्रा करनी होती थी। जिस चैक पोस्ट पर मेरा प्रवास होता था, उन दिनों में अन्य दो चेक पोस्टों के कार्यरत लिपिक गण, बिना इन्सपेक्टर के समस्त शक्तियों को प्रयोग में लेते थे। कर चोरी रोकने का महत्वपूर्ण कार्य का उत्तरदायित्व केवल निरीक्षक का ही होता था, इस कारण तीनों चेक पोस्टों के कार्य का भार सीधा मेरे पर था। इस सम्बन्ध में वाणिज्यिक कर अधिकारी, हनुमानगढ़ का आदेश क्रमांक 4895 दिनांक 17.11.1975 इस प्रकार था–

"राजस्थान सरकार"

कार्यालय वाणिज्यिक कर अधिकारी, हनुमानगढ़।

क्रमांक : दिनांक

कार्यालय आदेश

इस वृत्त के सभी जाँच चौकी प्रभारी निरीक्षकों को आदेश दिये जाते हैं कि वे उनके अधीनस्थ कार्य कर रहे कनिष्ठ लिपिकों एवं चतुर्थ श्रेणी कर्मचारियों के कार्य

एवं अनुशासन के बारे में समय–समय पर इस कार्यालय में रिपोर्ट प्रस्तुत करें। जिन कर्मचारियों के विरुद्ध प्रभारी निरीक्षक से निम्न हस्ताक्षरकर्त्ता को उनके कार्य एवं अनुशासनहीनता के बारे में रिपोर्ट प्राप्त होगी, उनके विरुद्ध अनुशानात्मक कार्यवाही करके उनका स्थानान्तरण कर दिया जायेगा, जिसके अंतर्गत वे किसी प्रकार का यात्रा भत्ता एवं यात्रा काल नहीं प्राप्त कर सकेंगे। प्रभारी निरीक्षक अपने अधीनस्थ सभी कर्मचारियों को इस संबंध में सूचित करके इसकी रिपोर्ट वृत्त कार्यालय को भेजें।

ह./–
के.पी. गोस्वामी,
वाणिज्यिक कर अधिकारी,
हनुमानगढ़।

क्रमांक : 4895 दिनांक : 17.11.1975

प्रतिलिपि निम्न को सूचनार्थ एवं पालनार्थ–

1. प्रभारी निरीक्षक जांच चौकी–भीरानी।
2. रक्षक पत्रावली।

ह./–
के.पी. गोस्वामी,
वाणिज्यिक कर अधिकारी,
हनुमानगढ़।

श्री प्रहलाद राय अग्रवाल कनिष्ठ लिपिक की ड्यूटी से अनुपस्थिति तथा बिक्री कर की लूट

वाणिज्यिक कर अधिकारी, हनुमानगढ़ को दिनांक 21.2.1976 को इस प्रकार निवेदन किया था–

पत्र क्रमांक 82/भीरानी दिनांक 21.2.1976

सेवा में,

श्रीमान् वाणिज्यिक कर अधिकारी जी,
हनुमानगढ़ टाउन।

विषय : श्री प्रहलाद राय अग्रवाल क. लिपिक के विरुद्ध ड्यूटी पर उपस्थित न रहने के कारण आवश्यक कार्यवाही हेतु।

मान्यवर,

कल दिनांक 20.2.1976 को सायंकाल 4.30 बजे जब मैं चेक पोस्ट फेफाणा से भीरानी पहुंचा तो पाया कि श्री प्रहलाद राय कनिष्ठ लिपिक–

(1) की ड्यूटी रजिस्टर के अनुसार 12.00 बजे दोपहर से रात्रि के 12 बजे तक थी, ड्यूटी पर नहीं थे तथा पता चला कि प्रातः 11 बजे से ही हिसार गये हुए थे। यह ड्यूटी के प्रति सरासर अवहेलना है।

(2) रात्रि को 11.30 बजे वापस लौट कर आये। इस बीच ट्रक मूवमेन्ट रजिस्टर, बिल्टी रजिस्टर, बस मूवमेन्ट रजिस्टर तथा मूवमेन्ट रजिस्टर के अवलोकन करने ज्ञात हुआ कि श्री अग्रवाल दिनांक 3.1.76, 6.1.76, 15.1.76, 18.1.76 से 21.1.76, 26.1.76, 8.2.76 से 10.2.76, 11.2.76 व 20.2.76 को ड्यूटी पर अनुपस्थित रहे हैं तथा हाजरी रजिस्टर में फर्जी हाजरी दर्ज की है। इन तारीखों में ड्यूटी रजिस्टर के अनुसार श्री प्रहलाद राय अग्रवाल ने कोई ड्यूटी नहीं दी है। इन्होंने इस बीच किसी प्रकार की रसीद नहीं काटी है तथा न अपनी ड्यूटी के समय में ट्रक मूवमेन्ट रजिस्टर, बस मूवमेन्ट रजिस्टर, बिल्टी रजिस्टर में कोई अपने हाथ से लिखा है। इस प्रकार इन तारीखों में श्री अग्रवाल के ड्यूटी पर रहने का कोई प्रमाण नहीं मिलता है।

(3) श्री प्रहलाद राय अग्रवाल क.लि. ने दिनांक 3.1.76, 6.1.76, 15.1.76, 18.1.76 से 21.1.76, 26.1.76, 8.2.76 से 10.2.76, 19.2.76, व 20.2.76 से हाजरी रजिस्टर में हस्ताक्षर करके राज्य सरकार को धोखा दिया है तथा सरकारी सेवा के नाम पर भ्रमण किया है।

इस प्रकार इन तारीखों में श्री प्रहलाद राय क.लि. को अनुपस्थित मानकर इनके विरुद्ध आवश्यक कार्यवाही की जाये। श्रीमान् स.वा. कर अधि. नोहर से अलग से रिपोर्ट पेश कर दी है।

कृपया इसको आवश्यक समझें।

भवदीय
ह./–
वाणिज्यिक कर,
निरीक्षक

इसी क्रम में माननीय वाणिज्यिक कर अधिकारी जी को पुनः निवेदन दिनांक 5.3.1976 को किया, जिसकी प्रति श्रीमान् उपायुक्त (प्रशासन) को भी दी थी।

क्रमांक 119, 120 दिनांक 5.3.1976

सेवा में,

श्रीमान् वाणिज्यिक कर अधिकारी जी,
हनुमानगढ़ टाउन।

विषय : श्री प्रहलाद राय क. लि. द्वारा ड्यूटी पर अनुपस्थित बाबत।

मान्यवर,

श्री प्रहलाद राय क.लि. के विषय में श्रीमान् को इस कार्यालय के पत्र संख्या 82, दिनांक 21.2.76 से श्रीमान् को निवेदन किया था, लेकिन इस सम्बन्ध में किसी प्रकार की कार्यवाही से इस कार्यालय को अवगत नहीं कराया गया है। श्रीमान् स. वा. कर अधिकारी वार्ड–ब, नोहर को भी उचित कार्यवाही हेतु क्रमांक 81 दिनांक 21.2.76 से निवेदन किया था लेकिन अभी तक किसी प्रकार की कार्यवाही नहीं हो सकी है।

(2) श्री प्रहलाद राय क.लि. दिनांक 20.2.76 से इस चेक पोस्ट पर अपने कर्तव्य से अनुपस्थित है तथा लापता है। वह कहां है, इसकी कोई जानकारी इस कार्यालय को नहीं है। एक कनिष्ठ लिपिक के लिए इस प्रकार की कार्यवाही घोर अनुशासनहीनता की प्रतीक है।

कृपया इस सम्बन्ध में की गई उचित कार्यवाही से मुझे शीघ्र अवगत करायें।

भवदीय
ह./–
वाणिज्यिक कर निरीक्षक,
भीरानी।

क्रमांक : 119, 120 दिनांक 5.3.1974

प्रतिलिपि श्रीमान् उपायुक्त (प्रशासन), वाणिज्यिक कर, जोधपुर की सेवा में उचित कार्यवाही हेतु प्रस्तुत है।

भवदीय
ह./–
वा. कर निरीक्षक,
भीरानी।

इसका जवाब वाणिज्यिक कर अधिकारी जी ने अपने पत्र दिनांक 12.3.1976 से दिया जो मुझे दिनांक 22.3.1976 को सायंकाल 5.00 बजे चेक पोस्ट भीरानी पर मिला।

क्रमांक : 600 दिनांक : 12.5.1976

श्री पी.के. मौर्य निरीक्षक,
जांच चौकी, भीरानी

विषय : श्री प्रहलाद राय अग्रवाल क.लि. जांच चौकी, भीरानी से दि. 20.2. 1976 से अनुपस्थित

प्रसंग : आपका पत्रांक 119 दिनांक 5.3.1976

आपको लिखा जाता है कि श्री प्रहलाद राय अग्रवाल क.लि., स.वा. कर अधि. नोहर के आदेश दिनांक 23.2.1976 के अनुसार माह मार्च, 1976 में राजस्व वसूली व चालू पुरानी मांग वसूल करने के लिए भादरा मंडी में लगाया गया है क्योंकि वा. कर. नि. का पद नोहर वार्ड में रिक्त है। इस आदेश की प्रतिलिपि आपको भी दी गई है।

आपका यह बार–बार लिखना उचित प्रतीत नहीं होता है। आप भविष्य के लिए अनावश्यक रूप से पत्र व्यवहार न करें व न ही सरकारी स्टेशनरी व स्टाम्पस का फिजूल खर्च करें। यह आपको भविष्य के लिये चेतावनी दी जाती है। बार–2 फिजूल का पत्र व्यवहार करने में आप स्वयं का व उच्चाधिकारियों का समय बरबाद करते हैं। सूचित रहें। अग्रिम पत्र व्यवहार आप स.वा.कर अधि. नोहर से करें व प्रति इस कार्यालय को देवें।

केशरी चंद L.D.C.

रिपोर्ट करें कि श्री प्रहलाद राय L.D.C. के सम्बन्ध में यहां सूचना कब आई? मेरे समक्ष यह पत्र नहीं पेश किया गया है।

रा.वा.क.अ. नोहर से श्री प्रहलाद राय क. लि. के बारे में कोई पत्र नहीं आया।

इस पत्र का जवाब मैंने अपने अर्द्धशासकीय पत्र संख्या 157/भीरानी दिनांक 22.3.1976 को सायंकाल 6.00 बजे इस प्रकार दिया था–

पी.कुमार मौर्य, अ.शा.पत्र संख्या 157
वा.कर. निरीक्षक, कार्यालय निरीक्षक वाणिज्यिक कर,
भीरानी।

दिनांक 22.3.1976 6.00 पी.एम.

विषय : श्री प्रहलाद राय अग्रवाल क.लि. भीरानी का दिनांक 19.2.76 से अनुपस्थिति बाबत।

प्रसंग : आपका पत्रांक 600 दिनांक 12.3.1976

आदरणीय श्री गोस्वामी जी,

विनीत स्वर में श्रीमान् का व्यक्तिगत ध्यान आकर्षित कर राज्य हित में निवेदन करता हूँ कार्यालय स.वा. कर अधिकारी अनुभाग–ब नोहर से आज अभी तक श्री प्रहलाद राय क.लि. के सम्बन्ध में किसी प्रकार की सूचना यहां प्राप्त नहीं हुई है। इस सम्बन्ध में श्रीमान् जे जी शहानी को इस कार्यालय के क्रमांक 81 दिनांक 21.2.1976 द्वारा सूचित भी किया था। चूंकि उनकी तरफ से मुझे किसी प्रकार के निर्देशन की आशा नहीं थी, इसी कारण इस कार्यालय के पत्रांक 82 दिनांक 21.2.76, 76/20.2.76 द्वारा श्रीमान् को लिखा गया था। इस सम्बन्ध में लगातार श्रीमान् का ध्यान अ.शा.प. संख्या 86/22.2.76, 92/25.2.76, 121/5.3.76 व 394/दिनांक 9.3.1976 द्वारा श्रीमान का व्यक्तिगत ध्यान भी आकर्षित किया था।

(2) चूंकि श्रीमान् ने अपने आदेश संख्या 4895 दिनांक 17.11.1975 द्वारा रिपोर्ट सीधे चाहने के आदेश दिये थे। दिनांक 5.3.1976 तक श्री प्रहलाद राय अग्रवाल क.लि. के बारे में इस जांच चौकी पर किसी प्रकार की सूचना नहीं थी, इसलिए श्रीमान् से निवेदन किया गया था।

(3) चूंकि आज दिनांक 22.3.1976 के सायंकाल पांच बजे आपका प्रासंगिक पत्र प्रथम बार दिनांक 20.2.1976 के बाद यानी बत्तीस (32) दिन के बाद इस कार्यालय को जानकारी मिली है कि वह भादरा मंडी में लगाया गया है। एक कर्मचारी के बत्तीस दिन तक लगातार मुख्यालय पर बिना सूचना के अनुपस्थित रहना व किसी प्रकार की सूचना न देना कौन सा नियम है। श्रीमान् से निवेदन है कि इस विषय को यों ही न टाला जाये बल्कि राज्यहित में गंभीरता से लिया जावे। इस कार्यालय के हाजिरी पंजिका में दिनांक 19.2.76 से 22.3.76 तक बिना किसी सूचना के श्री प्रहलाद राय अग्रवाल क.लि. की अनुपस्थिति दर्ज की जा चुकी है तथा अब उसमें काटा–छांटी करना किस नियम के अनुसार संभव है कृप्या अवगत करावें।

(4) श्रीमान् के प्रासंगिक पत्र में निम्न वाक्य आपत्तिजनक है तथा अनुशासन की भावना के विरुद्ध है।

(क) "माह मार्च, 1976 में राजस्व वसूली व चालू पुरानी मांग वसूली करने के लिए भादरा मंडी में लगाया गया है क्योंकि वा.कर नि. का पद नोहर वार्ड में रिक्त है। इस आदेश की प्रतिलिपि आपको भी दी गई है।"

(ख) "आपका यह बार–बार लिखना उचित प्रतीत नहीं होता है। आप भविष्य के लिए अनावश्यक रूप से पत्र व्यवहार न करें व न ही सरकारी स्टेशनरी व सामान का फिजूल खर्च करें।"

(ग) "बार–2 फिजूल का पत्र व्यवहार करने में आप स्वयं का व उच्च अधिकारियों का समय बरबाद करते हैं।"

(5) इस सम्बन्ध में निवेदन है कि श्री प्रहलाद राय अग्रवाल क.लि. हिसार से लेकर हनुमानगढ़ स्वतंत्र इच्छा से फिरता है तथा चेक पोस्ट भीरानी के रिकार्ड कार्ड अस्त व्यस्त करने में लगा है। मेरी गैर हाजिरी में रजिस्टरों की बिना इजाजत व श्री केशरीचंद क.लि. को व डालूराम गार्ड को डराकर रिकार्ड को बदलने में लगा रहता है। वह कभी बालसमद, कभी भीरानी, कभी फेफाणा व नोहर व हनुमानगढ़ तक मेरी शिकायतें करवाने की गरज से फिरता रहता है।

(6) इसके अलावा जब श्री पी.के. साहीवाला निरीक्षक भीरानी दिनांक 6.12.1975 से अवकाश पर गया था तो उसके अवकाश स्वीकृति में उसके एवज में कोई निरीक्षक नहीं लगाया गया क्योंकि चेकपोस्ट भीरानी झासेत व फेफाणा आपके दृष्टिकोण से निरीक्षक कार्य के लिए महत्वपूर्ण नहीं मानी गईं। इस आधार से निरीक्षक, भीरानी के बजाय श्री प्रहलाद राय अग्रवाल क.लि. को प्रैक्टीकल रूप से निरीक्षक का कार्य करवाना राज्यहित में किस प्रकार हो सकता है। यह गंभीरता से विचारणीय विषय है। इसको साधारण रूप में न लिया जाय।

(7) श्रीमान् स.वा.क.अधि., नोहर के आदेश दिनांक 23.2.1976 की प्रतिलिपि आज तक इस चेक पोस्ट कार्यालय पर नहीं आई है। अतः अनावश्यक पत्र व्यवहार व सरकारी स्टेशनरी व समय की फिजूल खर्च का तथ्य भी श्रीमान् किस प्रकार समझते हैं, यह भी गंभीरता से विचारणीय विषय है। इसके अलावा शब्द "आप स्वयं व उच्च अधिकारियों का समय बर्बाद" के श्रीमान् के प्रयोग के पीछे क्या औचित्य है, यह भी गहन गंभीरता से विचारणीय विषय है। इससे यह सम्भावना हो सकती है कि श्री प्रहलाद राय अग्रवाल क.लि. ही सही अर्थ में कर्तव्य व वफादारी व निरीक्षक का कार्य करने की क्षमता रखता है क्योंकि उसने समाज के तथाकथित उच्च जाति (अग्रवाल) में जन्म लिखा है। शायद इसी से ही आपका तात्पर्य है यदि मैं गलत न हूं तो।

(8) चूंकि मैं भीरानी निरीक्षक हूँ और वर्षों निरीक्षक का कार्य करता रहा हूँ। श्री प्रहलाद राय अग्रवाल क.लि. की तुलना में राज्यहित में कार्य नहीं कर सकता हूँ, क्योंकि मेरा जन्म समाज के कमजोर वर्ग (अनसूचित जाति) में हुआ है। शायद आपके विश्वास के अनुसार यही प्रशासन व अनुशासन तथा राज्यहित में है।

कृपया इसको गंभीरता से लें व मुझे पथ प्रदर्शन करें। मैं आपके पत्र की भाषा का अर्थ नहीं समझा सका हूँ। कष्ट के लिए क्षमा चाहता हूँ।

श्री के.पी. गोस्वामी साहेब, भवदीय
वाणिज्यिक कर अधिकारी, ह./–
हनुमानगढ़ टाउन। (पी.कुमार मौर्य)

इससे स्पष्ट प्रमाणित होता है कि वाणिज्यिक कर अधिकारी श्री के.पी. गोस्वामी तथा सहायक वाणिज्यिक कर अधिकारी, नोहर, श्री जे.जी. शहानी किस प्रकार सवर्ण यानी तथाकथित उच्च घराने के कनिष्ठ लिपिक की अनुपस्थिति को उपस्थिति में परिवर्तित करने में लगे थे। दिनांक 20.2.1976 को सायंकाल चार बजे बिना स्वीकृति के मुख्यालय छोड़कर गये लिपिक को 32 दिन तक अनुपस्थिति के पश्चात् पीछे की तारीख दिनांक 23.2.76 से सहायक वाणिज्यिक कर अधिकारी के आदेश से भादरा मण्डी में निरीक्षक का कार्य कर रहा के आदेश किये, जिसके लिए आयुक्त, वाणिज्यिक कर, राजस्थान **भी सक्षम नहीं है।** एक लिपिक वसूली का कार्य कर रहा है, जबकि यह कार्य निरीक्षक का होता था।

श्री प्रहलाद राय कनिष्ठ लिपिक द्वारा रुपये 642110.00 पर बिक्री कर डकैती

वाणिज्यिक कर अधिकारी, हनुमानगढ़ को दिनांक 22.2.1976 को लिखे अर्द्धशासकीय पत्र का विवरण इस प्रकार हैः–

पी.कुमार मौर्य, अर्द्धशास. पत्र संख्या 86/सीपी भीरानी
वा.कर आयुक्त। कार्यालय निरीक्षक, वाणिज्यिक कर
चेक पोस्ट, भीरानी।

दिनांक फरवरी 22, 1976

विषय : श्री प्रहलाद राय क.लि. द्वारा रु. 642110.00 की कीमतन माल पर कर न वसूल करना तथा कर्तव्य में लापरवाही बरतना

आदरणीय श्री गोस्वामी जी साहिब,

आपके आदेश संख्या 4895 दि. 17.11.1975 व स्टेनो/1638 दि. 17.12. 1975 की पालना के क्रम में निवेदन है कि चेक पोस्ट भीरानी के ड्यूटी रजिस्टर के पृष्ठ संख्या 19 से 25 तक की नकल यहां प्रस्तुत की जा रही है।

इसको पढ़ने पर श्रीमान इस निष्कर्ष पर पहुंचेंगे कि किस प्रकार राज्य सरकार के रुपये 642110.00 के कीमतन के माल पर श्री प्रहलाद राय कनिष्ठ लिपिक द्वारा कर नहीं वसूल किया गया है तथा सहायक वाणिज्यिक कर अधिकारी, नोहर

द्वारा किस प्रकार अपने निरीक्षण प्रतिवेदनों में इस तथ्य को भुलाया गया है। श्री प्रहलाद राय क. लि. लगातार अपने कर्तव्य की अवहेलना करता आ रहा है। इसकी अलग से रिपोर्ट मेरे क्रमांक 77, 78 दि. 20.2.1976 व 81–82 दि. 21.2.1976 द्वारा प्रस्तुत की जा चुकी है।

कृपया अवलोकन करें।

इसके अलावा चेक पोस्ट फेफाणा के ड्यूटी रजिस्टर की नकल भी आपकी सेवा में पेश की जा रही है, जिसके अवलोकन से आपको ज्ञात होगा कि किस प्रकार श्रीमान् सहायक वाणिज्यिक कर अधिकारी, नोहर अपनी ड्यूटी में चेक पोस्टों के निरीक्षण नोट लिखते हैं तथा कर्मचारियों को डराते व धमकाते हैं।

श्रीमान् सहायक वाणिज्यिक कर अधिकारी, नोहर का हमारे प्रति व्यवहार परिवर्तित नहीं होता है तो मैं नहीं समझता कि किस प्रकार राज्य का कार्य सुचारू रूप में चल सकता है। एक कर्मचारी जो ड्यूटी के प्रति लापरवाही व गैर–जिम्मेवार तथा जिसने राज्य को कर की हानि पहुंचाई है, उस पर वे मेहरबान है तथा एक कर्मचारी के प्रयत्नों से चेक पोस्ट फेफाणा पर माह दिसम्बर, 1975 में गुड़ की बिक्री कर काटकर गत वर्ष के रु. 117.53, की तुलना में इस वर्ष रु. 1157.61 जो करीबन दस गुना है उस पर नाराज रहते हैं। यह तथ्य अवलोकन करना अति आवश्यक है।

श्रीमान् महसूस करेंगे कि ऐसे वातावरण में कैसे कार्य करना संभव है। कृपया गम्भीरता से देखें व इस संबंध में विस्तृत जाँच करके आवश्यक कार्यवाही करें। यदि श्रीमान् इस सबध मे कोई कार्यवाही नही कर सकेगे तो मुझे सीधा आयुक्त महोदय से सम्पर्क करने में बाध्य होना पड़ेगा। यह एक गंभीर प्रशासनिक मामला है।

कृपया मुझे पथ प्रदर्शन करने की कृपा करें।

भवदीय

श्री के.पी. गोस्वामी साहिब, ह./–
वाणिज्यिक कर अधिकारी, (पी.कुमार मौर्य)
हनुमानगढ़ टाउन।

वाणिज्यिक कर अधिकारी, हनुमानगढ़ जाँच हेतु सहायक वाणिज्यिक कर अधिकारी, घट–बी, नोहर को लिखा वह इस प्रकार है–(दिनांक 19.3.76)

राजस्थान – सरकार

कार्यालय वाणिज्यिक कर अधिकारी, हनुमानगढ़ टाउन

क्रमांक – 813 दिनांक : 19.3.76

श्री पी.के. मौर्य
निरीक्षक वागिज्यिक कर,
प्रभारी चैक पोस्ट भीरानी

विषय : श्री प्रहलाद राय क. लि. द्वारा रु. 6,42,110.00 की कीमतन माल पर कर न वसूल करना तथा कर्तव्य में लापरवाही बरतने बाबत।

प्रसंग :–आपका अ.शा. पत्र क्रमांक 121 सीपी/भीरानी दिनांक 5.3.1976

उपरोक्त विषय के अन्तर्गत आपको लेख है कि आपका पत्र संख्या 86/सीपी/भीरानी/दिनांक 22.2.1976 में पेश होने पर वास्ते जांच जरिये सं. सीटीओ/शिकायत/76/796 दिनांक 4.3.76 को सहायक वाणिज्यिक कर अधिकारी, वार्ड 'बी' नोहर को लिखा जा चुका है। अतः जांच रिपोर्ट पेश होने पर आगामी कार्यवाही की जाएगी।

वाणिज्यिक कर अधिकारी,
हनुमानगढ़

क्रमांक :– दिनांक :–

प्रतिलिपि : सहायक वाणिज्यिक कर अधिकारी, वार्ड, 'बी' नोहर के पास भेजकर लिखा जाता है कि श्री पी.के. मौर्य द्वारा की गई रिपोर्ट खिलाफ श्री प्रहलाद राय क.लि. की जांच कर शीघ्र रिपोर्ट पेश करें और श्री प्रहलादराय क. लि. को दिनांक 20.2.1976 से अनुपस्थित बताया जा रहा है। इनका क्या कारण है। अगर श्री प्रहलाद राय को वसूली के संबंध में नोहर या भादरा लगाया गया है तो निरीक्षक को सूचित करना चाहिए था। उनको फौरन सूचित किया जावे।

वाणिज्यिक कर अधिकारी,
हनुमानगढ़।

दिनांक 23.3.1976 को वाणिज्यिक कर अधिकारी, हनुमानगढ़ ने पुनः अपने पत्र दिनांक 4.3.1976 के क्रम में सहायक वाणिज्यिक कर अधिकारी घट–बी, नोहर को जांच हेतु लिखा तथा जांच 3.4.1976 तक प्रस्तुत करने के लिए बाध्य किया था। पत्र इस प्रकार है–

क्रमांक : दिनांक :

सहायक वाणिज्यिक कर अधिकारी,
वार्ड 'बी' नोहर।

विषय : दिनांक फरवरी 22, 1976 को श्री मौर्य द्वारा वाणिज्यिक कर अधिकारी, हनुमानगढ़ को लिखे उनके अ.शा. पत्र पर टिप्पणी।

प्रसंग :–

आपको इस कार्यालय के पत्र सं. वाकअ/शिकायत/796 दिनांक 4.3.1976 द्वारा यह निर्देश दिए गए कि क्या श्री प्रहलाद राय क.लि. द्वारा रु. 6,42,110.00 की कीमतन माल पर चैक पोस्ट भिरानी पर दिनांक 26.9.1975 से 5.12.1975 तक की अवधि में माल बिना कर वसूल किए राज्य से बाहर/आने दिया। इस पर आपको अपनी जांच रिपोर्ट प्रस्तुत करनी चाहिए थी। परन्तु आपने अपने पत्र क्रमांक 243 दिनांक 10.3.1976 में सिर्फ यह लिखकर ही जबाब प्रस्तुत किया कि उस अवधि में श्री पी.के. साहीवाला, निरीक्षक व श्री केशरीचन्द मीणा क.लि. व श्री प्रहलाद राय क.लि. व चतुर्थ श्रेणी कर्मचारियों से इस बाबत खुलासा लिये जाने का विचार कर अनुग्रहित करें।

यह मामला गंभीर प्रतीत होता है। इसकी गंभीरता की दृष्टि में रखते हुए व आप उक्त चैक पोस्ट पर पहुंच कर वस्तुस्थिति की जांच करते हुए इस कार्यालय को सही तथ्यों से अवगत करवाते। परन्तु आपने ऐसा नहीं किया। यह विचित्र बात है तथा उसको मैं गंभीरता से आंकता हूँ।

आप स्वयं मौके पर पहुंचकर उक्त आरोप की घटनास्थल पर जांच कर अपना प्रतिवेदन 3.4.1976 को प्रस्तुत करेंगे। इसके लिए अगर उपयुक्त समझें या आवश्यक समझें तो यहां के लेखाकार को भी भेजा जा सकता है। अगर लेखाकार की जरूरत समझें तो दिनांक 29.3.76 को इस कार्यालय को सूचित करें ताकि लेखाकार को दिनांक 2.4.76 को भीरानी भेजा जा सके।

वाणिज्यिक कर अधिकारी,
हनुमानगढ़

क्रमांक : 838 दिनांक 23.3.76

प्रतिलिपि श्री पी.के. मौर्य, निरीक्षक जांच चौकी, भीरानी को भेजकर लिखा जाता है कि इस समय में राजस्व वसूली हेतु व्यस्त हैं अतः आप अपना खतोखिताब कम करें।

वाणिज्यिक कर अधिकारी,
हनुमानगढ़

ऐसी स्थिति में लाचार होकर श्रीमान् मंहेन्द्र कुमार व्यास उपायुक्त (प्रशासन), वाणिज्यिक कर विभाग, जोधपुर को मेरे अर्द्धशासकीय पत्र संख्या 161/भीरानी दि. 24.3.76 से प्रहलाद राय अग्रवाल कनिष्ठ लिपिक के बिक्री कर डकैती के बारे में इस प्रकार पत्र लिखा

गोपनीय

राज़स्थान सरकार

पी. कुमार मौर्य	अ.शा.पत्र संख्या 161/भीरानी
वा.कर निरीक्षक	कार्यालय निरीक्षक वाणिज्यिक कर, भीरानी।
	दिनांक : मार्च 25,1976

विषय : चैक पोस्ट भीरानी पर श्री प्रहलाद राय अग्रवाल क.लि. द्वारा कर चोरी करवाने बाबत।

आदरणीय श्री व्यास जी साहिब,

श्रीमान् के आदेशानुसार चैक पोस्ट, भीरानी की बिक्री कर की आय का उत्तरदायित्व मेरा किया है। अतः यहां की आय के बारे में सभी सही तथ्यों की जानकारी श्रीमान् को देना में अपना कर्तव्य समझता हूं। चैक पोस्ट भीरानी, झांसल व फेफाणा के प्रशासन के सम्बन्ध में विस्तृत विवरण श्रीमान् को मेरे अर्द्धशासकीय पत्र संख्या 600/ फेफाणा दिनांक 20.3.1976 द्वारा प्रस्तुत कर चुका हूं।

2. जहां तक चैक पोस्ट भीरानी पर से राजस्थान के बाहर जाने वाले माल का प्रश्न है, कुछ ट्रक ऐसे पाये गये हैं जो श्री प्रहलाद राय अग्रवाल, क.लि. द्वारा ट्रक मूवमेन्ट पंजिका में खाली दर्ज किये हैं जबकि वास्तव में इनमें चना, मूंग, मौठ, तिलहन गया है। इसके अलावा बहुत से ट्रक जिनमें चना, मूंग, मौठ, तिलहन, गया है श्री प्रहलाद राय क.लि. ने भीरानी चैक पोस्ट पर इन्द्राज नहीं किया है जबकि हरियाणा सरकार की चैक पोस्ट पर रिकार्ड मौजूद है।

3. इस सम्बन्ध में चैक पोस्ट, भीरानी पर तैनात स्टाफ सर्वश्री केसरी चन्द मीणा क.लि., श्री डालू राम गार्ड व श्री ठाकुरसिंह, गार्ड के बयान अवलोकनार्थ प्रस्तुत हैं, जो प्रमाणित करते हैं कि श्रीमान् श्री जे.जी. शहानी, स.वा. कर अधिकारी अनुभाग 'ब' नोहर किस प्रकार फर्जी चैक पोस्टों का निरीक्षण बताते हैं तथा स्टाफ को धमकाते हैं। इससे यह भी पता चलेगा कि श्री प्रहलाद राय क.लि. जिसने इन सभी ट्रकों को चैक पोस्ट से निकालकर राज्य सरकार को हानि पहुंचाई है। इस प्रकार

के लिपिक की श्रीमान् सहायक वाणिज्यिक कर अधिकारी श्री जे.जी. शहानी इस प्रकार पक्ष लेते हैं व फर्जी दौरे तथा निरीक्षण लिखाते हैं।

4. श्री प्रहलाद राय क. लि. के बारे में श्रीमान् वाणिज्यिक कर अधिकारी, हनुमानगढ़ टाऊन को कई बार लिखा जा चुका है। श्री प्रहलाद राय क.लि. दिनांक 19.2.1976 से 22.3.1976 तक 32 दिवस ड्यूटी पर अनुपस्थित रहने के पश्चात् भी आज तक किसी प्रकार की कार्यवाही नहीं हुई है।

कृपया इन वाहनों की जांच, जिनकी सूची जहां संलग्न है, हरियाणा सरकार के बोर्डर से कराई जाकर श्री प्रहलाद राय क.लि. के विरुद्ध कठोर कार्यवाही की जाने की कृपा करें व श्रीमान् श्री जे.जी. शहानी, स.वा. कर अधिकारी वार्ड ब नोहर व श्रीमान् वा.कर अधिकारी, हनुमानगढ़ टाउन को लिखा जाये कि वे श्री प्रहलाद राय, क.लि. को किसी प्रकार का पक्ष न करे। इसकी जांच किसी निष्पक्ष अधिकारी से कराई जावे तो राज्यहित में अति उत्तम होगा।

संलग्न :-

1. बयान श्री केसरी चन्द मीणा क.लि.
2. बयान श्री ठाकुर सिंह गार्ड
3. बयान श्री डालूराम गार्ड
4. वाहनों की सूची

भवदीय–

(पी. कुमार मौर्य)

सेवा में–

श्रीमान् महेन्द्र कुमार जी व्यास साहिब,
उपायुक्त (प्रशासन), वाणिज्यिक कर,
जोधपुर। (राजस्थान)

लेकिन जागीरदार पुत्र आयुक्त की राय से इस कनिष्ठ लिपिक के विरुद्ध तत्काल कोई कार्यवाही राज्यहित में नहीं की गई।

श्री महेन्द्र कुमार व्यास उपायुक्त (प्रशासन), वाणिज्यिक कर विभाग, जोधपुर, द्वारा मेरा शिकार

श्री महेंद्र कुमार व्यास, उपायुक्त (प्रशासन), वाणिज्यिक कर विभाग, जोधपुर के हनुमानगढ़ वृत्त के दिनांक 24.3.1976 से 25.3.1976 तक के यात्रा कार्यक्रम की मुझे कोई सूचना नहीं थी तथा सम्पूर्ण कार्यक्रम गोपनीय रखा गया था। दिनांक 24.3.1976 को श्री व्यास हनुमानगढ़ रहे, रात्रि विश्राम रखा तथा 25.3.1976 को नोहर रहे। न तो वाणिज्यिक कर अधिकारी, हनुमानगढ़ ने तथा न सहायक

वाणिज्यिक कर अधिकारी घट–बी नोहर ने ही मुझे बुलाया या अन्य रूप में सूचना दी। गोपनीय व्यस्त कार्यक्रम में क्या क्रियाकलाप रहे, सब मुझ से छुपाकर रखा गया था।

चेक पोस्ट, भीरानी से लापता कनिष्ठ लिपिक श्री प्रहलाद राय अग्रवाल, एक निरीक्षक की तरह से भीरानी मण्डी में चेकिंग करके व्यवसाइयों को डराने में लगा हुआ था, जिसके आदेश सहायक वाणिज्यिक कर अधिकारी, घट–बी नोहर ने किये थे, जबकि एक कनिष्ठ लिपिक को निरीक्षक का कार्य करवाने के लिए विभाग का बड़े से बड़ा अधिकारी भी सक्षम नहीं था। इस सम्बन्ध में उपायुक्त (प्रशासन) से मेरे समस्त पत्र व्यवहार को छुपाकर रखा गया था। न तो वाणिज्यिक अधिकारी श्री के.पी. गोस्वामी ने ही बताया तथा न श्री जे.जी. शहानी, सहायक वाणिज्यिक कर अधिकारी नोहर ने ही श्री व्यास को बताया था। इसलिए श्री महेन्द्र कुमार व्यास समस्त वातावरण से अनभिज्ञ रहे थे। इसलिए श्री व्यास के हनुमानगढ़ वृत्त के दौरे की सूचना मुझसे पूर्ण रूप से गुप्त रखी गई थी। इससे यह पूर्ण स्पष्ट होता है कि दोनों ही अधिकारी श्री. के.पी. गोस्वामी एवं श्री जे.जी. शहानी, श्री प्रहलाद राय अग्रवल कनिष्ठ लिपिक के काबू में थे अर्थात् वे श्री प्रहलाद राय अग्रवाल, कनिष्ठ लिपिक को बचाना चाहते थे क्योंकि भादरा मण्डी के व्यापारियों से घूंस लेने में यह लिपिक दलाली का कार्य करता था, इसलिए इन दोनों अधिकारियों के लिए वह कमाऊ व्यक्ति था। इसलिए उनका मुंह बंद था।

श्री के.पी. गोस्वामी एवं श्री जे.जी. शहानी तथा श्री महेन्द्र कुमार व्यास तीनों ही उच्च अधिकारी तथाकथित उच्च हिन्दू जातियों से थे तथा दो बड़े अधिकारी तो ब्राह्मण थे, जिनका धार्मिक विश्वास इस प्रकार का था –

1. ''ब्राह्मण निःसंकोच होकर शुद्र का धन ले ले, क्योंकि शूद्र का अपना कुछ भी नहीं है, उसका धन उसके स्वामी ब्राह्मण का ही है।''

–मनुस्मृति – 8–4/7

2. ''यदि अधम जाति का शूद्र ऊँची जाति के कर्मों को करके धन कमाने लगे, तो राजा उसका धन छीनकर उसे देश से निकाल दे।''

–मनुस्मृति –10–96

चूंकि मैं एक अनुसूचित जाति (दलित) का व्यक्ति था, जिसको आगामी अध्ययन करने पर आयुक्त श्री भीमसिंह (जागीरदार पुत्र) नौकरी से बर्खास्त करने पर उतारू था तथा यह सब अधिकारीगण श्री भीमसिंह के अधीनस्थ अधिकारी होने के कारण उनसे वफादारी निभाने के लिए सब कुछ करने को तैयार थे। एक तरफ

हिन्दू धर्म का कानून मनुस्मृति, जो भारतीय संविधान से कहीं ज्यादा ताकतवर था तथा देश में आपातकाल स्थिति में तो अधिकारीगणों की ताकत और भी बढ़ गई थी। ऐसी स्थिति में किसी कल्याण भावना की तो आशा ही नहीं थी। वे सब तो श्री भीमसिंह के हुक्म से मेरे को नौकरी से बर्खास्त करने की योजना बनाने में व्यस्त लग रहे थे, इसी कारण पारदर्शिता नहीं रखी गई थी।

दिनांक : 25 मार्च, 1976, आपात्तकाल

स्थान : हरियाणा बोर्डर चेक पोस्ट, भीरानी
तहसील भादरा मंडी,
वृत्त हनुमानगढ़।

श्री महेन्द्र कुमार व्यास, उपायुक्त (प्रशासन), वाणिज्यिक कर विभाग, जोधपुर चेक पोस्ट पर पधारते हैं और मेरा निलम्बन आदेश क्रमांक 255–57 कैम्प नोहर दिनांक 25.03.76 मुझे पकड़ा दिया था, जो इस प्रकार था–

''आदेश''

चूंकि श्री पी.के. मौर्य, वाणिज्यिक कर निरीक्षक जांच चौकी, भीरानी के विरुद्ध जांच की जाना अपेक्षित है। चूंकि प्रस्ताविक जांच गम्भीर आरोपों पर आधारित है अतः फैसला जांच श्री पी.के. मौर्य, वाणिज्यिक कर निरीक्षक, जांच चौकी, भिरानी को तत्काल प्रभाव से निलम्बित किया जाता है। जांच के दौरान श्री पी.के. मौर्य का मुख्यालय कार्यालय उपायुक्त (प्रशासन) वाणिज्यिक कर विभाग, जोधपुर में रहेगा और उनकी उक्त कार्यालय में उपस्थिति के अनुसार उनको गुजारा भत्ता नियमानुसार देय होगा।

ह./–
एम.के. व्यास
25.3.76
उ,पायुक्त, (प्रशासन) वाणिज्यिक कर
विभाग, जोधपुर।''

बाद में

दिनांक : 2.4.1976

स्थान : कार्यालय, उपायुक्त (प्रशासन), वाणिज्यिक कर, जोधपुर।

आदेश क्रमांक : स्था/1/उपा.जो/76/1463

''इस कार्यालय का आदेश क्रमांक 255–257 दिनांक 25.3.1976 के द्वारा श्री पी.के. मौर्य वाणिज्यिक कर निरीक्षक की प्रस्तावित जांच हेतु निलम्बित कर

निलम्बन काल का मुख्यालय, वाणिज्यिक कर क्षेत्रीय कार्यालय, जोधपुर रखा गया था परन्तु उनकी प्रार्थनानुसार जांच आरम्भ होने तक उनके निलम्बन काल का मुख्यालय वाणिज्यिक कर क्षेत्रीय कार्यालय जोधपुर से कार्यालय, वाणिज्यिक कर अधिकारी, श्रीगंगानगर परिवर्तित किया जाता है।

ह./
महेन्द्र कुमार व्यास
आयुक्त (प्रशासन)

अप्रैल, 1976 से सितम्बर, 1976 तक का निर्वाह भत्ता भुगतान नहीं करके तंग किया जिला कलेक्टर को निवेदन किया।

जनवरी 1976 से मार्च, 1976 तक तीन महीने का वेतन तथा अप्रैल, 1976 से सितम्बर, 1976 तक का निलम्बन काल का नियमानुसार निर्वाह भत्ता भुगतान, वाणिज्यिक कर अधिकारी, वृत्त हनुमानगढ़ द्वारा न करने पर भयंकर वेदना वहन करने पर मजबूर होना पड़ रहा था। ऐसी स्थिति में दिनांक 29.09.76 को श्रीमान् जिलाधीश, श्रीगंगानगर से आवेदन करने पर मजबूर होना पड़ा। इस सम्बन्ध में जिला कलेक्टर श्री ईश्वरचन्द्र श्रीवास्तव ने दिनांक 1.10.76 को वाणिज्यिक कर अधिकारी, हनुमानगढ़ से दूरभाष से वार्त्ता की तथा बाद में निम्न पत्र दिया–

''कार्यालय जिलाधीश, श्रीगंगानगर''

क्रमांक : पी.ए./863 दिनांक 4.10.1976

वाणिज्यिक कर अधिकारी,
हनुमानगढ़।

विषय : श्री प्रदीप कुमार मौर्य वाणिज्यिक कर निरीक्षक (निलम्बित) को निर्वाह भत्ते देने के बारे में।

उपरोक्त विषयान्तर्गत आपकी मेरे से दूरभाष पर दिनांक 1.10.1976 को हुई वार्त्ता के क्रम में लेख है कि श्री मौर्य का निर्वाह भत्ता तीन दिन के भीतर देने की व्यवस्था करें तथा इतनी देरी से भुगतान करने के सम्बन्ध में वास्तविक रिपोर्ट एक सप्ताह के भीतर भेजें।

ह./–
जिलाधीश,
श्रीगंगानगर।

क्रमांक : पी.ए./864 दिनांक 4.10.1976

प्रतिलिपि श्री प्रदीप कुमार मौर्य, 568, विनोबा बस्ती, श्रीगंगानगर को प्रेषित है।

ह.
आई.सी.श्रीवास्तव
जिलाधीश, श्रीगंगानगर।

इतने लम्बे समय तक निर्वाह भत्ता नहीं देने की प्रक्रिया दुर्भावना को स्पष्ट प्रमाणित करती है। विभाग में जागीरदार पुत्र श्री भीमसिंह के नेतृत्व में दलित कर्मचारी को रौंदने की कठोरतम कोशिश की जा रही थी।

षड़यन्त्र की जबानी कहानी

श्री कैलाशद चन्द्र तायल, वा.क. निरीक्षक, चेक पोस्ट, भीरानी के झांसल चेक पोस्ट से दो पत्र

प्रथम पत्र दिनांक 15.10.1676

"झांसल 15.10.1976

श्रद्धेय मौर्य साहिब,

सप्रेम नमस्कार!

कुशलता के उपरान्त समाचार यह है कि मैं आपको कुछ तारीखें भेज रहा हूँ, जिनमें श्री जे.जी. शहानी, ए.सी.टी.ओ, नोहर, ने बिना अवकाश स्वीकृत कराये मुख्यालय छोड़ा।

(1) दिनांक 13 जुलाई 1976 को श्री शहानी साहब मुझे सादुलपुर जंक्शन पर मिले। उन्हें मैंने दिल्ली–बीकानेर एक्सप्रेस से उतरते देखा। उस दिन बीकानेर दिल्ली एक्सप्रेस 40 मिनट लेट थी, इसलिए मेरी उनसे करीब 30 मिनट तक बात हुई। बाद में मुझे पता चला कि श्री शहानी साहब ने 12 जुलाई एवं 13 जुलाई की "उपस्थिति" रजिस्टर में दर्ज कर दी थी।

(2) दिनांक 31 जुलाई को मैं नोहर से भादरा आ रहा था तो हनुमानगढ़ से दिल्ली जाने वाले कोच में श्री शहानी साहब बैठे हुए थे। उन्होंने मुझे देखते ही कहा कि इन्सपेक्टर साहब मैं 2 अगस्त को बीकानेर में होने वाली मीटिंग में जा रहा हूँ। यहां पर उल्लेखनीय है कि कोच हनुमानगढ़ से दिल्ली जाने वाला था तथा वे 2 तारीख को होने वाली मीटिंग में 31 तारीख को ही जा रहे थे।

(3) दिनांक 26 जुलाई से 29 जुलाई तक का श्री शहानी साहब द्वारा भादरा में कैम्प रखा गया, किन्तु शहानी साहब अलवर से 28 तारीख का भादारा आये।

(4) दिनांक 30.9.1976 को श्रीमान् शहानी साहब भादरा कैम्प से सीधे अलवर के लिए रवाना हो गये। उपस्थिति रजिस्टर में एक तारीख को उन्होंने ड्यूटी दिखाई है तथा 4.10.1976 को वे मेरे साथ अलवर से आए हैं। 4.10.76 को अभी उन्होंने खाली छोड़ा हुआ है। उन्होंने न तो अवकाश स्वीकृत कराया है तथा न ही मुख्यालय छोड़ने का पत्र दिया है। इसके अतिरिक्त श्री शहानी साहब गोगामेडी पशु मेले से यदा–कदा अलवर जाते रहे हैं। इसकी अच्छी तरह से जानकारी भी श्री गिरधारी लाल स्वामी, निरीक्षक आपको दे सकते हैं।

मौर्य साहब, अन्याय से प्रतिकार लेने का समय अब आ गया है। आप इस आधार पर उच्चाधिकारियों से पत्र व्यवहार कीजिए। मैं, आपको पूर्ण विश्वास दिलाता हूं कि पूछताछ एवं जांच होने पर मैं साक्ष्य के रूप में प्रस्तुत होऊंगा। मैं रविन्द्रनाथ टैगोर की इस पंक्ति से प्रभावित हो चुका हूँ–

"यदि तेरा कोई साथ न दे तो भी तू उस लक्ष्य तक बढ़ने में हिचक नहीं कर, जिसे तूने ठीक समझ लिया है निकल पड़ अकेला, निहत्था, निःशस्त्र। रास्ता न सूझता हो तो अपनी पसलियों की ही मशाल जला ले, मगर रुकना नहीं, झुकना नहीं।"

मैं भी इस वक्त श्री शहानी साहब से संघर्ष की स्थिति में हूँ तथा मैंने व्यक्तिगत पत्र डी सी साहब को लिखा है। श्री शहानी साहब मेरी कमजोरी पकड़ने की भरसक कोशिश कर रहे हैं, मगर उन्हें सफलता नहीं मिल पा रही है, जबकि मैं उनकी काफी कमजोरियां पकड़ चुका हूँ।

रेवेन्यू मेरी काफी अच्छी चल रही है। इन चार महीनों की अवधि में तीनों चेक पोस्टों पर मैं 50,000/– से ज्यादा कर एकत्रित कर चुका हूं।

अगर आप चाहो तो पत्र व्यवहार जारी रख सकते हैं। मगर पत्र व्यवहार झांसल चेक पोस्ट से ही करना। श्रीयुत सिंघवी साहब को मेरा नमस्कार कहना।

शेष कुशल।

आपका
ह./–
कैलाशचन्द्र तायल,
वाणिज्यिक कर निरीक्षक,
चेक पोस्ट, भीरानी।

दूसरा पत्र दिनांक 21.10.1976

झांसल 21.10.1976

श्रद्धेय मौर्य साहिब,

सप्रेम नमस्कार!

कुशलता के उपरान्त समाचार यह है कि आपका पत्र मिला। मैं आपको पूर्ण सहयोग का वचन देता हूँ। मैं जातिगत एवं दलगत भावनाओं में रत्ती भर विश्वास नहीं करता। मेरा सहयोग मानवीय आधार पर आधारित है। मेरा विद्रोह उस व्यक्ति के विरुद्ध है जिसका अपना कोई चरित्र ही नहीं है। इस चरित्रहीन व्यक्ति ने जिस तरह तुम्हारे जीवन से खिलवाड़ किया है उसकी सिविल डेथ के लिए मैं सर्वशक्तिमान शंकर से विशेष शक्ति का वरदान मागूंगा।

आपके विरुद्ध प्रथम शिकायत मैसर्स अग्रवाल ट्रेडिंग ने की थी। मैसर्स अग्रवाल ट्रेडिंग को श्रीमान् जे.जी. शहानी द्वारा दिनांक 10.8.1976 को 864/44 राजस्थान बिक्री कर अधिनियम के अन्तर्गत पंजीयन क्रमांक जारी किये हैं। व्यापारी द्वारा पंजीयन क्रमांक अभी तक कार्यालय से लिया नहीं है। व्यापारी द्वारा सिक्यूरिटी बाण्ड भी पेश नहीं किये गये है। व्यापारी द्वारा शायद 16(1) (एल) के अन्तर्गत प्रस्तावित शास्ति की रकम भी जमा नहीं कराई गई है।

व्यापारी ने माह अप्रैल एवं 15 मई तक राजस्थान से बाहर चनों का निर्यात किया है। व्यापारी द्वारा जाली 3/84 पंजीयन क्रमांक (केन्द्रीय विक्रय कर अधिनियम के अन्तर्गत) का प्रयोग किया गया है। अर्थात् व्यापारी ने भारतीय दण्ड संहिता की धारा 420 के अन्तर्गत अपराधिक कृत्य किया है। मगर उसके विरुद्ध किसी प्रकार की कार्यवाही नहीं की गई एवं उसे यह फायदा दिया गया है कि उससे समस्त बिक्री के "एफ" फार्म संग्रहित कर लिये गये हैं। यहां पर उल्लेखनीय है कि इससे पहले भी श्री जे.जी. शहानी ने व्यापारी से सांठ–गांठ करके ए.पी.आर. का पृष्ठ गायब किया था। अभी तक मैसर्स अग्रवाल ट्रेडिंग कम्पनी को केन्द्रीय विक्रय कर अधिनियम के अन्तर्गत पंजीयन क्रमांक जारी नहीं किये गये हैं। आप इन समस्त बातों को कानूनी परिधि में देखना कि समस्त कार्यवाही कहां तक न्यायोचित है।

दीपावली के इस मांगलिक अवसर पर मेरी ओर से शुभकामनाएं। दीपमालाओं की प्रज्ज्वलित ज्योत्सना आपके मार्ग को दीप्ति प्रदान करें, यही कामना है।

मैं पुनः विश्वास दिलाता हूँ कि न्याय एवं सत्य के इस पुनीत संघर्ष में मैं आपको पूर्ण सहयोग दूंगा।

आपका

ह./–

कैलाशचन्द्र तायल
वाणिज्यिक कर निरीक्षक।

उपरोक्त दोनों पत्र इस बात को प्रमाणित करते हैं कि "सहायक वाणिज्यिक कर अधिकारी" जैसे उत्तरदायित्व वाले पद पर कार्यरत व्यक्ति श्री जे.जी. शहानी ने किस प्रकार अपने पद का दुरुपयोग किया है, तथा किस प्रकार श्री प्रहलाद राय अग्रवाल कनिष्ठ लिपिक के साथ मिलकर चनों के निर्यात में बिक्री कर की चोरी करवाई है। वह अधिकारी श्री जे.जी. शहानी ही था, जो कि श्री भीमसिंह, आयुक्त की नजरों में श्रेष्ठ बनने की गर्ज से मेरी पीठ पीछे गुप्त रूप से सीधे उनको मेरी छोटी–छोटी बातों की शिकायत करके कान भराई करता था।

श्री जे.जी. शहानी एस.सी.टी.ओ. एवं श्री प्रहलाद राय अग्रवाल कनिष्ठ लिपिक की मिली भगत ने राज्य कोष को लाखों रुपयों का घाटा दिया।

जनवरी, 1976 में मेरे अवकाश काल में श्री प्रहलाद राय अग्रवाल कनिष्ठ लिपिक ने चेक पोस्ट, भीरानी पर श्री जे.जी. शहानी स.वा.क. अधिकारी, नोहर की शह से 6 ट्रक रिकार्ड में खाली बताकर तथा 10 ट्रक रिकार्ड में दर्ज न करके करीबन छः लाख रुपये के चने, मूंग, ग्वार, अरहर आदि बिना कर वसूली करके राज्य के बाहर जाने दिया था। यह सब माल भादरा मण्डी के मैसर्स केवलराम गौरीशंकर, मैसर्स ओमप्रकाश पवनकुमार, मैसर्स महावीर प्रसाद एण्ड कम्पनी, मैसर्स मेघराज मनोहरलाल तथा मैसर्स सुभाषचन्द सुरेश कुमार फर्मों ने भादरा मण्डी से ले जाकर दिल्ली के व्यवसायी गण मैसर्स केशवराय ऋषि कुमार, मैसर्स शिवनाथराम श्यामलाल तथा मैसर्स सुरेश एण्ड कम्पनी के यहां ले जाकर आढ़त में बेचा है। इसमें करीबन राज्य को 50,000/– का बिक्री कर व एक लाख की शास्ति कुल डेढ़ लाख रुपये की हानि राज्य कोष को दी गई थी।

इस सम्बन्ध में तत्कालीन आयुक्त, वाणिज्यिक कर एवं उपायुक्त (प्रशासन) वाणिज्यिक कर, बीकानेर को मय प्रमाणों के साथ दिनांक 29.1.1980 को इस प्रकार प्रस्तुत किया था–

Registered AD Secret

The Commissioner,
Commercial Taxes, Rajasthan,
Jaipur

Dy. Commissioner (Adm.)
Commercial Taxes Deptt.
Bikaner

Sub.: Loss of sales-tax worth Rs. 20,482.00 on the goods value Rs. 5,33,450.00 moved out of State through the Check-post Bhirani (Hanumangarh Circle) in January, 1976 in reference to the Dy. Commissioner (Admn.) C. Taxes Bikaner's No. F.2( ) Estt/DC-B/76-77/2095 dated 24.3.77 in the pliliminary enquiry against Shri J.G. Shahani, ACTO Nohar.

Sir,

The then Dy. Commissioner (Adm.) Commercial Taxes, Jodhpur had recorded the statement of Shri Keshori Chand Meena, LDC, Shri Thakur Singh, Guard and Shri Daluram, Guard at check-post, Bhirani on 25-3-76 in respect of Sales-Tax Evasion by Shri Prahladrai LDC under the shelter of the then ACTO Ward 'B' Nohar *in the month of Januarym 1976 when the Inspector was on leave.* The correspondence cited above is enclosed and the attention is invited towards the facts mentioned below:–

1. Under the shelter of the then A.C.T.O. Nohar, Shri Prahlad Rai L.D.C. of Check Post, Bhirani allowed the following trucks in his duties to cross the State border without payment of due tax or the compliance to Sec. 22A(3) of R.S.T. Act.:–

Mentioned in record as vacant		Not mentioned in record	
4.1.76	RRM-2835	31.1.76	PSK-1857
11.1.76	RSK-1857	5.1.76	HRS-9765
14.1.76	HRB-2374	7.1.76	RSK-1857
17.1.76	RSK-1857	8.1.76	RJD-2050
		13.1.76	RSK-9363
22.1.76	RJD-2050	19.1.76	HRH-3765
26.1.76	HRH-7924	21.1.76	RSK-1857
		24.1.76	HRH-9765

26.1.76	HRM-2835
30.1.76	HRB-4325

2. These 16 trucks full of moong, moth, guwar, grain and Arhar were crossed through the Check-post, Bhirani (Bhadra Mandi) and *all the goods value Rs. 5,33,450/- was sent to Delhi* to M/s Keshwaram Rishikumar, Delhi, M/s Shivanath Rai Shyamlal, Delhi and M/s Suresh & Co., Delhi from the dealers of Bhadra Mandi namely as mentioned below:–

	Goods value	S/Tax Evasion
1. M/s Kewalram Gauri Shankar Bhadra.	3,37,750.00	12,754.00
2. M/s Omprakash Pawan Kumar, Bhadra.	1,00,000.00	4,000.00
3. M/s Mahabir Prasad & Co., Bhadra.	62,250.00	2,470.00
4. M/s Meghraj Manoharlal, Bhadra.	12,550.00	502.00
5. M/s Subhashchander Sureshkumar, Bhadra.	20,900.00	756.00
Total	5,33,450.00	20,482.00

The details of this is enclosed herewith as Appendix-'A' alongwith *the copy of letter No. 678/STCB dated 25.9.79 of officer Incharge, Sales Tax Check Barrier,Balsamand Distt. Hissar (Haryana)* as the Certificate of verification of the above 16 trucks movement through Bahadurgarh check Barrier (Haryana) for your considerations.

3. The above said facts had already been taken in the knowledge of the then Dy. Commissioner (Adm.) Commercial Taxes, Jodhpur in his camp Bhirani Check-post on 25.3.76. *On the same ground, Shri Pawankumar LDC and Shri Uma Shankar LDC were removed from service in the month of June, 1976 on the check-post Bhirani* under the report of the then A.C.T.O. Nohar. Shri Prahlad Rai, LDC who was sole responsible for the above sales-tax evasion, *was not taken*

to task on the grounds best known by the then A.C.T.O. Nohar and the then Dy. Commissioner (Adm.) Comm. Taxes, Jodhpur.

Submitted for further necessary action.

Dt. 29.1.80 Yours faithfully

Encl:- (i) Appendix- 'A' as above.

(P. Kumar Maurya)
Comml. Taxes Inspector
Sri Ganganagar

Appendix 'A'

Statement of Sales Tax Evasion on Check Post Bhirani in January, 1976

1. M/s Kewalram Gaurishankar Bhadra sent to Delhi

Date	Truck No.	G/R. No.	Bags bearing one qtl. weight each					
			Moong	Moth	Guwar	Gram	Arhar	Total
3.1.76	RSK-1857	978 2.1.76	97	31	-	-	-	128
4.1.76	RRM-2835	387 4.1.76	80	2	44	-	-	126
5.1.76	HRH-9765	386 4.1.76	38	75	-	14	-	127
7.1.76	RSK-1857	390 7.1.76	100	23	-	-	-	123
11.1.76	RSK-1857	410 11.1.76	93	185	-	25	-	303
13.1.76	RJK-9363	457 12.1.76	25	25	-	25	25	100
17.1.76	RSK-1857	444 17.1.76	43	37	-	41	-	121
19.1.76	HRH-3765	-	-	-	-	126	-	126
21.1.76	RSK-1857	459 20.1.79	-	-	61	-	-	61
24.1.76	HRH-9765	472 23.1.76	59	20	34	5	-	118

26.1.76	HRH-2835	487 26.1.76	46	-	-	89	-	135
30.1.76	HRB-4325	512 29.1.76	-	-	50	50	29	129
		Total	581	398	189	375	54	1597

Commodity	Wt. in quintals	Rate	Value	S/Tax evasion
Moong	581	250/-	1,45,250.00	5,810.00
Moth	398	200/-	79,600.00	3,184.00
Guwar	189	200/-	37,800/-	756.00
Gram	375	150/-	56,200/-	2,248.00
Arhar	54	350/-	18,900/-	756.00
		Total	3,37,750.00	12,754.00

2. M/s Omprakash Pawankumar Bhadra sent to Delhi

8.1.76 RJD-2050 4 dt. 8.1.76

Moong	120Q@250/-	30,000.00	1,200.00
Arhar	200Q@350/-	70,000.00	2,800.00
	Total	1,10,000.00	4,000.00

3. M/s Mahabir Prasad & Co., Bhadra sent to Delhi

14.1.76	RJD-2050	4 8/1/76	Moong	81Q	Guwar	35Q
26.1.76	HRH-7924	-	Gram	20Q	Arhar	100Q

Moong	81qtl.	@250/-	20,250/-	810.00
Guwar	35 qtl	@200/-	7,000/-	140.00
Grain	20 qtl	@150/-	3,000/-	120.00
Arhar	100 qtl	@350/-	35,000/-	1400.00
		Total.	65,250.00	2470.00

4. M/s Meghraj Manoharlal Bhadra sent to Delhi

21.1.76	RSK-1857	460 20.1.76	Value	
Moong	19qtls.	@250/-	4,750.00	190.00
Gram	52 qtls	@150/-	7,800.00	312.00
		Total	12,550.00	502.00

5. M/s Subhashchandra Sureshkumar, Bhadra sent to Delhi

22.1.76	RJD-2050	468 22.1.76	Value	S/Tax Evasion
Moong	43qtl.	@250/-	10,750.00	430.00
Guwar	20·Qtl.	@200/-	4,000.00	80.00
Gram.	41qtl.	@150/-	6,150.00	246.00
		Total	20,900.00	756.00

Total Tax Evasion

1. M/s Kewalram Gaurishankar, Bhadra.	Rs. 12,754.00
2. M/s Omprakash Pawankumar, Bhadra	Rs. 4,000.00
3. M/s Mahabir Prasad & Co. Bhadra	Rs. 2,470.00
4. M/s Meghraj Manoharlal Bhadra	Rs. 502.00
5. M/s Subhashchandra Sureshkumar Bhadra	Rs. 756.00
Total	Rs. 20,482.00

Inspector, Anti-Evasion-I,
Commercial Taxes,
Sriganganagar-335001.

Encl. Copy of letter No. 678/STCB Sales Tax Barrier, Balsamand, (Hissar) Haryana.

इस पर आगामी कार्यवाही होने पर, आयुक्त, वाणिज्यिक कर, राजस्थान कार्यालय द्वारा श्री जे.जी. शहानी, सहायक वाणिज्यिक कर अधिकारी, नोहर तथा श्री प्रहलाद राय अग्रवाल कनिष्ठ लिपिक, चेक पोस्ट, भीरानी को क्रमशः दो वार्षिक

ग्रेड इन्क्रीमेंटस व चार वार्षिक ग्रेड इन्क्रीमेन्टस रोकने के दण्ड से दंडित किया गया था, जो इस बात की पुष्टि करता है कि दोनों व्यक्तियों ने राज्य सरकार की लाखों रुपयों की आय को लूट लिया था। इन्हीं लोगों पर विश्वास करके जागीरदार पुत्र श्री भीमसिंह आयुक्त मेरे विरुद्ध नौकरी से हटाने की योजना आपातकाल में साकार करने में लगा था।

श्री भीमसिंह (जागीरदार पुत्र) आयुक्त, श्री जे.जी. शहानी स.वा.क. अधिकारी, नोहर तथा श्री प्रहलाद राय अग्रवाल, कनिष्ठ लिपिक का मेरे विरुद्ध षड़यन्त्र।

दिनांक 2.4.1976 को श्री महेन्द्र कुमार व्यास उपायुक्त (प्रशासन), वाणिज्यिक कर जोधपुर ने मुझे बताया कि उनके नोहर कैम्प दिनांक 25.3.1976 को श्री भीमसिंह, आयुक्त वाणिज्यिक कर का दूरभाष से निर्देश पर मैंने आपके इस निलम्बन आदेश को नोहर कैम्प में जारी किया था। इसमें उनकी कोई राय नहीं थी तथा इस सम्बन्ध में वाणिज्यिक कर अधिकारी, हनुमानगढ़ को भी कोई जानकारी नहीं थी। वाणिज्यिक कर अधिकारी, हनुमानगढ़ टाउन ने दिनांक 4.2.1976 को जिला कलेक्टर एवं अध्यक्ष, जन अभाव अभियोग निराकरण समिति, श्री गंगानगर को पत्र लिखकर बताया था कि सहायक वाणिज्यिक कर अधिकारी वार्ड–बी, नोहर, श्री जे.जी. शहानी ने मेरे खिलाफ आरोप पत्र बनाकर दिनांक 4.7.1976 को, बिना वाणिज्यिक कर अधिकारी, हनुमानगढ़ टाउन से सम्पर्क किये या स्वीकृति लिए ही सीधे उच्च अधिकारियों को भिजवा दिया था। जबकि श्री शहानी इसके लिए नियमानुसार सक्षम व्यक्ति नहीं थे।''

इसके अलावा श्री जे.जी. शहानी, ए.सी.टी.ओ., नोहर ने श्री प्रहलाद राय अग्रवाल, कनिष्ठ लिपिक जो चेक पोस्ट, भीरानी पर कार्यरत था तथा दिनांक 20.2.1976 के सायंकाल से चेक पोस्ट से लापता था, बिना वाणिज्यिक कर अधिकारी, हनुमानगढ़ टाउन को सूचित किये ही अपने वार्ड में निरीक्षक का कार्य कराने के आदेश दिनांक 23.2.1976 से कर दिये थे। श्री अग्रवाल की चेक पोस्ट, भीरानी पर नियुक्ति वाणिज्यिक कर अधिकारी, हनुमानगढ़ ने की थी, *जबकि उनसे श्री शहानी ने पूछा भी नहीं था। इसके लिए श्री शहानी स.वा.क. अधिकारी सक्षम नहीं था।*

इस प्रकार यह स्पष्ट प्रमाणित होता है मेरा दिनांक 25.3.1976 का निलम्बन आदेश एक सुनियोजित षडयंत्र के अन्तर्गत था, जिसके पीछे मुख्य कलाकार श्री भीमसिंह (साठंवा, जागीरदार पुत्र) आयुक्त, वाणिज्यिक कर, राजस्थान, जयपुर थे, जो दलितों के भयंकर खिलाफ थे।

यह तथ्य सही है कि आगे चलकर आयुक्त, वाणिज्यिक कर, राजस्थान, जयपुर ने कर चोरी में लिप्त लिपिक श्री प्रहलाद राय अग्रवाल के इस अपराध के लिए चार ग्रेड इन्क्रीमेंट रोकने के दण्ड से दण्डित किया, लेकिन मुझे अनावश्यक रूप से तंग किया गया था। बाद में दिनांक 1 जुलाई, 1977 को मुझे निलम्बन स्थिति से बहाल करके कर्तव्य पर लिया लेकिन जांच कायम रखी। बाद में गंभीर 12 आरोपों का ज्ञापन दिनांक 17.11.1977 को मुझे दिया गया तथा उसकी जांच में *मुझे दोषमुक्त पाया* जिसका निर्णय वाणिज्यिक कर आयुक्त ने *दिनांक 17.11.1980 को किया* और बाद में उपायुक्त (प्रशासन), वाणिज्यिक कर बीकानेर ने अपने *आदेश दिनांक 17.12.1980 से निलम्बन काल दिनांक 25 मार्च, 1976 से 30 जून, 1977 तक का समय ड्यूटी माना गया था।*

इस प्रकार मैं, एक धरती पुत्र 1975 से 1980 तक 5 वर्ष के लम्बे समय में जागीरदार पुत्र द्वारा शिकार किये जाने के परिणामस्वरूप अनावश्यक रूप से शोषित किया गया। *क्या इसका मूल्य कभी जनकल्याणकारी, लोकतंत्र राज्य मुझे दे पायेगा?* या हमेशा यह दर्द इसी प्रकार मुझे कुचेटता रहेगा कि *आखिर मेरा कसूर क्या था?* क्यों नहीं राज्य के राजस्व को लूटने वालों के विरुद्ध ठोस कार्यवाही तत्काल की गई। *क्या इसका कभी राज्य विचार करेगा?*

अध्याय - 4

''ब्राह्मण'' अधिकारियों के हथकण्डे राजकोष की लूट बने

राजकोष पर 1964 में पांच लाख छप्पन हजार रुपये का डाका डाला गया

श्रीगंगानगर जिले में अप्रैल, 1964 से दिसम्बर, 1964 तक यात्री एवं माल कर राजस्व गत् वर्ष इन्हीं महीनों की तुलना में पांच लाख छप्पन हजार रुपये का राजस्व कम आया था। राजस्थान राज्य के अन्य किसी जिले में ऐसी खराब स्थिति नहीं थी।

इसी दौरान दिसम्बर, 1964 के अन्त में मेरी पदोन्नति (आदेश दिनांक 10/12/1964 से) वाणिज्यिक कर निरीक्षक से पदोन्नति ''सहायक वाणिज्यिक कर अधिकारी'' पद पर की जाकर इसी जिले में (श्रीगंगानगर) ''यात्री एवं माल कर'' शाखा में पदस्थापन हुआ, जिसके अन्तर्गत दिनांक 23 दिसम्बर, 1964 को मैंने अपना कर्तव्य सभाला। दिसम्बर, 1964 तक का राजस्व ''यात्री एवं माल कर'' द्वारा आयुक्त द्वारा निर्धारित लक्ष्य व गत् वर्ष की तुलना में स्थिति इस प्रकार रही थी–

(राजस्व लाख रु. में)

माह	1963 में प्राप्त राजस्व	1964 में निर्धारित लक्ष्य	1964 में प्राप्ति	लक्ष्य से कम (–)	गत वर्ष से कम (–)
अप्रैल	01.28	01.45	00.71	00.74	
मई	00.86	01.45	00.81	00.64	
जून	01.65	01.46	00.93	00.53	

जुलाई	01.76	01.46	01.00	00.46	
अगस्त	01.36	01.46	00.88	00.42	
सितम्बर	01.11	01.45	00.72	00.73	
अक्टूबर	01.13	01.45	00.84	00.61	
नवम्बर	00.89	01.46	00.85	00.61	
दिसम्बर	01.19	01.46	00.85	00.61	
योग	11.13	13.13.	07.57	05.56	03.56

ऐसी स्थिति में इस प्रकार मुझे बड़ी सावधानी से कार्य करना था। माह जनवरी, 1965 तक के तीन महीनों में मेरे समय में राजस्व लक्ष्य की स्थिति इस प्रकार रही थी।

(राजस्व लाख रु. में)

माह 1965	1963–64 में आय	1964–65 में लक्ष्य	1964–65 में आय	लक्ष्य से अधिक प्राप्ति(+)	गत वर्ष से अधिक (+)
जनवरी	01.75	01.62	01.69	+ 00.07	–00.06
फरवरी	01.26	01.39	01.43	+ 00.04	+00.17
मार्च	01.32	01.36	01.68	+ 00.32	+ 00.36
योग	04.33	04.37	04.80	+ 00.43	+ 00.47

चूँकि जनवरी माह में जो आय होती है, वह गत माह दिसम्बर में सृजित कर होता है तथा गत दिसम्बर, 1964 के अंतिम सप्ताह में मैंने श्रीगंगानगर में ड्यूटी ज्वाइन की थी, इस कारण नया व्यक्ति होने के कारण एकदम प्रभावी हो जाना, जबकि पीछे नौ महीने से भी अधिक समय से स्थिति खराब बना रखी थी, इतना आसान कार्य नहीं था। फिर भी मैंने अपने कर्तव्य में निष्ठा व ईमानदारी से कार्य

करके आयुक्त, वाणिज्यिक कर द्वारा आवंटित लक्ष्य से अधिक राजस्व राज्य को दिया था।

चूँकि मैं एक दलित घराने से आया व्यक्ति था तथा मेरे नियंत्रणकर्त्ता प्रशासनिक अधिकारी श्री मातादीन शर्मा, एक कट्टर मनुवादी ब्राह्मण व्यक्ति थे, जो जातिगत भेदभाव व छुआछूत के कारण मुझ से घृणा करते थे तथा मुझे इतना सहयोग व सद्भावना नहीं देते थे जैसे वे अन्य उच्च जाति के अधिकारियों को देते थे। वर्ष 1964–65 में मेरे पदस्थापन के समय के अलावा समय में हुए लक्ष्य की तुलना में पांच लाख छप्पन हजार रुपये का राज्य को "यात्री एवं माल कर" के राजस्व में घाटा हुआ था और वह स्पष्ट आयुक्त, वाणिज्यिक कर के सामने प्रकट हो रहा था। इसके लिए मेरे उच्च नियंत्रणकर्त्ता अधिकारी श्री मातादीन शर्मा का ही उत्तरदायित्व बनता था, क्योंकि इस अवधि में वे ही कार्यरत कार्यकारी अधिकारी थे।

"यात्री एवं माल कर" राजस्व की ओर ध्यान देना ही मेरा प्रथम कर्तव्य था, लेकिन दलित होने के कारण मेरे उच्च प्रशासनिक नियंत्रणकर्त्ता अधिकारी दूसरे कार्यों में मेरी ड्यूटी लगाकर मूल कार्य में रुकावट पैदा करते थे। जैसे जनवरी, 1965 में महालेखाकार राजस्थान के बिक्री कर पत्रावलियों पर उठाई गई आपत्तियों के निराकरण का कार्य तथा उपायुक्त (अपील्स) वाणिज्यिक कर के कैम्प की व्यवस्था व बिक्री कर की पत्रावलियों की विभाग की तरफ से पैरवी करना आदि कार्य मुझे सौंपे जाते थे, जबकि यह कार्य उन तथाकथित उच्च जाति के सवर्ण अधिकारियों के थे, जो बिक्री कर अधिनियम के अन्तर्गत कर निर्धारण का तात्विक कार्य करते थे, लेकिन मेरे मूल कर्तव्य से अलग रखने की दुर्भावना के कारण वाणिज्यिक कर अधिकारी, श्रीगंगानगर मेरे साथ सौतेला व्यवहार करते थे। मुझे ऐसे वातावरण से भय सा अनुभव होने लगा था। इस कारण मैंने दिनांक 20 अप्रैल, 1965 को अपने कार्य के निष्पक्ष विचार के लिए श्रीमान् वालेन्दू जी शर्मा, उपायुक्त (प्रशासन) वाणिज्यिक कर, जोधपुर को इस प्रकार अ.शा. पत्र लिखा था:–

Copy of D.O. letter dated 20.4.1965 from Sh. P.K. Maurya A.C.T.O. (RPGT) Sri Ganganagar to Shri Balenduji Sharma, Dy. Commissioner (Adm), Commercial Taxes, Jodhpur.

Sub: Confidential Reports

Respected Shri B. Sharmaji,

I have the honour to request you that being a candidate of down-trodden class of our society, *I feel myself unsafe from unjustified environment of the C.T.O. Office, Sri Ganganagar.* I want to attract your kind attention about the work done by me during the period since 23.12.64 to 31.3.65.

The eleven statements and a graph regarding my own work are enclosed herewith for your kind observations. The same statements have already been sent to the C.T.O. Sahib, Sri Ganganagar for the drawing of my confidential report.

I will send the copy of my daily diary since 15.12.64 to 31.3.65 separately for your kind observations.

Kindly observe these statements in *the eye of justice and pass the remarks upon my work* and communicate the same to the C.T.O. Sahib for the guidance in drawing my confidential report.

Submitted with high ambitions.

Respected you.

Sd/-

जहाँ तक "यात्री एवं माल कर" राजस्व का प्रश्न था, काफी संख्या में डिफाल्टर गाड़िया चल रही थीं, जो समय पर व सही कर नहीं दे रही थीं। इस सम्बन्ध में यात्री एवं माल कर निरीक्षक को गंभीर रूप से कार्य करने के लिए बार बार कहा जाता था। आयुक्त, वाणिज्यिक कर, राजस्थान, के परिपत्र संख्या एफ. सी.(जे.पी.)4/एस.टी./67 दिनांक 26 जून, 1962 के अनुसार उनका कर्तव्य थाः–

"जहाँ तक पब्लिक कैरियरस का प्रश्न है, निरीक्षक को यह देखना आवश्यक है कि वह ध्यान देवें कि सबने समय पर कर जमा करा दिया है। ऐसे व्हीकल्स की सूची कर निर्धारण अधिकारी को निरीक्षक देगा जो उसके प्रयत्नों के बावजूद भी वे कर नहीं जमा कराते हैं। कर निर्धारण अधिकारी को राजस्व वसूल करने में पूर्ण सहयोग निरीक्षक करेगा अन्यथा उसकी उदासीनता पर उचित कार्यवाही की जावेगी।"

वाणिज्यिक कर अधिकारी, श्रीगंगानगर को बार–बार निवेदन के उपरान्त भी वे निरीक्षक के विरुद्ध कोई कार्यवाही नहीं कर रहे थे। क्योंकि यात्री कर निरीक्षक श्री जी.डी. शर्मा उनका जातीय भाई "ब्राह्मण" था। श्री मातादीन शर्मा, वाणिज्यिक कर अधिकारी!, यात्री कर निरीक्षक के विरुद्ध कार्यवाही करने के बजाय मुझे डराने धमकाने में लगे रहते थे। दिनांक 5 अप्रैल, 1965 को उनके समक्ष अप्रैल, 1964 से दिसम्बर, 64 तक के समय में वर्ष 1964–65 में लक्ष्य से 5 लाख 56 हजार रुपये यात्री कर राजस्व में कम आने का कटु सत्य बताने पर वे भयंकर नाराज हो गये थे तथा इस पर दोपहर को जब मैं घर पर खाना खाने गया था तो मेरे से पीछे

मेरे लिपिक के कब्जे से जबरदस्ती 35 पत्रावलियाँ अपने कब्जे में लीं, जिसके लिए वे अधिकृत नहीं थे। 24 दिन तक दिनांक 28/04/1965 तक बिना किसी कार्यवाही के अनधिकृत रूप से मुझे डराने के लिए इन पत्रावलियों को अपने पास रखा, जिसकी कोई विधिक रसीद या विवरण जारी नहीं किया था। चूँकि इन पत्रावलियों में औपचारिक आदेशों की कार्यवाही बाकी थी, फरवरी–मार्च, 1965 में उपायुक्त (प्रशासन) के निरीक्षण में व्यस्त रहने तथा यात्री एवं माल कर का लक्ष्यपूर्ति में सतत् व्यस्त एवं प्रयत्नशील रहने के कारण समयाभाव के कारण नहीं की जा सकी थी तथा दिनांक 31 मार्च, 1965 से 4 अप्रैल, 1965 तक एस.डी.एम. कोर्ट, गंगापुर सिटी में विभाग के प्रकरणों में साक्ष्य देने के कारण मुख्यालय से बाहर था, इस कारण समय नहीं मिला था। जब औपचारिक कमी की पूर्ति करने की तैयारी में था, तभी उन्होंने अचानक इन पत्रावलियों को अपने कब्जे में ले लिया था। यह एक दुर्भावनापूर्ण कार्यवाही थी। दिनांक 17/05/1965 को करीब डेढ़ माह तक इन पत्रावलियों को अनाधिकृत रूप से अपने कब्जे में रखकर उन्होंने अपने क्रमांक सीटीओ/पीएस/3 से यह निर्देशन दिया कि–

"Since you are new at the job, this time I am not reporting the matter to the higher authorities. You are directed to be very particular in future observing all formalities prescribed in the law. Any non-compliance of the requirement of law in future would be viewed seriously.

Sd/-
M.D. Sharma
17.05.1965
Commercial Taxes Officer,
Sri Ganganagar.

एकमात्र जातीय दुर्भावना एवं छुआछूत के अलावा, मैं नहीं समझ सका कि वाणिज्यिक कर अधिकारी, श्रीगंगानगर ने मेरे साथ इस प्रकार का व्यवहार क्यों किया? उपरोक्त निर्देशन तो वे दिनांक 5 अप्रैल, 1965 को भी दे सकते थे, तो 42 दिनों तक इन पत्रावलियों को अनधिकृत रूप से अपने पास रखने से उनको क्या आत्मसंतुष्टि मिली, यह एक गंभीर विचारणीय बिन्दु है। यह केवल द्वेष व दुर्भवाना का प्रमाण ही था।

यात्री कर निरीक्षकों से यात्री कर बकाया के बदले में बिक्री कर की बकाया के कुर्की वारन्ट कार्य रूप में करते हैं लेकिन यात्री एवं माल कर की बकाया वसूली के लिए कोई कार्य नहीं करते थे। वाणिज्यिक कर अधिकारी इस तरफ जानबूझकर ध्यान नहीं देते थे। बल्कि इसके अलावा मेरे अन्तर्गत कार्यरत मन्त्रालय व चतुर्थ

श्रेणी कर्मचारियों को बिना मुझे बताये स्वतंत्र रूप से उनके अवकाश स्वीकृत कर देते थे ताकि मेरे वार्ड का कार्य सुचारू रूप से न चल सके। इसी तरह तामील व्यवस्था भी ठीक नहीं थी। दिनांक 13 अगस्त, 1965 को बुलाईगई मीटिंग में वाणिज्यिक कर अधिकारी को उपरोक्त तथ्यों से पूर्णतया अवगत करा दिया गया था। मीटिंग में उन्होंने सुचारू रूप से निरीक्षक द्वारा कार्य करवाने के दृष्टिकोण से एक गार्ड उनको स्वतंत्र रूप से देने की बात स्वीकार कर ली थी तथा यह भी स्वीकार किया था कि निरीक्षक से कुर्की वारन्टों के कार्यक्रम देने, बकाया वसूली करने तथा अनियमित करदाताओं को नियंत्रित करने के कार्य की प्रगति की मासिक समीक्षा की जावेगी और इस सम्बन्ध में एक आदेश क्रमांक 753/एम.टी. दिनांक 13/08/65 से भी जारी किया था।

लेकिन इसके बावजूद भी यात्री एवं मालकर वसूली निरीक्षक श्री जी.डी.शर्मा ने अपने कार्य में कोई रुचि नहीं दिखाई तथा मेरे से व्यक्तिशः मिलना भी उचित नहीं समझा। इस पर पुनः दिनांक 27 अगस्त, 1965 को श्री एम.डी.शर्मा, वाणिज्यिक कर अधिकारी, श्रीगंगानगर को स्थिति से अवगत कराया, लेकिन बजाय मुझे किसी प्रकार की सहायता करने व मेरी भावना समझने के, उन्होंने उल्टे मुझ से ही नाराजगी जाहिर की कि आपका कार्य संतोषजनक नहीं है तथा मैं आपकी गोपनीय रिपोर्ट खराब कर दूँगा, ऐसी धमकी भी दी। जबकि मेरे कार्य में हो रही कठिनाइयों की तरफ वे कोई ध्यान नहीं दे रहे थे। बल्कि मुझे परेशान करने की नीयत से पीठ पीछे निरीक्षक को अपनी "ब्राह्मण" जाति का भाईचारा दर्शाते हुए उसको मेरे विरुद्ध भड़काते रहते थे, जिसके परिणामस्वरूप वह मेरे को कतई सहयोग नहीं करता था। फिर भी मैंने उनके आदेश क्रमांक 753/एस.टी. दिनांक 13 अगस्त, 1965 की पालना श्री जी.डी. शर्मा, यात्री एवं मालकर निरीक्षक को अनियमित करदाताओं की वसूली के सम्बन्ध में जांच हेतु एवं लम्बित कुर्की वारन्टों का कार्यरूप में तामील करने हेतु (तीन वारन्ट) मेरे पत्र क्रमांक 1063/आर.पी.जी. टी. तथा 1064/आर.पी.जी.टी. दिनांक 28 अगस्त, 1965 को भेजे जिनकी प्रतियाँ श्रीमान् उपायुक्त (प्रशासन) को तथा वाणिज्यिक कर अधिकारी, श्रीगंगानगर को भी प्रस्तुत की थी। यह दोनों पत्र इस प्रकार थे–

Government of Rajasthan
Commercial Taxes Deptt.

No. 1063/RPGT/ Ganganagar. the 28/4/1965.

To,

Sh. Gadadhar Sharma
Comm. Taxes Inspector (RPGT).
Sri Ganganagar.

Sub: Whereabout of the defaulters.

In continuation of C.T.O., Ganganagar order No. 753/ST dated 13.8.65 you are hereby ordered to enquire the whereabouts the following assessees and their immoveable property which can be attached. Please also submitt the detailed list respectively.

In case the assessee is a co-operative society. In this connexion if necessary you must visit the office of Asstt. Registrar Co-op and A.R.T.O., Ganganagar or any other place or office which is necessary.

1. Shri Sawran Singh s/o Jogendra Singh Bijainagar RJK 3093
2. Sh. Niranjan Singh 46 S.B. Bijainagar RJK 3675
3. New India Transport, Co-op. Society, Gnr. RJK 2332, 2414
4. Gandhi Tpt. Co-op Society, Gnr. RJK 2199, 4115
5. Brijlal s/o Lajpatrai of RSNR RJK 3027, 3441, 2232
6. Santilal s/o Induchand Sethi Gnr. RJK 2885.
7. Pannalal Agarwal Karanpur RJK 3048
8. Jaswant Singh s/o Pirthiram Gnr. RJK 3878, 3988
9. Harbanslall s/o Roop Chand Gnr. RJK 3871.

The heavy arrears have been running against these assessees. The list has been supplied to you. Hence you must enquire the whereabouts of these owners in the light of ownership of the vehicle mentioned.

Please submit your report within a week positively otherwise you will be personally responsible for any looseness regarding this.

This is treated as *Most Urgent.*

Government of Rajasthan
Commercial Taxes Department

No. 1064/RPGT/ Ganganagar. dt. the 28th August, 1965.

To:

The Inspector Commercial Taxes (RPGT)
Sri Ganganagar.

Sub: Execution of attachment warrants.

Ref.: Your No. 935 dated 28.7.65.

The following attachment warrants are hereby sent to you for early execution as per your request with extension upto 16.9.65.

1. M/s New India Transport Co op. Society Gnr.

2. M/s Jaswant Singh s/o Pusharam of Gnr.

3. M/s Harbanslal Roopchand of Gnr.

Now you should note that warrants must be executed within the time limit and further extention will not be allowed. If I receive these warrants back without execution I shall be bound attract the attention of higher authorities regarding your work. You are bound to co-operate the assessing authority in this regard according the circular issued by Sh. Ram Singhji, Commissioner, Saha at his Jaipur camp on 25.6.62.

This may please be treated as Most Urgent.

(P.K. Maurya)
Asstt. Comml: Taxes Officer
(RPGT)
Sri- Ganganagar.

बाद में कार्यालय के डिस्पेच लिपिक ने रिपोर्ट की थी कि श्री जी.डी. शर्मा, यात्री एवं माल कर निरीक्षक ने यह दोनों पत्र लेने से स्पष्ट मना कर दिया था तथा उनका कहना था कि स्वयं श्री मौर्य ए.सी.टी.ओ.डी. यह कार्य करेंगे। वे किसी आवश्यक कार्य में व्यस्त हैं जो वाणिज्यिक कर अधिकारी ने उन्हें दे रखा है। दिनांक 6 सितम्बर, 1965 को यह स्थिति आ गई थी। इससे मेरी प्रशासन में आस्था समाप्त हो गयी तथा मैंने एहसास किया था कि अब वर्तमान वाणिज्यिक कर अधिकारी, श्रीगंगानगर के अधीनस्थ कार्य करने में कोई सार नहीं था। जबकि वे निष्पक्ष रूप से कोई निर्णय या निर्देशन करने की स्थिति में ही नहीं थे। जहाँ आपस में कोई विश्वासपूर्ण वातावरण ही नहीं रह गया था, तो वहाँ से अन्यत्र स्थानान्तरण कराना ही श्रेष्ठ था, अतः मैंने श्री मातादीन शर्मा, वाणिज्यिक कर अधिकारी को इस सम्बन्ध में अ.शा. पत्र द्वारा इस प्रकार निवेदन किया था:–

राजस्थान सरकार
वाणिज्य कर विभाग, श्रीगंगानगर

क्रमांक 1164/आर.पी.जी.टी
दिनांक 6.9.1965

पी.के. मौर्य,
स.वाणिज्य कर अधिकारी,
यात्री एवं माल कर।

आदरणीय शर्मा जी,

मैं पिछले आठ महीनों से आपके अन्तर्गत कार्य कर रहा हूं। लेकिन निम्न कारणों से मैं इस निष्कर्ष पर पहुंचा हूं कि आपका सहयोग मेरे को प्राप्त होने का कोई सौभाग्य न मुझे प्राप्त हुआ है न प्राप्त होने की उम्मीद है।

1. मेरे पास समय–समय पर लिपिक व गार्डों का स्थानान्तरण होता रहा है जिससे मेरा कोई कार्य नहीं हो पा रहा है तथा किसी प्रकार का कोई प्रशासन नहीं जम पा रहा है।

2. माननीय आयुक्त महोदय, समय–समय पर पैन्डिंग असैसमेन्टों के बारे में जोर पड़ता रहा है लेकिन तामील व्यवस्था न होने से कार्यवाही हमेशा सन्देहजनक रही है।

3. मेरे पास बसों की फाइलें कम हैं तथा ट्रकों की ज्यादा हैं जिनके लिए विशेष तामील व्यवस्था होना आवश्यक है।

4. दो लिपिकों की जगह एक लिपिक श्री बस्तु सिंह, मेरे पास कार्य कर रहा है जो पुराना व बूढ़ा व्यक्ति है। श्रीमान के कथनानुसार वह आफिस का सबसे बेकार बाबू है। आपने अपने ही वचन का स्मरण रखते हुए मेरे पास इसकी पोस्टिंग करना स्पष्ट असहयोग प्रतीत होता है।

5. अभी देखा गया है कि आर.पी.जी.टी. इंस्पेक्टर जो सैल टैक्स बकाया है के अटैचमेंट वारंट को एक्जीक्यूट करते हैं लेकिन आर.पी.जी.टी. के वारंट एक्जीक्यूट करने से स्पष्ट इन्कारी व यहां तक की डाक लेने से भी इंकार करते हैं। इंस्पेक्टर आर.पी.जी.टी. का सर्वे रिकवरी आदि में सहयोग नहीं देना स्पष्ट असहयोग प्रतीत होता है।

6. सेल टैक्स की तामील के लिए गार्डों की विशेष आकस्मिक व्यवस्था कर दी जाती है लेकिन आर.पी.जी.टी. में ऐसा हमारे आने के पश्चात कभी नहीं किया गया। जहां गंगानगर शहर में पहले से दो तामीलकर्त्ता थे विशेष आर.पी.जी.टी. के लिए, वहां अब एक भी नहीं है और ट्रकों के सम्मन के लिए श्रीमान का स्पष्ट कथन है कि ट्रकों के नोटिस तामील न हों तो कोई खास बात नहीं है। ऐसी अवस्था में मेरे काम की समाप्ति निश्चित समझी जाती है।

7. हमारे आने से पूर्व निम्न काम लिपिक किया करते थे, लेकिन आज सम्भव नहीं है:

1. मासिक नक्शे
2. असैसमेंट पैडिंग की लिस्ट
3. डिफाल्टर के मासिक नक्शे
4. एरियरस् की लिस्ट
5. लैण्ड रेवेन्यू एरियरस् की लिस्टें
6. अटैचमेंट वारन्ट की लिस्टें
7. सिक्यूरिटी बिना ली गई गाड़ियों की सूची
8. बिना बी.सी. के जाने वाले गाड़ियों की सूची

समय–समय पर लिपिकों का स्थानान्तरण व छुट्टी स्वीकार की जाने से भी कार्य में काफी अव्यवस्था फैली है।

8. समय–समय पर मैंने स्वयं आपसे रिपोर्ट भी की है लेकिन आपने कभी मेरी कठिनाइयों को समझने की कोशिश नहीं की है। इस समय मेरे पास एक बाबू व एक गार्ड है। श्री बस्तुसिंह व श्री तुलसीराम। दफ्तर में इनसे कम कैपेबल दूसरे व्यक्ति नहीं हैं। पिछली मीटिंग के वक्त इंस्पेक्टर को विशेष एक गार्ड और देने का भी श्रीमान ने कहा था उस पर भी वह आर.पी.जी.टी. के अटैचमेंट वारन्ट्स की तामील करना ठीक नहीं मानता है। इसके लिए असल रिपोर्ट दिनांक के बाद के अलावा मूल अटैचमेंट वारन्टस बिना एग्जीक्यूट किये हुए श्रीमान के समक्ष पेश हैं।

9. आप हमसे चाहते हैं विशेष बैंकिंग का काम लेकिन जैसा कि रिपोर्ट की थी श्रीमान की तरफ से किसी प्रकार का सहयोग हमारे साथ नहीं है। ऐसी हालत में समस्त कार्य करने में मेरा कोई वश नहीं है।

उपरोक्त परिस्थितियों को देखते हुए श्रीमान आयुक्त महोदय के सरक्यूलरस् की पालना करना किसी भी हालत में संभव नहीं है। इसके अलावा श्रीमान ने दिनांक 27.8.1965 को स्पष्ट मेरे काम से असंतुष्टी जाहिर कर दी है जिससे मैं आज तक परेशान हूं। आपने निश्चित किया कि आप मेरी कान्फीडेन्शीयल रिपोर्ट को खराब करेंगे। अतः ऐसी हालत में मैं आपसे कुछ भी अर्ज नहीं कर सकता हूं।

मैं गरीब घराने से हूं तथा आपके समान समृद्धशाली व शक्तिमान नहीं हूं। मैंने ऐसा सुना है कि आयुक्त महोदय ए.सी.टी.ओ. के तबादले करने वाले हैं आपकी अति कृपा होगी यदि आप मेरा यहां से स्थानान्तरण किये जाने के बारे में श्रीमान आयुक्त

महोदय से निवेदन कर देवें नहीं तो फिर साल भर परेशानी भुगतनी पड़ेगी। आपकी अति कृपा होगी।

ह. पी.के. मौर्य

श्रीमान मातादीन जी शर्मा,
वाणिज्यिक कर अधिकारी,
श्रीगंगानगर।

इस पत्र को पढ़कर श्री मातादीन शर्मा, वाणिज्यिक कर अधिकारी श्रीगंगानगर का "ब्राह्मणत्व" और भी तेज गति से जागृत हो गया तथा अपने मानसिक असंतुलन को दबाते हुए निरीक्षक श्री जी.डी. शर्मा के कार्य भी मुझ पर थोप दिये तथा मेरी कठिनाइयों का कोई उचित समाधान करने के बजाय मेरे दिनांक 06/09/1965 के पत्र का उत्तर अपने पत्र क्रमांक सीटीओ/पीएस/65/65 दिनांक 9 सितम्बर, 1965 से इस प्रकार दिया था–

Government of Rajasthan

Office of the Commercial Taxes Officer,
Sri Ganganagar.

No. CTG/Ps/65/65 Dated 9.9.1965

To, Shri P.K. Maurya,
Asstt. Commercial Taxes Officer,
Sri-Ganganagar.

Sub: Compliance of the circular of the Commissioner regarding completion of assessment.

Ref.: Your letter No. 1164/RPGT dated 6.9.1965

I have gone through your letter. Its language is indicative of in-subordination, you are directed to use proper language otherwise it would be seriously viewed, reports about it would be sent to the appropriate authorities for taking disciplinary action against you.

You have written that it would not be possible for you to comply with the circular referred to above and have thrown the blame on the staff working under you. This is just like a bad workman quarrelling upon his tools. At present Shri Bastu Singh and Shri Gaurishankar are working under you as L.D.Cs. These are experienced persons and have put in more than 15 years each in service. *There is appropriate armagements for the service of notices as the district has been divided into 3 regions with full time proceess server for* each region.

The attachment warrents were sent to you for execution as the Inspector was busy in the Gogameri fair. Since the Inspector looks after the *entertainment works also it was thought worthwhile to get these particular warrants of attachment executed through you.* You have returned these warrents un-executed and have expressed unability to execute them. *You should explain this with in three days of the receipt of this letter on which appropriate action would be taken. The warrants are again-sent back to you for execution and compliance may be done within a fortnight.* The compliance report may also be sent.

Of late it has been noticed that your performance has been very poor. On 15.6.65 a letter was written to you to intimate this office as to the number of cases pending with the courts and assigned to you, number of cases decided and number of cases in which there were aquittals with reasons thereof. A reminder was also sent to you subsequently, but you have not cared to reply yet. Similarily 111 files were sent to you on 16.6.65. These files pertained to the cases challans in the courts and up-to-date position of these cases was to be intimated to this office. You have done nothing in this direction so far.

Instead of doing work you have wasted your time in throwing blames on others. You must note that such language would not stand you in good stead. If your work does not improve, you will be subjected to disciplinary action.

Commercial Taxes Officer,
Ganganagar.

दिनांक 13 अगस्त, 1965 की मीटिंग में तय हुआ था तथा आदेश क्रमांक 753/एस.टी. दिनांक 13/08/1965 से निरीक्षक से कार्य लेने व कार्य करने के स्पष्ट आदेश दिये थे तथा इस कार्य हेतु निरीक्षक को अलग से एक गार्ड सहायता के लिए देना भी स्वीकार किया था, फिर श्री मातादीन शर्मा, वाणिज्यिक कर अधिकारी, श्रीगंगानगर ने केवल ब्राह्मण जाति का व्यक्ति ही ऊंचा होता है, चाहे वह छोटे पद पर हो, तथा दलित चाहे बड़े पद पर हो, ब्राह्मण व्यक्ति से नीचा ही होगा, यह मानकर मुझे यह पत्र लिखा था। मुझे यह पढ़कर बहुत दुख हुआ था, लेकिन दलित एवं कमजोर होने के कारण मेरी मजबूरी थी। श्री एम.डी. शर्मा की दुर्भावना

स्पष्ट प्रमाणित हो रही थी, जो उनके ''वाणिज्यिक कर अधिकारी'' के राजकीय पद से हटकर उनमें ''ब्राह्मणत्व'' के अनुसार थी।

ऐसा दिख रहा था कि जिस प्रकार भारत के इतिहास में ईस्वी सन् से पहले पुष्यमित्र भूंग (ब्राह्मण) ने अन्तिम मौर्य सम्राट ब्रहद्रथ की हत्या करके मौर्य साम्राज्य को समाप्त कर दिया था, उसी प्रकार श्री मातादीन शर्मा मुझे राजकीय सेवा में देखना पसन्द नहीं करते थे, इस कारण वे मेरी कठिनाइयों का अनुभव नहीं कर रहे थे, बल्कि मेरे सामने परेशानियां ही पैदा कर रहे थे। डा. अम्बेडकर ने 20 नवम्बर, 1930 को लंदन में प्रथम गोल मेज कान्फ्रेंस में यह बात ठीक ही कही थी कि–

''हम जानते हैं कि राजनैतिक शक्ति ब्रिटिश से उन हाथों में जा रही है जिन्होंने हमारे अस्तित्व पर आर्थिक, सामाजिक तथा धार्मिक भयंकर असमानताऐं बनाई हैं। हम चाहते हैं कि यदि ऐसा होगा, तो हमारे में से बहुत से लोग जो स्वराज्य चाहते हैं, तो अत्याचार, आक्रमण और अन्याय जो हमारे साथ पूर्व में किये गये हैं तो स्वराज्य में वे पुनः दोहराये जायेंगे, इसका डर बना रहेगा। हम यह खतरा स्वराज्य का इस आशा में ले सकते हैं कि राजनैतिक सार्वभौम शक्ति का उचित पारस्परिक हिस्सा अन्य देशवासियों के समान हमारे लिए भी स्थापित होगा। लेकिन एक शर्त होगी कि यह सब हमारी समस्याओं के समाधान समय पर नहीं छोड़ी जायेगी। मुझे डर है कि दलित जातियों ने लम्बे समय से इस चमत्कार का इन्तजार किया है। ब्रिटिश सरकार के हर सफल कदम के सरकार के प्रतिनिधित्व का दायरा सहानुभूतिपूर्ण दलितों के लिए छोड़ा है और उनके राजनैतिक शक्तियों के बारे में विचार नहीं किया है। अब हम इसका इन्तजार नहीं कर सकते हैं। भविष्य के शासकों की अच्छाई और सहानुभूति पर यह प्रश्न नहीं छोड़ा जा सकता है। यदि इसके बावजूद भी शक्ति का स्थानान्तरण होता है तो निश्चित रूप से उनको सिंहासन से हटाने के लिए एक और क्रांति की आवश्यकता होगी।''

(डा. अम्बेडकर एट दी राउण्ड टेबल कांफ्रेस, लंदन 1930–1932 डी.सी. अहीर 1999, पृष्ठ 9 व 10–ब्ल्यूमून बुक्स, नई दिल्ली)

श्री मातादीन शर्मा, वाणिज्यिक कर अधिकारी, श्रीगंगानगर ने यह प्रमाणित कर दिया था कि भारतीय संविधान, 1950 की तुलना में मनुवादी व्यवस्था ज्यादा शक्तिशाली है। डॉ. अम्बेडकर के उपरोक्त कथनानुसार इस सामाजिक व्यवस्था, जो चार मंजिली इमारत की तरह है (ब्राह्मण, क्षत्रिय, वैश्य तथा शूद्र) जिसमें एक से दूसरी मंजिल में जाने के लिए सीढ़ियां नहीं है, *को बदलने के लिए एक और*

सामाजिक क्रान्ति की आवश्यकता होगी। देश की सार्वभौम सत्ता अब भी "ब्राह्मण" जाति के हाथ में उसी प्रकार है जिस प्रकार सदियों से चली आ रही है।

निरीक्षक श्री तनसुख दास शर्मा का निरीक्षण दिनांक 26/03/1965 के बारे में निर्देश

मुझे दिनांक 24/12/1965 को श्री मातादीन शर्मा, वाणिज्यिक कर अधिकारी, श्रीगंगानगर का पत्र संख्या एफ.एच.सी./एल–16/इन्स्पे/आर.पी.जी.टी/सीटीओ/25/1/65/617 दिनांक 29/11/1965 इस प्रकार मिला:–

Government of Rajasthan

Office of the Commercial Taxes Officer,
Sri Ganganagar.

D.F.HC/L16/Insp/RPGT/CTO/25/1/65/617 Dated the 29Nov., 1965

To:

The A.C.T.O (RPGT)
Ward-A&B Ganganagar.

Sub:- Inspection of Shri Tansukhdas Sharma CTI (RPGT) done by Sh. M.D. Sharma on 26.3.65.

A large number of defaulters exist on the G.I.R. No efforts seems to have been made to track them. This work needs to be paid proper attention.

You are hereby directed to submit the latest progress report in this respect.

Please acknowledge receipt of this letter.

Commercial Taxes Officer,
Sri Ganganagar.

इस पत्र की पालना से पूर्व मेरे वार्ड के राजकीय कार्य के लिए दी जा रही प्रशासनिक व्यवस्था पर विचार किया जावें तो स्थिति स्वयंमेव और स्पष्ट हो जाती है:–

(1) कि पहले श्री तुलसीराम चतुर्थ श्रेणी कर्मचारी के मेरे वार्ड में पदस्थापन किया तथा उसके बाद आदेश क्रमांक 2092 दिनांक 11/11/1965 से श्री बालकिशन गार्ड को लगाया। दोनों के आदेश केवल कागजों में रहे। किसी ने भी मेरे यहाँ ड्यूटी नहीं ज्वाईन की थी। फिर मेरी रिपोर्ट क्रमांक 144/आर.पी.जी.टी. दिनांक 16/11/1965 पर वाणिज्यिक कर अधिकारी ने आदेश दिये कि श्री

मूलचंद गार्ड प्रोसेज सरवर का काम करेगा, लेकिन वास्तव में उसने भी कोई काम नहीं किया था। इससे 82 नोटिस बिना तामील के रह गये थे।

(2) वाणिज्यिक कर अधिकारी को पत्र क्रमांक 169/आर.पी.डी.टी. दिनांक 24 नवम्बर, 1965 से पुनः निवेदन किया तो उसने लिखा कि – **"Put up after the return from leave of Sh. Faquir Chand"** बाद में इसे काट दिया और लिखा कि – **"May given to Sh. Jagdish guard for service."** इस पालना में जगदीश गार्ड को दिनांक 25/11/1965 को 118 नोटिस, चार वारन्ट मजिस्ट्रेट तथा अन्य आवश्यक कागजात तामील कराने को दिये, लेकिन 14/12/1965 तक उसने इसकी कोई तामीली नहीं की, परिणामतः घट का समस्त कार्य अवरुद्ध हो गया था। वाणिज्यिक कर अधिकारी को क्रमांक 375/आर.पी.जी.टी./ए दिनांक 20 दिसम्बर, 1965 से रिपोर्ट क़ी, जिस पर कोई सार्थक कार्यवाही के बजाय श्री शर्मा ने श्री जगदीश गार्ड को इस उदासीनता पर निलम्बित कर दिया था। (आदेश संख्या 2430/संस्था दिनांक 23/12/1965 से) लिहाजा समस्त नोटिसेज आदि बिना करदाताओं पर तामील कराये ही उसने लौटा दिये थे। इस प्रकार आवश्यक कार्य जनहित में ठप्प पड़ गया था।

(3) श्री जी.डी. शर्मा, यात्री एवं मालकर निरीक्षक ने मेरे घट का कार्य दिनांक 13 अगस्त, 1965 की मीटिंग में दिये गये निर्देशनों के विपरीत मेरे पत्रों का जवाब इस प्रकार दिया थाः–

''श्री मौर्य ए.सी.टी.ओ., श्री गंगानगर

रेफरेन्स : आपका संख्या 93–94/आर.पी.जी.टी. दिनांक 15.01.1966

असल उपरोक्त पत्र वापिस पेश कर निवेदन है कि राज्य कार्य में न वायदा होता है और न दुःख होना चाहिए। मैं आपसे इस सम्बन्ध में बहुत बार यह कह चुका हूँ कि मैं सी.टी.ओ. साहब के आदेशानुसार मोटर व्हीकल के विरुद्ध टैक्स की चोरी को पकड़ने के अभियान में व्यस्त हूँ। अतः बकाया वसूली का कार्य आप स्वयं देखें। किन्तु समझ में नहीं आता कि आप क्यों अपनी जिम्मेदारी मेरे ऊपर थोपने की कोशिश करते हैं। जैसे सेल्स टैक्स के ए.सी.टी.ओ. अपनी बकाया वसूली का अभियान स्वयं संचालन करते हैं, वैसे आप क्यों नहीं करते। अब मैं फिर आपको निवेदन करता हूँ कि बकाया वसूली का कार्य आप स्वयं संचालन करें। मैं अभियोग पकड़ने में व्यस्त हूँ और मार्च तक यह अभियान बजट को देखते हुए चालू रखना होगा।

इसके अलावा आपको ज्ञात होगा कि आजकल मैं चैकपोस्ट साधुवाली का इन्चार्ज भी हूँ और सारे डिस्ट्रिक्ट का एन्टरटेनमेन्ट टैक्स का कार्य भी मुझे ही देखना पड़ता है, इसलिए वसूली अभियान में मैं आपकी सहायता करने में असमर्थ हूँ।

साइन
जी.डी. शर्मा
इन्स्पेक्टर, कामर्शियल टैक्स
आर.पी.जी.टी. एण्ट. टैक्स,
गंगानगर।

(4) वाणिज्यिक कर अधिकारी, श्रीगंगानगर अपने पत्र क्रमांक 134 दिनांक 16.04. 1966 द्वारा बकाया वसूली रुपये 9579.36 का वारन्ट जो निरीक्षक द्वारा दिनांक 03.05.1966 तक वसूल करना था, इस प्रकार लौटाया तथा इसकी जाँच कार्य के बारे में निरीक्षक जी.डी. शर्मा ने क्रमांक 397 दिनांक 01.05. 1966 तथा 13.05.66 से इस प्रकार जवाब दिया थाः–

''उपरोक्त विषय का अटैचमेन्ट वारन्ट आपके पास भेजकर लेख है कि नाम बुरडा गुरु बचन सिंह न्यू इण्डिया ट्रांसपोर्ट कम्पनी को.सो., श्रीगंगानगर के कन्सरन बस को अटैच करके रकम राज दरमिया वारन्ट के वसूल की जाकर रिपोर्ट पेश करें। ता. 15.04.66

ह./– एम.डी. शर्मा
15.04.1966
सी.टी.ओ., श्री गंगानगर

''397/01.05.1966

असल वापिस दफ्तर सा. ए.सी.टी.ओ. की सेवा में पेश कर निवेदन है कि उपरोक्त सोसाइटी के सदस्यों का पूर्ण पता को–आपरेटिव सोसाइटी आफिस, गंगानगर से मालूम किया जा सकता है सो कृपया मालूम कर लिया जावें। इसका प्रोसीजर यह है कि आप अपने कार्यालय से को–आपरेटिव सोसाइटी डिपार्टमेन्ट के नाम आफीशियल लेटर लिखा देवें।

नम्बर 31 दिनांक 13/05/1966 ह./– जी.डी.शर्मा
आर.पीजीटी इन्स्पेक्टर,
श्रीगंगानगर।''

(5) श्री जी.डी. शर्मा, यात्री एवं माल कर निरीक्षक जो मेरे घटक के कार्य करने में अपना अपमान समझता था क्योंकि वह ''ब्राह्मण'' था तथा मैं दलित, इस कारण मेरे से मिलने व मेरे अन्तर्गत कार्य करने के विरुद्ध था। जातिवाद व छुआछूत की भावना को वाणिज्यिक कर अधिकारी द्वारा प्रोत्साहन देने के कारण और भी ज्यादा ही द्वेष रखने लगा था। इस कारण उसने वाणिज्यिक कर अधिकारी को सीधा क्रमांक 122 दिनांक 12.07.1966 से इस प्रकार रिपोर्ट की थी।

''नं. 122
दिनांक 12.07.1966

असल दफ्तर सा. सी.टी.ओ. गंगानगर की सेवा में पेश कर निवेदन है कि–

(1) यह अटैचमेन्ट वारन्ट जैसा पहले इश्यू हुआ था, ठीक उसकी नकल है– पहले वाले अटैचमेन्ट वारन्ट में भी आरएके–2332 लिखा हुआ था। पहले वाली रिपोर्ट में यह स्पष्ट कर दिया गया था कि इस नम्बर आरएसके–2322 यहाँ नहीं है तो फिर आरएसके–2332 लिखने में क्या सेन्स हो सकता है?

(2) यह मालूम हुआ कि श्री मौर्य जी से कि बस आरएसके–2414 न्यू इण्डिया ट्रांसपोर्ट को–आपरेटिव सोसायटी की है। यदि कानून बस आरएसके–2414 को अटैच कर रिकवरी की जा सकती है तो अटैचमेन्ट वारन्ट आरएसके–2414 का दिया जावे–चूँकि बसों की फाइल्स श्री मौर्य के पास है, अतः इस विषय में उनसे पूर्ण जानकारी प्राप्त करके अटैचमेन्ट वारन्ट फरमाया जावे।

(3) अटैचमेंट वारंट में कन्सरन शब्द कानून के तहत लिखा नहीं जा सकता। अटैचमेन्ट वारन्ट हमेशा किसी खास चीज (प्रोपरटी) के नाम से ही होता है, अतः जो कन्सरन शब्द अटैचमेन्ट वारन्ट में इस्तेमाल किया गया है, वह अटैचमेन्ट वारन्ट ही रद्द माना जाता है।

अतः असल वारन्ट वापिस पेश कर निवेदन है कि बाद मालूम करने किस खास इम्मूवेबल प्रोपरटी जो कि कन्सरन पार्टी की हो अटचमेन्ट वारन्ट इश्यू करने का कष्ट फरमावें।

ह./– जी.डी. शर्मा,
इन्स्पेक्टर कामर्शियल टैक्सेज,
आरपीजीटी एवं इन्ट. टैक्स,
श्रीगंगानगर।''

इस प्रकार इस तरह की प्रशासनिक व्यवस्था जहाँ जनहित नहीं बल्कि अधिकारी तथाकथित "जाति" के आधार पर व्यवहार किया जाता रहा था। फिर भी श्री तनसुखदास शर्मा, यात्री एवं मालकर निरीक्षक के निरीक्षण दिनांक 26.03.1965 के क्रम में वाणिज्यिक कर अधिकारी, श्री गंगानगर के पत्र दिनांक 29.11.1965 के अनुसार कार्यालय के सामान्य सूची पंजिका में भारी संख्या में कर न देने वाले व्हीकल्स दर्ज हैं, जिन पर निरीक्षकों ने अपनी ड्यूटी के अनुसार वांछित राजस्व बढ़ाने में वह असहयोग नहीं दिया जो उनका परम दायित्व था। इस बात को स्वयं श्री एम.डी.शर्मा, वाणिज्यिक कर अधिकारी, श्रीगंगानगर तद्नुसार स्वीकार करते हैं, लेकिन इन सबमें उनका "ब्राह्मणत्व" बीच में आ जाता है तथा वे स्वयं की "ब्राह्मण" जाति के निरीक्षकों के विरुद्ध जनहित की आवश्यकतानुसार भी उनकी उदासीनता के लिए ठोस कार्यवाही नहीं करना चाहते थे, जो गंभीर विचारणीय बिन्दु है।

मैसर्स मिल्खराज लखाराम पदमपुर मण्डी द्वारा कुल यात्री कर रुपया 23,790.00 का अपवंचन

दिनांक 4 जनवरी, 1966 को मैसर्स मिल्खराज लखाराम पदमपुर मण्डी के कार्यालय पर छापा मारकर करापवंचन का अभियोग मैंने बनाया था। इसकी आठ डायरियां उचन्ती हिसाब की अधिग्रहित की गई थीं। इसमें बसें क्रमांक आरजेके–3675, 2250, 2415, 3417, 3538, 5336, 6466, 3319 तथा 1782 के यात्री कर का लेखा जोखा था। इसमें राजकोष की आय इस प्रकार प्रभावित हुई थीः–

कर अपवंचन राशि (कर व शास्ति)	रु. 15207.00
कर जो जमा नहीं कराया	रु. 8582.00
योग	रु. 23789.00

इसी प्रकार मैंने अन्य कई अनियमित बसों के यात्री कर अपवंचन के कई अभियोग बिना किसी के सहयोग के बनाये ताकि जनहित में यात्री कर राजस्व में बढ़ोत्तरी हो सके, लेकिन जातीय द्वेष व ऊंच–नीच की, छुआछूत की भावना के कारण स्वयं वाणिज्यिक कर अधिकारी तथा यात्री एवं माल कर निरीक्षक ने कोई सहयोग नहीं दिया था। उल्टे ये लोग मेरे "दलित" होने का अवांछनीय लाभ उठाकर मेरे दोष ढूंढने में व्यस्त रहते थे।

उपायुक्त (प्रशासन), जोधपुर के समक्ष

कार्यालय के निरीक्षण के समय दिनांक 23.02.1966 व 24.02.1966 को श्रीगंगानगर प्रवास में श्री आई.जी. झिंगरन, उपायुक्त (प्रशासन), वाणिज्यिक कर जोधपुर के समक्ष सम्पूर्ण परिस्थितियों का ब्यौरा दिया गया था।

श्री झिंगरन के समक्ष वर्ष 1964–65 में राज्य घाटा करीबन 5.50 लाख रुपये यात्री कर राजस्व में तथा श्री एम.डी.शर्मा, वाणिज्यिक कर अधिकारी के सौतेले व्यवहार के बारे में भी निवेदन किया था। अन्य तथाकथित उच्च हिन्दू जातियों से आये सहायक वाणिज्यिक कर अधिकारियों क्रमशः श्री सज्जन सिंह, श्री चांदमल सिंघवी, श्री जगदीश प्रसाद गौड के समान व्यवहार मेरे साथ नहीं किया जा रहा था, यह भी उन्हें बताया गया था। उन्होंने श्री एम.डी. शर्मा को समुचित स्टाफ की व्यवस्था व उचित व्यवहार के लिए आवश्यक निर्देशन दिये थे।

वर्ष 1965-66 का राजस्व यात्री कर

उपरोक्त विपरीत परिस्थितियों के उपरान्त भी मैंने वर्ष 1965–66 में जनहित में यात्री एवं माल कर का राजस्व बढ़ाने के लिए सर्वोतम प्रयत्न किये थे, जिसमें यात्री एवं माल कर निरीक्षक श्री जी.डी. शर्मा तथा वाणिज्यिक कर अधिकारी, श्रीगंगानगर श्री एम.डी. शर्मा का सहयोग नहीं मिला था बल्कि वे लोग मेरे दोष निकालने में ही व्यस्त रहे थे। फिर भी राजस्व इस प्रकार वसूल किया था–

वर्ष 1965–66 का लक्ष्य आबंटित किया गया		रु. 14.78 लाख
प्राप्त राजस्व वर्ष 1965–66 में		रु. 14.95 लाख
अधिक राजस्व वसूली	(+)	रु. 00.17 लाख
राजस्व गत वर्ष 1964–65 में प्राप्त		रु. 12.34 लाख
राजस्व गत वर्ष से 65–66 में अधिक	(+)	रु. 02.60 लाख

इस प्रकार मैंने अपना सर्वोत्तम कार्य किया था।

रिश्वत का खुला प्रमाण

श्री मातादीन शर्मा, वाणिज्यिक कर अधिकारी, गंगानगर को यात्री कर निरीक्षक श्री जी.डी. शर्मा के वसूली कार्य के प्रति लापरवाही के बारे में जानकारी दी तथा निरीक्षकगण किस प्रकार बस मालकों से रिश्वत के रूप में लेते रहे हैं, तथा गत् दो वर्षों में राज्यकोष पर किस प्रकार विपरीत प्रभाव पड़ रहा है, उनको दिनांक 13.07.1966 को बताया था। मैसर्स मिल्खराज पुत्र लखाराम पदमपुर की अभिग्रहित डायरियों को उनको दिखाया। वर्ष 1964–65 में करीबन 5.50 लाख का यात्री कर

में घाटे के बारे में भी उनसे वार्त्ता की। मैसर्स मिल्खराज लखाराम पदमपुर के विरुद्ध कर चोरी के प्रकरण की विस्तृत जानकारी तथा शर्मा निरीक्षकों की रिश्वत लेने के इन्द्राज निम्न प्रकार थे। जो उनको दिखाया था–

"दिनांक	डायरी में लिखावट
07.02.65	रु. 100/– खर्च खाता सुखदेव सिंह ट्रांसपोर्ट इन्स.
27.05.65	रु. 50/– इन्स. सुखदेव सिंह
	रु. 50/– तनसुखदास इन्स. टैक्सवाला
09.10.65	रु. 100/– माह अगस्त सितम्बर, 65 के निरीक्षक जी.डी. शर्मा, टैक्सवाला

श्री मातादीन शर्मा, वाणिज्यिक कर अधिकारी, श्रीगंगानगर को इसकी जानकारी दी, इसका प्रमाण इस प्रकार है–

OFFICE OF THE COMMERCIAL TAXES OFFICER, GANGANAGAR

No. CTO/Steno/Sizure/66/253 Dated 23rd June, 1966.

To

The Assistant Commercial Taxes Officer,
Ward 'A', R.P.G.T., Ganganagar.

Subject : In the matter of M/s. Milkharaj S/o Lakhram of Padampur.

Kindly refer to your letter No. 409/RPGT/A/66 dated 16-5-1966 addressed to the Additional Commissioner, Commercial Taxes, Rajasthan, Jaipur in connection with the above cited subject.

Please send me full report regarding the cases and also explain whether this is a case of evasion of tax or only a case of due tax not having been deposited regularly.

Your detailed report in this matter may be sent to me today positively.

Commercial Taxes Officer,
Sriganganagar.

लेकिन श्री मातादीन शर्मा वा. कर अधिकारी को गुस्सा ट्रांसपोर्ट निरीक्षक सुखदेव सिंह पर आया।

मैसर्स मुल्कराज पुत्र लखाराम पदमपुर की डायरी पर आधारित दिनांक 07.02.1965 व दिनांक 27.05.1965 की लिखावट की आधार पर श्री मातादीन

शर्मा वा.कर अधिकारी गंगानगर को ट्रांसपोर्ट इन्सपेक्टर श्री सुखदेव सिंह पर आया, जिसके विरुद्ध उन्होंने अपने पत्र संख्या पी.ए./269 दिनांक 13.07.1966 से डाइरेक्टर, ट्रांसपोर्ट, राजस्थान, जयपुर को रिश्वत लेने की शिकायत पेश की थी।

लेकिन आश्चर्य है कि उन्होंने श्री तनसुखदास शर्मा तथा श्री जी.डी. शर्मा के विरुद्ध समान रिश्वत खाने के बारे में कोई कार्यवाही नहीं की, जिसको करना उनका परम कर्तव्य था। यह इस तथ्य को भी प्रमाणित करता है कि रिश्वत में उनका अच्छा खासा हिस्सा रहा था, इसी कारण उन्होंने श्री सुखदेव सिंह ट्रांसपोर्ट इन्सपेक्टर की तरह से समान अपराध के लिए समान कार्यवाही नहीं की थी। यह अत्यन्त ही गंभीर प्रकरण रहा है।

दिनांक 14 जुलाई, 1966

श्री मातादीन शर्मा, वा.क. अधिकारी, श्रीगंगानगर ने दुर्भावनापूर्ण नीयत से प्रातः 10.15 बजे कार्यालय में राउण्ड लिया तथा प्रातः 10.30 पर मुझे सीट पर न मिलने के कारण स्पष्टीकरण उनके क्रमांक 427 दिनांक 14.07.1966 से मुझसे मांग लिया। यह इस बात का प्रमाण था कि श्री शर्मा की मनोदशा अनियन्त्रित चल रही थी तथा मेरे प्रति दुर्भावना का द्योतक था।

दिनांक 25 जुलाई, 1966

श्री मातादीन शर्मा, वा.क. अधिकारी, श्रीगंगानगर की दुर्भावनापूर्ण शिकायत पर आयुक्त वाणिज्यिक कर विभाग, राजस्थान, जयपुर के पत्र दिनांक 11.07.1966 के जवाब में मेरे प्रति उत्तर पत्र संख्या 245/आर.पी.जी.टी./ए/67 दिनांक 25/07/1966 से इस प्रकार दिया था:–

"Your honour,

In the interest of justice, it is requested with high hope that kindly see and examine the following facts:–

1. Commercial Taxes Officer, Ganganagar issues the attachment warrants authorising to Shri G.D. Sharma, R.P.G.T. Inspector, Ganganagar on 14.3.66. *Why and how do I come in the light?*
2. How did I get the attachment warrants issued by the C.T.O. Ganganagar on 14.3.96 u/s 11(2) of R.P.G.T. Act authorising to Shri G.D. Sharma, R.P.G.T. Inspector GNR.
3. Suppose, the C.T.O. office sends the attachment warrants to Inspector through me.

A. Why does he send the attachment warrants through me?

B. What is his aim in the sending of attachment warrents authorising the Inspector through me?

4. In the interest of urgent recovery, C.T.O. can send the attachment warrants direct to the Inspector for execution. Why did the C.T.O. office not send the attachment warrants direct to Shri G.D. Sharma, R.P.G.T. Inspector, Ganganagar on 14.3.66.

5. Let me know from the C.T.O., Ganganagar office despatch No. and my clerks signature on what date and time of said attachment warrants dated 14.3.66 were delivered?

6. How did Shri G.D. Sharma, R.P.G.T. Inspector Ganganagar devotee his time in the compliance of C.T.O. GNR Order No. 753/st dated 13.8.65 regarding the recovery of arrears?

7. How did Shri G.D. Sharma R.P.G.T. Inspector Ganganagar help the assessing authority (RPGT) in the light of Commissioner circular No. PC(JP)4/ST/67 dated 26.6.62? The few lines of said circular are as under:

   "In the case of public careers the Inspector should see that due tax has been paid uptodate..... he should ascertain the name of the assessing and initiate details to such authority.... they find that any Inspector is not taking adequate interest in this work appropriate action should be taken against such Inspector."

8. Shri G.D. Sharma, R.P.G.T. Inspector, Ganganagar failed to execute the following attachment warrants from very long period:–

   1. M/s. New Indian Transport Co-op. Society Ganganagar.
   2. M/s. Jaswant Singh Phusha Ram, Hanumangarh.

   I reported C.T.O. vide my No. 1061/RPGT/dated 28.8.65 but no action was taken against said Inspector.

   (A) Bus No. RJK-3107 is in the name of M/s New India Transport Co-op. Society GNR but knowingly Shri G.D. Sharma, RPGT Inspector failed the execute the attachment warrants. Why?

   (B) Why did the C.T.O, Ganganagar not take the appropriate action against the Inspector Shri G.D. Sharma till today?

9. The action of assessing authority (RPGT) under rule 31 of R.P.G.T. Rules in extending the validity period of warrants of attachment does not mean the action is without authority.

(A) My action 'in extending the validity period of the warrants of attachment' is under rule 31 of RPGT rules and according your respective Circular No. P-30/RST/RPGT/ST/65/33 dated 11/15.2.65. How in my action without authority and irresponsible?

10. Inspector R.P.G.T. must perform the following duties as his primary and bonafide duties as per your kind directions:–

 1. Survey the motor vehicles newly registered
 2. Scrutiny of defaulter vehicles.
 3. Enquiries of vehicles not traceable.
 4. To-do help the assessing authority in finding out of defaulter vehicles and recovery of arrears.

 But Shri G.D. Sharma R.P.G.T. Inspector, Ganganagar does not care of above work and did not perform any one of above duties till to-day.

In the interest of government and want of justice, kindly ask his about his above working in the Ganganagar District.

THE RESULT OF EXAMINATION OF ABOVE FACTS IS MY EXPLANATION CORRECT POSITION

The correct position of above case is as under:–

1. The Commercial Taxes Officer, Ganganagar did not issue any attachment warrant u/s 11(2) of R.P.G.T. Act authorising Shri G.D. Sharma RPGT Inspector GNR on 14.3.66.

2. I myself (ACTO Office) have obtained the previous permission from your honour and issued the attachment warrants authorising to Shri C.D. Sharma, RPGT Inspector on 14.3.66. Shri G.D. Sharma, RPGT Inspector GNR refused to take the warrants. I discussed with honourable C.T.O. Sahib but did not support me hence I could not do any thing lying me without any action.

 The report of Shri G.D. Sharma, RPGT Inspector GNR is enclosed herewith regarding his denial of recovery work (Encl. No. 1) for your kind observation and urgent action. *His language is indicative of insubordination.*

3. I have done nothing without authority as per rules 31 of R.P.G.T. Rules and your Circular No. F. 30/RJT/RPGT/ST/65/33 dated

11/15.2.65. I have acted with authority in extending the validity period of the warrant of attachment.

4. Now, the C.T.O. Office has been dealing these seven warrants. The warrants have been issued to authorising to Shri G.D. Sharma, Inspector, GNR, but STILL THE INSPECTOR FAILED TO EXECUTE THEM. THE TIME LIMIT OF THESE WARRANTS HAVE FINISHED ON 4.7.66. BUT TODAY UPTO 20.7.66. HE HAS KEPT THESE WARRANT WITHOUT ANY ACTION. NO ACTION WAS TAKEN AGAINST THE INSPECTOR FOR THIS MOST IRRESPONSIBLE WORK.

5. Shri G.D. Sharma, R.P.G.T. Inspector GNR did not help me in Govt. work. There are so many papers of enquiries have been sent to him but except few none is enquired or replied by him. HE ALWAYS USED IN-SUBORDINATE LANGUAGE WHICH INDICATED HIS NON-COOPERATION WITH assessing authority in his work.

   I have enclosed herewith two enquiry reports submitted by the Inspector for your kind examination and urgent action.

Your honour,

I have explained all the position in which I have devoted my duties. I have done best efforts for recovery. The recovery work in RPGT section is not an easy task as in sales tax. We are not provided any vehicle and forceable staff on spot. Besides it, the RPGT Inspector did not observe his responsibilities. We are mostly forced to fulfil our assessment quota as prescribed and other related work. We do the prosecution work in RPGT cases u/s 16 and attend the courts three and four times in a month, which also effects on assessment and recovery work. An Inspector does not perform his duties, we ourselves go to the office of A.R.T.O. and R.A. to taking informations regarding the vehicles.

Kindly measure my above circumstances and take disciplinary action against real culprit as justice demands.

दिनांक 12 अगस्त, 1966 : निरीक्षक जी.डी. शर्मा की कर्तव्य लापरवाही

श्री जी.डी. शर्मा, यात्री एवं माल कर निरीक्षक, गंगानगर ने राजस्व वसूली के कार्य में किस प्रकार लापरवाही दिखाई थी, जिसका प्रतिवेदन वाणिज्यिक कर

अधिकारी, गंगानगर एवं माननीय आयुक्त वाणिज्यिक कर विभाग, राजस्थान, जयपुर को इस प्रकार निवेदन किया थाः–

GOVERNMENT OF RAJASTHAN
Commercial Taxes Deptt.

No. 685/RPGT/A/66 Ganganagar, dated the 12th Aug, 1966

To,

The Commissioner,
Commercial Taxes, Rajasthan
Jaipur.

Sub.: Execution of attachment warrant.

Ref: Your No. F.6(32)Astt/CT/8100 dated the 29th June, 1966

Sir,

In continuation of my previous letter No. 245/RPGT/A/66 dated 25th July, 1966, I have the honour to inform you that the attachment warrant in respect of M/s New India Transport Co-op. Society, Sriganganagar (Bus No. RJK-2332) issued by the Commercial Taxes Officer, Sriganganagar on 15th April, 1966 u/s 11(2) of R.P.G.T. Act authorising Shri G.D. Sharma, R.P.G.T. Inspector, Sriganganagar to attach the moveble properties, was kept by Shri G.D. Sharma, R.P.G.T. Inspector without authority and without action for three months. (16.4.66 to 12.7.66).

Besides this, the seven attachment warrants in question were also issued by C.T.O. Sriganganagar in the name of Shri G.D. Sharma, R.P.G.T. Inspector, but he has failed to execute them and all the attachment warrants were kept by him without authority and without any action till today. This type of working of R.P.G.T. Inspector Shri G.D. Sharma, gives the loss to the government revenue.

I have found the attachment warrent of Bus No. RJK-2332 and its related papers lying idle without any action in the office which tells the working of Inspector Shri G.D. Sharma. All original papers have been submitted to the C.T.O. Sahib for taking disciplinary action against him. The copies of these papers with my report are enclosed herewith for your kind observation and n/a. In my previous letter no. 245/RPGT/A/66 dated 25.7.66, I have already reported in para No. 8, regarding the execution of this attachment warrant.

Thus, Shri G.D. Sharma, R.P.G.T. Inspector Sriganganagar has acted in amost irresponsible manner in with holding the warrants of attachment without authority. His action also gives rise to a suspician about his integrity. I have reported to the C.T.O. Sriganganagar vide No. 683/RPGT/A/66 dated 12.8.66 for taking disciplinary action against him.

Submitted for favour of action.

Yours Faithfully,

(P.K. Maurya)
Asstt. Commercial Taxes Officer,
R.P.G.T. Sriganganagar.

दिनांक 9 सितंबर, 1966

श्री मातादीन शर्मा, वाणिज्यिक कर अधिकारी, श्रीगंगानगर ने दुर्भावनापूर्ण नीयत से यात्री एवं माल कर निरीक्षक श्री जी.डी. शर्मा व तनसुखदास शर्मा के रिश्वतों से बचाने की राज्यहित के विपरीत वर्ष 1964–65 में राज्य सरकार का 5. 50 लाख रुपये के घाटे (–) के उपरान्त भी बार–बार लिखकर मैसर्स मुल्खराज लखाराम पदमपुर के बारे में मेरे खिलाफ दुर्भावनापूर्ण विष वमन करके आयुक्त वाणिज्यिक कर, राजस्थान जयपुर को भड़काते रहे हैं तथा ब्राह्मण जाति का प्रचार करके सभी स्तर के ब्राह्मण अधिकारियों में मेरे प्रति दुर्भावना पैदा करने में लगे हुए थे। इस सम्बन्ध में श्रीमान् आयुक्त श्री रामसिंह को इस प्रकार मैंने निवेदन किया था। मेरा प्रतिवेदन संख्या 916/आर.पी.जी.टी./ए/66 दिनांक 09/09/1966 इस प्रकार थाः–

Copy of my application No. 916/RPGT/A/66 dated 9th September, 1966 addressed to the Commissioner, Commercial Taxes, Rajasthan, Jaipur in respect of harrassment made by the Commercial Taxes Officer, Sriganganagar. (From Sh. P.K. Maurya A.C.T.O.)

Sir,

I seized the books of account on 4.1.1966 at the office of Shri Milkraj S/o Lakharam of Padampur. Before this,I had no knowledge about this operator that he was the incharge of buses plying under my jurisdiction. After seizing the books of accounts, it came to my notice that he was the bus operator. He was or is only the incharge or owner of the vehicles but no one vehicle is in his own name. All the vehicles are in the name of separate persons.

These vehicles were allotted to me under my jurisdiction in the month of April 1965. In the month of May and June, 1966 no clerks were working under me, no efficient staff is allotted me specially. I wrote a D.O. (vide No. 1164/6.9.65) to C.T.O. Sriganganagar regarding the position of staff and difficulties of work, but no sponsor was given to me. It was the duty of C.T.O. to allot the efficient staff under me. At the time of training, it was decided that we were allotted one old and efficient clerk.I requested C.T.O. Sahib vide my No. 1004/RPGT dated 24.8.65, 1062/RPGT dated 30.8.65. 965/RPGT dated 10.8.65 and 143 to 144 dated 16.11.65 for these difficulties but no action was taken in my favour. It was also the duty of C.T.O. to see the all matters personally and to arrange the better way. Kindly see the actions taken by the CTO Sriganganagar on my above reports. I have also narrated these circumstances before honourable Shri I.G. Jhingran Sahib (At present Addl. Commissioner) at the time of his inspection in February, 1966 at Sriganganagar.

I want to bring in your kind notice that I was totally unknown regarding the position of these seven vehicles upto Dec., 1965. It was the duty of Inspector RPGT, Sriganganagar to bring the correct situation of these vehicles to my knowledge. Inspite of this, the RPGT Inspector did not make any case u/s. 16 of RPGT Act against these vehicles knowingly since August, 1965 till today. He remained busy in supporting the party against government interest.

On the basis of record seized by me, I report in your honour that this whole fact was in the knowledge of Inspector RPGT Sriganganagar. Knowingly he did not cooperate to the assessing authority. There are following entries in the diary of Shri Mulkhraj S/o Lakharam of Padampur which was seized by me as under:–

On 7.2.1965	-	Entry	Rs. 100.00	खर्च खाता सुखदेव प्रसाद
On 27.5.1965	-	Entry	Rs. 50.00	इन्सपेक्टर सुखदेव सिंह
			Rs. 50.00	इन्सपेक्टर टेक्सवाला
On 9.10.1965	-	Entry	Rs. 100.00	इन्सपेक्टर यात्री कर के नामें अगस्त–सितम्बर 65 के

(Shri G.D. Sharma Inspector, R.P.G.T. GNR)

The C.T.O. GNR Shri M.D. Sharma knows this fact very well. He saw these entries on 13.7.66. He reported against Transport Inspector

Shri Sukhdev Singh to Director Transport Rajasthan, Jaipur vide No. 269/ dated 13.7.66. He did not report or take any action against R.P.G.T. Inspector, Sriganganagar knowingly. I could not understand this mystery the way did CTO GNR not take any action against Inspector RPGT GNR the real culprit.

I never failed in the performance of my duties. The circumstances were created against me on the basis of feelings of castism. One side an Inspector is unduly favoured and on other side we people are pushed due to the fever of castism. I feel very much surprised that one side there is large number of defaultering vehicles and no action u/s 6(2) of U/R 10A (RPGT Act and Rules) were taken, but knowingly C.T.O. GNR did not take any action against concerning officer. The list of such defaulting vehicles are enclosed herewith.

The C.T.O. GNR knows to report you against me only, because I belong to scheduled caste. I can be killed easily by his pen due to non-support of political or official authorities. I never see the justice in his report. His all writings are partial which I can prove at any time if your honour give some importance to my reports.

In this case, if you want to take correct action, kindly ask the C.T.O. GNR the answers of the following questions:–

Questions–

1. Why did CTO GNR not take any action on my report No. 1061/ RPGT dated 28.8.65 and 1197/RPGT/dated 13.9.1965?
2. Why did CTO GNR not take any favourable action on my report in the interest of government. No. 1004/RPGT dated 24.8.65, 1062/RPGT dated 30.8.65, 965/RPGT dated 10.8.65, 143 and 144 RPGT dated 16.11.65?
3. Why did CTO GNR not take any further action on his own order No. 753/57 dated 13.8.66, 1065/57 dated 6.3.65 and No. 134/ RPGT/CTO dated 16.4.66 till today?
4. Why did CTO GNR not take any action against RPGT Inspector on 13.7.66 and why did he report only against Transport Inspector or ARTO vide his No. 269 dt. 13.7.66? Is it not undue favour of RPGT Inspector GNR?
5. The office record tells that RPGT Inspector GNR did not make any case u/s 16 of RPGT Act since April, 1965 till today against the vehicles of M/s Mulkraj s/o Lakharam of Padampur. This act

is in the knowledge of C.T.O. GNR but he did not take any action against RPGT Inspector.

(A) Is it not the duty of CTO GNR to take action against Inspector RPGT GNR?

(B) Is it not undue favour of RPGT Inspector, Sriganganagar without caring the loss of Govt. Revenue?

(C) What is the mystery behind this performance of C.T.O. GNR?

6. The C.T.O. GNR knows this fact that there are so many defaulter vehicles on G.I.R. of another assessing authority, which are not paying the regular tax since April, 65 to till today why did he not take appropriate action against official concerning till today?

7. RPGT Inspector Sriganganagar did not make any case u/s 16 of R.P.G.T Act against the defaulter vehicles of whole circle since April, 65 to till today. This fact was knowingly ignored at the time of checking of daily diaries of RPGT Inspector by CTO GNR. He also ignored the fact of progress of recovery efforts for tracing out the defaulter vehicles and survey work done by Inspector RPGT in compliance of your kind circular No. F.C(SP)4/ST/62 dated 25.6.62 at the time of checking of daily diary.

(A) Why did CTO GNR not see the said facts at the time of checking of daily diaries of RPGT Inspector?

(B) Is it not direct and undue favour of RPGT Inspector without caring the interest of government revenue?

(C) What is the mystery behind this performance of CTO GNR?

The correct answers of these question will tell the correct position of this case.

In the last, I feel this:

I belong to the lowest community of our society. Shri M.S. Sharma CTO GNR does not want to see the progress of downtrodden class of our society. On the basis of his personal idea and belief, he wants to harass my soul knowingly. He hates from my progress and wants to put down in any way which is possible. He takes undue favour of others because they belong to his own caste or do not belong to the scheduled caste. This fact I have explained in my above reports.

I am the man who is without supporting by any political or official authorities. There is no leader of officer in Rajasthan who sponsors the benefit of scheduled castes. Thus Shri Matadeen Pandit CTO GNR understands that killing of me is very easy by his pen. Hence he does not hesitate to make reports against me.

Shri Matadeen Pandit CTO GNR has been harassing me since April, 65. He never see my work in good sense. I can shown and prove the fact in your honour I have explained my whole story to Shri I.G. Jhingran Sahib, I.A.S. (Present Addl. Commissioner) in Feb., 66 at the time of Inspection of this office and I also had explained by these difficulties to Shri Balunduji Sharma (Dy. Commissioner (Adm.) Jodhpur at that time) in February, 65 at the time of inspection. The both officers know the fact very well.

Shri Matadeen Pandit CTO GNR never guide me in the interest of Govt. specially, he never cooperate me at least due to having a candidate of downtrodden class of Hindu religion. Such type brahamanvad, I have never seen in my life and never read in any books.

Now I request you with high hope in the light or human sense, kindly do not see me through an eye of C.T.O. GNR and do justice with me. I can be reverted as an Inspector but my soul cannot be changed. I always persue this matter till I do not obtain the justice in this matter. I have no hesitation to write that India is a democratic State supported by Secular Constitution in which Castism has no importance and a citizen can go ahead upto Supreme Court or President of India for want of justice.

दिनांक 12 सितम्बर, 1966

श्री मातादीन शर्मा, वा. कर अधिकारी, श्री गंगानगर ने अपने पत्र संख्या 753 एस.टी. दिनांक 13.08.1965 से निरीक्षकों को कार्य विवरण पत्र निर्धारित किया था, जिसके अनुसार बकाया वसूली व करापवंचन कार्य की मासिक स्थिति को प्रतिवेदन प्रति माह सहायक वाणिज्यिक कर अधिकारी (आर.पी.जी.टी.) के समक्ष पेश करेंगे तथा वे अधिकारी अपनी समीक्षा करके उच्च अधिकारी को अपनी टिप्पणी प्रस्तुत करेंगे। परन्तु श्री जी.डी. शर्मा, यात्री एवं माल कर निरीक्षक, श्रीगंगानगर ने पिछले 13 माहों का यह प्रतिवेदन प्रस्तुत नहीं किया था। अतः निम्न प्रकार से वाणिज्यिक कर अधिकारी, श्रीगंगानगर को प्रतिवेदन प्रस्तुत किया था–

No. 939/RPGT/A/66 Dt. 12.9.66

To

The Commercial Taxes Officer,
Sriganganagar.

Sub.: Recovery work done by Shri G.D. Sharma, Inspector R.P.G.T. GNR.

Ref. : Your No. 753/ST dated 13.8.1965

Sir,

In compliance of your order No. 753/ST dated 13.8.65 this office has sent the lists of arrears vide No. 876/30.7.65, 1272/20.9.65 and 112/27.1.66 and later on time to time to Shri G.D. Sharma, Inspector RPGT, Sriganganagar. According to your above order he should submit monthly prescribed statement in every month. This office is totally unknown to the recovery work of R.P.G.T. Inspector. Shri G.D. Sharma did not submit the monthly prescribed statement since August, 1965 till today. Recovery work is bonafide basic duty of R.P.G.T. Inspector.

In the absence of above statement, I understand that recovery work of the Inspector is not quite satisfactory. It is great negligence on part of duty of an Inspector. Thus, he failed in performance of his duties. It is one of the reason for downfall of Government revenue.

Inspector should have submitted the progress of recovery in prescribed statement monthly but he did not care your respective order. It is very serious neglignece on the part of duties of an Inspector. Kindly check up his daily diary regarding the working of recovery since August, 1965 till today (13 months) and pass a special order about his such serious negligence. Disciplinary action may be taken against him for his negligence of duty and result may be intimated to higher authorities for information.

Submitted for favourable action.

Yours Faithfully,

Sd/-

(P.K. Maurya)
Asstt. Comml. Taxes Officer,
RPGT, Sriganganagar.

940 to 941

12.9.66

दिनांक 19 सितम्बर, 1966

अनुसूचित जाति का होने के कारण श्री मातादीन शर्मा, वाणिज्यिक कर अधिकारी, श्रीगंगानगर मुझे हर समय तंग करने की नई–नई योजनाऐं बनाने में व्यस्त रह रहा था। निरीक्षक से लेकर आयुक्त महोदय तक ब्राह्मण जाति का सहारा लेकर विष वमन की कार्यवाही में व्यस्त था। मैं इससे बुरी तरह से तंग आ गया था। लाचार होकर आयुक्त, वाणिज्यिक कर विभाग, राजस्थान, जयपुर को इस प्रकार अपना प्रतिवेदन प्रस्तुत किया था :–

Sir,

In continuation of my previous letter No. 916/RPGT/A/66 dated 9.9.66, I have the honour to request you that I want to give you further more clarification of my explanation as under:–

I have been working in this district since 23rd Dec, 1964. As I have already explained that myself had been suffering from hard behaviour of C.T.O. Sriganganagar. C.T.O. Sriganganagar himself has not been feeling his responsibilities regarding the revenue of Government specially under R.P.G.T. head. Since he is posted at Sriganganagar and till before we are posted here between this the work under R.P.G.T. head is very important.

During the year 63-64 (1.4.63 to 31.12.63) and 64-65 (1.4.64 to 31.12.64) there was no difference of rate of tax under R.P.G.T. head. The figures of achievement of R.P.G.Tax for the period 1.4.63 to 31.12.63 and 1.4.64 to 31.12.64 were as under:–

	1963	1964
April	Rs. 1,28,326.82	Rs. 70,669.15
May	Rs. 85,568.46	Rs. 81,469.62
June	Rs. 1,64,620.40	Rs. 92,954.19
July	Rs. 1,75,887.00	Rs. 99,611.29
Aug.	Rs. 1,36,004.00	Rs. 87,583.77
Sept.	Rs. 1,11,111.00	Rs. 71,960.52
Oct.	Rs. 1,13,226.00	Rs. 83,761.18

Nov.	Rs. 88,972.00		Rs. 84,936.93	
Dec.	Rs. 1,19,197.00		Rs. 84,934.77	
	Rs.11,12,912.68		Rs. 7,57,911.42	
			Rs. 3,65,001.26 Loss	
			Rs. 11,12,912.68	
Jan.	Rs. 1,75,244.00		Rs. 1,68,831.00	
Feb.	Rs. 1,26,444.00	4.33	Rs. 1,42,531.78	4.78
March	Rs. 1,61,745.00		Rs. 1,64,114.43	7.58
	Rs. 15,46,773.00		Rs. 16,01,389.11	12.36

The figures of revenue under R.P.G.T. head for the period from 1.4.64 to 31.12.64 was less by Rs. 3,65,001.26 in comparision of last year period from 1.4.63 to 31.12.63. There was no special reason of this downfall in Sriganganagar district. Achievement of whole year 1964-65 was remained less by Rs. 3,65,011.26. The final achievement of tax during 64-65 was Rs. 12,36,025.85. The Achievement of R.P.G.Tax in the year 64-65 in whole Rajasthan except Sriganganagar and Pali district remained high in comparision of last year 63-64. Kindly see your statistic in support of my above claim.

Shri Matadeen Sharma, C.T.O., Sriganganagar has been trying to show that his circle R.P.G.T. work is bad from last two years. Behind this, it is mystery that he wants to close chapter of his own period of eight month (13.5.64 to 31.12.64) in which he had lost the Government revenue in R.P.G.T. head by Rs. 3,65,001.26. Kindly ask him.

(1) Why does he want to overlook the loss of revenue under R.P.G.T. head by Rs. 3,65,001.26 in the period 1.4.1964 to 31.12.1964 in comparision of period 1.4.63 to 31.12.63?

(2) There was no such downfall in any other district in Rajasthan except Pali during year19 64-65 in comparision of revenue under R.P.G.T. head of last year 1963-64.

Why did Sriganganagar circle go in downfall of Rs. 3,65,001.26 in R.P.G.T. revenue in year 1964-65?

(3) What was the mystery behind this downfall of revenue under R.P.G.T. Head?

(4) There might be some lack of administration, supervision over R.P.G.Tax in Sriganganagar district during the period 1.4.1964 to 31.12.1964. If not, how this loss of Rs. 3,65,001.26 happened?

(5) Had he (Shri M.D. Sharma C.T.O. GNR) taken all the actions u/s 6(2), u/s 8 and u/s 16(1) of R.P.G.T. Act against the defaulter vehicles of District during 13.5.64 to 31.12.64? If not, why? was it not his duty to take all actions against defaulters?

The list of such vehicles is enclosed herewith in which Shri M.D. Sharma, C.T.O. Sriganganagar failed in the performance of these duties.

(6) Why does he (Shri M.D. Sharma C.T.O. GNR) not maintain Demand and Collection Register for assessment purposes since January, 1965? What is mystery behind this?

Shri M.D. Sharma, C.T.O, Sriganganagar lost the revenue under R.P.G.T. head by Rs. 3,65,001.26 during the period 13.5.64 to 31.12.64 in comparision of the period 1.4.65 to 31.12.65. Now he wants to show the work of R.P.G.T. section of Sriganganagar Circle in bad condition. He does not want that the work of any other officer in R.P.G.T. section will come as good. He had or has been trying to create bad atmosphere against we people and on that basis he wants to draw curtain over loss of revenue under R.P.G.T. head worth Rs. 3,65,001.26 of said period. I want to work in Government interest but he cannot see this. Hence, he is prejudiced with me since I am posted at Sriganganagar.

I have brought this fact in your knowledge. Kindly verify this and take suitable action for this type of loss of Government revenue.

Yours Faithfully

Sd/-

(P.K. Mauriya)

Asstt. Commerl. Taxes Officer,
R.P.G.T., Sriganganagar.

Encl: One list of
Defaulter Vehicles.

दिनांक 10 अक्टूबर, 1966 : दुर्भावनापूर्ण धमकी

आदेश दिनांक 5 अक्टूबर, 1966 से मेरा स्थानान्तरण श्रीगंगानगर से गंगापुर सिटी हो गया था तथा आज कार्यभार से मुक्त कर दिया गया। आमतौर पर प्रचलन के अनुसार विदाई समारोह हुआ करता है, वैसे समारोह के लिए श्री मातादीन शर्मा, वा.क. अधिकारी ने स्टाफ को मना कर दिया तथा धमकी दी कि मौर्य ए.सी.टी.ओ. के भाग्य का फैसला तो राजस्थान सचिवालय करेगा। छुआछूत, जातीय द्वेष तथा व्यक्तिगत दुर्भावना के कारण उन्होंने मेरे स्वाभाविक सम्मान को ठेस पहुँचाई तथा अपमान किया। श्री मातादीन शर्मा को अपने ब्राह्मणत्व पर बड़ा घमण्ड रहा है। क्योंकि श्री मातादीन शर्मा के ही रिश्तेदार श्री रामसिंह दायमा एक ब्राह्मण होने के कारण तथा रिश्तेदार की वजह से सर्वसर्वा थे। यह दुर्भावनापूर्ण व्यवहार का स्पष्ट द्योतक रहा है।

दिनांक 15.05.1967 : आयुक्त ने आंखें बन्द रखीं

आयुक्त वाणिज्यिक कर विभाग, राजस्थान, जयपुर श्री रामसिंह जी के समक्ष व्यक्तिगत रूप से उपस्थित हुआ तथा श्रीगंगानगर के समय श्री मातादीन शर्मा वा. क.अधिकारी की ज्यादतियों के बारे में उनको स्पष्ट जानकारी दी, लेकिन जैसे कसाई बकरे की तरफ देखता है, ठीक वैसी ही उनकी दृष्टि थी। मेरे प्रति कोई सहानुभूति दिखाई नहीं पड़ रही थी। एक दलित व्यक्ति होने के नाते मैं स्वयं को बहुत ही मजबूर महसूस कर रहा था।

दिनांक 07.10.1967

मैसर्स ओमप्रकाश पुत्र चिरंजीलाल वर्मा, निवासी मण्डावर जिसकी बस गंगापुर सिटी से मण्डावर तक चलती थी, के विरुद्ध यात्री कर चोरी के अभियोग के परिणामस्वरूप प्रोवीजनल कर निर्धारण करके मांग वसूली की कार्यवाही चल रही थी। इस बीच श्री मातादीन शर्मा वा.क. अधिकारी श्रीगंगानगर स्थानान्तरित होकर भरतपुर आ गये थे। इस बस मालिक के नजदीकी व्यक्ति श्री होतीलाल की उनसे जानकारी थी, उनके बहकावे में आकर मेरे खिलाफ एक फर्जी शिकायत कमिश्नर आफिस में, एक हाईकोर्ट जोधपुर में सिविल रिट तथा एक उधार पाँच सौ रुपये लेने के झूठे मुकदमा की कार्यवाही मेरे विरुद्ध करवाई। श्री होतीलाल का अपने वकील के मार्फत एक अन्तर्देशीय रजिस्टर्ड पत्र के द्वारा नोटिस मुझे डाक से मिला, लेकिन इसका मैंने कोई उत्तर नहीं दिया था तथा झूठा होने के कारण आज तक कोई कार्यवाही नहीं हो सकी।

दिनांक 12.01.1968

श्री ओमप्रकाश पुत्र चिरंजीलाल वर्मा निवासी मण्डावर जिला सवाई माधोपुर की राजस्थान उच्च न्यायालय, जोधपुर में सिविल रिट पटीशन नम्बर 567/67 जो राजस्थान राज्य, प्रदीप कुमार मौर्य ऐसेसिंग एथोरिटी, राजस्थान पैसेन्जर गुड्स टैक्सेशन, गंगानगर सिटी तथा श्री तेज सिंह, कमर्शियल टैक्सेज इन्सपेक्टर, गंगापुर सिटी के विरुद्ध थी, ये 5 जनवरी, 1968 को आदेश इस प्रकार पारित कियेः–

"The writ petition be and is hereby dismissed. There will be no order as to cost."

आरदणीय जस्टिस डी.एम. भण्डारी तथा जी.ए. मेहता ने उक्त श्री ओमप्रकाश के वकील एच.एम. लोढ़ा की उपस्थिति में पारित किया, जिसकी सूचना मुझे डिप्टी रजिस्ट्रार, हाई कोर्ट की संख्या 362 दिनांक 12/01/1968 से सही प्रतिलिपि दी गई।

दिनांक 02/02/1968 : जयपुर : आयुक्त ने मस्तिष्क बन्द रखा

तत्कालीन आयुक्त, वाणिज्यिक कर, श्री रामसिंह को व्यक्तिगत उपस्थित होकर स्पष्टीकरण दिया तथा समस्त परिस्थितियों को विस्तृत रूप से उनको बताया। श्री रामसिंह चूँकि राज्य के अधिकारी का स्वरूप कम तथा ब्राह्मण जाति का स्वरूप कहीं ज्यादा था इसलिए वे मुझे ही बलि का बकरे की दृष्टि से अवलोकन कर रहे थे। ऐसा महसूस हो रहा था कि मेरा मातादीन शर्मा का एक ब्राह्मण अधिकारी के रूप में विरोध करना और सत्य कहना उनको पच नहीं रहा था, क्योंकि मेरी निष्ठा व कथन में दलित जाति का होने के कारण उनको अच्छा नहीं लग रहा था, लेकिन मेरी मजबूरी थी। मुझे अनुभव हो रहा था कि इसी कारण मातादीन शर्मा ने श्री गंगानगर में दिनांक 10 अक्टूबर, 1966 को मेरे स्थानान्तरण पर विदाई सम्मान नहीं किया तथा मेरी सेवा खराब करने की धमकी दी थी, क्योंकि आयुक्त श्री रामसिंह उनके नजदीकी रिश्तेदार थे, इसका श्री मातादीन शर्मा को बहुत बड़ा घमण्ड था।

दिनांक 02/04/1968 : गंगापुर सिटी : प्रशंसनीय कार्य

वित्तीय वर्ष 1967–68 में कर वसूली में अच्छा कार्य करने के कारण मेरे उच्च नियन्त्रणकर्त्ता प्रभारी वृत्त, वाणिज्यिक कर अधिकारी, गंगापुर सिटी ने निम्न प्रकार से धन्यवाद पत्र जारी कियाः–

"दीनानाथ सक्सेना,
वाणिज्यिक कर अधिकारी,

कार्यालय वाणिज्यिक कर अधिकारी,
गंगापुर सिटी।

अ.शा.पत्र संख्या 599/जन./1968–69
दिनांक 02/04/1968

प्रिय श्री मौर्य,

गत वर्ष (1967–68) के आर.पी.जी.टी. व सेल्स टैक्स की वसूली के सिलसिले में आपने जो सहयोग व प्रयत्न किया, उसके लिए मैं धन्यवाद देता हूँ।

भवदीय
ह./–
(दीनानाथ सक्सेना)

श्री प्रदीप कुमार मौर्य,
सहायक वाणिज्यिक कर
अधिकारी (आर.पी.जी.टी.)
वार्ड ''ए'', गंगापुर सिटी।''

अच्छे कार्य करने का यह सक्षम प्रमाण है।

दिनांक 30.07.1968 : मेरे साथ धोखा किया

जून 1968 की सहायक वाणिज्यिक कर अधिकारियों की विभागीय परीक्षा का परिणाम क्रमांक एफ. 3(4)(24)डीई/सीटीएस/68/2706 से घोषित किया गया। इसमें 18 अधिकारियों में केवल मात्र मुझे ही प्रथम प्रश्न पत्र में 5 अंक कम देकर असफल कर दिया गया बाकी सबको उत्तीर्ण किया गया। केवल मात्र दलित जाति का अधिकारी होने के कारण तथा ऐसा प्रतीत होता है कि विभाग में ब्राह्मण लॉबी के अधिकारियों ने नफरत की दीवार पर खड़े होकर छुआछूत की भावना के कारण जानबूझ कर ऐसा किया है।

दिनांक 20/08/1968 : उचित अवसर नहीं दिया

विभागीय परीक्षा की उत्तर पुस्तिकाओं की पुनः जाँच का मेरा आवेदन दिनांक 31/07/1968 के प्रत्युत्तर में रजिस्ट्रार ने पत्र संख्या एफ 3 (4)(24) डीई/ओटीएम/68/3106 से नियमों में कोई प्रावधान न होने के कारण अपनी मजबूरी जाहिर की। तात्पर्य नियमों पर मुझे बलि का बकरा बना दिया गया, क्योंकि मैं दलित जाति का व्यक्ति हूँ।

दिनांक 18/09/1968 : सेवा विस्तार फरवरी, 1969 तक

वित्त विभाग क्रमांक एफ 11(98)वित्त/वा.क./66 दिनांक 18/09/1968 से 102 सहायक वाणिज्यिक कर अधिकारियों का, जिसमें मेरा भी नाम शामिल है, दिनांक 28/02/1969 तक का वेतन स्वीकृत किया गया इस शर्त पर कि –

''दिनांक 28/02/1969 तक या राजस्थान लोक सेवा आयोग द्वारा चयन किये गये योग्य अभ्यार्थियों के कार्य संभालने तक, जो भी पहले हो।''

दिनांक 22/11/1968 : कार्य की प्रशंसा

उपायुक्त (प्रशासन) वाणिज्यिक कर कोटा ने मेरे माह अक्टूबर, 1968 तक के कार्य के बारे में इस प्रकार आयुक्त महोदय को लिखा था :–

''क्रमांक : एफ. 33/एसटी/सी/का/वि/68/4008 दिनांक : 22/11/1968

श्रीमान् कर आयुक्त महोदय,
राजस्थान, जयपुर।

मान्यवर,

श्री प्रदीप कुमार मौर्य, सहायक वाणिज्यिक कर अधिकारी, यात्री एवं मालकर, वार्ड ''ए'' गंगापुर का माह अक्टूबर, 1968 का कार्य विवरण पत्र संलग्न है। कार्य अच्छा है।

भवदीय
(ह. आर.डी. गुप्ता)
उपायुक्त (प्रशासन)
वाणिज्यिक कर विभाग,
कोटा।

दिनांक 30/01/1969 : जयपुर : अचानक पदावनत

राज्य सरकार ने अचानक क्रमांक प. 11 (264) वित्त/वा.क./64 से आज्ञा जारी की :–

> ''श्री पी.के. मौर्य, सहायक वाणिज्यिक कर अधिकारी, को उनके वाणिज्यिक कर निरीक्षक के मूल पद पर तत्काल पदावनत किया जाता है।''

दिनांक 12/02/1969 : गंगापुर सिटी

वाणिज्यिक कर अधिकारी, गंगापुर सिटी ने सहायक वाणिज्यिक कर अधिकारी पद के कार्यभार से मुझे मेरी अनुपस्थिति में मुक्त किया था।

धरतीपुत्र (मूल निवासी दलित) का शोषण का कभी अन्त होगा ऐसा दिखाई नहीं दे रहा है। भ्रष्टाचार के आचरण की पोषक' 'ब्राह्मण जाति' संस्कृति ने भारत की जड़ें उखाड़ दी हैं। राजस्थान की जनतांत्रिक सरकार का यह इतिहास बताता है कि मनुवादी व्यवस्था हो सर्वोपरि है। ब्राह्मण जाति ही एकमात्र राज्य के धन को लूटने का कृत्य करने की अधिकारिणी बन गयी है। उनकी जड़े धन सम्पदा में इतनी गहरी हैं तथा प्रसाशनिक व्यवस्था में जहां इनका एकमात्र आधिपत्य है, वहां दलित जातियों से आये सदियों से पीड़ित मानवों के साथ कभी मानवीय व्यवहार होगा इसकी तो कल्पना भी इन परिस्थितियों में सम्भव नहीं है। एक तरफ शक्तिशाली लुटेरा तथा दूसरी तरफ निर्दोष पद दलित मानव, जो सदियों से लूटता ही चला आ रहा है, इस पर गंभीरता से विचार करना अब परम आवश्यक हो गया है। भारतीय लोकतन्त्र के लिए यह भयंकर शर्म की बात होगी।

अध्याय – 5

जातिगत भेदभाव का अनोखा प्रकरण

सवर्ण अधिकारी के पक्ष में सचिवालय

दिनांक 9 जुलाई, 1970 की, श्रीमान् एन.सी. भटनागर, आयुक्त, वाणिज्यिक कर विभाग के समक्ष सुनवाई के परिणामस्वरूप, उन्होंने राज्य सरकार को निवेदन किया कि श्री हंसराज काबरा, सहायक वाणिज्यिक कर अधिकारी विभागीय परीक्षाओं में तीन बार श्री पी.के. मौर्य के समान असफल हो गया है, अतः या तो श्री काबरा के साथ भी श्री मौर्य के समान व्यवहार किया जावे अन्यथा श्री मौर्य का पदावनत आदेश दिनांक 30 जनवरी, 1969 को वापिस लेकर उसे भी समान अवसर दिया जावे। लेकिन इस पर कोई कार्यवाही नहीं हुई।

ऐसा विश्वसनीय सूत्रों से पता चला था कि तत्कालीन उप शासन सचिव श्री शिवजी लाल जोशी (वित्त विभाग/वाणिज्यिक कर) ने जानबूझकर श्री हंसराज काबरा की सचिवालय पत्रावली के बारे में यह टिप्पणी की कि अभी पत्रावली मिल नहीं रही है, जब मिलेगी तब उचित कार्यवाही कर दी जायेगी। ऐसा लगता था कि वे लोग श्री हंसराज काबरा के तथाकथित उच्च हिन्दू जाति का होने के कारण मेरे समान कार्यवाही उसके विरुद्ध नहीं करना चाहते थे। उसका सम्मान ऊंचा था, उसको गिराना गवारा नहीं था। मेरे खिलाफ ही कार्यवाही उचित मानी गई थी क्योंकि दलित होने के कारण मैं किसी सम्मान के काबिल नहीं था। दलित वर्ग के लोग तो केवल रौंदने के ही काबिल माने जाते रहे थे, ऐसा ही भारत का इतिहास कहता रहा है। अछूत लोग केवल घृणा, द्वेष, नफरत के ही काबिल माने जाते रहे हैं, अतः कुछ भी उनके साथ किया जा सकता है क्योंकि उनका न कोई सम्मान होता है तथा न ही कोई उनकी इज्जत होती है। ऐसी विचारधारा राजस्थान सचिवालय में बैठने वाले बड़े अधिकारियों की उस समय रही थी।

राज्य सरकार के पास अचानक 30 जनवरी, 1969 को मेरा पदावनत आदेश जारी करने का कोई औचित्यपूर्ण कारण नहीं था, क्योंकि –

(1) दिनांक 18/09/1968 के अस्थायी वेतन भुगतान की 102 अधिकारियों की स्वीकृति दिनांक 28/02/1969 तक या लोक सेवा आयोग से स्वीकृत अभियार्थियों के पदभार सम्भालने तक जो भी पहले हो, की शर्त पर की गई थी, जबकि 30/01/69 को ऐसा कुछ नहीं हुआ था।

(2) तदर्थ व्यवस्था के अन्तर्गत कार्यरत इन 102 अधिकारियों की मूल संस्थायी पद की कोई वरिष्ठता सूची जारी न होने से स्थिति स्पष्ट नहीं की गई थी। मैं 1960 का चयनित निरीक्षक था जबकि 1964 व 1965 के चयनित निरीक्षक गणपत सिंह चौहान, गणपतराम चौधरी, मोहन प्रकाश व्यास व तेजराज सिंह आदि ने न तो विभागीय परीक्षा ही उत्तीर्ण की थी तथा न ही मुझसे वरिष्ठ थे।

(3) इन 102 सहायक वाणिज्यिक कर अधिकारियों के नियमित करने के लिए दिनांक 30/01/1969 को राज्य सरकार के पास कोई नियम थे, जिनके अन्तर्गत शर्तों या रिकार्ड जाँच या उपयुक्तता की जाँच के लिए कोई समिति बैठाने का ही प्रावधान राज्य सरकार के पास था। उपयुक्तता या अनुपयुक्तता का किसी एक अधिकारी के बारे में निर्णय किया जाना नियमों के अभाव में होना कतई संभव नहीं था। सबके साथ समान व्यवहार हर स्थिति में आवश्यक था। राज्य सरकार केवल एक अनुसूचित जाति के अधिकारी के साथ ही मनमाना व्यवहार नहीं कर सकती थी।

(4) जैसा कि बताया गया है, दिनांक 30 जनवरी, 1969 के पश्चात् जुलाई, 1970 तक की परिस्थितियों में विभागीय परीक्षा की अहमियत सर्वोपरि रखी है तो तीन बार असफल श्री हंसराज काबरा के विरुद्ध कार्यवाही न करके स्पष्ट भेदभावपूर्ण कार्यवाही को ही प्रमाणित करती है।

ऐसी स्थिति में दिनांक 30/01/1969 के राज्य सरकार के आदेश की प्रकृति दण्डात्मक नजर आ रही है। अतः राजस्थान सिविल सेवा (सी.सी.ए.) नियम, 1959 के नियम 34 के अनुसार पुनरीक्षित प्रतिवेदन दिनांक 06/08/1970 को माननीय राज्यपाल महोदय के समक्ष इस प्रकार प्रस्तुत किया था।

Jodhpur 06/08/1970

His Excellency, the Governor of Rajasthan,
Jaipur.

Through:
The Proper Channel

Sub: Review Application under Rule 34 of the Rajasthan Civil Service (Classification, Control and Appeal) Rules, 1958.

May it please your Excellency,

The humble petitioner, Pradeep Kumar Maurya, most respectfully begs to submit the Review Application on the following facts and grounds:

1. That the petitioner was selected by the Rajasthan Public Service Commission for the post of Inspector, Commercial Taxes, vide No. F.7(5)/712-Rect/59-60/Conf/1407 dated 2/2/1960. Accordingly the petitioner, alongwith 30 other employees, was appointed as Inspector by the Commissioner, Excise and Taxation, Rajasthan, Udaipur vide his order No. F.48(70)Estt/59/395 dated 5/2/60.
2. That in this Rajasthan Public Service Commission, seniority of the petitioner was fixed at Serial No. 16.
3. That seeing the good work and appreciating the efficiency of the petitioner, he was promoted, alongwith all the 29 same collegues, as Assistant Commercial Taxes Officer (Officiating) on probation of four months, vide Order No. F.41(7)/Estt/64/5968 dated 10/12/64 from the Commissioner, Commercial Taxes, Rajasthan Jaipur. As the post being of a State Services, it was to be approved by your Excellency i.e. the man on the post is to be appointed by Your Excellency being the appointing authority and accordingly the petitioner was given 1st extension alongwith 111 other employess with Your Excellency's sanction vide No. F.11(232) FD/RT/64 dated 13/8/65.
4. That the petitioner's period was further extended by Your Excellency's sanction alongwith 101 other collegues vide No. F.11(98)Finance/CT/66 dated 18/9/68 on the same termsand conditions issued by the Section Officer Finance Department (CTS), Rajasthan, Jaipur. This order was issued in reference to Finance Department Memo No. F.1(39)FD/Exp-Rules/65 dated 11/9/68 wherein the list being alphabetical, the petitioner's name appears at No. 61. This extension was given till the suitable candidates are selected by the Rajasthan Public Service Commission join on the posts which means without time limit but with condition when the selected candidates join on the respective posts.
5. That the petitioner being on leave at his native place Ramgarh (Jaipur), he was informed by the Commercial Taxes Officer, Gangapur City vide his Nos. 3546/Estt/68-69 dated 11/2/1969

that the petitioner has been relieved of his duties of Asstt. Commercial Taxes Officer (RPGT) Gangapur City, from 12/2/69 as per the commissioner's order No. F1( )Estt/CCT/69/1112 dated 1.1.1969.

6. That on 1/3/69, the Commercial Taxes Officer, Gangapur City informed the petitioner vide his No. 3631/Estt/69 dated 22/2/69 of his reversion to the post of Commercial Taxes Inspector sending me the true copy of Order No. F.11(264) Finance/CT/64 dated 30.1.69 issued by the higher authorities without mentioning any reason for petitioner's reversion without any fault.

7. That it is general practice and admitted fact and rules and also standing Government orders that last come first go .

8. That, thus it will be evident that the petitioner has served on the post of Assistant Commercial Taxes Officer from 10/12/64 to 12/2/69, the date of my relieving a period of more than 4 years. According to Rule 7(21) of the Rajasthan Service Rules and decision of the Supreme Court in AIR 1958, SC 36 after 3 years, an employee becomes quasi-permanent. Apart from this the Punjab High Court has held in Dharam Singh V/s Punjab Govt. that if he continues for more than maximum probation period he is considered to be confirmed. Hon'ble, the Supreme Court has also held the same view in AIR 1968 SC 1210. Thus when the petitioner has served as the Assistant Commercial Taxes Officer, for more than 4 years, he ought to have been confirmed automatically as per Government Circulars Nos. FD No. F.3(18)-R/51 dated 13/2/56; F.II(22)F.II/53 dated 13/2/56;F.5(29) Apptts(C)/56 dated 30/6/56 and my seniority fixed as per Government Orders contained in Circular No. F3(5)/Int(A)/50 dated 30/11/50 and F.3(5)/Int.A/50 dated 14/11/51.

9. That instead of confirming the petitioner as Assistant Commercial Taxes Officer as above, he has been singled out for reversion amongst the 101 promotees of the last order. This discrimination contravenes Article 14 of the Constitution of India and can be challanged by way of a writ petition under Article 226 of the constitution.

10. That the Central and State Governments always reserve some posts specially for Scheduled Caste and Tribes and anyone of these category cannot be denied his employment without

fulfilment of the legal procedure. As the petitioner belongs to the Scheduled Caste. His case must have been considered sympathetically on this count too but instead the petitioner has been reverted without any rhime or reason.

11. That the petitioner's reversion amounts to punishment as neither petitioner is unsuitable nor there was any time limit for probation nor any selected candidate had joined the post. Had the petitioner been unsuitable, unfit, incompetent or inefficient, he could not have been granted extensions from time to time. Hon'ble the Supreme Court has laid down 2 tests for treating the reversion as punishment (1) whether the servant has a right to post or the rank, or (2) whether he has been visited with any penal consequences. If the case satisfies either of these two tests, then it must be held that the servant has been punished, vide Case of Purshotam Lal Dhingra Vs Union of India AIR 1958, SC 36.

The term of petitioner's promotion was that when any employee selected by the R.P.S. Commission joins the post, which clearly shows that till such time the petitioner has the right to the post. In this respect the S.C. has held that when there are express or implied terms, employee's reversion to a lower post is by itself and prima facie a punishment. Further it is held that if reduction visits with consequences of penal nature, it is punishment. Penal consequences means forfeiture, reduction, diminution or loss of pay or grade of pay vide AIR 1962 SC 1334; AIR 1964 SC 423; etc. This reversion operate in my emoluments being forfeited, reduced etc. Further this reversion puts loss of substantive rank and seniority.

12. That since this reversion order is a penal one, it calls for Art. 311(1) and (2). It is incumbent upon the authorities to observe and fulfil the provisions of Rule 16 before issuing penal orders. In the instant case no charge is framed, charge-sheet served, enquiry held, show cause notice issued, an opportunity of being heard given, Rajasthan Public Service Commission consulted, but direct order for reversion issued which is wrong, illegal and inoperative.

13. That since the petitioner has been promoted and given extensions by your Excellency, it is only Your Excellency which can issue reversion order, after observing provisions of Constitution, Laws

and Rules or an order issued in Your Excellency's name. In this case the order has been issued by the Commissioner and therefore is unconstitutional and invites Art. 311(1) of the Indian Constitution.

14. That in Government Notification No. F.3(30) Apptts (A-II) 59 dated 27/10/63 published in the Gazette Part IV (GA) dated 31/10/63 it is clearly laid down under the Proviso to Sub-rule 1 of Rule 31 that "Person promoted as per rules and having worked inofficiating capacity for more than one year cannot be placed on probation and is to be confirmed as and when clear and substantive vacancy occurs.

15. That under Government Order GAD No. F.1(13)(9) GA/C/61 dated 5/5/61, it is laid down that "No Scheduled caste/Tribe employee be retrenched even if he is junior most".

16. That reversion is based on the charges of dishonesty, or corruption, or on *adverse remarks in confidential roll,* or where it comes after complaint, enquiry and report or where it is made on the ground of indiscipline, insubordination or misconduct or on unsatisfactory conduct, the order would be construed as punitive vide AIR 1957 Trip 22; Air 1958 Cal 559; AIR 1957 All 70; Air 1967 Punj 145; Air 1956 MB 172; and AIR 1954 Cal 393. AIR 1964 SC 423; AIR 1958 All 741.

17. That an order of reversion being vindictive or malafide in nature is illegal. Reversion in pursuance of and illegal order is also unsustainable. Reversion of a servant to a lowest cadre though he is eligible to hold a post in an intermediate cadre, would offend Art. 16 of the Constitution. Reversion of a servant consequent on the disturbance of his seniority by the Govt. without giving him due opportunity, and thereby resulting in substantial and manifest injustice to him is bad being in violation of the principle of natural justice vide AIR 1962 SC 1711; AIR 1966 Ori 173; AIR 1967 HP 34; 1965 RLW 272; and AIR 1968 Punj 255.

18. That non-fulfilment of procedure laid down for awarding punishments under Rule 14 of the Rules laid down in Rule 16 Vol the R.S.Cs (C.C.&A) Rules invites Art. 311(2) as in punitive order of reversion in the present case, no consultation of the

Rajasthan Public Service Commission is made which is mandatory under Art. 320(3) (C) of the Indian Constitution.

19. The Review Application is submitted within time and the copies of impugned orders are submitted herewith.

20. It is therefore prayed that Your Excellency will graciously be pleased to call for the record, accept the Review Application and set aside the reversion order to the petitioner and to meet the ends of legal and natural justice sie.

Encl : Five Yours Faithfully

(Pradeep Kumar Maurya)

1. Original submitted through the proper Channel.
2. Copy alongwith copies of impugned orders respectfully submitted direct by registered post in advance for information.

(Pradeep Kumar Maurya)

1. Copy alongwith copies of impugned orders submitted to the Chairman, Rajasthan Public Service Commission, Ajmer for information.
2. Copy alongwith copies of impugned orders submitted to the Director Social Welfare, Jaipur for information.
3. Copy alongwith copies of impungned orders to the Commissioner, for Scheduled Castes and Scheduled Tribes, Government of India, New Delhi for information.

(Pradeep Kumar Maurya)

दिनांक 4 अप्रैल, 1971 - उदयपुर

श्री नारायणचन्द्र भटनागर, आयुक्त, वाणिज्यिक कर विभाग, राजस्थान, जयपुर के प्रवास उदयपुर में मेरे रिव्यू पटीशन दिनांक 6 अगस्त, 1970 तथा पूर्व व्यक्तिगत सुनवाई दिनांक 9 जुलाई, 1970 के क्रम में अपना प्रकरण पुनः प्रस्तुत किया। उन्होंने इस प्रकार आदेश जारी किया था।

Government of Rajasthan

No. /Camp Udaipur Dated 4.4.71

Order

Shri P.K. Maurya, Commercial Taxes Inspector has met me today and presented his case but since his record is lying at Jaipur, he is advised to appear before me on 14th April, 71 in my my Office at Jaipur. He has to bring all the record with him to support his case.

Commissioner,
Commercial Taxes Rajasthan,
Jaipur,
Camp Udaipur.

No. /Camp Udaipur Dated 4.4.71

1. Copy to Commercial Taxes Officer, Udaipur
2. Copy to Shri P.K. Maurya, Commercial Taxes Inspector, Commercial Taxes, Department Udaipur.

Commissioner
Commercial Taxes, Rajsthan,
Jaipur
Camp Udaipur.

दिनांक 14 व 15 अप्रैल, 1971 – जयपुर

कार्यालय, आयुक्त, वाणिज्यिक कर विभाग, राजस्थान, जयपुर के यहाँ श्रीमान् नारायण चन्द्र जी भटनागर, आयुक्त के समक्ष सम्पूर्ण आवश्यक सेवा सम्बन्धी प्रलेख व अनाचार अत्याचार सम्बन्धी परिस्थितियाँ बताई। श्री भटनागर साहिब ने दो दिनों तक बड़े ही धैर्य के साथ सम्पूर्ण प्रकरण को सुना।

आयुक्त, वाणिज्यिक कर का मई 1971 का प्रतिवेदन

परन्तु सचिवालय ने आँखें बन्द रखी। ब्राह्मणवाद हावी

श्री नारायण चन्द्र भटनागर, आयुक्त, वाणिज्यिक कर ने मेरी व्यक्तिगत सुनवाई दिनांक 14 व 15 अप्रैल, 1971 के क्रम में मेरे पदावनत आदेश दिनांक 30/01/1969 के सन्दर्भ में वित्त विभाग, राजस्थान सरकार को अपना प्रतिवेदन प्रस्तुत किया। लेकिन तत्कालीन उपशासन सचिव वित्त (वाणिज्यिक कर) के ब्राह्मणवाद व दलित विरोधी प्रवृति के कारण जानबूझकर यह कार्यवाही नहीं हो सकी थी।

दिनांक 30 जनवरी, 1969

वित्त आयुक्त एवं शासन सचिव, वित्त विभाग (वाणिज्यिक कर अनुभाग) राजस्थान सरकार, जयपुर ने क्रमांक प. 11(264) वित्त/वा.क./64 से आज्ञा जारी की, इस प्रकार–

"श्री पी.के. मौर्य, सहायक वाणिज्यिक कर अधिकारी को उनके वाणिज्यिक कर निरीक्षक के मूल पद पर तत्काल् पदावनत किया जाता है।"

दिनांक 12 फरवरी 1969

वाणिज्यिक कर अधिकारी. गंगापुर सिटी ने क्रमांक 3543/स्था./68–69 से इस प्रकार आदेश जारी किया

"कार्यालय आदेश"

श्रीमान् आयुक्त महोदय, वाणिज्यिक कर विभाग, राजस्थान, जयपुर के आदेश संख्या पं. (अ) संस्था/कर/आयुक्त/69/1112 दिनांक 01/02/1969 के अनुपालन में श्री प्रदीप कुमार मौर्य सहायक वाणिज्यिक कर अधिकारी आर.पी.जी.टी. वार्ड "ए" गंगापुर सिटी को दिनांक 12/02/1969 को मध्यान्ह उपरान्त भारवरित किया जाता है। ये अग्रिम आदेश के लिए श्रीमान् कर आयुक्त को रिपोर्ट करें।

ह. दीनानाथ सक्सेना,
वाणिज्यिक कर अधिकारी
गंगापुर सिटी"

दिनांक 9 जुलाई, 1969

श्रीमान् आयुक्त, अनुसूचित जातियाँ, अनुसूचित जन जातियाँ, भारत सरकार, नई दिल्ली–22 ने अपने क्रमांक 1/राज–1/69–एस.0यू.-II से मुझे इस प्रकार सूचित किया कि :–

No. 1/Raj-1/69-SU-II

Government of India
Office of the Commissioner for Scheduled
Castes and Scheduled Tribes

Ramakrishnapuram, New Delhi-22.
Dated the 9 July, 1969

To,

Shri P.K. Maurya,
Asstt. Commercial Taxes Officer,
Maurya Colony,
P.O. Ramgarh (Jaipur)
Rajasthan,

Sub: Regarding relaxation in Departmental Examination.

Sir,

In continuation of this office letter of even number, dated the 1.5.1969, on the subject noted above, I am directed to inform you that you could not continue to officiate as Assistant Commercial Taxes Officer as you have failed to pass the prescribed Departmental Examination.

2. According to the Rajasthan Government, Service Rules do not provide for any relaxation in percentage of marks at the time of recruitment. There is also no reservation in posts filled by promotion.

3. In these circumstances it is regretted that this office is not in a position to assist you in the matter.

"STATE EXPRESS TELEGRAM

1. Shri Hansraj Kabra
   Assistant Commercial Taxes Officer,
   Ward II Circle 'A' Jodhpur.
2. Shri Pradeep Kumar Maurya,
   Commercial Taxes Inspector,
   Udaipur.

FOUND NOT ELIGIBLE (.) ROLL NUMBER CANCELLED

REGISTRAR-PRINCIPAL

Sd/-

Registrar-Cum-Principal,
R.C. Mathur,
State Institute of Public Administration,
Jaipur-4

No.: F.11(21)S/PQ/69/2047, dated 20th. May, 1970.

Copy in confirmation by post to the above officers

Sd/-
Registrar-Principal"

दिनांक 20 जून, 1970

तत्कालीन आयुक्त, वाणिज्यिक कर विभाग, राजस्थान, जयपुर श्री एन.सी. भटनागर के समक्ष उपस्थित होकर पदावनत आदेश दिनांक 30 जनवरी, 1969 तथा अन्य सहायक वाणिज्यिक कर अधिकारी श्री हंसराज काबरा, जो विभागीय परीक्षाओं में तीन बार असफल हो गया था तथा इस कारण से उसको मेरे समान पदावनत मूल निरीक्षक पद पर नहीं किया गया था। उसकी तुलना में प्राप्तांकों की स्थिति तीनों वर्षों की विभागीय परीक्षाओं में इस प्रकार रही थी–

प्राप्तांक की तुलनात्मक स्थिति

प्रश्न पत्र

अधिकारी	I	II	III	IV	V	VI	VII	उत्तीर्णांक 40 प्रतिशत
	100	100	100	100	50	50	100	तीन अवसर वर्ष
पी.के.मौर्य	35	51	45	50	24	25	40	1966, 1967, 1968
हंसराज काबरा	34	65	52	47	26	38	45	1966, 1967, 1969

दोनों अधिकारी प्रथम प्रश्न पत्र में असफल रहे हैं, तीनों असवरों में उनकी स्थिति इस प्रकार रही है:–

अधिकारी	1966 100	1967 100	1968/69 100	औसत प्राप्तांक	उत्तीर्णांक
पी.के. मौर्य	38	38	35	37	40
हंसराज काबरा	37	23	34	31	40

जहाँ तक मेरा तीनों अवसरों में औसत प्राप्तांक 37 रहा है तथा प्रथम दोनों अवसरों में केवल दो अंकों की कमी से ही असफल रहा हूँ जबकि श्री काबरा के औसत प्राप्तांक केवल 31 रहे हैं तथा प्रथम दो अवसरों में श्री काबरा को क्रमशः तीन अंक तथा 17 अंकों की कमी से असफल होना पड़ा था। इसलिए मेरी स्थिति हर अवसर पर श्री काबरा से अच्छी रही है। अतः श्री काबरा के समान व्यवहार की आकांक्षा रखना स्वाभाविक है, जबकि अनुसूचित जाति (दलित वर्ग) का होने के कारण वर्ष 1969 की 30 जनवरी को गांधी जन्म शताब्दी वर्ष के शहीद दिवस पर उच्च अधिकारियों एवं सरकार को मानवीय सहानुभूति रखनी चाहिए थी, जो नहीं रखी गई, जबकि श्री काबरा तथाकथित सवर्ण ऊँची जाति के होने के कारण उनका पक्ष लिया जा रहा था।

दिनांक 9 जुलाई, 1970

श्री एन.सी. भटनागर आयुक्त, वाणिज्यिक कर विभाग, राजस्थान, जयपुर ने मेरे अभ्यावेदन दिनांक 20/06/1970 पर व्यक्तिगत सुनवाई की। सुनवाई के समय मैंने उनको बताया कि मेरे साथ समान व्यवहार नहीं किया जा रहा है। मई, 1970 में हुई सहायक वाणिज्यिक कर अधिकारियों की विभागीय परीक्षा में मेरी तथा श्री हंसराज काबरा दोनों की समान स्थिति रही है जैसा कि रजिस्ट्रार के टेलीग्राम दिनांक 20/05/1970 से प्रमाणित होती है। दोनों परीक्षा में बैठने के पात्र नहीं पाये गये थे। इसके अलावा आयुक्त वाणिज्यिक कर राजस्थान के पत्र संख्या एफ.9/सी/4/जन/एडीम/आयुक्त/70/7064 दिनांक 22/05/1970 के अनुसार यह परीक्षा पास करना नियुक्ति पत्र की अहम शर्त थी, जिसकी पूर्ति न होने पर मुझे दिनांक 30/01/1969 को पदावनत किया गया था। दूसरी तरफ श्री हंसराज काबरा की समान स्थिति के बावजूद विभागीय परीक्षा की असफलता के बावजूद उसको मूल निरीक्षक पद पर पदावनत नहीं किया जा रहा था। श्री काबरा को पदावनत नहीं किया गया, उसके समान मुझे भी अवसर नहीं दिया गया मेरे साथ यह भेदभावपूर्ण व्यवहार किया गया।

जून, 1968 में हुई विभागीय परीक्षा में कुल 18 सहायक वाणिज्यिक कर अधिकारी बैठे थे जिसमें **मैं अकेला सदस्य अनुसूचित जाति (दलित वर्ग) का था** तथा इस परीक्षा के प्रथम प्रश्नपत्र में केवल मात्र मेरे अकेले को पांच अंक कम देकर असफल किया था, जैसा कि उत्तर पुस्तिका जाँचकर्त्ता का पहले से ही लक्ष्य हो, वरना कोई भी निष्पक्ष व्यक्ति एक मात्र सदस्य को पांच अंक की कमी से असफल नहीं कर सकता है। 18 परीक्षार्थियों की प्रथम प्रश्नपत्र की स्थिति पर पैनी नजर से देखना न्यायप्रद होगा।

	नाम अधिकारीगण	प्रथम प्रश्नपत्र पूर्णांक – 100 उत्तीर्णांक –40 प्राप्तांक
1.	श्री भूपेन्द्र झा	69
2.	श्री गणपतराय	64
3.	श्री घनश्याम लाल	51
4.	श्री गणपत सिंह	42
5.	श्री जे.जे.शहानी	45
6.	श्री एम.एल. पारीक	61

7.	श्री एम.एल. मंगल	50
8.	श्री ओ.पी. माथुर	47
9.	श्री पी.के. मौर्य	(35)
10.	श्री पी.सी. बनर्जी	53
11.	श्री रामानन्द प्रसाद	44
12.	श्री एस.एल. जैन	58
13.	श्री ओ.पी. गुप्ता	66
14.	श्री आर.एम. अरोड़ा	60
15.	श्री डी.एस. यादव	61
16.	श्री आर.पी. कश्यप	40
17.	श्री सूरज मेहरा	42
18.	श्री वी.के. बैजल	53

यह परिणाम रजिस्ट्रार ने क्रमांक एफ.3(4)(24) डीई/ओटीएस/68/2706 दिनांक 30.07.1968 को घोषित किया था तथा मैंने तुरन्त दिनांक 31/07/1968 को श्रीमान् रजिस्ट्रार को इस प्रकार निवेदन किया था–

राजस्थान सरकार

क्रमांक –513/आर.पी.एस.टी./ए/68 गंगापुर, दिनांक जुलाई 31, 1968

सेवा में,

श्रीमान् रजिस्ट्रार,
डिपार्टमेंटल एक्जामीनेशन स्टेट सर्विसेज एवं
प्रिन्सिपल ऑफीसर्स ट्रेनिंग स्कूल,
जयपुर।

विषय : रिजल्ट ए.सी.टी.ओ.जे. डिपार्टमेंटल एक्जामीनेशन जून, 1968

प्रसंग – आपका क्रमांक–एफ(3) (4) (24)डी/ओटीएस/68/706 दिनांक 30.7.1968

मान्यवर,

आपका उपरोक्त परिणाम प्राप्त किया। मुझे सन्देह है कि प्रथम प्रश्न पत्र के अंक जो मुझे 35 दिये गये थे, वे गलत हैं। इस प्रश्नपत्र में मुझे कम से कम 60 अंक प्राप्त होने का विश्वास था। इसके बावजूद मुझे 35 अंक कैसे प्राप्त हुए यह एक आश्चर्य की बात है। गत् वर्ष की परीक्षा में जिनके अंक मेरे से कम थे, अब

की बार उनको अधिक मिले हैं जबकि मुझे गत् वर्ष से भी कम अंक दिये गये हैं। यह रहस्य मेरी समझ में नहीं आता है। कृपया कापियों को दुबारा चैक कराने व आगे कार्यवाही करने के सम्बन्ध में क्या तरीका प्रयोग में लिया जाएगा, लौटती डाक से सूचित करने की कृपा करें। आपकी अति कृपा होगी।

प्रार्थी

ह./–

प्रदीप कुमार मौर्य,

सहायक वाणिज्यिक कर अधिकारी,

गंगापुर सिटी (डब्ल्यू.आर)।

लेकिन श्रीमान् रजिस्ट्रार, विभागीय परीक्षाएं, प्रधानाचार्य अधिकारी प्रशिक्षणालय, जयपुर ने पत्र संख्या एफ 3(4)(24)डीई/ओटीएस/68/3106 दिनांक 20/08/1968 से इस प्रकार दिया था–

"विषय : सहायक वाणिज्यिक कर अधिकारियों की विभागीय परीक्षा जून, 1968

प्रसंग : आपका पत्र संख्या 513/आरपीजीटी/ए/68 दिनांक 31 जुलाई, 1968

उपरोक्त प्रसंग में लेख है कि राजस्थान नागरिक सेवायें (विभागीय परीक्षा) नियम 1959 में उत्तर पुस्तकों के दुबारा जांचने का कोई प्रावधान नहीं है।

ह.–

उप प्रधानाचार्य"

इस प्रकार स्पष्ट है कि मेरे साथ जानबूझकर किसी षड़यन्त्र के अन्तर्गत उत्तर पुस्तिकाऐं जाँचकर्त्ता व्यक्ति ने कम अंक देकर असफल करने का दुर्भावनापूर्ण व्यवहार किया है। नियमों के अभाव में उत्तर पुस्तिकाओं की दुबारा जांच न करके मुझे जानबूझकर बलि का बकरा बनाया गया है। इस पर गंभीरता से विचार करना आवश्यक है।

व्यक्तिगत सुनवाई के समय श्रीमान् एन.सी.भटनागर, आयुक्त महोदय को उपरोक्त सभी तथ्यों से समुचित जानकारी दी थी।

आश्चर्य यह है कि समान प्रकरण श्री हंसराज काबरा, सहायक वाणिज्यिक कर अधिकारी भी तीन बार विभागीय परीक्षा में असफल होने के उपरान्त तथा मेरे से कम अंक प्राप्त करने के उपरान्त भी दिनांक 02.08.1973 के आदेश से सहायक वाणिज्यिक कर अधिकारी पद पर दिनांक 14.10.1971 से स्थायी मान लिया गया था, यह गंभीर विचारणीय बिन्दु है।

राजस्थान सरकार
वित्त (ग्रुप–4) विभाग

प. 11(85)वित्त (वा.कर) 71 जयपुर दिनांक अगस्त 2, 1973

आज्ञा

राजस्थान वाणिज्यिक कर सेवा नियम 1971 के नियम 5(5) के अन्तर्गत मध्यपाठ महोदय निम्नांकित कार्यवाहक सहायक वाणिज्यिक कर अधिकारियों के प्रवेश पदों पर दिनांक 14.10.1971 से स्थाई रूप से नियुक्त किये जाने की स्वीकृति एतद्द्वारा प्रदान करते हैं:

1. श्री गौतमपाल
2. श्री नन्दलाल शर्मा
3. श्री गिरधारी सिंह
4. श्री सज्जन सिंह
5. श्री योगेन्द्र सिंह
6. श्री मंगल सिंह
7. श्री पी.एन. मेहरा
8. श्री आर.एन. बैजल
9. श्री जी.एल. बोलिया
10. श्री टी.एस. वाफ्फना
11. श्री जी.एस. सरूपरिया
12. श्री आर.एल. माथुर
13. श्री जे.एल. सुनवाल
14. श्री भीमसिंह
15. श्री गोपीकिशन
16. श्री रघुवीर प्रसाद
17. श्री एस.एल. मेहरा
18. श्री जी.एम. सिंघवी
19. श्री जे.आर. सिंघवी
20. श्री चान्दमल सिंघवी
21. श्री एस.एल. कोठयारी
22. श्री सी.वी. अग्रवाल
23. श्री आइ.डी. गुप्ता
24. श्री रामलाल
25. श्री पुष्पलाल
26. श्री आर.आर. माथुर
27. श्री सी.एल. रावल
28. श्री एस.एन. सिंह खन्ना
29. श्री आर.एस. अरोड़ा
30. श्री हंसराज काबरा
31. श्री तेजराम
32. श्री ओ.पी. माथुर
33. श्री डी.एस. गुप्ता
34. श्री एस.एन. माथुर
35. श्री वी.के. बैजल
36. श्री के.एल. अग्रवाल
37. श्री तेजराम गोयल
38. श्री एम.एल. भण्डारी
39. श्री शंकरलाल जैन
40. श्री आर.पी. कश्यप
41. श्री एन.सी. पाण्डया
42. श्री डी.एस. भटनागर
43. श्री फूलसिंह
44. श्री गणपतराम
45. श्री एन.एल. भाटानी
46. श्री गणपत सिंह
47. श्री जी.एन. माथुर
48. श्री गदाधर शर्मा

49. श्री शिवकरण 50. श्री जी.एस. नलवाया
51. श्री मोहनप्रकाश व्यास

राज्यपाल की आज्ञा से
ए.एस.सह. (उपशासन सचिव)

तेरह तथाकथित उच्च जातियों से आये सहायक वाणिज्यिक कर अधिकारियों को पौने पांच वर्ष का कार्य करने का अधिक अवसर दिया गया।

अगस्त, 1973 के पश्चात् राज्य सरकार ने मेरे पदावनत आदेश दिनांक 30 जनवरी, 1969 का आधार बदल दिया तथा निचले निरीक्षक पद पर पदावनत का कारण विभागीय परीक्षा में तीन बार असफलता (श्री हंसराज काबरा के समान) के स्थान पर ''असंतोषजनक कार्य'' बताना शुरू कर दिया, लेकिन बाद में जुलाई, 1983 की पदोन्नति समिति ने वर्ष 1964 से 1970 के सेवा रिकार्ड के आधार पर वर्ष 1971 से रिक्त स्थान पेटे ''सहायक वाणिज्यिक कर अधिकारी'' पद पर पदोन्नति स्वीकार कर ली, तो यह कथन कि दिनांक 30 जनवरी, 1969 को खराब रिकार्ड के कारण पदावनत किया (जिसमें 1964 से 1969 की सेवा शामिल है) गया था, आधार सत्य नजर नहीं आता है। यह केवल गलत बात को सही प्रमाणित करने का एक झूठा व छिछला आधार है, जो केवल प्रशासक की दुर्भावना व दलित विरोधी नीति का सूचक ही है।

इसी कार दिनांक 29.11.1973 को एक आदेश से तथाकथित उच्च जातियों से आये अधिकारियों को जिनका सेवा रिकार्ड संतोषजनक नहीं पाये जाने के कारण ''निरीक्षक'' से निचले पद पर पदावनत कर दिया था, लेकिन इनको मेरे समान दिनांक 30 जनवरी, 1969 को क्यों पदावनत नहीं किया गया था तथा पौने पाँच वर्ष और लगातार ''सहायक वाणिज्यिक कर अधिकारी'' पद पर कार्य करने का और अवसर क्यों स्वीकार किया, यह एक गंभीर विचारणीय बिन्दु है। जिनको गांधी जन्म शताब्दी वर्ष 1969 में गांधी हत्या के ''शहीद दिवस'' के अवसर पर मेरे समान पदावनत न करके दिनांक 28.11.1973 तक कार्य करने का अवसर राजपत्रित पद पर और दिया, उनके नाम इस प्रकार हैं :–

	नाम	तथाकथित उच्च जाति
1.	श्री नंदलाल मोगरा	ब्राह्मण
2.	श्री आर.के. थानवी	ब्राह्मण
3.	श्री विष्णु प्रसाद शर्मा	ब्राह्मण

4.	श्री एस.सी. भार्गव	ब्राह्मण
5.	श्री एच.आर. शर्मा	ब्राह्मण
6.	श्री दुर्गालाल माथुर	कायस्थ
7.	श्री बी.एस. माथुर	कायस्थ
8.	श्री जगदीश लाल माथुर	कायस्थ
9.	श्री बी.बी. सक्सेना	कायस्थ
10.	श्री तेजचन्द मुर्रट	बनिया
11.	श्री एन.के. शाह	बनिया
12.	श्री मदनलाल मित्तल	बनिया
13.	श्री आर.सी. चौहान	राजपूत

चूँकि मैं अकेला दिनांक 30 जनवरी, 1969 को सहायक वाणिज्यिक कर अधिकारी की सूची में 102 व्यक्तियों में दलित होने के कारण गांधी जन्म शताब्दी वर्ष 1969 के गांधी हत्या शहीद दिवस पर लोकतंत्र के कल्याणकारी राज्य में किस सहानुभूति के कारण निचले पद निरीक्षक पर पदावनत किया गया था। तथा उपरोक्त उच्च जातियों से आये व्यक्तियों के समान और कार्य करने का अवसर दिनांक 28. .11.1973 तक नहीं दिया गया, यह गंभीर विचारणीय बिन्दु है कि ऐसा क्यों हुआ? मनुस्मृति या भारतीय संविधान, 1950 कौन ज्यादा प्रभावी रहा? जरा विचार करें।

जातिगत विचारधारा जो 'मनुस्मृति' ने स्थापित की थी, उसका कितना निकृष्ट प्रभाव समाज पर पड़ा और भारत के मूल निवासी पद् दलित लोगों ने कितना अनाचार व अत्याचार सहा है, तथा मानव की दुर्दशा का दर्दनाक काला इतिहास, जो इस धर्मग्रन्थ के प्रभाव से हुआ है, उसको कभी भुलाया जाना सम्भव नहीं है। धरती पुत्र के आंसुओं का मूल्य कब वसूल होगा यह बहुत ही गंभीरता से विचार योग्य बिन्दु है। क्या कभी भारत में यह भेदाभाव जो जन्म से जातियों पर आधारित है, समाप्त होगा?

अध्याय – 6

अपमानित सेवा की लम्बी यात्रा-ब्राह्मण अधिकारी के पक्ष में सेवा नियम बने।

'The Rajasthan Commercial Taxes Service Rules, 1971'

दिनांक 14.10.1971 से लागू जिसमें तदर्थ रूप से कार्यरत सहायक वाणिज्यिक कर अधिकारी के बारे में नियम इस प्रकार बनाया गया–

"5 Initial constitution of the service—Notwithstanding anything contained in Part III and IV of the Rules, initial constitution of the service shall be made as under:—

(1)

(2)

(3)

(4) All persons who have been continuously holding the post of Assistant Commercial Taxes Officer (including higher posts) in adhoc, officiating or temporary capacity since Ist January, 1968, and who were substantive commercial taxes Inspectors on the said date shall be screened for having their suitability adjudged for the post of Assistant Commercial Taxes Officers by the committee referred to sub-rule (2) of rule 17, provided they possess five years experience on the post of commercial taxes Inspector (including higher post) on the date of commencement of these rules".

इस नियम में निरीक्षक पद पर पारस्परिक वरिष्ठता का जानबूझ कर ध्यान नहीं दिया गया था, क्योंकि इस समय के उप शासन सचिव (वित्त/वा.कर) श्री शिवजीलाल जोशी के निकटतम रिश्तेदार को लाभ पहुँचना था। श्री जोशी के रिश्तेदार एक वाणिज्यिक कर निरीक्षक (द्वितीय श्रेणी) श्री मोहन प्रकाश व्यास

जिन्होंने कि वर्ष 1965 में राजस्थान लोकसेवा आयोग से चयनित होकर इस पद पर दिनांक 21.02.1966 को निरीक्षक का कार्यभार लिया था तथा आदेश क्रमांक एफ.1(बी)22/संस्था/आयुक्त/67/1129 दिनांक 22/12/1967 को एक साल दस माह के अन्तराल पर इस पद पर "पारस्परिक वरिष्ठता" की शर्त पर दिनांक 01/09/1967 से प्रभावशील मानकर स्थायी किया गया था, जबकि नियुक्ति आदेश प्रोबेशन का समय दो वर्ष लिखा हुआ था। लेकिन ब्राह्मणत्व के कारण प्रशासन उनके पक्ष में ज्यादा व्यस्त था।

दिनांक 22/12/1967 के चार दिन पश्चात् श्री मोहन प्रकाश व्यास, निरीक्षक को दिनांक 27/12/1967 को "सहायक वाणिज्यिक कर अधिकारी" पद तद्‌र्थ रूप (एडहाक) से आदेश क्रमांक एफ(ए) संस्था/आयुक्त/67/11464 द्वारा पदोन्नति दी गई जिसमें स्पष्ट लिखा गया था कि "इनकी वरिष्ठता (सीनियोरिटी) पर कोई प्रभाव नहीं होगा।" इसका तात्पर्य यह हुआ कि श्री मोहन प्रकाश व्यास के दोनों आदेश दिनांक 22/12/1967 व 27/12/1967 में वरिष्ठता की शर्त रखी गई थी। लेकिन श्री मोहन प्रकाश व्यास की वाणिज्यिक कर निरीक्षक (द्वितीय श्रेणी) में परस्पर वरिष्ठता कभी भी घोषित नहीं की गई।

इस प्रकार उपरोक्त नियम में स्क्रीनिंग की गिरफ्त में श्री मोहन प्रकाश व्यास आ जाता है, क्योंकि उसने तद्‌र्थ सहायक वाणिज्यिक कर अधिकारी पर ड्यूटी दिनांक 01.01.1968 को ज्वाइन की थी जो (सिन्स 1 जनवरी, 1968) में आ जाता था। राजस्थान वाणिज्यिक कर सेवा नियम 1971 से उपरोक्त नियम 5(4) के अनुसार नियमों के लागू होने की दिनांक 14/10/1971 को निरीक्षक के रूप में पाँच वर्ष की सेवा भी पूर्ण हो जाती थी।

दिनांक 02.08.1973

राजस्थान सरकार के वित्त (ग्रुप–4) विभाग के आदेश क्रमांक प. 11(85)वित्त/वा.का./71 दिनांक 02.08.1973 से श्री मोहन प्रकाश व्यास एवं अन्य 51 तद्‌र्थ सहायक वाणिज्यिक कर अधिकारीगण को राजस्थान वाणिज्यिक कर सेवा नियम, 1971 के नियम 5 के अन्तर्गत "सहायक वाणिज्यिक कर अधिकारी" पद पर दिनांक 14.10.1971 से स्थायी किया गया था। अन्य 51 अधिकारियों में श्री हंसराज काबरा भी शामिल हैं, जो विभागीय परीक्षाओं में तीन बार असफल हो गये थे। श्री हंसराज काबरा की भी "वाणिज्यिक कर निरीक्षक" के पद पर पारस्परिक वरिष्ठता कभी भी घोषित नहीं की गई थी।

दिनांक 07.07.1975

राजस्थान सरकार के वित्त (ग्रुप–4) विभाग ने आदेश क्रमांक एफ. 11(39)वित्त/ग्रुप–4/73 दिनांक 07.07.1975 से दिनांक 14.10.71 की स्थिति पर "सहायक वाणिज्यिक कर अधिकारियों" की पारस्परिक वरिष्ठता सूची जारी की। इन लोगों की स्थिति इस प्रकार है–

वरिष्ठता क्रम	नाम स.वा. कर अधिकारी	
1	श्री एन.डी. मंत्री	
46	श्री जे.जी. शहानी	
77	श्री जी.एस. सरूपरिया	(निरीक्षक बैच 1960)
79	श्री डी.एम. गुप्ता	(निरीक्षक बैच 1960)
80	श्री आर.एस. अरोड़ा	(निरीक्षक बैच 1960)
81	श्री हंसराज काबरा	(चयन नहीं)
83	श्री गदाधर शर्मा	(चयन नहीं)
88	श्री तेजाराम गोयल	(निरीक्षक बैच 1960
89	श्री एल.एम. भण्डारी	(निरीक्षक बैच 1960)
90	श्री एस.एल. जैन	(निरीक्षक बैच 1960)
91	श्री आर.पी. कश्यप	(निरीक्षक बैच 1960)
92	श्री एन.सी. पाण्डे	(निरीक्षक बैच 1960)
96	श्री जी.एम. नलपाया	(निरीक्षक बैच 1961)
97	श्री गणपतराम चौधरी	(निरीक्षक बैच 1964)
98	श्री गणपतसिंह चौहान	(निरीक्षक बैच 1964)
99	श्री मदनलाल नारानी	(निरीक्षक बैच 1964)
100	श्री मोहनप्रकाश व्यास	(निरीक्षक बैच 1965)

श्री भगवानदास गुप्ता निरीक्षक बैच 1964 ने श्री मोहनप्रकाश व्यास को लेकर उच्च न्यायालय में रिट पेश की जो स्वीकार हुई। इसी प्रकार अन्य निरीक्षक बैच 1964 व 1965 जो लोक सेवा अयोग की मेरिट के अनुसार श्री मोहन प्रकाश व्यास से वरिष्ठ थे, सब उच्च न्यायालय के विभिन्न आदेशों से श्री व्यास से ऊपर आ गये, जिसमें राज्य सरकार को काफी नीचा देखना पड़ा, लेकिन श्री मोहन प्रकाश व्यास को स.वाक.अ. पद से पदावनत नहीं किया, क्योंकि वह तथाकथित उच्च जाति

"ब्राह्मण" था तथा इसी प्रकार श्री हंसराज काबरा व श्री गदाधर शर्मा जो निरीक्षक के रूप में लोक सेवा आयोग से चयनित नहीं हुए थे, उन्हें निरीक्षक बैच 1960 के मध्य नाम रखकर "सहायक वाणिज्यिक कर अधिकारी" पद पर स्थायी करके वरिष्ठता प्रदान की गई, जो पक्षपात व भेदभावपूर्ण व्यवहार को ही प्रमाणित करता है। यह सब जागीरदार पुत्र श्री भीम सिंह, आयुक्त, वाणिज्यिक कर विभाग के कार्यकाल में सम्पन्न हुआ था। श्री भीम सिंह वर्ष 1972 अगस्त माह से आयुक्त पद पर कार्यरत हुए थे।

जुलाई-अगस्त, 1973 के नियमों के अन्तर्गत स्क्रीनिंग कमेटी द्वारा अचयनित तदर्थ सहायक वाणिज्यिक कर अधिकारियों का मूल निरीक्षक पद पर पदावनत आदेश दिनांक 29.11.73

राजस्थान वाणिज्यिक कर सेवा नियम, 1971 के नियम 5 के उपनियम (4) के अन्तर्गत दिये गये स्क्रीनिंग कमेटी की बैठक जुलाई–अगस्त, 1973 के परिणामस्वरूप जिन तदर्थ सहायक वाणिज्यिक कर अधिकारियों का सेवा रिकार्ड ठीक नहीं पाया गया या "सहायक वाणिज्यिक कर अधिकारी" पद के लिये जो उपयुक्त नहीं पाये गये, उनको राज्य सरकार ने उनके मूल पद निरीक्षक पद पर पदावनत करने के आदेश दिनांक 29.11.1973 को जारी किये गये, जिनमें निम्न निरीक्षकों के नाम रहे हैं :–

(1) श्री विष्णु प्रसाद शर्मा
(2) श्री राधाकिशन थानवी — सेवानिवृत 1975
(3) श्री सुभाष चन्द्र भार्गव
(4) श्री हरीरांम शर्मा
(5) श्री नन्दलाल मोगरा
(6) श्री दुर्गाशंकर माथुर
(7) श्री भवानी शंकर माथुर
(8) श्री जगदीशलाल माथुर
(9) श्री तेजचन्द भूर्रट
(10) श्री बांके बिहारी सक्सेना
(11) श्री नन्दकिशोर शाह — स्वर्गवास 1975
(12) श्री मदन लाल मित्तल
(13) श्री रामचन्द्र चौहान
(14) श्री एम. डिसिल्वा — स्वर्गवास 1974
(15) जमील अहमद

सवर्ण कनिष्ठ निरीक्षकों को वरिष्ठ अधिकारी बनाया

समान व्यवहार की इतिश्री तथा विभाग के निरीक्षकों की पारस्परिक तुलनात्मक स्थिति-ब्राह्मण जाति ही मेरिट मानी गई

आपातकाल में दिनांक 07.07.75 की स्थिति

(राजस्थान वाणिज्यिक कर सेवा नियम 1971 के नियम 5 के संदर्भ में असमानता)

स्थिति	पी.के. मौर्य अनुसूचित जाति (दलित वर्ग)	गदाधर शर्मा व मोहन प्रकाश व्यास (ब्राह्मण बन्धु)	हंसराज काबरा (उच्च वर्ग)	रामचन्द्र चौहान, एम. डीसल्वा (अन्य)	नन्दलाल मोगरा विष्णुप्रसाद शर्मा हरिराम शर्मा, आर के थानवी, सुभाष भार्गव (ब्राह्मण बन्धु)
निरीक्षक पद पर लोक सेवा आयोग से चमन वर्ष	1960	1965	नहीं	1960	नहीं
निरीक्षक पद पर स्थायीकरण दिनांक	10/05/1966	22/12/1967 से 01/09/1967 प्रभावशील वरिष्ठता की शर्त पर	पता नहीं	10/05/1966	पता नहीं

स्थिति	पी.के. मौर्य अनुसूचित जाति (दलित वर्ग)	गदाधर शर्मा व मोहन प्रकाश व्यास (ब्राह्मण बन्धु)	हंसराज काबरा (उच्च वर्ग)	रामचन्द्र चौहान, एम. डीसल्वा (अन्य)	नन्दलाल मोगरा विष्णुप्रसाद शर्मा हरिराम शर्मा, आर के थानवी, सुभाष भार्गव (ब्राह्मण बन्धु)
तदर्थ पदोनति	10/12/1964 स.वा.क.अ. पद पर	27/12/1967 वरिष्ठता की शर्त पर	1964 वरिष्ठता की शर्त पर	10/12/1964 वरिष्ठता की शर्त पर	1964
स.वा.क.अ. पद की विभागीय परीक्षा	5 अंक की कमी से 1968 में असफल (तीसरी बार)	उत्तीर्ण नहीं	6 अंक की कमी से असफल तीसरा अवसर 1969 में	उत्तीर्ण नहीं	उत्तीर्ण नहीं
30 जनवरी, 1969 की स्थिति	अचानक पदावनत निरीक्षक पद पर	पदावनत नहीं	पदावनत नहीं	पदावनत नहीं	पदावनत नहीं
विभागीय परीक्षा मई, 1970	परीक्षा में बैठने के योग्य माने गये	उत्तीर्ण नहीं	परीक्षा में बैठने के योग्य माने गये	उत्तीर्ण नहीं	उत्तीर्ण नहीं

स्थिति	पी.के. मौर्य अनुसूचित जाति (दलित वर्ग)	गदाधर शर्मा व मोहन प्रकाश व्यास (ब्राह्मण बन्धु)	हंसराज काबरा (उच्च वर्ग)	रामचन्द्र चौहान, एम. डीसल्वा (अन्य)	नन्दलाल मोगरा विष्णुप्रसाद शर्मा हरिराम शर्मा, आर के थानवी, सुभाष भार्गव (ब्राह्मण बन्धु)
समान अवसर के लिए आयुक्त की रिपोर्ट जुलाई, 1970 व मई, 1971 राज्य सरकार को	राज्य सरकार ने कार्यवाही नहीं की (पक्ष में)	–	राज्य सरकार ने कार्यवाही नहीं की (खिलाफ में)	–	–
02/08/1973 के आदेश से	–	14/10/1971 से स.वा.क.अ. पद पर स्थायी	14/10/1971 से स.वा.क.अ. पद पर स्थायी	–	–
29/11/1973 के आदेश से	–	–	–	पदावनत निरीक्षक पद पर	पदावनत निरीक्षक पद पर

जातिवाद का महत्त्व-वरिष्ठता के विरुद्ध

नवम्बर, 1963 में जब वाणिज्यिक कर विभाग का सृजन किया गया था, तभी से विभाग का मुखिया, आयुक्त पद पर एक व्यक्ति ऐसा था, जो जन्म से ब्राह्मण तथा पुराने अलवर राजघराने के सामन्ती शासन का पुराना लिपिक रहा हुआ था। राजस्थान निर्माण के पश्चात् भारी वेतन के कारण स्थिरीकरण आई.ए.एस. में किया गया था। श्री रामसिंह ऐसा ही व्यक्ति था जो विचारों से ब्राह्मणवाद का पक्षधर तथा सामन्ती युग की मानसिकता लिये हुए था।

विभाग के निरीक्षकों की पारस्परिक वरिष्ठता की हत्या की गई

श्री राम सिंह कर आयुक्त, राजस्थान, जयपुर ने कुछ ब्राह्मण व्यक्तियों के पक्ष में, जो कि अस्थायी रूप से वाणिज्यिक कर निरीक्षक के पद पर कार्यरत थे – जैसे श्री अक्षय नन्दन शर्मा, मोहन प्रकाश व्यास, ब्रजमोहन शर्मा, श्याम सुन्दर शर्मा आदि आदि को अवधिपूर्ण लाभ देने की नीयत से विभाग में निरीक्षकों की पारस्परिक वरिष्ठता को अपरिवर्तित मानते हुए दिनांक 22.12.1967 को अपने आदेश संख्या एफ. 1(बी)22/संस्था/आयुक्त/67/1129 से दिनांक 01.09.1967 से प्रभावशील मानते हुए (वाणिज्यिक कर निरीक्षक) द्वितीय श्रेणी पद पर स्थायी कर दिया था। इस प्रकार :

(1) श्री अक्षयनन्द शर्मा
(2) श्री लेखराज सुराणा
(3) श्री मदनलाल काबरा
(4) श्री जे.एस. करनावत
(5) श्री मोहन प्रकाश व्यास
(6) श्री आर.जे. मूलचन्दानी
(7) श्री तेजराज सिंह
(8) श्री हिम्मत सिंह
(9) श्री नरेन्द्र सिंह बोर्दिया
(10) श्री अर्जुन सिंह राठौर
(11) श्री बीरबल राम
(12) श्री गणेशीलाल चौधरी
(13) श्री गोविन्द सिंह नलवाया
(14) श्री किशन चन्द कानूनगो
(15) श्री ब्रजमोहन शर्मा
(16) श्री हीरालाल खाबिया
(17) श्री रामेश्वर लाल छापरवाल
(18) श्री परमानाराम
(19) श्री सादुल सिंह
(20) श्री हरफूल दत्त
(21) श्री जितेन्द्र सिंह गोयल
(22) श्री श्याम सुन्दर पुजारी
(23) श्री श्यामनारायण माथुर
(24) श्री कैलाश चन्द्र गुप्ता
(25) श्री सूरज भान भार्गव
(26) श्री शंकरलाल राय

(27) श्री गणेशीलाल बोर्दिया
(28) श्री भैरूंलाल
(29) श्री शंकरलाल अग्रवाल
(30) श्री किशन शर्मा
(31) श्री फैन्दी सिंह
(32) श्री नौरतनमल अग्रवाल
(33) एच.सी. सिन्हा
(34) श्री चतस लाल मेहता
(35) श्री सत्य प्रकाश माथुर

पाँच दिन पश्चात् दिनांक 27.12.1967 को पदोन्नति

दिनांक 22.12.1967 के आदेश के अनुसार निम्न निरीक्षकों को दिनांक 01.09.1967 से स्थायी करने के पाँच दिन पश्चात् दिनांक 27.12.1967 को आदेश क्रमांक एफ.(ए) संस्था/आयुक्त/67/11464 से वरिष्ठता (सीनियोरिटी) को अप्रभावशील मानकर तदर्थ रूप से स्थानापन्न सहायक वाणिज्यिक कर अधिकारी पद पर कार्यभार संभालने की तिथि से चार माह के लिए नियुक्त किया।

1. श्री अक्षयनन्दन शर्मा
2. श्री लेखराज सुराणा
3. श्री मोहन प्रकाश व्यास
4. श्री प्रेमचन्द शर्मा
5. श्री आर.जे. मूलचन्दानी
6. श्री तेजराज सिंह
7. श्री सुरेन्द्र कुमार माथुर
8. श्री हिम्मत सिंह
9. श्री बीरबल राम
10. श्री गणेशीलाल चौधरी
11. श्री जी.एस. नलवाया

ह. रामसिंह
27.12.1967
कर आयुक्त, राजस्थान,
जयपुर।

इन आदेशों के स्थायी करने के लिए विभाग के निरीक्षकों की पारस्परिक वरिष्ठता दिनांक 01.09.1967 की तथा दिनांक 27.12.1967 की, दोनों ही स्थितियों की निरीक्षकों की पारस्परिक वरिष्ठता कभी जारी नहीं की गई तथा श्री अक्षयनन्दन शर्मा और मोहनप्रकाश व्यास की निरीक्षक के रूप में वरिष्ठता छुपाये रखी गई और उनको समस्त अवांछनीय लाभ दे दिये गये थे क्योंकि वे ब्राह्मण जाति के थे। इन सभी निरीक्षकों में कोई भी निरीक्षक अनुसूचित जाति या अनुसूचित जनजाति का नहीं था।

दिनांक 7 जुलाई, 1975 के बाद की स्थिति

जून, 1975 के अन्तिम सप्ताह में देश में आपातकाल की घोषणा की जा चुकी थी। इस समय कार्यरत जागीरदार पुत्र आयुक्त, वाणिज्यिक कर श्री भीम सिंह की

सामन्ती कार्यवाहियाँ धड़ल्ले से शुरू हो चुकी थीं। सितम्बर, 1972 में श्री भीमसिंह से मैंने व्यक्तिगत निवेदन किया था, जिससे मेरे अनुसूचित जाति का होने के कारण वे विरुद्ध हो चुके थे, इसलिए मेरा बुरा करने की नीयत से वे मेरे खिलाफ षडयन्त्र करने में लग चुके थे।

दिनांक 24.07.1975 : दलित विरोधी कार्यवाही

श्री भीमसिंह आयुक्त, वाणिज्यिक कर ने तत्कालीन उपायुक्त (प्रशासन), वाणिज्यिक कर जोधपुर श्री महेन्द्र कुमार व्यास को दूरभाष (दूरभाष) से आर्डर देकर मेरा स्थानान्तरण श्रीगंगानगर से हनुमानगढ़ कराया।

दिनांक 06.12.1975 : दलित निरीक्षक को शिकार किया

श्री भीमसिंह आयुक्त ने पुनः श्री महेन्द्र कुमार को उनके कैम्प हनुमानगढ़ में टेलीफोन करके मेरा स्थानान्तरण हनुमानगढ़ से चैक पोस्ट भीरानी (हरियाणा बोर्डर) पर बुरी नीयत से कराया।

दिनांक 25.03.1976 : दलित निरीक्षक निलम्बित

श्री भीमसिंह आयुक्त ने बुरी नीयत से एक सुनियोजित षड्यन्त्र के अन्तर्गत श्री महेन्द्र कुमार व्यास, उपायुक्त (प्रशासन) जोधपुर को कैम्प नोहर में टेलीफोन करके मुझे मिथ्या आरोपों की जाँच को आधारित मान कर राज्य सेवा से निलम्बित कराया।

इस प्रकार मेरे ऊपर कुठाराघात करने की हर दृष्टि से मुझे नागपाश में फांसकर तंग करने की नीयत से जागीरदार पुत्र श्री भीमसिंह आयुक्त, वाणिज्यिक कर, राजस्थान, जयपुर ने कोई कसर नहीं छोड़ी तथा असमान व्यवहार को अपने पिता की जागीर की तरह से कायम रखा तथा जुल्म किया।

श्री भीमसिंह (एक्स जागीरदार पुत्र) आयुक्त, वाणिज्यिक कर, ने तथाकथित ऊंची जातियों के अधिकारियों का पक्ष लिया तथा अनुसूचित जाति एवं जनजाति के अधिकारियों पर अधूरे नियम बनाकर जुल्म किया।

जागीरदार पूँजीपति एवं सामन्ती घरानों से आये तथाकथित उच्च हिन्दू जातियों के अयोग्य व्यक्तियों का राज्य सेवा में पक्ष लिया। उनके विरुद्ध हुई जनता की शिकायतों को अनदेखा किया। जैसे श्री हंसराज काबरा, सहायक वाणिज्यिक कर अधिकारी को भ्रष्टाचार विरोधी विभाग ने रिश्वत लेते रंगे हाथों पकड़ा जाने के उपरान्त भी यह झूठा आश्वासन दिया कि विभागीय जाँच श्री काबरा के विरुद्ध की जावेगी, लेकिन कभी भी जाँच नहीं की गई थी। इस प्रकार भारी पक्षपात किया जा रहा था।

ब्राह्मण परिवारों से आये क्रमशः श्री जे.एन. गौड, नन्दलाल शर्मा, बालकृष्ण असोपा, रघुवीर प्रसाद शर्मा, बी.एच. पुरोहित, भूपेन्द्र झा, सी.एस.तिवारी, जे.जी. शहानी, गदाधर शर्मा तथा श्री मोहन प्रकाश व्यास के खिलाफ भारी जन शिकायतों के उपरान्त भी उनकी जाँच नहीं की गई तथा पूर्ण कार्यकुशल न होने के उपरान्त भी उनके गोपनीय रिकार्डों को जानबूझकर खराब नहीं बनाया गया था। इसी प्रकार सामन्ती जागीरदार घरानों से आये सर्वश्री गणपत सिंह चौहान, गोविन्द सिंह नलवाया, गिरधारी सिंह, सज्जन सिंह, योगेन्द्र सिंह, मंगल सिंह, भीम सिंह, सी.एस. रावल, जी.एस. सरूपरिया, तख्त सिंह, गणपतराम चौधरी, एम.एल. भंडारी, हंसराज काबरा, डी.एस. गुप्ता का भी इसी प्रकार पक्ष लिया गया तथा उनकी अयोग्यता को छुपाने के लिए वार्षिक गोपनीय रिकार्ड बढ़ा—चढ़ा कर अच्छा लिखा गया था तथा उनके विरुद्ध जन शिकायतों को दबा दिया गया था।

आपात काल में जागीरदार पुत्र की मनमानी दलित अधिकारियों को जानबूझकर रौंदा गया

दलित अधिकारी सर्वश्री कालूराम रेगर, दुलीचंद तंवर, जयनारायण भील, गोविन्द आमालिया, हरीराम बाघमार, तेजाराम गोयल, एस.एल.डाबी आदि सभी को विभिन्न कुत्सित तरीकों से उनकी सेवा रिकार्ड खराब करने के भरसक प्रयत्न किये गये। प्रत्येक कदम पर उनका अपमान तथा पदावनत करके समय—समय पर उन्हें बेइज्जत किया जाता रहा था।

इस प्रकार तथाकथित उच्च जातियों के अधिकारियों जैसे मोहन प्रकाश व्यास, गदाधर शर्मा आदि के सम्मान की रक्षा के लिए उनको अवांछनीय लाभ दिया गया और अनुसूचित जाति के अधिकारीगण असहाय स्थिति में समय व्यतीत करते रहे थे। आपातकाल में सबसे ज्यादा परेशान व बेइज्जत अनुसूचित जाति के अधिकारियों को किया गया जिस प्रकार आयुक्त श्री भीमसिंह के पिता पूर्व जागीरदार साँढवां अत्याचार किया करते थे।

आयुक्त, अनुसूचित जातियाँ/आदिम जातियाँ, भारत सरकार, नई दिल्ली का जाँच कार्य

श्री एस.सी. सेन गुप्ता, आयुक्त, अनुसूचित जातियाँ/आदिम जातियाँ, भारत सरकार, नई दिल्ली की वार्षिक रिपोर्ट वर्ष 1965—66 के पैरा 2.19 पृष्ठ 14 पदोन्नति पद का विवरण इस प्रकार दिया था —

(ख) पदोन्नति से भरे जाने वाले स्थान

2.19 जैसा कि उच्चतम न्यायालय के ऊपर वर्णित फैसले से प्रगट होता है, सर्वदा ऐसी कोशिश की जानी चाहिए कि पिछड़ी जातियों के कर्मचारियों की

मांगों और अन्य जातियों की मांगों में प्रशासन की कार्यक्षमता के महत्वपूर्ण अंग को ध्यान में रखते हुए एक संतुलन बना रहे। अनुसूचित जातियों एवं अनुसूचित आदिम जातियों की भर्ती द्वारा यदि उनकी अपनी मूल पद श्रेणी में एक बार वांछित स्तर तक आधार बन जाए तो विश्वास के साथ यह आशा की जा सकती है कि पदोन्नति से भरे जाने वाले स्थानों के लिए इन जातियों के सदस्यों में से काफी संख्या में उम्मीदवार उपलब्ध हो सकेंगे। परन्तु जैसा कि सर्वविदित है, पिछली दशाब्दियों में अनुसूचित जातियों एवं अनुसूचित जन जातियों की बहुत कम भर्ती हुई है और उन व्यक्तियों के मामले, जिनकी संख्या तुलना में कम है, और जो अब तक पदोन्नति के लिए काफी वरिष्ठ हो चुके हैं, ध्यानपूर्वक विचारे जाने चाहिए। यह बात ध्यान में रखी जानी चाहिए कि चूँकि ये लोग समाज के उस कमजोर वर्ग के सदस्य हैं जिसमें उच्च पदों या बड़ी सरकारी नौकरियों की परम्पराएं नगण्य रूप से वर्तमान हैं, यह संभव है कि उनमें से कुछ ऐसे भी हों जिनमें आवश्यक बाहरी सजावट तथा सौम्यता की कमी हो जो अब उन उच्च अधिकारियों की नजरों में आनी चाहिए, जो आमतौर से पदोन्नति के प्रश्नों का निर्णय करते हैं। इस बात से भी इंकार नहीं किया जा सकता है कि सब के तो नहीं बल्कि कुछ ऊंची जाति के अफसरों के मस्तिष्क में जाने अथवा अनजाने कुछ अंशों तक पक्षपात बना ही हुआ है, और इस भावना की झलक उनकी दो तीन वर्षों की गुप्त रिपोर्टों में दिखाई पड़ती है जो उनकी पदोन्नति के लिए देखी जाती है। इस सम्बन्ध में स्थिति और भी विषम हो सकती है। जबकि कुछ मामलों में, यद्यपि सब में नहीं, ऐसी सम्भावना हो कि कोई जूनियर सवर्ण अधिकारी जो उच्च जाति का है और उसकी जान–पहचान किसी उच्च सवर्ण अधिकारी से है और वह अनुसूचित जाति/अनुसूचित आदिम जाति के किसी वरिष्ठ उम्मीदवार के अयोग्य समझे जाने पर पदोन्नति से भरे जाने वाले पद पर नियुक्त हो जाता है। यदि अधिलंघन के मामले जहाँ–तहाँ एकाध ही होते तो किसी को इस प्रश्न पर समय नष्ट करने की आवश्यकता ही नहीं होती, परन्तु ऐसे उदाहरण इतनी बड़ी संख्या में हैं कि इस विषय पर कुछ विस्तार से विचार करने की आवश्यकता है। जिस स्थान पर पदोन्नति का आधार वरिष्ठता एवं योग्यता है, वहाँ वर्तमान संरक्षण से अधिलंघन के मामले प्रशासनिक विभाग के मंत्री महोदय के पास भेजे जाने चाहिए, काफी हद तक संतोषजनक है और इसे कुछ समय के लिये चालू रखना चाहिए, जब तक कि इस विषय में कुछ वास्तविक स्थिति सामने न आ जाए। जहाँ तक ऐसे पदों का सम्बन्ध है, जो केवल छांट के आधार पर ही भरे जाते हैं, यह भय है कि, जैसा ऊपर भी कहा गया है, गुप्त रिपोर्टों

से किया जाने वाला वर्गीकरण अर्थात् "अद्वितीय", "बहुत अच्छा", "अच्छा" और "सामान्य" यथानुसार काम में नहीं लिया जाता। यह सुझाव दिया जाता है कि केवल छांट के आधार पर की जाने वाले पदोन्नतियों के विषय में :–

(क) छांट के वर्ष से पूर्व तीन वर्षों में अनुसूचित जाति/अनुसूचित आदिम जाति के व्यक्तियों द्वारा प्राप्त किया हुआ "अच्छा" वर्गीकरण दूसरे उम्मीदवारों के "बहुत अच्छा" के और "अद्वितीय" के ही बराबर समझा जाना चाहिए। यह सुझाव इसलिए है कि इससे ऐसे मामलों का बचाव हो सकेगा जिनमें अनजाने या जानबूझकर गलत मूल्यांकन किया गया है, जैसा कि ऊपर कहा गया है। इस सुझाव में वे मामले भी आ जायेंगे जिनमें जैसा कि ऊपर लिखा गया है, अनुसूचित जातियों/अनुसूचित आदिम जातियों के किसी उम्मीदवार में बाहरी सजावट और सौजन्यता की कुछ कमी रही हो।"

इस रिपेर्ट से ऐसा प्रतीत होता है कि श्री एस.सी. सेन गुप्ता, आयुक्त, अनुसूचित जातियाँ/आदिम जातियाँ, भारत सरकार, नई दिल्ली को काफी संख्या में दलित वर्गों के अधिकारियों की गोपनीय प्रतिवेदनों में किये जा रहे अन्याय व असमान व्यवहार की शिकायतों का सामना करना पड़ा था, इस कारण ही उन्होंने पदोन्नति से भरे जाने वाले पदों पर भर्ती के क्रम में उपरोक्त सुझाव विभिन्न सरकारों को दिये हैं।

राजस्थान सरकार के विभाग भी इन मामलों में भला अन्याय करने में पीछे क्यों रहें?

जाँच प्रतिवेदन क्रमांक 1/राज-1/69-एस.यू.-1 दिनांक 04.12.1973

उप आयुक्त, अनुसूचित जातियों तथा अनुसूचित आदिम जातियों, नई दिल्ली, श्री विमल चन्द्र का प्रकरण संख्या 1/राज–1/69–एस.यू.–1 में की गई जाँच के क्रम में मेरे पत्र संख्या 2401/पीके/सी दिनांक 21.11.73 के जवाब में पत्र दिनांक 04 दिसम्बर, 1973 मुझे इस प्रकार लिखा था :–

D.O. No. 1/Raj-1/69-S.U.I

अनुसूचित जातियों तथा अनुसूचित आदिमजातियों के आयुक्त

DY. COMMISSIONER FOR SCHEDULED CASTES & SCHEDULED TRIBES

West Block No. I, Wing No. 7, Ist Floor, Rama Krishna Puram, New Delhi 110022

December 4th, 1973

Dear Shri Maurya,

Please refer to your letter No. 2401/PK/C, dated the 21st November, 1973, addressed to Shri Shankarrao Mane, Commissioner for Scheduled Castes and Scheduled Tribes.

2. While we appreciate your anxiety in this case which, apparently, has led to your expressing your unhappiness on the action taken by us on your representations, you are perhaps not aware that yours is one of the very few cases in which we have been in constant correspondence with the authorities concerned right from February, 1969 to June, 1973, and we have tried our best to request the State Government to give as sympathetic consideration as possible to your case. After this long correspondence, what we have ultimately been informed is that you were not reverted only for your failure to pass the departmental examination, *but because of your extremely bad confidential reports.* In the meanwhile, we understand that the Rajasthan Commercial Taxes Service Rules have now come into force and your case for promotion, we are told, will be considered in accordance with provisions of those rules by the Departmental Promotion Committee.

3. We would, however, like you to appreciate that this office is not an appellate authority. The Commissioner of Scheduled Castes and Scheduled Tribes makes enquiries into the cases of *alleged breach of rules* intended for giving adequate representation to Sch. Castes and Sch. Tribes in Government services, for the purpose of collection material for the Annual Report which is required to be submitted to the President each year, as required under *article 338* of Constitution. There is no doubt that, in that process, any injustice done to a Sch. Caste or a Sch. Tribe person is automatically set right. In your case, however, in view of the position stated above, this office is not in a position to help you further. *We have, however, no objection to write back to the State Government if you can bring to our notice any cases of non-Scheduled Caste persons whose confidential reports are bad and even then they have been allowed to continue in the higher post.*

Yours sincerely,

(Vimal Chandra)

Shri P.K. Maurya,

Shri P.K. Maurya, C/o: Asstt. Commercial Taxes Officer, Rani Bazar, Bikaner.

इससे यह प्रमाणित होता था, कि राजस्थान सरकार जो पूर्व मेरे दिनांक 30.01.1969 को किये गये निचले पद पर पदावनत का कारण जो अब तक विभागीय परीक्षा में असफलता बता रही थी, ने अब आधार बदलकर विभागीय परीक्षा की असफलता के अलावा बहुत खराब गोपनीय सेवा रिकार्ड का चार्ज और जोड़ दिया है। चूँकि जुलाई, 1973 के पूर्व तक राज्य सरकार केवल विभागीय परीक्षा की असफलता ही बताती आ रही थी, लेकिन अब तथाकथित उच्च हिन्दू जाति के एक अधिकारी श्री हंसराज काबरा, सहायक वाणिज्यिक कर अधिकारी, जो मेरे समान ही तीन बार विभागीय परीक्षा में असफल हो गया था, को मेरे समान पदावनत न करके राज्य सरकार ने अपने आदेश दिनांक 02 अगस्त, 1973 से सहायक वाणिज्यिक कर अधिकारी पद पर दिनांक 14.10.1971 से स्थायी कर दिया था। इस कारण, चूँकि मैं दलित जाति का था, प्रशासन मुझसे कोई सहानुभूति नहीं रखता था। इस कारण अब पदावनत का आधार बदलकर प्रकरण श्रीमान् आयुक्त, अनुसूचित जातियाँ तथा अनुसूचित आदिम जातियाँ, भारत सरकार नई दिल्ली के समक्ष रखा था, जो इस पत्र में उन्होंने लिखा है। इस पत्र के पैरा–3 की अंतिम पंक्तियों के अनुसार सवर्ण तथा उच्च जातियों के अधिकारियों के साथ गोपनीय प्रतिवेदनों को सेवा रिकार्ड से हटाकर किस प्रकार प्रशासन ने उनको स्थायी किया है या उनको ज्यादा समय तक इन पदों पर कार्य करने का अवसर प्रदान किया है, के सम्बन्ध में दिनांक 26 जनवरी, 1974 तथा दिनांक 18 फरवरी, 1974 व उसकी प्राप्ति रसीद यहाँ संलग्न की जाती है कि किस प्रकार राज्य सरकार के उच्च प्रशासन में दलित विरोधी नीति अपनाकर दलित अधिकारियों का शोषण किया जाता है। तथा उनके साथ भेदभाव किया जाता है। इसको गंभीरता से विचार करना परम आवश्यक है।

CONFIDENTIAL

D.O. No. 2447/PH/73-74

P.K. Maurya
Asstt. Commercial Taxes Officer
(Reverted)

Office of the Asstt. Commercial Taxes Officer, Anti-Evasion, Bikaner.

January 26, 1974.

Respected Sh. Maneji

Kindly refer to Shri Vimal Chandraji, Dy. Commissioner's letter No. 1/Raj-1/69-S.U.I dated the 4th December, 1973 and my response to him vide No. 2438/PK/73 dated 11th December, 1973 and No. 2441/PK/73-74 dated 31December, 1973 in respect of adverse entries in confidential reports.

2. I am highly thankful to your office, which have been in constant correspondence with the authorities concerned right from February, 1969 to date and have tried the best to request the State Government to give sympathetic consideration. I further request you the root of this discrimination in reference *to para 2.19 on page 14 - promotional posts of your report under Article 338 for the year 1965-66* in respect of the Confidential reports. I enclose herewith the copy of my latest letter No. 2446/PK/73-74 dated 23.1.1974 addressed to the Chief Secretary to the Government of Rajasthan Jaipur. This will show you that how I was made to suffer special damage when the proceedings were such as those from very nature calculated to the injure my credit. The copies of the correspondence referred to in para 3 and 4 of this letter, has already been sent you vide my No. 2441/PK/73-74 dated 31st December, 1973. Kindly go through these for the purpose of further enquiry in this case for the safeguard of the benefits of the down-troddens in India.

3. I bring in your kind notice that how upper caste Hindu Officer in Rajasthan behave partially and favour the upper caste Hindu Officers in comparision to my people like. They ignore the facts and the circumstances, sponsored by the constitution under Article 15(4) in respect of the Scheduled Caste Officers. In this reference, I bring herewith the following instances in your kind notice for write back to State Government that how non-scheduled caste officers are favoured and promoted on higher post whose confidential reports are bad and appointments are illegal–

1. Shri Gadadhar Sharma A.C.T.O.

He was promoted to Asstt. Commercial Taxes Officer in last week of December, 1967. His integrity certificate was seized in year 63-64. His working in year 65-66 and 66-67 was far away from satisfaction. He was promoted as Asstt. Commercial Taxes Officer instead of giving adverse effect to his carrier. Besides this, he was exempted from the application of the Commercial Taxes Rules 1971 as per rule 5(4) and is confirmed on the post of A.C.T.O. in August, 1973.

2. Mohan Prakash Vyas A.C.T.O.

Appointed II grade Inspector on 21.1.66 and was promoted as A.C.T.O. in the last week of Dec., 1967 within the period of two years and further he is confirmed as A.C.T.O. on 2.8.1973. He is junior to me by *six years* in service of this department. The relaxation in service rule is made for him. His appointment as Inspector was not regular appointment but temporary appointment.

3. Satya Prakash Mathur, A.C.T.O.

He had no lien in this department upto December, 1968. He was appointed as Inspector II grade in Commercial Taxes Deptt in Dec. 1968. Later on 8.5.69 he was promoted as I grade Inspector within the period of six months service only. Later in the month of October, 1969 he was appointed as ACTO within the period of six months only.

4. Shri Prithavi Raj, A.C.T.O.

He was appointed II grade Inspector on 5.7.1962 subject to the of R.P.S.C. and further without obtaining the concurance of the R.P.S.C. he was confirmed as II grade Inspector on 10.10.68 and later on 13.2.69, he was appointed as A.C.T.O. His appointment as Inspector was not legal as no Concurance was obtained from the RPSC Ajmer, which was in his perview. No compliance of rule 17 of the Rajasthan Subordinate Services (Recruitment and other service condition) Rules, 1960 was complianced at the time of appointment.

5. 1. Narendra Singh Bordia, A.C.T.O.

2. Surendra Kumar Mathur, A.C.T.O.

The appointment of these officers as Inspector was not according to the rule 17 of Rajasthan Subordinate Service (R.S.O.C.) Rules 1960. They were temporarily appointed as Inspectors subject to selection of Rajasthan Public Service Commission in 1960 and 1964. They applied against advertisement in 1959 and 1964, but not called in interview held by RPSC. Instead of this, their appointments were continued above rules. Later on 25.12.65, they were again appointed Inspectors for two years probation. Shri Surendra Kumar Mathur was promoted as A.C.T.O. on 27.12.67 giving the benefits of above rules service and later on 2.8.73 he was confirmed as A.C.T.O.

6. 1. Sh. Suraj Bhan Bhargawa A.C.T.O.

2. Sh. Shankar Lal Rao A.C.T.O.

3.	Sh. Ganeshi Lal Bordia	A.C.T.O.
4.	Sh. Chhattar Lal Mehta	A.C.T.O.
5.	Sh. Shankar Lal Aggarwal	A.C.T.O.
6.	Sh. Shri Kishan	A.C.T.O.
7.	Sh. Phondi Singh	A.C.T.O.
8.	Sh. Navarattanmal Agarwal	A.C.T.O.
9.	Sh. Bhauran Lal	A.C.T.O.
10.	Sh. Harish Chandra Singh	A.C.T.O.
11.	Sh. Hiralal Khobia	A.C.T.O.
12.	Sh. Narain Singh	A.C.T.O.
13.	Sh. Mavi Ram	A.C.T.O.
14.	Sh. Parmana Ram	A.C.T.O.
15.	Sh. Shyam Sunder	A.C.T.O.
16.	Sh. Shyam Narain Mathur	A.C.T.O.
17.	Sh. Prithvi Raj	A.C.T.O.
18.	Sh. L.N. Mathur	A.C.T.O.
19.	Sh. K.C. Gupta	A.C.T.O.

Above all have not been appointed as Inspectors in substantive capacity in according to rule 17 of Rajasthan Subordinate Service Rules 1960 without consulting to Rajasthan Public Service Commission. Hence, their selection as Inspectors are illegal. Besides this, they are promoted as A.C.T.O. and made seniors to me.

7. 1. Sh. Himmat Singh A.C.T.O.
   2. Sh. Birhad Ram A.C.T.O.
   3. Sh. Rameshwarlal Chhabarwal A.C.T.O.
   4. Sh. Arjun Singh A.C.T.O.
   5. Sh. Surindra Kumar Mathur A.C.T.O.
   6. Sh. Jintendra Singh A.C.T.O.
   7. Sh. Mohan Prakash Vyas A.C.T.O.
   8. Sh. Tej Raj Singh A.C.T.O.
   9. Sh. Sadul Singh A.C.T.O.
   10. Sh. Madanlal A.C.T.O.

They were never appointed substantive Inspectors. They were appointed against temporary vacancies. Before their appointments, no advertisement was made according to rules. Not only this, many of these persons applied for the post of Inspector when they were advertised in the year 1960 and 1964 but they not having been proved fit, hence, were not selected by RPSC and yet they were allowed as Inspectors and were further promoted as A.C.T.O. and many of these are confirmed as A.C.T.O. on 2.8.73 against the rules in existence.

On account of these irregularities, yet the department is not in a position to make public the seniority list of Inspectors and the A.C.T.O's

4. On other side, the Scheduled Caste officers have been harassed by so many ways, making delay in finalising of their cases, as they have no relations with high Hindu Officers who are empowered to do each and everything. In above mentioned facts, you will find that no reservation effect was made on initital stage. Your honour must make our realise that a great Road Roller of injustices is moving in the path of we people who are scattered, dis-united and dis-illusioned in several thing around we people.

Dear Sir,

One side, the State Government allowed the benefits of illegal service of upper caste Hindu Officers, whose services are discarded by the Public Service Commission and the High Courts. In above mentioned facts, all the A.C.T.O's were unduly favoured as their relatives are in high services and appointed Inspectors unwarrantedly against rules, inspite of being proved unfit by the Rajasthan Public Service Commission from time to time.

Confidential report is the only power in the hands of upper caste Hindu Officers who always used it against the Scheduled Caste officers. For instances in this Commercial Taxes Department, the following Scheduled Caste officers are punished by means of one or other ways-

1.	Sh. Kalu Ram Raigar	C.T.O.	Reverted as A.C.T.O.
2.	Sh. Dulichandra	A.C.T.O.	Reverted as Inspector
3.	Sh. Ram Chandra Chauhan	A.C.T.O.	Reverted as Inspector
4.	Sh. Jai Narain Bheol	A.C.T.O.	Terminated
5.	Sh.Govind Amolia	A.C.T.O.	Terminated

No Scheduled Caste officers are promoted as A.C.T.O. for the post of Inspector since the year 1965 and onwards.

Sir,

We are coming from the weaker strata of society in which traditions of Higher positions and higher Government employment have not been noticeably present. We lack in certain amount of polish or sophistication to come to the notice of superior officers who usually decide the questions of promotion. The adverse remarks in my ACRS are not based on the facts and not justified by the circumstances of the case but they give impress to the prejudiceness. The drafting authority had always mis-behaved with me and did step-motherly behaviour with me in the comparision of my other collegues, having myself as a member of down-trodden class of our Hindu community. I was suffered special damage when the proceeding were such as those from very nature calculated to injure my credit. It is infringement of my right and is injurious and wrongful act and done intentionally for achieving the improper motive of Sh. Matadeen Sharma C.T.O. Sriganganagar.

Kindly request strongly to the State Government and save me from the above mentioned Road-Roller of injustices, which is proving against me. I feel very sorry to trouble you in this case, but it is the matter of my TWELVE YEARS services and my right to go ahead in life. I will be highly thankful to you for this pains on my cause. May kindly be excused for this trouble.

Respecting you,

Encl: One letter addressed
to the Chief Secretary
Rajasthan Jaipur

Yours sincerely,
Sd.
(P.K. Maurya)

Sh. Shankar Rav Mane,
Commissioner for Scheduled Castes
and Tribes, Govt. of India,
R.K. Puram, New Delhi.

P.K. Maurya

Asstt. Commercial Taxes Officer (Reverted)

C/o Commercial
Taxes Deptt. Rani
Bazar, Bikaner

DO No. 2449/PK/73-74 Dt. 18.2.74

Sub: The cencellation of the reversion order of P.K. Maurya, A.C.T.O.

Hon'ble Shri Sankar Rao Mane Ji,

Kindly refer to your Dy. Commissioner Shri Vimal Chander's D.O. letter No. 1/Raj-1/69-SU I dated 4.12.73, in respect of the grounds of my reversion.

2. Your office intimated me earlier vide your No. 1/Raj-1/69-SU-II dated 9.7.1969 and No. 1/Raj-1/69-SU-II dated 19.9.70 that I could not continue as A.C.T.O. because I failed thrice in Departmental Examination and the rules do not provide any relaxation in marks in Rajasthan. After passing the three years period, you informed me that I was reverted on account of bad confidential report. This reason was intimated after the confirmation of Sh. Hans Raj Kabra, non-scheduled caste Officer who also failed thrice in Departmental Examination. I doubt that now state Govt. may also inform you any other reasons after passing period just like this second reason. It is my belief that this second ground intimated by you under reference (bad confidential report) is not on the file. I, therefore, request in your honour that kindly enquire at to why all the reasons were not made known to you by the State Government in one instance in 1969 and also call the relevent extracts from my file of reversion.

3. As per your kind desire, I am to bring home that the following A.C.T.O.'s are confirmed on 2nd August, 1973, whose confidential records are bad:-

(i) Sh. N.C. Pandya	Adverse entries in A.C.Rs for the year 1965-66 and 67-68
(ii) Sh. C.S. Rawal	Adverse entires in A.C.R. 65-66 as - "Depend on Jamadar Not very effective."
(iii) Sh. Gadadhar Sharma	Adverse entries in 'ACR' 69-70 as - "Poor drafting of orders" 'Recorded warning' awarded on 25.4.68.
(iv) Sh. Teja Ram Goel	Adverse entries in year 65-66 and 67-68.
(v) Sh. M.L. Natani	Adverse entries in year 64-65, 65-66 and 67-68.
(vi) Sh. C.S. Rawal	Adverse entries in 64-65 as "His work need to be

	watched". Adverse entries in 62-63 as "He is not considered fit for permanent observation as Inspector."
(vii) Sh. S.N. Mathur	Adverse entries in ACRs 65-65 and 67-68 Awarded recorded warning in May, 1968.
(viii) Sh. D.S. Bhatnagar	Adverse entries in ACRs 64-65, 65-66, 66-67 and 70-71.
(ix) Sh. O.P. Mathur	Awarded "recorded warning" on 13.6.67 and "Recorded warning on 2.6.69".
(x) Sh. Puskar Lal	Awarded - "Censure" on 26.11.65 and "Recorded warning on 2.3.70.
(xi) Sh. Tej Raj Bhandari	Awarded "Recorded warning" on 17.4.1968.

In last, I am to bring to home to venture your attention the D.O. letter No. 9/12/69-EST(SCT) dated 23.12.1970 of Cabinet Secretariate (Department of Personnel) and No. 8.10.66 ESTT/(C) dated 15.5.1967 from Ministry of Home Affairs, Government of India to all State Governments. Under these instructions, if the standard would have been relaxed by a margin of only FIVE MARKS, I would surely have been on the penal. But I have been discriminated against routine of Scheduled Castes candidates to my disadvantage. The Constitution provides under Article 16 right of equality. This equality has been related in faovur of Scheduled Castes and Tribes. But in my case, the thing is reverse, that is to say that I, Scheduled Caste candidate have been discriminated to my disadvantage by reverting me from the post of A.C.T.O. to Inspector. Therefore, I request you to kindly bring the spirit of the Constitution in practice by the vacating the reversion order and confirming me on the post of Assistance Commercial Taxes Officer.

With kind regards,

Yours sincerely,

Sh. Sankar Rao Mane,
Commissioner for Scheduled Caste/
Tribes, Government of India,
New Delhi.

(P.K. Maurya)

Received the D.O. letter No. 2449/PK/73-74 dated 18th Feb. 1974 from Sh. P.K. Maurya Asstt. Commercial Taxes Officer (Reverted) c/o Commercial Taxes Deptt. Rani Bazar Bikaner addressed to Hon'ble Shri Sankarao Mane, the Commissioner Scheduled Castes and Scheduled Tribes Government of India, New Delhi.

Office of the Commr. for
Sch. Castes & Sch. Tribes, R.K. Puram
New Delhi.

इनका अवलोकन करने से स्पष्ट होता है कि राजस्थान सरकार के उच्च प्रशासन में सवर्ण तथा उच्च जातियों से आये अधिकारियों का किस प्रकार पक्ष किया जाता है तथा दलित घरानों से आये अधिकारियों की गोपनीय रिकार्ड खराब करके उनको पदोन्नति से वंचित रख कर अपमानित किया जाता रहा है। लोकतंत्र एवं जनहित में कार्य कर रही संस्थाओं के लिए यह एक खुली चुनौती है। यदि सरकार और समाज की यही प्रवृति जारी रहती है तथा स्थिति में कोई सुधार नहीं होता है तो निश्चित रूप से एक नई क्रान्ति के लिए बीज बोये जा रहे हैं, जो हो सकता है कि सभ्यता के नाम पर चल रहे ढकोसलों के क्रियाकलापों को हमेशा–हमेशा के लिए तहस–नहस कर देवें, और जिसके लिए हमें पछताना पड़े, या हम अपना सब कुछ नष्ट कर भयंकर विनाश के परिणाम भुगतने के लिए बाध्य हो जायें।

शोषण एवं अपमान

आयुक्त, अनुसूचित जातियाँ तथा अनुसूचित आदिम जातियाँ, भारत सरकार, नई दिल्ली के कार्यालय में ऊपर वर्णित अभ्यावेदनों का अन्तिम अभ्यावेदन दिनांक 19.02.1975 को प्रस्तुत किया था, लेकिन इसके बाद उक्त कार्यालय ने क्या जाँच की, इसकी जानकारी मुझे नहीं दी गई।

इधर राजस्थान में आयुक्त, वाणिज्यिक कर पद पर एक जागीरदार पुत्र सामंती घराने का व्यक्ति श्री भीमसिंह जो कवेल शोषण और अन्याय को ही समझता था,

आ गया था। उसने अपने निचले प्रशासन पर दबाव डालकर मुझे दिनांक 25 मार्च, 1976 को सेवा निलम्बित करवाया तथा बाद में 12 गंभीर आरोपों का ज्ञापन दिनांक 17.11.1977 को दिया था। इसकी जाँच की गई और जाँच में मैं निर्दोष पाया गया। आदेश दिनांक 17.11.1980 के अनुसार और बाद में आदेश दिनांक 17.12.1980 से मेरे निलम्बन काल को ड्यूटी माना गया था। इस प्रकार बिना आधार व बिना कारण ही मुझे तंग किया गया जो शोषण एवं अपमान का खुला प्रकरण है।

मेरे बैच 1960 के राजस्थान पब्लिक सर्विस कमीशन से वाणिज्यिक कर निरीक्षक पद पर चयनित अन्य सवर्ण (उच्च) जातियों से मेरे समान आये निरीक्षक, जो 1973 में सहायक वाणिज्यिक कर अधिकारी पद पर दिनांक 14.10.1971 से प्रभावी मानकर स्थायी किये गये थे, उनमें से क्रमशः श्री डी.एस. गुप्ता, आर.एस. अरोड़ा, एल.एम. भण्डारी, एम.एल. जैन, आर.पी. कश्यप, पी.सी. शर्मा तथा एन.सी. पाण्डे (जिनकी निरीक्षक पद पर वरिष्ठता कभी भी घोषित नहीं की गई थी) को आदेश क्रमांक एफ 3(83)एफ.डी./ग्रुप–4/80 दिनांक 18 मई, 1981 से "वाणिज्यिक कर अधिकारी" पद पर पदोन्नति दी जा रही थी। जबकि मुझे निरीक्षक पद पर ही रखकर मेरा शोषण एवं अपमान किया जा रहा था। कितना भयंकर भेदभाव व पक्षपात राजस्थान प्रशासन में चल रहा था। ऐसा जाहिर होता है कि मानों दलितों के रौंदने से ही कोई तरक्की का रास्ता मिलता है।

दिनांक 4 सितम्बर, 1981 को मैंने अपना प्रकरण तत्कालीन आयुक्त, वाणिज्यिक कर श्री आनन्दीलाल रूंगटा के समक्ष उनके सीकर प्रवास में प्रस्तुत किया तो उन्होंने वाणिज्यिक कर अधिकारी विशेष वृत्त बीकानेर को उनके समक्ष प्रकरण प्रस्तुत करके उनको निर्देश दिये, तब वाणिज्यिक कर अधिकारी, विशेष वृत्त बीकानेर ने अपने अर्द्ध शासकीय पत्र संख्या 2125/संस्था दिनांक 11.09.1981 तथा क्रमांक 3004/संस्था दिनांक 18.03.1981 से मेरा प्रकरण मानवीय आयुक्त वाणिज्यिक कर राजस्थान, जयपुर के कार्यालय में सीधा प्रस्तुत किया था।

यह वह समय था जब गुजरात में जाति युद्ध चल रहा था। गुजरात में कांग्रेस के संसद सदस्य श्री हीरालाल परमार, दलित जाति के घर को आग से जला दिया गया था तथा कई दलितों की हत्या कर दी गई थी। वह लोकसभा में सवर्ण हिन्दुओं से अपनी रक्षा के लिए पुकार कर रहा था, तब कांग्रेस पार्टी के ही सवर्ण हिन्दू संसद सदस्य, संसद में ही श्री हीरालाल परमार एम.पी. की तरफ लपके और उसकी संसद के अंदर ही पिटाई कर दी थी, जिसमें ज्यादातर संसद सदस्य गुजरात के ही थे। इस घटना को न तो प्रधानमंत्री श्रीमती इंदिरा गांधी तथा न ही लोक सभा अध्यक्ष रोक पाये थे। श्री परमार का केवल यह ही कसूर था कि वह अपनी जाति के निर्दोष

दलित व्यक्तियों को जिनको मारा गया, जिनके घर फूंक दिये गये तथा जिनकी बहु बेटियों की अस्मत लूट ली गई, उनको बचाने के लिए रक्षा हेतु अपनी फरियाद कर रहे थे। क्या ऐसी स्थिति में दलितों की रक्षा संभव है?

इधर राजस्थान में मुख्यमंत्री एक दलित व्यक्ति श्री जगन्नाथ पहाड़िया थे, जो जयपुर में बैठे सवर्णों से बुरी तरह से डर रहे थे। वित्त विभाग में उप सचिव (ग्रुप–4) विभाग में श्री मातादीन शर्मा नियुक्त थे, जो वही व्यक्ति थे, जिन्होंने श्रीगंगानगर में वर्ष 1964 में यात्री एवं माल कर राजस्व में 5.50 लाख रुपये का घाटा दिया था तथा जनहित के विपरीत भ्रष्ट ब्राह्मण निरीक्षकों के मार्फत राजस्व घाटा दिया था। इस समय श्री मातादीन शर्मा "ब्राह्मणवाद" की सीढ़ी पर चढ़कर यहाँ तक पहुँचे थे, इस कारण दलित विरोधी कार्यवाहियों में लिप्त थे। मुख्यमंत्री जगन्नाथ पहाड़िया एक कमजोर व्यक्ति होने के कारण कुछ कर सकने में अपने आपको असमर्थ पा रहे थे। वह मातादीन शर्मा जैसे ब्राह्मण शक्तिशाली उप सचिव (ग्रुप–4) वित्त से कोई पत्रावली अवलोकन हेतु मंगाना चाहे तो भी उनके लिए यह कठिन कार्य था, ऐसी स्थिति में किसी दलित के साथ न्याय कर सके, यह शक्ति श्री पहाड़िया में नहीं थी। जहाँ एक दलित मुख्यमंत्री ही कांग्रेस राज्य में अपने आपको कमजोर महसूस कर रहा हो तथा गुजरात के श्री हीरालाल परमार संसद सदस्य के समान भी हिम्मतवर न हो तो एक साधारण दलित के साथ न्याय मिलने की कोई कल्पना नहीं की जा सकती है। मेरे इस प्रकरण में सतत् प्रयत्नों के उपरान्त भी श्री जगन्नाथ पहाड़िया मुख्यमंत्री होते हुए भी एक उप सचिव (श्री मातादीन शर्मा) से कमजोर प्रमाणित हो रहे थे।

राजस्थान के राज्यपाल कार्यालय ने मेरी पुनरीक्षा प्रतिवेदन नियम 34 के अन्तर्गत दिनांक 6 अगस्त, 1970 को प्रस्तुत आवेदन के क्रम में प्रस्तुत मेरा आवेदन दिनांक 28.05.1979 के क्रम में पत्र संख्या एफ.9(387)जन/जीएस/77 दिनांक 26 नवम्बर, 1982 से इस प्रकार जवाब दिया था –

Government of Rajasthan

Governor's Secretariat

From

The Secretary to the Governor, Rajasthan,
Raj Bhawan,
Jaipur.

To

Shri P.K. Maurya,
Commercial Taxes Inspector,
C/o Commissioner, Commercial Taxes,
Rajasthan,
Jaipur.

No. F.9(387)/Gen/GS/77 Dated 26th November, 1982

Sir,

Kindly refer to your application dated 28.5.79 and earlier applications regarding your reversion from the post of Assistant Commercial Taxes Officer to the Inspector Commercial Taxes. A reference had been made to the Government and they have informed that your case was put up before the Departmental Promotion Committee and its result is awaited.

I have been further desired to say that a review application under rule 34 of R.C.S. (C.C.A.) Rules, 1958 can be filed against an order passed under the above rules only. In case you are aggrieved against any order of any authority passed under the above rules you may please submit a proper review application under rule 34 enclosing a copy of the order against which the review petition is submitted.

Yours faithfully,

(B.B. Sareen)
Deputy Secretary to the
Governor, Rajasthan

Letter on 11.1.83
DC(Adm)Estt.HRRS.C.C.T. office Jpr
क्रमांक एफ 9/जी/साप्र./आयुक्त/82/417
दिनांक–06.01.1983
वा.क.अ. एन्टीइवेजन के माध्यम से।

इसकी निष्पक्षता संदेहप्रद थी कि पदावनत आदेश दिनांक 30.01.1969 के बाद में 13 वर्ष के लम्बे समय तक पुनः पदोन्नति न देना तथा निचले पद निरीक्षक पर अपमानजनक हालत में लगातार रखना और अन्य सवर्ण उच्च जाति के अधिकारियों की तुलना में छुआछूत जैसी ऊंच–नीच की भावना से ग्रसित होकर प्रशासन व्यवहार करता है तथा फिर भी राज्यपाल कार्यालय का यह कहना कि

नियमानुसार आदेश के विरुद्ध ही पुनरीक्षा संभव है, यह एक न्याय के हनन जैसी स्थिति का द्योतक है। दण्डात्मक आदेश दिनांक 30 जनवरी, 1969 के परिणाम में 13 वर्ष तक निचले पद पर कार्यरत रहना स्वंमेव ही दण्डात्मक स्वरूप को प्रमाणित करता है तथा इसकी सुनवाई करना न्याय का तकाजा था। इस आशा में, मैंने पुनः अपना आवेदन वाणिज्यिक कर अधिकारी, एन्टीइवेजन, बीकानेर के माध्यम से प्रस्तुत किया था। जिसको आयुक्त, वाणिज्यिक कर, राजस्थान कार्यालय ने अपने क्रमांक एफ.9/जी/साप्र/आयुक्त/82/417 दिनांक 6 जनवरी 1983 से राज्य सरकार के समक्ष विचारार्थ प्रस्तुत किया था, जिस पर आगे कार्यवाही वांछनीय थी, जो शायद नहीं हो पाई थी। यह दलित विरोधी नीति का परिचायक है।

संविधान के अनुच्छेद 46 के सिद्धान्त के कार्यरूप में शोषण से रक्षा का पहला प्रश्न

"सत्यमेव जयते, श्रममेव जयते" अथवा "शोषणमेव जयते, अन्यायमेव जयते।" से समाचार पत्रों में लेख प्रकाशित करने की स्वीकृति के लिए दिनांक 21.12.1982 को श्रीमान् आयुक्त, वाणिज्यिक कर विभाग, राजस्थान, जयपुर को इस प्रकार निवेदन किया था :–

पंजीकृत डाक से — गोपनीय/अति आवश्यक

सेवा में,

श्रीमान आयुक्त महोदय,
वाणिज्यिक कर विभाग,
राजस्थान, जयपुर।

विषय : राजस्थान नागरिक सेवा (आचरण) नियम 1971 के नियम 10(2) (ब) के अन्तर्गत समाचार–पत्रों में लेख प्रकाशित करने की स्वीकृति के लिए निवेदन।

महोदय,

प्रधानमंत्री के नये बीस सूत्री कार्यक्रम के सूत्र संख्या सात में वर्णित संविधान के अनुच्छेद 46 में निर्देशक सिद्धान्त को दृष्टिगत रखते हुए अनुसूचित जातियों के शैक्षिक व आर्थिक हित की रक्षा, सामाजिक अन्याय व सब तरह के शोषण से रक्षा, जिसको राज्य सरकार की विशेष जिम्मेदारी मानी गई है, के अन्तर्गत अन्याय व शोषण के विरुद्ध आवाज बुलन्द करने व भारत के आम नागरिकों तथा बुद्धिजीवियों व उन व्यक्तियों जिनका जमीर अभी मरा नहीं है, का ध्यान आकर्षित करने के उद्देश्य से यहां संलग्न लेख "सत्यमेव जयते, श्रममेव जयते अथवा

"शोषणमेव जयते, अन्यायमेव जयते।" को भारत व राजस्थान के मुख्य समाचार पत्रों के 'गणतन्त्र दिवस' (26 जनवरी, 83) के विशेषांकों में प्रकाशित कराने का प्रस्ताव है।

पिछड़े वर्ग व विशेषकर अनुसूचित जातियों की उन्नति के लिए सरकार की नैतिकता व प्रधानमंत्री का नया बीस सूत्री कार्यक्रम कितना इस वर्ग को सहायक हो सकता है तथा देश में "लाठी जिसकी भैंस" का कानून अभी लागू नहीं है, यह समझने का महत्वपूर्ण जनहित का प्रश्न यहां आकर खड़ा हो गया है। अतः इसकी स्वीकृति की सूचना दिनांक 15.1.83 सायंकाल 5 बजे तक प्रार्थी को मिलना आवश्यक है अन्यथा यह स्वमेव मान लिया जाना नैतिक दृष्टि से उचित होगा कि आपको इस सम्बन्ध में किसी प्रकार का विरोध नहीं है व आप इस लेख के प्रकाशित होने से सहमति रखते हैं।

शीघ्र कार्यवाही हेतु सादर प्रस्तुत है।

भवदीय

(प्रदीप कुमार मौर्य)
वाणिज्यिक कर, निरीक्षक,
प्रति–करापवंचन
बीकानेर।

बीकानेर,
दिनांक 21.12.82
संलग्न : लेख की एक प्रति
कुल पृष्ठ ग्यारह मात्र

सत्यमेव जयते, श्रममेव जयते अथवा शोषणमेव जयते, अन्यायमेव जयते?

सदियों पुरानी भेड़िया और मैंमने की कहानी प्रचलित है। मैंमने ने बचने के लिए भेड़िये के समक्ष कई दलीलें दी व अपनी विनती की लेकिन भेड़िया मैंमने को खाने पर लालायत था इसलिए मैंमने का कोई निवेदन स्वीकार नहीं किया गया और अन्त में उसे खा गया। ठीक इसी प्रकार मनुष्यों के समाज में भी होता है। भौतिक रूप से मनुष्य मनुष्य को नहीं खाता है लेकिन सामाजिक अन्याय, व्यक्तिगत अहम् के मिथ्या आडम्बर के अन्तर्गत बेईमानीपूर्ण कार्य करके एक अच्छे इन्सान को दोषी प्रमाणित करके अन्याय करता है।

यह जीवन की एक सत्य कथा है, जो आज इस स्तर पर है कि जैसे भेड़िया मैंमने को खाने ही वाला हो। एक व्यक्ति द्वेषपूर्ण अहम् और नैतिकता से गिरावट और राज्य के महत्वपूर्ण पद की गरिमा को नष्ट करने का जिन्दा उदाहरण है तथा दूसरी तरफ समाज के कमजोर वर्ग का जूता बनाने वाले मजदूर का पुत्र है जो अन्याय का मुकाबला तो कर रहा है लेकिन बच पायेगा यह भारत की आम जनता

के हाथ में है। यह मेरी स्वयं की कहानी है। अब मेरा यह जीवनक्रम ऐसे मोड़ पर आ गया है जहां जनहित का महत्वपूर्ण प्रश्न बन जाता है। एक अधिकारी ने वर्ष 1964–65 में अपने पद की गरिमा को गिराकर राजस्थान सरकार के वित्त को साढ़े पांच लाख रुपया का झटका दिया तथा कर चोरों के विरुद्ध कोई कार्यवाही नहीं की तथा अपना कृत्य छिपाने की बुरी नीयत से अपने अधीनस्थ अधिकारी को बदनाम किया व उसके विरुद्ध षड्यन्त्र करके उच्च अधिकारियों को सच्चाई से दूर रखकर उनको धोखे में रखने का असाधारण ज्वलन्त उदाहरण है। यह अन्याय की एक रोंगटे खड़े करने वाली कहानी है। इसका परिणाम मैं देश के ईमानदार बुद्धिजीवियों पर छोड़ता हूं और अपनी सत्य कहानी को इस प्रकार आपके समक्ष प्रस्तुत करता हूं।

1. राजस्थान लोक सेवा आयोग की सिफारिश पर निरीक्षक आबकारी एवं कर पद पर नियुक्त होने दिनांक 15.02.1960 को कर्तव्य पर उपस्थित हुआ। अभावों में पले ईमानदारी के वातावरण के कारण बेईमानी व हेराफेरी तथा चापलूसी नहीं कर सका। साधारण कर्तव्य से हटकर विशेष चातुर्य व साहस कार्य करने के कारण दिनांक 15.9.1961 को रुपये 25.00 का व दिनांक 3.12.1962 को रुपये 10.00 का नकद पुरस्कार भी मिला। चीन द्वारा भारत पर आक्रमण से देश के संकट को देखते हुए दिनांक 27.10.1962 को मूल वेतन का 10 प्रतिशत युद्धकाल तक देश के भारतीय राष्ट्रीय कोष में जमा कराया जिसका तत्कालीन आयुक्त महोदय ने दिनांक 7.11.62 को प्रशंसा पत्र भी दिया। दिनांक 28.2.1964 को गृह जिला सीकर में पदस्थापन के दौरान तत्कालीन उपायुक्त (प्रशा.) ने निरीक्षण किया तथा कार्य से बहुत ही खुश हुए। जुलाई, 1964 मे आंधेकारी व वाणिज्यिक कर विभाग अलग हुए तथा वाणिज्यिक कर विभाग में मेरे कार्य की उत्कृष्टता से प्रभावित होने के कारण उच्च अधिकारियों की विशेष अनुकम्पा से दिनांक 10.12.64 को सहायक वाणिज्यिक कर अधिकारी पद पर तदर्थ पदोन्नति दी तथा दिनांक 23.12.1964 को श्रीगंगानगर में यात्री एवं माल कर शाखा में पदस्थापन मिला और वहां कार्य शुरू किया।

(2) श्रीगंगानगर जिले की दिसम्बर, 1964 तक यात्री एवं माल कर की आय की गत वर्ष की तुलनात्मक स्थिति इस प्रकार थी—

माह	1963–64 की	चालू वर्ष 1964–64 में		
	वास्तविक आय	लक्ष्य	वास्तविक आय	कमी रही
1	2	3	4	5
अप्रैल	1,28,327	1,45,800	70,699	75,134
मई	85,528	1,45,800	81,470	64,364
जून	1,64,620	1,45,800	92,954	52,879
जुलाई	1,75,887	1,45,800	99,611	46,222
अगस्त	1,36,004	1,45,800	87,584	58,250
सितम्बर	1,11,111	1,45,800	71,961	73,873
अक्टूबर	1,13,226	1,45,800	83,761	62,072
नवम्बर	88,972	1,45,800	84,937	60,897
दिसम्बर	1,19,197	1,45,800	84,935	60,899
योग	11,12,913	13,12,500	7,57,911	5,54,589

वर्ष 1964–65 में आयुक्त, वाणिज्यिक कर, राजस्थान, जयपुर ने श्रीगंगानगर जिला के यात्री एवं माल के राजस्व का कुल लक्ष्य रुपये 17,50,000.00 रखा था। गत वर्ष 1963–64 के पहले 9 महीने में राजस्व रु. 11,25,000.00 के वर्ष 1964–65 के प्रथम 9 महीने में राजस्व लक्ष्य रुपये 13,12,500.00 रखा था जबकि वास्तविक आय दिसम्बर 1964 तक रुपये 7,57,911.00 हुई थी। अर्थात् लक्ष्य में दिसम्बर 1964 तक रुपये 5,54,589 का घाटा मेरे श्री गंगानगर में कर्तव्य पर उपस्थित होने के पहले ही हो चुका था। मेरा कार्यकाल वर्ष 1964–65 में केवल तीन महीना जनवरी, 1965 से मार्च, 1965 तक का रहा जिसमें निर्धारित लक्ष्य रु. 4,37,500 के मुकाबले में रुपये 4,78,476 वास्तविक आय प्राप्त की थी। इस पद पर नयी पदोन्नति से व वाणिज्यिक कर अधिकारी द्वारा सही मार्गदर्शन न देने तथा असहयोग के कारण दि. 23.12.1965 को तत्कालीन उपायुक्त (प्रशा.) जोधपुर के निर्देशन पर सुचारू व्यवस्था स्टाफ की हुई और इससे श्रीमान वाणिज्यिक कर

अधिकारी श्रीगंगानगर और भी मुझसे नाराज हो गये जिसका निवेदन दिनांक 20.4.1965 को उपायुक्त (प्रशा.) जोधपुर को किया। इसके परिणामस्वरूप श्रीमान वाणिज्यिक कर अधिकारी श्रीगंगानगर ने पूर्वाग्रह के कारण मेरे साथ सौतेला व्यवहार करना शुरू किया जिसके कुछ दृष्टान्त इस प्रकार हैं–

1. दिनांक 5.4.1965 को बिना पूर्व जानकारी व बिना सुनवाई का कोई अवसर दिये मेरे कार्यालय की 35 पत्रावलियां अपने कब्जे में लीं व दो माह तक रखी, जिसका उद्देश्य केवल मेरा मनोबल गिराने की बुरी भावना थी।

2. दिनांक 13.8.1965 मीटिंग में वाणिज्यिक कर अधिकारी को अप्रैल, 64 से दिसम्बर, 65 के घाटे की बात कही तो वे तिलमिला उठे और मुझसे भयंकर नाराज हो गये।

3. दिनांक 13.8.1965 को दिये गये निर्देशन के अनुसार निरीक्षक को बकाया वसूली की सूची व कुर्की वारन्ट दिनांक 28.8.1965 को दिये जो उक्त निरीक्षक ने दिनांक 6.9.1965 को लेने से इंकार किया। स्टाफ की भी सुचारू व्यवस्था नहीं थी, इस कारण दिनांक 6.9.1965 श्रीमान वा.क.अ. को अ.शा. पत्र द्वारा विशेष निवेदन किया कि या तो उचित व्यवस्था कार्य की जाये अन्यथा मेरा स्थानान्तरण के लिए आयुक्त महोदय को लिख दिया जाये। लेकिन सहयोग के स्थान पर वा.क.अ. ने दुर्भावना से मेरा सेवा रिकार्ड खराब करने की योजना बनाई।

4. दिनांक 23.2.1966 को तत्कालीन उपायुक्त (प्रशा.) जोधपुर को वाणिज्यिक कर अधिकारी के इस व्यवहार के विरुद्ध निवेदन किया तो उन्होंने अपनी मौजूदगी में स्टाफ की समुचित व्यवस्था की लेकिन इस पर भी वा.क.अ. श्रीगंगानगर ने अपना असहयोग की भावना को नहीं बदला।

5. दिनांक 13.7.1966 को वा.क.अ. को वह सीजर रिकार्ड दिखाया, जिसमें यात्री कर निरीक्षक व पथ कर निरीक्षक द्वारा प्रति वाहन रुपये 50/– मासिक रिश्वत की बंधी बांध रखी थी जसमें अति आश्चर्य हुआ कि पथकर निरीक्षक के विरुद्ध अपने 269/पीए दि. 13.7.1966 से आयुक्त यातायात विभाग को शिकायत की जबकि यात्रीकर निरीक्षक के विरुद्ध दिनांक 12.8.1966 व 12.9.1966 को विशेष निवेदन पर भी कार्यवाही नहीं की।

6. इसी क्रम में नाराज होकर तत्कालीन वा.क. अधिकारी श्रीगंगानगर ने मेरे स्थानान्तरण पर दिनांक 10.10.1966 को कार्यालय द्वारा विदाई पार्टी नहीं होने दी तथा धमकी दी कि श्री मौर्य के भाग्य का फैसला राजस्थान सचिवालय करेगा। बाद में मिथ्या रिपोर्ट, बुरी नियत व दुर्भावना से वशीभूत होकर अपने पद की गरिमा की

सीमा से हटकर मेरे विरुद्ध आयुक्त महोदय को रिपोर्ट की व उनके मिथ्या बातों से कान भर दिये व मेरे विरुद्ध वातावरण बना दिया।

7. चूँकि मैं ईमानदार वातावरण में पला और ईमानदार आदत का होने व भ्रष्ट एवं चापलूसी प्रवृति का न होने से तत्कालीन वा.क.अ. श्री मातादीन शर्मा के अहं के आगे झुकना उचित नहीं समझा व सत्यमेव जयते के विश्वास पर आगे बढ़ता रहा। श्री मातादीन शर्मा ने अपने पद की गरिमा से हटकर न्याय, निष्पक्षता व जनहित की पूर्णरूप से अवहेलना करके वैमनस्य व पूर्वाग्रह के वशीभूत होकर वही पुरानी भेड़िया व मैंमने की कहानी को दोहराने के मार्ग पर आगे बढ़ा। अपना स्वयं का गिरेबान में न झांककर राज्य सरकार के वित्त कोष को साढ़े पांच लाख रुपये के घाटे की कहानी की सत्यता को ढकने व उच्च अधिकारियों को अन्धेरे में रखने की गरज से सिर्फ मेरे विरुद्ध विषैला वातावरण बनाने में व्यस्त रहा। श्री मातादीन शर्मा ने किस प्रकार पूर्वाग्रह के वशीभूत होकर मेरे विरुद्ध उच्च अधिकारियों को अन्धेरे में रखा तथा विभाग के अन्य कनिष्ठ अधिकारियों पर गलत तरीके से दबाव डालकर मेरे विरुद्ध रिकार्ड खराब बनाने को बाध्य किया, इसके कुछ और दृष्टान्त इस प्रकार हैं :

1. दिनांक 15.10.1966 को मैंने गंगापुर सिटी में अपने नये स्थानान्तरित जगह पर कर्तव्य पर उपस्थित हुआ व चार्ज लिया। लेकिन नवम्बर, 1966 के प्रथम सप्ताह में तत्कालीन वा.क.अ. गंगापुर सिटी, जयपुर मुख्यालय पर जाकर आये तो उनका रुख बदला हुआ था क्योंकि वहां उन पर दबाव पड़ा व मेरे बारे में गलतफहमी उनके दिमाग में पैदा हुई। लिहाजा उन्होंने बकाया वसूली में किश्तें स्वीकार न कर चोरी के अभियोगों के निर्णय की शक्तियां रोक दीं।

2. तत्कालीन वा.क.अ. गंगापुर सिटी भी श्री शर्मा के दबाव व गलतफहमी के कारण मेरे साथ व्यवहार में निष्पक्ष व न्यायप्रिय नहीं रहे तथा इस कारण बकाया वसूली व निरीक्षक द्वारा किये जाने वाले कार्यक्रमों सम्बन्धी मेरा दि. 22.3.1967 का सुझाव स्वीकार नहीं किया व मुझे बिना प्रमाण के ही शक की नज़र से देखा जाने लगा।

3. कालम वर्ष 1965–66 में मेरे कार्य को निष्पक्ष रूप से नहीं देखा गया। जन–धारणा के विपरीत श्री शर्मा ने मेरा गोपनीय रिकार्ड खराब किया जिसके बारे में व उसके समस्त दोषपूर्ण पूर्वाग्रह पर आधारित कार्यों के बारे में दिनांक 27.4.67 को प्रार्थना पत्र दिया व 15.5.1967 को आयुक्त महोदय के समक्ष व्यक्तिगत उपस्थित होकर बताया लेकिन ऐसा आभास हुआ कि आयुक्त महोदय को मेरे मिलने से पूर्व ही गलतफहमी से भर दिया गया था लिहाजा उन्होंने निष्पक्ष व

न्यायप्रिय दृष्टि से मेरी सुनवाई नहीं की। इसके बावजूद भी मैंने दिनांक 21.12.1967 को तत्कालीन आयुक्त महोदय के समक्ष श्री शर्मा द्वारा पूर्वाग्रह व वैमनस्य पर आधारित प्रतिवेदनों को मूल्य न देने का निवेदन किया लेकिन मेरे साथ न्याय नहीं किया गया।

4. दिनांक 2.2.1968 को व्यक्तिगत रूप से उपस्थित होकर फिर तत्कालीन आयुक्त महोदय को निष्पक्ष व्यवहार के लिए निवेदन किया लेकिन वे फिर पूर्वाग्रह से प्रभावित होने के कारण मेरी सुनवाई न करके श्री शर्मा के कथन को ही आधारित मानते हुए मेरे साथ भयंकर अन्याय किया।

5. वर्ष 1967—68 के कार्य में वसूली के अनथक प्रयत्न व सहयोग करने के विशेष कार्य के कारण दिनांक 2.4.68 को तत्कालीन वा.क.अ. गंगापुर सिटी ने विशेष धन्यवाद अर्द्ध शासकीय पत्र द्वारा दिया। लेकिन कुछ दिनों बाद केलादेवी के मेले के दौरान श्री मातादीन शर्मा उन दिनों वा.कर. अधिकारी भरतपुर थे तथा केलादेवी मेले में मेला अधिकारी होने के कारण सरकारी वाहन उनको तफरीह के लिए नहीं मिल सका, इस कारण उन्होंने तत्कालीन वा.क.अ. गंगापुर सिटी को मेरे विरुद्ध भड़का दिया और वे भी बाद में अपने व्यवहार में पूर्वाग्रह प्रकट करने लगे। चूंकि जो व्यक्ति आयुक्त महोदय को बहका सकता है उसके लिए वा.क.अ. को बहकाना तो आसान था ही। लिहाजा मेरे साथ फिर अन्याय हुआ।

6. जून, 1968 में हुए सहायक वाणिज्यिक कर अधिकारियों की विभागीय परीक्षा का परिणाम दिनांक 30.7.1968 को निकला जिसमें कुल 18 परीक्षार्थियों में से केवल एक मेरे को ही प्रथम प्रश्न पत्र में उत्तीर्णांक में 5 अंक कम देकर असफल किया गया था। मुझे इस प्रश्नपत्र में 60 अंक प्राप्त होने की आशा थी जबकि केवल 35 अंक दिये गये थे। दिनांक 31.7.68 को कापियां दुबारा जांच करने का निवेदन करने पर दिनांक 20.8.1968 को उत्तर पुस्तकें जांचने का प्रावधान न होना जाहिर किया। मुझे पूर्ण विश्वास है कि इसके पीछे भी श्री मातादीन शर्मा का ही हाथ था, वरना कोई परीक्षक केवल एक व्यक्ति के साथ ऐसा अन्याय नहीं करता है। जब मैंने इस सम्बन्ध में दिनांक 2.12.1968 व 15.1.1969 को राज्य सरकार व राज्यपाल महोदय को विशेष निवेदन किया तो इसी को आधारित मानकर मुझे दिनांक 30.1.1969 को तुरन्त प्रभाव से सा.वा.क.न. पद से निरीक्षक पद पर पदावनत कर दिया। गांधी जन्म शताब्दी वर्ष में यह सबसे बड़ा अन्याय था।

4. मई, 1970 में हो रहे सहायक वाणिज्यिक कर अधिकारियों की विभागीय परीक्षा में मैंने और मेरी ही तरह के दूसरे स.वा.क.अ. श्री हंसराज काबरा ने विभागीय परीक्षा में बैठने का प्रयत्न किया लेकिन आखिरी वक्त पर दोनों के ही रोल नम्बर

अस्वीकृत कर दिये गये। आयुक्त अनुसूचित जातियां व जनजातियां, भारत सरकार, नई दिल्ली के माध्यम से पदावनत का कारण विभागीय परीक्षा में सफल नहीं होना उनके पत्र दिनांक 19.9.1970 से ज्ञात हुआ। दिनांक 9.11.1970 को तत्कालीन आयुक्त, वाणिज्यिक कर राजस्थान, जयपुर के समक्ष उपस्थित हुआ तो उनको समस्त बात बताई। उन्होंने व्यक्तिगत सुनवाई करके राज्य सरकार के वित्त विभाग को श्री हंसराज काबरा के समान व्यवहार करने को लिखा। लेकिन वित्त विभाग में उपसचिव श्रीमान मातादीन शर्मा के प्रभावशाली व्यक्ति थे तथा उन्होंने मेरे साथ न्याय नहीं किया। दिनांक 4.4.1971 को तत्कालीन आयुक्त, वाणिज्यिक कर, राजस्थान, जयपुर से निवेदन किया तो उन्होंने 14.4.1971 को जयपुर में व्यक्तिगत सुनवाई की व वर्ष 1965–66, 1966–67 व 1967–68 के मेरे समस्त कार्य सम्बन्धी प्रलेखों का अवलोकन किया व गोपनीय प्रलेखों को सही करने व अतिकारक आदेशों को हटाने व फिर व्यक्तिगत सुनवाई का मौका देकर सही स्थिति समझाकर न्याय करने हेतु वित्त विभाग को लिखा लेकिन तत्कालीन उप–सचिव ने न्याय करने से स्पष्ट इंकार कर दिया क्योंकि वे श्री मातादीन शर्मा द्वारा बहकाने के कारण पहले से ही मेरे विरुद्ध द्वेष व बुरी भावना रखने लगे थे।

5. तत्कालीन उप–सचिव वित्त की स्वयं की इच्छा को सर्वोपरि रखते हुए जुलाई, 1973 में सहायक वाणिज्यिक कर अधिकारियों के लिए एक स्क्रीनिंग कमेटी बैठाई गई जिसमें एक तदर्थ सहायक वाणिज्यिक कर अधिकारी श्री हंसराज काबरा को जो विभागीय परीक्षा में तीन बार असफल होने पर भी स्क्रीनिंग कमेटी की सहमति प्राप्त कर स्थायी कर दिया गया। यह एक बड़ा ही महत्वपूर्ण प्रश्न है कि जून, 1971 में तत्कालीन आयुक्त वाणिज्यिक कर, राजस्थान, जयपुर ने व्यक्तिगत रूप से तत्कालीन उप–सचिव वित्त श्री शिवजीलाल जी जोशी से मेरे साथ श्री हंसराज काबरा के समान व्यवहार करने को कहा था तो उन्हें पूर्वाग्रह व दुर्भावनापूर्ण विचारधारा कि अनुसूचित जातियों के अधिकारियों के साथ वे न्याय नहीं करेंगे – ऐसा जवाब दिया। यह श्री मातादीन शर्मा द्वारा उनके कान भरने का परिणाम था। जैसा कि श्री शर्मा ने दिनांक 10.10.1966 को श्री गंगानगर में मेरे को धमकी दी थी। इससे यह स्पष्ट प्रमाण है कि दुर्भावना के कारण बिना किसी स्क्रीनिंग कमेटी के जुलाई, 1973 से पहले दिनांक 30.1.1969 को मुझे पदावनत किया गया तथा बाद में उसको सही प्रमाणित करने की गरज से आज तक मेरे साथ धोखा किया जाता रहा है। इसके पीछे कोई नैतिकता नहीं है बल्कि स्पष्ट दुर्भावना रही है।

6. जुलाई, 1973 से नवम्बर,1973 तक विभाग की गतिविधियां देखता रहा, बड़ी आशा भरी निगाहों से कि कभी तो न्याय मिलेगा ही। सितम्बर, 1974 तक मेरे

साथ कोई न्याय नहीं हुआ जबकि वर्ष 1968–69 से 1973–74 तक गोपनीय रिकार्ड ठीक होते हुए भी श्री हरीराम शर्मा जिसको दिनांक 21.1.1981 को पुनः पदोन्नति दी गई, उसके समान व्यवहार नहीं किया गया। लाचार होकर मुझे निराश होना पड़ा। ऐसी परिस्थिति मे पुनः में सत्य को नहीं रोक सका व माह अक्टूबर, 1974 में पुनः पदावनत आदेश के विरुद्ध प्रतिवेदन दिया जो 28.10.1974 को मेरे उच्च अधिकारी ने श्रीमान उपायुक्त (प्रशा.) एन्टीइवेजन के माध्यम से आयुक्त महोदय के यहां प्रस्तुत किया। मांर्च, 1975 तक इसका कोई प्रगति से मेरे को जानकारी नहीं मिली। अतः पुनः दिनांक 14.4.1975 को दूसरा प्रतिवेदन प्रस्तुत किया जो मेरे सीनियर अधिकारी ने दिनांक 18.4.1975 को श्रीमान उपायुक्त (प्रशा.) एन्टीइवेजन के माध्यम से आयुक्त महोदय की सेवा में शीघ्र कार्यवाही हेतु प्रस्तुत किया। लेकिन अत्यन्त खेद के साथ कहना पड़ता है कि मेरे इन प्रतिवेदनों पर सद्भावना से कोई विचार नहीं किया गया।

7. तत्कालीन आयुक्त, वाणिज्यिक कर, श्री भीम सिंह साहिब ने दिनांक 6.11.75 से 7.11.75 तक हनुमानगढ़ प्रवास रखा तथा प्रवासकाल में उन्होंने धमकी दी कि श्री मौर्य को कह देना कि मैं एल.एल.बी. का अध्ययन करना भूला दूंगा तथा घर भेज दूंगा – चमारों को आगामी अध्ययन की इजाजत नहीं दी जा सकती– पदोन्नति चाहे तो जगजीवनराम से मांगो। इसके अलावा तत्कालीन सहायक वाणिज्यिक कर अधिकारी वार्ड 'बी' हनुमानगढ़ जो बाद में नोहर मुख्यालय हो गया को श्री भीमसिंह साहिब ने आदेश दिया कि वह मेरे (श्री मौर्य) के खिलाफ कागज बनावें ताकि उनकी मुझे घर भेजने की इच्छा पूर्ण हो सके। इस समय में मैं घोर संकट में था तथा कोई सहारा न मिलने के कारण चुप रहा। दिनांक 6.12.75 को श्रीमान उपायुक्त (प्रशा.) वा.कर, जोधपुर का हनुमानगढ़ प्रवास रहा और उनका निरीक्षण हुआ। दोपहर पहले तक कोई खास बात नहीं थी, लेकिन दोपहर बात तत्कालीन सहायक वाणिज्यिक कर अधिकारी वार्ड 'बी' हनुमानगढ़ ने श्रीमान आयुक्त श्री भीमसिंह के इशारे पर उपायुक्त (प्रशा.) को गलतफहमी का शिकार बनाया व वार्ड में कार्य ठीक नहीं करने का बहाना बनाकर उनसे मेरा स्थानान्तरण चैक पोस्ट भीरानी पर करा दिया ताकि मेरे को निलम्बित कराने के उद्देश्य में वह सफल हो सके। दिनांक 12.12.1975 को श्रीमान वा.क.अ., हनुमानगढ़ के पास श्री भीमसिंह आयुक्त महोदय का टेलीफोन आया कि श्री मौर्य का रिकार्ड खराब करना है, अतः उसके विरुद्ध कार्यवाही सख्त रूप से की जाये। इस प्रकार मुझे शक तो था ही लेकिन मैं क्या करता। दिनांक 21.12.1975 को चैक पोस्ट भीरानी (नोहर वार्ड बी हनुमानगढ़ सरकल में) पर ड्यूटी ज्वाइन की।

8. दिनांक **2.1.1976** को छः निरीक्षकों को सहायक वाणिज्यिक कर अधिकारी पद पर तदर्थ पदोन्नति दी। इस समय मेरे गोपनीय रिपोर्ट में वर्ष 1969–70 से 1974–75 तक में कोई विपरीत टिप्पणी नहीं थी, लेकिन पूर्वाग्रह व दुर्भावना के कारण तत्कालीन आयुक्त महोदय ने मुझे पदोन्नति नहीं दी। इसका मुझे बड़ा दुख हुआ लेकिन मेरी मजबूरी बडी ही भयंकर थी तथा मैं पूर्णरूपेण असहाय था। दिनांक 23.1.1976 को मैंने प्रतिवेदन प्रस्तुत किया कि यह मेरे साथ अन्याय है। लेकिन मेरी सुनवाई नहीं हुई। मेरे साथ किसी प्रकार का न्याय करें इसके विपरीत माह फरवरी, 76 में मेरे विरुद्ध मिथ्या शिकायतें तैयार करने में तत्कालीन सहायक वाणिज्यिक कर अधिकारी वार्ड बी नोहर श्रीमान भीम सिंह जी (तत्कालीन आयुक्त महोदय) के इशारे पर लगा रहा, लेकिन आपातकाल के भयंकर डरावने वातावरण में मेरा साहस डगमगा गया और मैं चुप रहा। इसके परिणामस्वरूप और साथ में मेरे इस प्रकार की ज्यादतियां हुईं :

क. दिनांक **3.3.76** को वर्ष 72–73 व 73–74 के गोपनीय प्रतिवेदन में वा.क.अ. व उपायुक्त (प्रशा.) की सिफारिश की अवहेलना करते हुए तत्कालीन आयुक्त श्री भीमसिंह ने आधारहीन प्रतिवेदन प्रस्तुत करने की आदत प्रतिकूल प्रविष्टियां अंकित कीं।

ख. दिनांक **25.3.1976** को बिना किसी कारण के मुझे निलम्बित कर दिया गया तथा कोई आरोप–पत्र नहीं दिया।

ग. दिनांक **20.4.1975** को तत्कालीन आयुक्त महोदय ने 74–75 के गोपनीय रिकार्ड में 'आधारहीन प्रतिवेदन प्रस्तुत करने की आदत' के विपरीत टिप्पणी अंकित की।

घ. दिनांक **30.6.1977** को निलम्बित स्थिति से जांच के दौरान वापस कर्तव्य पर लिया गया, लेकिन दिनांक 16.11.77 तक कोई आरोपपत्र नहीं दिया गया तथा न कोई जांच की गई।

9. लिहाजा मजबूर होकर अध्यक्ष, जिला अभाव अभियोग व सतर्कता समिति, श्रीगंगानगर के यहां प्रार्थना पत्र दिया तथा उन्होंने मेरी स्थिति समझी व मुझे पिछले 6 महीने का बकाया वेतन दिलवाया। मेरे केस को पूर्णरूपेण समझकर दिनांक 14.11.76 को तत्कालीन वित्त मंत्री श्री चन्दनमल जी वेद के श्रीगंगानगर प्रवास के समय मेरा प्रार्थना पत्र प्रस्तुत किया तथा दिनांक 17.11.76 को तत्कालीन आयुक्त महोदय (श्री भीमसिंह जी) को अ.शा. पत्र लिखा। लेकिन श्री भीमसिंह जी साहिब (तत्कालीन आयुक्त) एवं श्री मातादीन शर्मा (तत्कालीन उपायुक्त (प्रशा.)) बीकानेर की दुर्भावना के कारण इसमें सफलता नहीं मिली। गंभीर दुराचरण के

आरोपों की एक जांच दि. 17.11.77 को मेरे विरुद्ध बैठाई, जिसमें जांच होने पर दिनांक 17.11.1980 को मैं दोषमुक्त करार दे दिया गया। अब स्थिति फिर स्पष्ट हो गई कि पूरे वर्ष 1975–76 से 1980–81 तक मेरे विरुद्ध कुछ भी विपरीत प्रमाणित नहीं हुआ। 1978–79 व 1979–80 के गोपनीय रिकार्ड में मेरे कार्य की विशेष प्रशंसा रही तथा तत्कालीन आयुक्त महोदय बहुत प्रभावित थे। लेकिन इस समय उपरोक्त श्री मातादीन शर्मा उप सचिव वित्त जैसे महत्वपूर्ण पद पर आ गये थे तथा वे पूर्णरूपेण मेरे से दुर्भावना रखते थे जैसा मैंने ऊपर बताया है। इसी कारण दिनांक 21.1.1981 को श्री हरीराम शर्मा व श्री रामचन्द्र चौहान को पुनः तदर्थ सहायक वाणिज्यिक कर अधिकारी पद पर पदोन्नति दे दी तथा मेरे विरुद्ध रिकार्ड में कुछ भी न होने के बाद भी बुरी नीयत व व्यक्तिगत द्वेष को प्रधानता देने के कारण, पदोन्नति नहीं दी।

10. दिनांक 17.7.1981 को वे सभी तदर्थ सहायक वाणिज्यिक कर अधिकारीगण जो जुलाई, 1973 की स्क्रीनिंग कमेटी की सिफारिश से 29.11.1973 को पदावनत कर दिये गये थे, पूर्व प्रभाव से वापस बहाल कर दिये गये। मेरा पदावनत आदेश दिनांक 30.1.1969 तो किसी स्क्रीनिंग कमेटी की सिफारिश का परिणाम नहीं था बल्कि व्यक्तिगत दुर्भावना के कारण बिना किसी नियमों के अन्तर्गत बिना किसी सुनवाई के किया गया था, जो और भी ज्यादा विचारणीय था। दिनांक 25.8.1981 को इस क्रम में मैंने राज्य सरकार को अपना प्रतिवेदन प्रस्तुत किया तथा दिनांक 4.9.1981 को श्रीमान आयुक्त महादेय श्री आनन्दीलाल जी रूंगटा से सीकर प्रवास में व्यक्तिगत मिला व प्रतिवेदन प्रस्तुत किया। श्रीमान आयुक्त महोदय की आज्ञा से श्री वाणिज्यिक कर अधिकारी, विशेष वृत्त, बीकानेर ने दिनांक 11.9.81 को व उपायुक्त (प्रशा.) वा. कर, बीकानेर ने 18.9.81 को प्रतिवेदन आयुक्त महोदय के यहां प्रस्तुत किया, लेकिन उपायुक्त (प्रशा.) वा.क. मुख्यालय (संस्थापना) श्री मातादीन शर्मा के प्रभाव में होने के कारण आयुक्त महोदय के समक्ष कागजों को पेश नहीं होने दिया। क्योंकि इस समय श्री मातादीन शर्मा 'अतिरिक्त आयुक्त' के महत्वपूर्ण पद पर आ गये थे।

11. दिनांक 17.11.1981 को विभागीय पदोन्नति समिति की बैठक हुई जिसमें पूर्ण विश्वस्त सूत्रों से ज्ञात हुआ था कि मेरा नाम चयनित सूची में था तथा वरिष्ठता का प्रश्न विचाराधीन चल रहा था। किन्हीं कारणों से इस समिति का परिणाम घोषित नहीं हो सका। दिनांक 5.7.1983 को श्रीमान आयुक्त महोदय से भेंट की। उस समय बताया गया कि मेरा उत्तम सेवा रिकार्ड होने के कारण मेरा स्थानान्तरण जिला चुरू में वित्तमंत्री की स्वेच्छा से किया गया था। तब पदोन्नति सम्बन्धी भी निवेदन किया गया तो उन्होंने बताया कि जल्द ही निरीक्षकों की तदर्थ पदोन्नति स.वा.क.

अ. पद पर की जाने वाली है। अतः उस सूची में निश्चित रूप सें आपको पदोन्नत किया जावेगा।

12. मेरे दुर्भाग्य से माह अगस्त, 1982 में श्रीमान आनन्दीलाल जी रूंगटा साहिब का स्थानान्तरण हो गया व नये आयुक्त महोदय श्री वी.एन. बहादुर साहिब आ गये। इस समय चूंकि मेरे विरुद्ध कोई भी किसी प्रकार की जांच नहीं थी तथा न ही गोपनीय रिकार्ड में कोई प्रतिकूल प्रविष्टियां ही थीं। पिछले 14 वर्ष से वर्ष 69–70 से किसी भी गोपनीय प्रतिवेदन में कोई प्रतिकूल प्रविष्टि नहीं थी जो आमतौर पर पदोन्नति के समय देखी जाती है। इसलिए मुझे श्री मातादीन शर्मा (वर्तमान अतिरिक्त आयुक्त) द्वारा किसी प्रकार की रुकावट पैदा करने की किसी बात पर कोई शंका नहीं थी। दिनांक 24.9.82 को समस्त विश्वस्त सूत्रों से पता लगा लिया था कि मेरी तद्र्थ पदोन्नति में कोई रुकावट नहीं थी। अतः मैं निश्चिन्त था। लेकिन दिनांक 29.11.82 की पदोन्नति सूची में नाम न होने से दुख तो हुआ ही, लेकिन आश्चर्य भी कि यह सब कैसे सम्भव हुआ।

13. दिनांक 2.12.82 को श्रीमान वी.एन. बहादुर, वर्तमान आयुक्त महोदय से मिला तथा अन्य विश्वस्त सूत्रों से पता लगाया तो मालूम हुआ किन्हीं शिकायतों के कारण यह पदोन्नति रोकी गई है। जहां तक मुझे जानकारी है मेरे विरुद्ध कोई शिकायत नहीं है, फिर भी उनके अनुसार जैसा कि उन्होंने दिनांक 4.10.82 व 12.11.82 को अनुशासनात्मक कार्यवाही के नाम से पत्र निकाले हैं, उनकी स्थिति इस प्रकार है–

1. श्रीगंगानगर में दिनांक 9.10.1979 को दो सहायक वाणिज्यिक कर अधिकारियों के साथ मैसर्स पंजाब जनरल स्टोर का भौतिक सर्वेक्षण किया था जिसमें व्यवसायी ने शिकायत की है कि 131 बण्डल ऊन के 431 बण्डल कर दिये गये हैं तथा निरीक्षक ने 5–7 दिन पश्चात उससे तीन चार हजार रुपये तक खर्चा मांगा तथा सहायक वाणिज्यिक कर अधिकारी ने सात हजार रुपये मांगे।
2. दिनांक 17.12.1968 को जब मैं सहायक वाणिज्यिक कर अधिकारी पद पर गंगापुर सिटी में कार्य कर रहा था तब भू–राजस्व अधिनियम के अन्तर्गत वसूली के लिए गलत नाम वसूली प्रतिवेदन में लिखा जिससे वसूली नहीं हो सकी।

14. दिनांक 4.10.82 के पूर्व पहले वाले आयुक्त महोदय सर्वश्री आर.बी. सोनटके साहिब व श्री आनन्दीलाल जी रूंगटा साहिब ने इन पर कार्यवाही करना उचित नहीं समझा था। अचानक पदोन्नति की सूची तैयार करते समय ही प्रस्तुत होना स्पष्ट व्यक्तिगत दुर्भावना का प्रतीक है। दिनांक 17.11.81 की विभागीय

पदोन्नति के समय भी इनको कोई वजन नहीं दिया गया था। फिर भी इस सम्बन्ध में महत्वपूर्ण है कि –

1. 9.10.1979 को हुए सर्वेक्षण के सम्बन्ध में मार्च, 80 तक कोई शिकायत व्यवसायी मैसर्स पंजाब जनरल स्टोर श्रीगंगानगर की तरफ से नहीं हुई थी, जबकि मेरा फरवरी, 80 में श्रीगंगानगर से स्थानान्तरण हो चुका था। अतः इस आधार पर फर्जी शिकायत का महत्व देकर मेरी पदोन्नति रोकना भयंकर अन्याय है।
2. 14 वर्ष पहले गंगापुर सिटी में सहायक वाणिज्यिक कर अधिकारी पद पर कार्य करते समय किसी गलती के लिए कब तक कार्यवाही की जाना न्यायोचित है जबकि दिन. 17.12.1968 के ठीक 43 दिन बाद मुझे पदावनत कर दिया गया था। इस संदर्भ में यह भी महत्वपूर्ण व विचारणीय है कि मेरे विरुद्ध पूर्व भी 17.11.72 को गंभीर आरोपों की मिथ्या चार्जशीट दी थी जो कि बाद में जांच पर समस्त आरोप मिथ्या प्रमाणित हुये थे। अतः अब यह दुर्भावना पर की गई कार्यवाही पर पदोन्नति का रोका जाना स्पष्ट उस भेड़िया और मैंमने की कहानी को दोहराता है कि न्याय देना ही नहीं है तथा असली नाराजगी छुपाकर कोई न कोई बहाना लगाकर पदोन्नति को रोकना ही है।

15. चूंकि अब यह मसला जनहित का हो गया है तथा इसमें ईमानदारी व बेईमानी का महत्वपूर्ण प्रश्न है। प्रशासन किसी प्रकार का न्याय देने में असमर्थ है तथा एक मजबूर समाज के कमजोर वर्ग के ईमानदार अधिकारी को बेईमानीपूर्ण मिथ्या तरीकों से प्रमाणित करके सदियों पुरानी भेड़िया व मैंमने की कहानी को दोहराना चाहता है। मुझे आशा है कि हमारे देश में अब भी ऐसे व्यक्ति हैं जिनकी आत्मा मरी नहीं है तथा जो सच्चाई से मुंह नहीं मोड़ते हैं वे इस अन्याय को सहन नहीं कर सकेंगे व षड्यन्त्रों से घिरे हुए मुझ मजबूर गरीब व्यक्ति को अन्याय से बचायेंगे व देश में इन्सानों की पोशाक में मौजूद भेड़ियों को समाप्त करके मुझ जैसे अन्य मजबूर व्यक्तियों के जीवन की रक्षा करेंगे। अब केवल यही एक आशा शेष रह गई है।

प्रदीप कुमार मौर्य

श्री आनन्दीलाल रूँगटा, आयुक्त, वाणिज्यिक कर विभाग, राजस्थान, जयपुर ने मुझे पूर्ण आश्वासन दिया था कि मेरे साथ वे न्याय करेंगे और पदोन्नति समिति की बैठक बुलाकर नियमानुसार पदोन्नति देंगे। उन्होंने बाद में ऐसा किया भी था, लेकिन किसी राजनेता की इच्छानुसार उसके किसी नजदीकी व्यक्ति को पदोन्नति न मिलने के कारण उन्होंने कार्यवाही रोक दी थी। उसके पश्चात् श्री वी.एन. बहादुर

आयुक्त, वाणिज्यिक कर विभाग के पद पर आये और उनसे लगातार भेंट कर मैंने अपने प्रकरण की स्थिति से अवगत कराया था तथा उन्होंने स्वयं मेरे प्रकरण का विस्तृत अध्ययन करके मेरे साथ न्याय करने का आश्वासन दिया था।

दिनांक 19 जुलाई, 1983 पूर्व 1971 से पदोन्नति

1971 के रिक्त स्थान के लिए ''सहायक वाणिज्यिक कर अधिकारी'' पद पर पदोन्नति

राजस्थान सरकार के वित्त (ग्रुप–4) विभाग ने क्रमांक एफ. 3(47)वित्त/ग्रुप–4/79 दिनांक 19 जुलाई, 1983 से आदेश इस प्रकार जारी किये –

आज्ञा

राजस्थान वाणिज्यिक कर सेवा नियम, 1971 के नियम 17(2)(अ) के अन्तर्गत गठित चयन समिति की सिफारिश पर उक्त सेवा में अस्थाई/तदर्थ रूप में नियुक्त निम्नलिखित सहायक वाणिज्यिक कर अधिकारियों को उक्त नियमों के नियम 17(9) के अनुसरण में वर्ष 1971 के रिक्त स्थानों के लिए किए गये चयन के आधार पर उक्त सेवा में नियम 22 के प्रावधानों के अधीन सहायक वाणिज्यिक कर अधिकारी के पद पर स्थानापन्न रूप से नियुक्त किया जाता है :–

क्रमांक	अधिकारी का नाम	
1	श्री शंकरलाल अग्रवाल	योग्यता के आधार पर
2 से 7 तक	–	
8	श्री एस.सी. भार्गव	
9	श्री बी.एस. माथुर	
10 से 11 तक	–	
12	श्री रामचन्द्र चौहान	
13 से 17 तक	–	
18	श्री बी.डी. श्रीवास्तव	वर्तमान में यातायात विभाग वर्ष 74 में सेवा स्थानान्तरित की गई

19	–
20	श्री सी.बी. गुप्ता
21	श्री मित्रपाल सिंह
22	श्री सोहनलाल दुगर

उक्त समिति की सिफारिश के आधार पर श्री पी.के. मौर्य, वाणिज्यिक कर निरीक्षक को वर्ष 1971 के रिक्त स्थान के प्रति कार्यभार संभालने की तिथि से स्थानापन्न रूप से सहायक वाणिज्यिक कर अधिकारी के पद पर नियुक्त किया जाता है। श्री मौर्य, को पदस्थापन आदेश, आयुक्त, वाणिज्यिक कर पृथक से जारी करेंगे।

राज्यपाल की आज्ञा से
(ह. जीवन सिंह महेचा)
उप शासन सचिव

20 जुलाई, 1983

आयुक्त वाणिज्यिक कर, राजस्थान, जयपुर ने इस प्रकार से आदेश जारी किये:–

"राजस्थान सरकार,
वाणिज्यिक कर विभाग

क्रमांक : प. 1 (ए) 4/संस्था/आयुक्त/83/15964 दिनांक : 20.07.1983

आदेश

वाणिज्यिक कर निरीक्षकों के सहायक वाणिज्यिक कर अधिकारी, के पद पर पदोन्नत होने के फलस्वरूप निम्नलिखित सहायक वाणिज्यिक कर अधिकारियों के स्थानान्तरण पदस्थापन तुरन्त प्रभाव से किये जाते हैं :–

क्र.सं.	नाम	कहाँ से	कहाँ को	विवरण
1.	श्री पी.के. मौर्य	वा.क.नि., एन्टीइवेजन बीकानेर	स.वा.क.अ. कार्यालय उपायुक्त (प्रशासन) बीकानेर	पदोन्नति के फलस्वरूप

(2 से 19 तक) – – –

(ह. वी.एन. बहादुर)
आयुक्त
वाणिज्यिक कर विभाग
राजस्थान, जयपुर।"

21 जुलाई, 1983

सहायक वाणिज्यिक कर अधिकारी, कार्यालय, उपायुक्त (प्रशासन) वाणिज्यिक कर, बीकानेर उपरोक्त आदेश की पालना में दोपहर पूर्व कार्यभार सम्भाल लिया।

8 दिसम्बर, 1983

विभागीय परीक्षा का परिणाम : इस प्रकार -

"राजस्थान सरकार"

कार्यालय पंजीयक विभागीय परीक्षाएं (समस्त राज्य सेवाएं) एवं निर्देशक हरिशचन्द्र माथुर, राजस्थान राज्य लोक प्रशासन संस्थान, जयपुर–17

सितम्बर 1983 में आयोजित वाणिज्यिक कर विभाग के सहायक वाणिज्यिक कर अधिकारियों की विभागीय परीक्षा का परिणाम

रोल नं.	नाम	प्रश्नपत्र							
		पहला	दूसरा	तीसरा	चौथा	पाँचवा	छटा	सांतवा	विवरण
		100	100	100	100	100	100	100	
1.	श्री फूलचन्द वर्मा	छूट	छूट	छूट	छूट	छूट	छूट	उ.	उत्तीर्ण
2 से 56	–	–	–	–	–	–	–	–	–
57	श्री प्रदीप कुमार मौर्य	छूट	छूट	छूट	छूट	छूट	छूट	53	उत्तीर्ण
58से 140	–	–	–	–	–	–	–	–	–
141	श्री बी.एल. काबरा	छूट	छूट	छूट	छूट	छूट	छूट	55	उत्तीर्ण

नोट :–

छूट : सम्बन्धित प्रश्न पत्र में दी गई छूट को इंगित करता है।

उ : गत परीक्षा में सम्बन्धित प्रश्न पत्र (पत्रों) को उत्तीर्ण करने को इंगित करता है।

(ह. एम.एल. मेहता)
पंजीयक एवं निर्देशक
विभागीय परीक्षाएं।

क्रमांक : पं. 7 (13) लोप्रसं/83/24935–83 दिनांक 8 दिसम्बर, 1983

प्रतिलिपि सूचनार्थ एवं आवश्यक कार्यवाही हेतु :–

1. विशिष्ट शासन सचिव, वित्त विभाग, राजस्थान, जयपुर।
2. आयुक्त, वाणिज्यिक कर, राजस्थान, जयपुर।
3. अधीक्षक, राजकीय केन्द्रीय मुद्रणालय, जयपुर को परिणाम की टंकित प्रति भेजकर लेख है कि इसे राजस्थान राजपत्र की आगामी अंक में प्रकाशित करवाने की व्यवस्था कराएं।
4. श्री प्रदीप कुमार मौर्य, सहायक वाणिज्यिक कर अधिकारी, कार्यालय, उपायुक्त (प्रशासन) वाणिज्यिक कर विभाग, बीकानेर।

(ह. एम.एल. मेहता)
पंजीयक एवं निर्देशक।

दिनांक 21.06.1984 : स्थायीकरण

राज्य सरकार ने सहायक वाणिज्यिक कर अधिकारी पद पर वर्ष 1971 से प्रभावशील करते हुए राजस्थान वाणिज्यिक कर सेवा नियम 1971 के नियम 24 के अन्तर्गत निम्न आदेश से स्थायीकरण किया :–

"Government of Rajasthan
Finance (GR. IV) Department

No.: F.3(16)FD/Gr. IV/84 Jaipur Dated : 21.06.84

ORDER

Shri P.K. Maurya is hereby confirmed in his appointment on the post of Assistant Commercial Taxes Officer under Rule 24 of Rajasthan Commercial Taxes Service Rules, 1971.

By order of the Governor
Sd/-
(J.S. Mehecha)
Dy. Secretary to Government

दिनांक 22.06.1984 : तदुपरान्त तदर्थ पदोन्नति

राज्य सरकार ने "वाणिज्यिक कर अधिकारी" पद पर पदोन्नति आदेश इस प्रकार जारी किये :–

"राजस्थान सरकार
वित्त (ग्रुप–4) विभाग

क्रमांक : एफ–3(2)वित्त/ग्रुप–4/82 जयपुर दिनांक : 22.06.84

आज्ञा

राजस्थान वाणिज्यिक कर सेवा के निम्नलिखित अधिकारियों के स्थानान्तरण/पदस्थापन तत्काल प्रभाव से किये जाते हैं–

क्र.सं.	नाम अधिकारी	वर्तमान पद	नया पद
1	2	3	4
1.	श्री हंसराज काबरा	सहायक वाणिज्यिक कर अधिकारी, मुख्यालय जयपुर	वाणिज्यिक कर अधिकारी (प्र. 1) मुख्यालय, जयपुर
2.	–		
3.	–		
4.	श्री रामचन्द्र चौहान	सहा. वाणिज्यिक कर अधिकारी बांसवाड़ा	वाणिज्यिक कर अधिकारी एन्टीइवेजन, उदयपुर
5.	श्री तेजराज सिंह	सहा.वाणिज्यिक कर अधिकारी, विशेष वार्ड सूरतगढ़	वाणिज्यिक कर अधिकारी "सी" वृत, जोधपुर।
6.	श्री बी.डी. गुप्ता	सहा. वाणिज्यिक कर अधिकारी, विशेष वार्ड, धौलपुर	वाणिज्यिक कर अधिकारी एन्टीइवेजन (द्वितीय), मुख्यालय, जयपुर।
7.	–		
8.	श्री पी.के. मौर्य	सहा. वाणिज्यिक कर राजगढ़, चैकपोस्ट	वाणिज्यिक कर अधिकारी, धौलपुर।

9 से 20		–	
21	श्री शिवकिशन	सहा.वा.क.अधि. बालोतरा	वाणिज्यिक कर अधिकारी, (द्वितीय) मुख्यालय जयपुर।

सर्वश्री हंसराज काबरा, एस.सी. भार्गव, बी.एस. माथुर, रामचन्द्र चौहान, तेजराज सिंह, बी.डी. गुप्ता, मित्रपाल सिंह, पी.के. मौर्य, नानगराम मुरड़िया, एस.एल, दुगड़ और शिवकिशन व्यास जो सहायक वाणिज्यिक कर अधिकारी नियुक्त हैं, उन्हें राजस्थान वाणिज्यिक कर सेवा नियम 19(7) के अन्तर्गत उक्त सेवा में वाणिज्यिक कर अधिकारी की साधारण वेतन श्रृंखला के उपरोक्त नवीन पद पर कार्यभार ग्रहण करने के दिनांक से एक वर्ष के लिए या जब तक राजस्थान वाणिज्यिक कर सेवा नियम के अधीन विहित रीति से नियमित रूप से चयनित अभ्यार्थी उपलब्ध न हो जाएें (जो भी पहले हो) पूर्णतः अविलम्बनीय अस्थायी रूप से पदोन्नत किये जाते हैं।

पूर्वोक्त कालावधि समाप्त होने पर वह कार्यवाहक नियुक्ति जब तक इसे सक्षम अधिकारी द्वारा और जहाँ आवश्यक हो वहाँ राजस्थान लोक सेवा आयोग की सहमति के विशेष तौर पर और न बढ़ा दिया जाये, समाप्त हो जायेगी।

यह प्रमाणित किया जाता है कि कार्मिक विभाग के परिपत्र संख्या 8(26)डीओपी/ऐ–2/73 दिनांक 21.11.1974 द्वारा विहित प्रमाण पत्र संलग्न हैं।

अविलम्बनीय/अस्थायी पदोन्नति सम्बन्धी आदेश कार्मिक (आडिट सेल) विभाग की अन्तर्विभागीय संख्या आई.डी. 280/डीओपी/ए–2/एएसी/84 दिनांक 12.06.1984 द्वारा प्रदत्त सहमति से प्रसारित किये जाते हैं।

राज्यपाल की आज्ञा से
ह./–
(जीवन सिंह महेचा)
शासन उप सचिव

दिनांक 14.12.1987 : 1982-83 से पदोन्नति

वर्ष 1982–83 के रिक्त स्थानों के पेटे विभागीय पदोन्नति समिति की सिफारिश पर "वाणिज्यिक कर अधिकारी" (साधारण वेतन श्रृंखला) पर राज्य सरकार ने इस प्रकार आदेश जारी किये हैं :–

"राजस्थान सरकार
वित्त (ग्रुप–4) विभाग

क्रमांक : एफ.3(83)वित्त/ग्रुप–4/80 जयपुर दिनांक : 14.12.87

आज्ञा

राजस्थान वाणिज्यिक कर सेवा नियम 1971 के नियम 17(2)(अ) के अन्तर्गत गठित चयन समिति की सिफारिश पर उस सेवा में नियुक्त निम्नलिखित स्थाई सहायक वाणिज्यिक कर अधिकारियों को उक्त नियमों के नियम 17(9) के अनुसरण में वर्ष 1982–83 के रिक्त स्थानों के लिए किये गये चयन के आधार पर वाणिज्यिक कर अधिकारी (साधारण वेतन श्रृंखला) के पद पर स्थानापन्न रूप से नियुक्त किया जाता है–

(1) श्री एस.पी. गुप्ता
(2) श्री डी.एस. भटनागर
(3) श्री फूलसिंह
(4) जी.आर. चौधरी
(5) श्री बी.एल. सोनी
(6) श्री बी.डी. गुप्ता
(7) श्री एस.के. माथुर
(8) श्री तेजराज सिंह
(9) पी.के. मौर्य (अ. जाति)
(10) श्री बद्रीप्रसाद (अ. जाति)
(11) श्री एन.एल. मीना (अ. जनजाति)

राज्यपाल की आज्ञा से,
ह./–
(सी.एस. राजन),
उप शासन सचिव

भयंकर शोषण

1971 से 1983 तक 20 जुलाई	सहायक वाणिज्यिक कर अधिकारी के योग्य होते हुए भी निम्न पद "निरीक्षक" पर कार्य करा कर शोषण किया।
1982–83 से 24.06.1984 तक	20 जुलाई,1983 तक निम्नतम पद "निरीक्षक" पर कार्य कराया तथा 21 जुलाई, 1983 से 24 जून, 84 तक निम्न पद "सहायक वाणिज्यिक कर अधिकारी" पद पर कार्य कराया, जबकि दिनांक 01.04.83 से 24 जून 1984 तक "वाणिज्यिक कर अधिकारी" पद की योग्यता रखने के कारण इस पद पर कार्य करने का अधिकारी था।

साढ़े चौदह वर्षों तक अपमानित किया? क्यों? ब्राह्मण अधिकारियों की मनमानी रही

- नियमन की कोई प्रक्रिया न होने के उपरान्त भी मुझे गान्धी शताब्दी वर्ष 1969 में 30 जनवरी को नीचे पद पर पदावनत किया जबकि समान रूप से विभागीय परीक्षा में तीन बार असफल हुए सवर्ण अधिकारी श्री हंसराज काबरा को पदावनत नहीं किया गया। सचिवालय ने इस सम्बन्ध में आयुक्त, वाणिज्यिक कर की रिपोर्ट मई, 1971 पर ध्यान नहीं दिया। क्यों?

- 1974–75 में बीकानेर में एल.एल.बी. में अध्ययन पर बार–बार निवेदन के उपरान्त भी स्वीकृति नहीं दी गई तथा बाद में राज्य नीति के विपरीत दिनांक 27.10.1975 को "एक इन्क्रीमेंट बन्द" की सजा से दण्डित किया, जबकि उसी अधिकारी ने आगामी वर्ष 1975–76 में अध्ययन के आवेदन को बिना आपत्ति के अग्रप्रेषित कर दिया था।

- मिथ्या तथ्यों पर आधारित आरोपों पर दिनांक 25.03.76 को अचानक मुझे निलम्बित किया गया तथा बिक्री कर चोरी करने वाले सवर्ण कनिष्ठ लिपिक का अवांछनीय पक्ष लिया। जिला कलेक्टर श्री गंगानगर के निवेदन करने के उपरान्त भी मेरी सुनवाई नहीं की गई। आयुक्त, जन अभाव अभियोग निराकरण विभाग, जयपुर के प्रयत्नों के बाद दिनांक 30.06.1977 को निलम्बन से बहाल किया। बाद में 12 आरोपों का ज्ञापन दिनांक 17.11.1977 को दिया, जिस पर जांच के बाद आयुक्त, वाणिज्यिक कर ने दिनांक 17.11.1980 से निर्दोष साबित किया। इस प्रकार मुझे तंग किया गया।

- दिनांक 30.01.1969 से 20.07.1983 तक सैकड़ों कनिष्ठ निरीक्षकों को पदोन्नति दी गई लेकिन मेरे प्रकरण पर कोई सहानुभूतिपूर्वक विचार नहीं किया तथा राज्यपाल कार्यालय को बार–बार निवेदन के उपरान्त भी मेरे प्रकरण पर दलित होने के कारण न्याय नहीं किया गया।

क्या धरती पुत्र का इसी प्रकार शोषण जारी रहेगा? इस बिन्दु पर गहनता से विचार का अब उचित समय आ गया है।

अध्याय – 7

गोपनीयता एवं अनुशासन में फँसाकर दलित का शोषण

सन् 1950 से पूर्व का भारतीय समाज का विधि विधान

"ब्राह्मण को कोई शारीरिक कष्ट वाला दण्ड न दिया जाये। राजा को देखना होगा कि ब्राह्मण कैद में रखने, जुर्माना करने, देश निकाले की सजा देने, मृत्यु दण्ड की सजा तथा परिनिन्दा व गाली व अभद्र शब्दों से सम्मान को ठेस लगने की सजा से वंचित रहे।"

–गौतम धर्मसूत्र VII 12,13, एवं 17 XII–46

"ब्राहाण की हत्या न की जाये चाहे वह कितना ही गंभीर अपराधिक कृत्य करता हो।"

–नारद स्मृति V, 36
–मनुस्मृति VIII, 380

"एक ब्राह्मण को तंग करने से बढ़कर धरती पर कोई अपराध नहीं है, इसलिए राजा को ब्राह्मण को मारने का विचार अपने मस्तिष्क में नहीं रखना चाहिए।"

–मनुस्मृति –VIII,381

"धन शूद्र को भी कमजोर बनने से रोकता है, वह उच्च स्थिति को प्राप्त होता है, अतः उसे धन नहीं इकट्ठा करना चाहिए।"

–शान्तिपर्व 60–30

"राजा के लिए यह उचित नहीं है कि संकट के समय में भी उसकी आंखें ब्राह्मण के धन की तरफ हों। ब्राह्मण को दान ही स्वर्ग का मार्ग है। एक राजा यदि

ब्राह्मण को घोड़े, गायें, दासियां, हाथी, गांव, खेत, घर आदि दान नहीं करता है तो वह घटिया स्तर का होगा। ब्राह्मणों एवं देवताओं की सम्पतियों को राजा को अपने हाथ में नहीं लेना चाहिए। जिस प्रकार ब्राह्मणों की राजा सुरक्षा करता है, उसी प्रकार उसको ब्राह्मण की सम्पतियों की रक्षा करनी होगी। ब्राह्मण का धन सुरक्षित है तो सब कुछ सुरक्षित है।''

–शांतिपर्व 12,22,23,30,31,75.11,75.12 व 136.2

–मनुस्मृति–IV, 189, XI–26

''यदि कोई शूद्र अनधिकृत चोरी से सम्पत्ति कमाता है तो उसकी आठ गुना कीमत में भुगतान और अन्य जाति के लोग इसी प्रकार करते हैं तो दुगनी कीमत में भुगतान करेंगे।

–गौतम धर्मसूत्र–XII 15

''शूद्र तीनों ऊँची जातियों (ब्राह्मण, क्षत्रिय एवं वैश्य) की सेवा करेगा तथा अपनी जीविका उनसे प्राप्त करेगा।''

–गौतम धर्मसूत्र X 56–57, 58–59

– मनुस्मृति I–91, IX–334.335

''शूद्रों के अलावा सात प्रकार के दास (**Slaves**), युद्ध में जीत कर लाये गये दैनिक खाने के लिए कार्यरत, घर में पैदा हुआ दास, खरीदा गया दास, उपहार में प्राप्त दास, पुश्तैनी वंशानुक्रम दास तथा बनाये गये दास होते हैं।''

–मनुस्मृति–VIII 415

''पन्द्रह प्रकार के दास माने गये हैं, जिनमें सात मनु द्वारा बताये गये के अलावा शेष आठ – वे जो साधारण अकाल के समय बनते हैं, जो उनके अधिकृत स्वामियों द्वारा रहन कर दिये गये, वे जो भारी ऋणों की मुक्ति के लिए बनते हैं, धनराशि के बदले में, वे जो स्वयं घोषित करते हैं कि ''मैं तुम्हारा हूँ।'' स्वयं की मर्जी से, वे जो औरत दासों से सम्बन्धित होने से बनते हैं और वे जो स्वयं को विक्रय कर देते है।''

–नारद स्मृति–V 26–28

''अधिकृत मामलों में ब्राह्मण के शब्द सबसे बड़ी विधि घोषित होगी। ब्राह्मण क्या, कानून के रथ पर सवार होकर तथा वेद की चमकती तलवार लेकर चाहे मनोरंजन के लिए ही सही, घोषित करता है, वह सबसे बड़ा कानून होगा।''

–बोउधयाना धर्मसूत्र 1.1.1, 1–3

ब्रिटिश शासन से पूर्व तक भारत में समाज का कानून उपरोक्तानुसार धर्म शास्त्रों से चलता रहा था। लार्ड मैकाले द्वारा बनाये गये कानूनों के बावजूद 26 जनवरी, 1950 से पूर्व तथाकथित हिन्दू समाज में शामिल किये जा रहे समस्त जातियों में न्याय व्यवस्था के लिए सशक्त कानून के रूप में उपरोक्त धर्मशास्त्र ही माने जाते रहे थे।

दास प्रथा हिन्दू समाज का महत्वपूर्ण भाग रहा था। तथाकथित तीन उच्च जातियों अर्थात् ब्राह्मण, क्षत्रिय तथा वैश्य की सेवा के लिए शेष बहुसंख्यक समाज लाखों वर्षों से उपरोक्तानुसार पराधीनता के जाल में जकड़ा हुआ चल रहा था। समाज में भाईचारा, समानता तथा स्वतन्त्रता जैसा कुछ नहीं रह गया था।

ब्रिटिश शासकों ने सन् 1863 से "कन्वेन्टल सिविल सर्विसेज" की परीक्षा लन्दन में शुरू की जिसमें भारतीयों को भी परीक्षा में बैठने का समान अवसर बिना भेदभाव के शुरू किया था। इसमें श्री सत्येन्द्र नाथ टैगोर प्रथम भारतीय चयन हुए थे। शिक्षा की कमी तथा ब्राह्मणों के अत्याचारों से समाज विघटित हो चुका था, इस कारण बहुत ही कम योग्य भारतीय उम्मीदवार होते थे। अयोग्यता के अलावा भारतीय लोग डरपोक, बेईमान तथा झूठ बोलने वाली प्रवृति के हो चुके थे। सामन्त प्रधान समाज होने के कारण, बहुसंख्यक लोग अनपढ़, बेगार तथा दास बन चुके थे।

उन्नीसवीं शताब्दी का भारतीय समाज

सन् 1880 ईसवी में रेव. फादर एम.ए. स्चेरिंग नामक एक विद्वान ने भारत सरकार के जनगणना आयुक्त श्री एच.एच. रिशले के कथन पर शोध करके "दी हिन्दी ट्राइब्स एण्ड कास्ट्स" नामक पुस्तक लिखी, जिसके वोल्यूम–3, में उस समय के भारतीय समाज के बारे में इस प्रकार लिखा था –

"ब्राह्मण और राजपूतों के पश्चात, वैश्यों की जिसमें कृषक व गाय पालक भी शामिल है, की भारी संख्या में मिली–जुली जातियों तथा शूद्र लोग हैं। यह दो जातियां (वैश्य तथा शूद्र) जिनका सामाजिक स्तर तथा श्रेणी बहुत ही अलग प्रकार की है, ज्यादातर सही रूपेण एक जैसे हैं। हिन्दू समाज की भारी संख्या इन्हीं लोगों की है, और सम्पन्नता के हिसाब से मुख्य स्त्रोत इन्हीं से हैं। यद्यपि मूल निवासियों के 5/6 भाग की जनसंख्या वाले ये समृद्ध लोग असंख्य जातियों तथा उपजातियों में विभाजित हैं, वंशानुक्रम जीवन विज्ञान के अनुसार वह सब एक ही नस्ल के हैं।"

(पृष्ठ 271 पर)

''खाती, मछली पालक, व्यापारी, चमड़ा विक्रेता, शिकारी, दर्जी, कारीगर, मृत शरीर जलाने वाले तथा अन्य बहुत से व्यक्ति, अब भारी गिरी हुई हालत तथा भयंकर निम्न श्रेणी बाहरी जातियां (आउड कास्टस अछूत) हैं जिनकी रगों में ब्राह्मण रक्त बह रहा है तथा उनके पूर्वज विधिपूर्ण विवाह के परिणाम से ब्राह्मण दम्पतियों से थे।''

(पृष्ठ 247 पर)

''प्रगति और विकास का ''ब्राह्मण'' से बड़ा कोई शत्रु नहीं है और इसके उपरान्त भी भारत सम्यता में आगे बढ़ रहा है। (पृष्ठ 230 पर) हिन्दू नस्ल (रेस) के इस औचित्य से एक राष्ट्र अपने स्वयं के विपरीत ही विभाजित है। (पृष्ठ 235)

यह असम्भव है कि कोई सही एवं विस्तृत जन आकांक्षा अथवा शक्तिशाली सम्मिलित कार्यवाही हिन्दुओं में हो सके जब तक जातियों का अन्यायपूर्ण दोष को समाप्त नहीं कर दिया जाता है। वे लोग एक दूसरे पर विश्वास नहीं करते हैं, वे देशभक्ति में विश्वास न रखने के कारण उसमें रुचि नहीं रखते हैं, वे राष्ट्रीय महत्व के किसी भी मामले में भारी मात्रा में एक साथ शामिल नहीं होते हैं। वे कर सकते है लेकिन सही रूपेण विस्तृत रूप से या बड़े या अच्छे या सम्मान योग्य कोई कार्य नहीं करते हैं, जब तक कि यह (जातिप्रथा) घृणित और समाज का शत्रु इन पर सवार रहेगा।'' –(पृष्ठ 277)

सिविल सर्विसेज में भारतीय

उस समय के भारतीयों के चरित्र के बारे में सबसे शक्तिशाली साक्ष्य है। मनुस्मृति आदि धर्मग्रन्थों को कानून का स्वरूप देने के कारण भारतीयों का इस प्रकार पतन हुआ था। यही कारण था कि ब्रिटिश शासन द्वारा 1863 ईस्वी से दिये गये ''कन्वेन्टियल सिविल सर्विसेज'' में समान अवसर का लाभ भारत के लोग नहीं प्राप्त कर सके थे। सन् 1877 तक केवल चार भारतीय सर्वश्री सत्येन्द्रनाथ टैगोर, एस.एन.बनर्जी, रमेशचन्द्र दत्त तथा बिहारीलाल गुप्ता ही सी.सी.एस. में चयनित हो पाये थे। सम्पूर्ण देश धार्मिक कुरीतियों तथा अन्धविश्वास में जकड़ा हुआ था। शिक्षा की भयंकर कमी थी तथा जातिगत घृणा व छुआछूत का भारी जोर था। यह वह समय था जब भारतीय सभ्यता को बचाने के लिए स्वामी विवेकानन्द ने अपना जीवन ही झोंक दिया था तथा महाराष्ट्र में महात्मा ज्योर्तिराव फूले ब्राह्मणों के पतन को रोकने के लिए ब्रिटिश शासकों से मिलकर सत्यधर्म समाज का झण्डा उठाकर चल रहे थे, लेकिन फिर भी समाज में बदलाव लाने के कठिन कार्य में वांछित प्रगति नहीं हो पाई थी। सन् 1878 से 1891 ईस्वी तक केवल 2.5 प्रतिशत भारतीय ही सी.सी. सर्विसेज में चयनित हो पाये थे। श्री अरविन्द घोष तथा श्री चितरंजन दास जैसे व्यक्ति ही इस परीक्षा को उत्तीर्ण कर पाये थे।

सन् 1892 ईस्वी से यह सेवा "भारतीय सिविल सेवा" के नाम से कर दी गई थी। सन् 1892 से 1903 ईस्वी तक इस सेवा में केवल 5.6 प्रतिशत भारतीय ही चयनित हो पाये थे। इसी प्रकार सन् 1904 में 1913 ईस्वी तक कुल 528 पदों में से केवल 27 पदों पर ही भारतीय चयनित हो पाये थे जिनका प्रतिशत 5.11 औसत रूप में आया था शेष 501 पदों पर यूरोपीय व्यक्ति चयनित हुए थे। प्रथम विश्व युद्ध के कारण इस सेवा में बाद में यूरोपियों की रुचि कम होती चली गई थी। इसलिए सन् 1915 से 1924 ईस्वी तक 143 पदों पर भारतीय तीनों परीक्षा केन्द्रों लन्दन, दिल्ली व इलाहाबाद तथा नोमीनेशन्स से चयनित होने आये थे जबकि 180 पदों पर यूरोपीय चयनित हुए थे। दिसम्बर, 1946 तक आई.सी.एस. के 1087 में से 608 पदों पर यूरोपियन्स थे तथा 479 पदों पर भारतीय अधिकारी कार्यरत थे।

भारतीय स्वतन्त्रता के समय जुलाई, 1947 में 429 यूरोपीय अधिकारी आई.सी.एस. के पदों से त्याग पत्र देकर अपने देश चले गये थे तथा 179 पदों पर शेष कार्यरत यूरोपीय अधिकारी 15 अगस्त, 1947 के पश्चात् त्याग पत्र देकर अपने देश चले गये थे। इस प्रकार 608 पद इण्डियन सिविल सर्विसेज के अचानक खाली होने पर स्वतंत्रता के पश्चात् प्रशासन में काफी कठिनाई हुई तथा शेष 479 पदों पर भारतीय अधिकारियों में से 248 अधिकारियों को 10 वर्ष से भी कम समय का सेवा का अनुभव था। इस सम्बन्ध में 1949 में संविधान सभा में एक सदस्य श्री महावीर त्यागी ने शिकायत भी की थी।

आई.सी.एस. पदों पर सामन्ती पुत्रों की नियुक्ति

आजादी के बाद सम्पूर्ण भारत में 608 पदों पर आई.सी.एस. सेवा में अचानक बिना किसी परीक्षा के पुराने रियासतों तथा सामन्ती व पूंजीपति उच्च जातियों के परिवारों से आये स्नातकों को इस सेवा में शामिल कर लिया गया था जिनमें से कई राजस्थान से भी थे जैसे अलवर रियासत से श्री रामसिंह दायमा (ब्राह्मण जाति) तथा बीकानेर रियासत से श्री भीमसिंह (राजपूत जाति) थे जो आयुक्त, वाणिज्यिक कर विभाग जैसे महत्वपूर्ण पद पर नियुक्त किये गये थे।

डा. अम्बेडकर द्वारा समाज व प्रशासन का पुनरीक्षण विचार

25 दिसम्बर, 1927 को महाड़ (महाराष्ट्र) के चौबदार तालाब पर पीने के पानी के लिए समान अवसर के आन्दोलन के समय "मनुस्मृति" को अग्नि के समर्पित करते हुए संविधान निर्माता बाबा साहेब डा. बी.आर. अम्बेडकर ने कहा था कि "हमने इसको इसलिए वृहद रूप में जलाया है क्योंकि हम इसको अन्याय का चिन्ह मानते हैं, जिसके अन्तर्गत सदियों तक हम लोगों को गुलामों से बदत्तर स्थिति में रखा

गया है। "हिन्दू" एक विदेशी पारसियों द्वारा दिया गया शब्द है। "हिन्दू समाज" नाम से प्राचीन काल में कुछ नहीं था, बल्कि विभिन्न जातियों का समूह है, जिसका नियंत्रण शक्तिशाली "ब्राह्मण" जाति द्वारा किया गया है। (एनीहीलेसन ऑफ कास्ट) 1936, (पेज 75–80, 84–91 तथा 133)

आजदी के समय (1947) भारत के समस्त राज्यों एवं रियासतों में प्रशासन "ब्राह्मण" जाति के हाथ में था। डॉ: अम्बेडकर बम्बई तथा मद्रास प्रेसीडेन्सी व केन्द्रीय प्रोविन्सेज के समय नान ब्राह्मण जातियों का ब्राह्मणों के प्रशासन में एकाधिकार के विरुद्ध आन्दोलन के क्रम में इस प्रकार कहते हैं कि –

"लोक सेवाओं में उन नान–ब्राह्मण जातियों के योग्य सदस्यों को ब्राह्मणों की तुलना में प्राथमिकता देने में सिद्धान्ततः कोई गलती नहीं है। यह निःसंदेह गलत है कि देश का प्रशासन केवल एक जाति के हाथ में रहे जो बहुत ही चालबाज है। प्रशासन वह है, जिसके माध्यम से राज्य आम जनता के सम्पर्क में आता है। कोई भी प्रशासन तब तक अच्छा कार्य नहीं कर सकता है, जब तक जनता के प्रति सहानुभूति न हो। वह प्रशासन जो कवेल मात्र एक ब्राह्मण जाति द्वारा चलाया जाता है, जनता के लिए सहानुभूतिपूर्ण नहीं हो सकता है। ब्राह्मण जो स्वयं को छोटी जातियां तथा शूद्रों से ऊंचा मानते हैं, जनता से ऊंचा मानने के कारण, स्वयं की आकांक्षाओं के विपरीत और स्वयं की जाति के हित के लिए जनता से खुला भ्रष्टाचार करते हुए एक अच्छा प्रशासन कैसे ला सकते हैं? ब्राह्मण भारत की जनता के लिए उतना ही ज्यादा अलगाव रखता है जितना कि कोई विदेशी शासक रखता है। लोक सेवाओं में ब्राह्मण लोग "दक्षता" का साधारण स्तर अन्य जातियों के लिए लाते हैं। वे जानते हैं कि उनकी स्वयं की स्थिति शिक्षा में उत्तम होने के कारण वे इसी कारण से अन्य नान ब्राह्मण जातियों के सामने उनके अधिकार इसी आधार पर रोक सकते हैं। लेकिन वे भूल जाते हैं कि यदि "दक्षता" एकमात्र आधार है तो राज्य सेवाओं में उनका (ब्राह्मण) एकमात्र एकाधिकार का अवसर बिलकुल भी नहीं रह पाता है। यदि "दक्षता" ही एकमात्र मापदण्ड है तो अंग्रेज, फ्रांसीसी, जर्मन और तुर्क, भारत के "ब्राह्मणों" की तुलना में राज्य सेवाओं में नियुक्त किये जाते हैं तो क्या गलत होगा।

नान–ब्राह्मण दलों ने "दक्षता" की दलील को नहीं माना और मांग की कि लोक सेवाओं में जातीय अनुपात के सिद्धान्त को एक अच्छे प्रशासन के लिए सभी जातियों का समावेश किया जाना स्वीकार किया जाय। ब्राह्मण एवं नान–ब्राह्मण जातियों में समानता बनाये रखने के लिए नान ब्राह्मण जातियों के सदस्यों के लिए केवल आवश्यक कम से कम दक्षता के नियम के अन्तर्गत उनको प्राथमिकता दिया

जाना उचित माना जावें। इसका तात्पर्य यह कतई नहीं होगा कि जनता की रुचि के विरुद्ध ब्राह्मणों की काम को ही सर्वोपरि माना जाये।

यह नीति निःसंदेह ब्राह्मणों के दाँत तोड़ती है और वे भयंकर नाराज होंगे। नान–ब्राह्मण दलों द्वारा कोई नया नहीं किया गया था। यह "मनुस्मृति" के कानून को समाप्त करने की एक मांग मात्र थी। इससे ब्राह्मण की वही स्थिति आती है, जो मनु ने शूद्रों के लिए की थी। मनु ने "ब्राह्मणों" को केवल एकाधिकार इसलिए दिया था क्योंकि वह स्वयं ब्राह्मण था। क्या मनु ने शूद्रों को उन अधिकारों से वंचित नहीं किया जिनके वे हकदार थे? यदि अब शूद्रों को कोई सहूलियतें इसलिए दी जाती हैं कि वे शूद्र हैं तो क्या कोई शिकायत हो सकती है? यह ठोस विचारहीन हो सकता है लेकिन नियम बिना कोई न्यायिक निर्णय नहीं होता है और न्यायिक निर्णय "मनुस्मृति" ही है। और नान–ब्राह्मण दल पर कौन पत्थर फेंक सकता है? यदि ब्राह्मणों ने यह पाप नहीं किया होता तो वे ऐसा कर सकते थे। लेकिन क्या "मनुस्मृति के लेखक पूजा करने वाले तथा इसको न्याय के रूप में बड़ा मानने वाले, बिना पाप के हैं जो इस तथ्य की मांग कर सकते हैं? एक ब्राह्मण को यदि "शूद्र" की स्थिति में रखा जाये, तो ब्राह्मण क्या महसूस करता है?

असमानता हिन्दुओं में सब जगह विद्यमान है। यह अन्यत्र भी चालू है और यह समाज को ऊँचे–नीचे तथा स्वतंत्र एवं दास श्रेणी में विभाजन के लिए उत्तरदायी भी है, जिसको समाप्त करने का कार्य जानबूझकर अधूरा छोड़ रखा है।"

"दस सोक अम्बेडकर" – "दलित वायस", फरवरी 16–28, 1997, पृष्ठ 2

प्रसिद्ध समाजशास्त्री मिल के शब्दों में "समाज में सभी को बराबरी की भावना तथा सभी की रुचियों को समान रूप से देखा जावें", लेकिन ऐसी स्थिति भारतीय समाज में नहीं है। भारतीय समाज के टुकड़ों में विभाजन का सिलसिला लगातार चलता रहा है। मण्डल आयोग के अनुसार समाज में 3743 जातियां हैं जो आगे फिर उपजातियों में विभाजित हैं जो सामाजिक व शैक्षणिक दृष्टिकोण से पिछड़े हुए हैं। एक ब्राह्मण जाति में 1886 उपजातियां हैं। समाज में भाईचारे की भावना इन जातियों के कारण नहीं बन पाती है। इस ओर सभी को गम्भीरता से विचार करना चाहिए ताकि भारत एक राष्ट्र बन सके।

1950 के संविधान के बाद की स्थिति–योग्यता में पक्षपात

भारत की सबसे बड़ी प्रशासनिक सेवा का पूर्व नाम बदलकर अब भारतीय प्रशासनिक सेवा रखा गया। स्वतन्त्रता प्राप्ति के पश्चात एक तरफ यूरोपियों द्वारा अचानक चले जाने से हुए 608 रिक्त पदों (आईसीएस) पर सीधी भर्ती बिना परीक्षा

के या तो रियासतों के पुराने सेवक जो सामन्ती परम्परा के समर्थक उच्च शासक जातियों से आये तथा या फिर उच्च शिक्षा स्नातक स्तर तक की प्राप्त तथाकथित उच्च जातियों से ऊँची पहुंच वाले युवकों को रोजगार देकर नियुक्तियां की गई थीं। इनमें दलित वर्ग से शिक्षा की कमी के कारण कोई उम्मीदवार नहीं होने से इसका लाभ नहीं दिया गया था। देश का शासन चलाने वाले इन प्रशासकों में इस प्रकार पूंजीपति सामन्ती परिवारों से आये लोगों को ही लाभ मिला, जिनको दलित वर्ग से कोई सहानुभूति नहीं थी। राज्य प्रशासन में केवल तथाकथित उच्च जातियों के इन प्रशासकों का जोर होने से दलित वर्ग के साथ योग्यता नापने में तथा अंकों के आवंटन में पक्षपात चलता रहा था, जिसके उदाहरण इस प्रकार हैं–

1. आई.ए.एस., 1950 में अनुसूचित जाति (दलित) के व्यक्ति श्री अच्युतनन्द दास के साथ व्यवहार इस प्रकार रहा था –

नाम व्यक्ति	लिखित परीक्षा में प्राप्तांक (1050 अंकों में)	साक्षात्कार में 300 अंकों में प्राप्तांक	कुल प्राप्तांक व योग्यता क्रमांक
अच्युतनन्द दास (अनुसूचित जाति)	613	110	723–48वीं
एन कृष्णन (उच्च जाति)	602	260	862–प्रथम
अनिरुद्ध दास गुप्ता (उच्च जाति)	494	264	758–छठा
2. आई.ए.एस., 1954 में भी स्थिति इस प्रकार रही–			
नाम	1450 अंकों में	300 अंकों में	
पुई जाम चांगारा (अनुसूचित जाति)	747	160	907 (मेरिट में नीचे)
राथिन्द्र सेन गुप्ता (उच्च जाति)	694	240	934 (मेरिट में श्री चांगरा से काफी ऊपर)

उपरोक्त दोनों उदाहरणों में दलित उम्मीदवारों को उनकी योग्यता को निम्नतर स्थिति में लाने की द्वेषपूर्ण भावना के अन्तर्गत साक्षात्कार में अंक कम देकर

उनके साथ अन्याय किया गया था क्योंकि साक्षात्कार समिति के सभी सदस्य तथाकथित ऊंची जातियों के होने के कारण उनके सामन्ती विचार हमेशा दलित विरोधी ही रहते है, इस कारण दलित वर्ग के साथ द्वेषपूर्ण भावना के अन्तर्गत अन्याय किया जाता रहा था। यह अत्यन्त ही विचारणीय गंभीर समस्या है।

वाणिज्यिक कर आयुक्त, राजस्थान द्वारा दलित विरोधी तथा सवर्णों के पक्ष में पदोन्नतियों में भेदभाव

मैं एक दलित व्यक्ति हूँ। ''वाणिज्यिक कर निरीक्षक'' पद पर पब्लिक सर्विस कमीशन द्वारा वर्ष 1960 में अन्य सवर्ण साथी गण सर्वश्री डी.एस. गुप्ता, आर.एस. अरोड़ा, आर.पी. कश्यप, एन.सी. पाण्डया, एल.एम. भण्डारी, एस.एल.जैन, पी.सी. शर्मा तथा आर.सी. चौहान के समान ही कार्यरत हुआ था। बाद में 29 अन्य साथियों सहित दिनांक 10.12.1964 को सहायक वाणिज्यिक कर अधिकारी पक्ष पर पदोन्नत किया गया था जिसमें कुछ निरीक्षक वर्ष 1964 के पब्लिक सर्विस कमीशन से चयनित भी शामिल थे, जैसे गणपतराम चौधरी, गणपतसिंह चौहान तथा फूलसिंह चौहान आदि–आदि। आगे चलकर दिनांक 13 अगस्त, 1965 को इस प्रकार के कुल 112 अधिकारी समान तरह की स्थिति में आ गये थे जिनकी वेतन स्वीकृति इसी प्रकार चलती रही थी। इनमें सर्वश्री बी.एस. माथुर, बी.बी. सक्सेना, जे.एल. माथुर, एम.एल. मित्तल, एन.एल. मोगरा, हंसराज काबरा, टी.सी. भूरट तथा विष्णु प्रसाद शर्मा भी थे।

Copy of letter No. F.11(232) FD/RT/64 dated 13th August, 1965, from the Section Officer, Finance (R.&E.A.) Department (Commercial Taxes Section), Rajasthan, Jaipur to the Commissioner, Commercial Taxes, Rajasthan, Jaipur addressed the Accountant General, Rajasthan, Jaipur.

Subject : Appointment of Assistant Commercial Taxes Officers.

I am directed to convey sanction of the Governor to the provisional payment of salaries to the following Assistant Commercial Taxes Officers from 1.7.1965 to 30.9.1965 or till suitable candidates selected by Rajasthan Public Service Commission join whichever is earlier, since concurrence of the Rajasthan Public Service Commission to their continuance has not been received:–

1. Shri B.K. Purohit
2. Shri B.G. Mehra
3. " Bhagwati Lal Nanawati
4. " B.M. Mehta
5. " B.S. Mathur
6. " Bhim Singh

7. Shri Brij Raj Purohit
8. Shri B.P. Jha
9. " Bheem Dutt
10. " Bheem Raj
11. " Bankey Behari
12. " Chandmal Singhvi
13. " ChhattarSal Rawal
14. " Chandra Bhan
15. " Dalpat Singh
16. " Daleep Singh Yadava
17. " Dhanna Lal
18. " Durga Shankar Gupta
19. " D.C. Godha
20. " Durga Lal Mathur
21. " Duli Chandra
22. " D.S. Bhatnagar
23. " Dinesh Narain
24. " G.L. Bolia
25. " Gend Singh Saruparia
26. " Gautam Pal
27. " Gautam Lal Malot
28. " Ganpat Singh
29. " Ganpat Mal
30. " Ganpat Ram
31. " G.L. Talesra
32. " Girraj Prashad
33. " Gopi Kishan
34. " Girdhari Singh
35. " Ganesh Narain Mathur
36. " Harbans Talwar
37. " H. R. Kabra
38. " Ishwar Dayal
39. " J.N. Bhil
40. " Jagdamba Pd. Mathur
41. " Jagdamba Raj Singhvi
42. " Jawaharlal Jain
43. " Jaswant Singh Lodha
44. " Jagdish Lal Mathur
45. " Jagdish Pd. Gaur
46. " K.D. Singh
47. " K.G. Gupta
48. " K.N. Gurtu
49. " K.N. Kalla
50. " K.L. Toonwal
51. " Kushal Ram
52. " Kamla Prashad
53. " Kanhaiya Lal Agarwal
54. " Labh Chand
55. " L.D. Joshi
56. " Laxmi Mal Bhandari
57. " M. M. Mathur
58. " M.M. Joshi
59. " Madho Singh
60. " M.L. Mittal
61. " Madan Lal Natani
62. " Mangal Singh
63. " M.R. Soni
64. " M.D. Silva
65. " Harsh Nath
66. " Nand Lal Mogra

67. Shri Nand Lal Sharma
68. Shri Nand Kishore
69. " Nawal Kishore
70. " N.R. Dave
71. " Shri N.C. Pandaya
72. " O.S. Sexana
73. " Om Prakash
74. " P.K. Maurya
75. " Parass Dass Jain
76. " Pushker Lal
77. " P.S. Mehra
78. " P.C. Banerjee
79. " Phool Singh
80. " R.N. Baijal
81. " Ram Bux Ram
82. " Raghubir Prashad
83. " Roshan Lal Mathur
84. " Ram Lal
85. " R.S. Arora
86. " Rajani Gokul Dass
87. " Roop Raj Mathur
88. " Ram Dass
89. " Radha Kishan Thanvi
90. " R.P. Kashyap
91. " Ram Chandra Chauhan
92. " Sajjan Singh
93. " Sri Narain Rathi (Trans)
94. " Sukhdeo Pd. Mathur
95. " Suraj Bux
96. " S.N. Mathur
97. " Teja Ram
98. " S.N. Mehra
99. " Sita Ram
100. " Shankar Lal Jain
101. " Sohan Lal Kothari
102. " Shankar Nath Singh
103. " S.M. Raza Hussain
104. " S.C. Bhargava
105. " Tej Chand Bhurat
106. " Tej Raj Bhandari
107. " Takhat Singh
108. " V.K. Baijal
109. " V.S. Hara
110. " Vishnu Prashad
111. " Yogendra Singh
112. " Zorawar Mal Mehta

This issues with in view of Finance Department (Exp. Rules) Memo No. F.1(39)FD(Exp. Rules)/65 dated 28.7.1965.

No. 36(7)Estt/65/3819 Dated the 25 August, 1965.

Copy forwarded to Shri P.K. Maurya Assistant Commercial Taxes Officer, Shri Ganganagar for information

Commissioner,
Commercial Taxes, Rajasthan,
Jaipur.

बाद में इसी प्रक्रिया में श्री गदाधर शर्मा, एम.पी. व्यास, पी.सी. शर्मा, तेजराज सिंह, सुरेन्द्र कुमार माथुर तथा अक्षयनन्दन शर्मा भी इस सूची में शामिल हो गये थे। इन सभी अधिकारियों के मूल निरीक्षक पद पर पारस्परिक वरिष्ठता दिनांक 21 जुलाई, 1975 के पूर्व कभी भी घोषित नहीं की गई थी तथा दिनांक 14.10.1971 के पूर्व इनके नियमन के कोई नियम सरकार के पास नहीं थे।

राजस्थान वाणिज्यिक कर सेवा नियम, 1971 के दिनांक 14.10.1971 से लागू करने के पश्चात् सरकार ने विभाग के सबसे कनिष्ठ (जूनियर) वाणिज्यिक कर निरीक्षक आर.पी.एस.सी. बैच, 1965 के सर्वश्री एम.पी. व्यास, तेजराज सिंह, सुरेन्द्र कुमार माथुर, गदाधर शर्मा, अक्षयनन्दन शर्मा, शंकरलाल अग्रवाल, आर.एल. छापरताल, पी.सी. पालीवाल तथा पी.सी. चौधरी तथा आर.पी.एस.सी. बैच, 1964 के वाणिज्यिक कर निरीक्षकगण सर्वश्री शिवकिशन व्यास भंवरलाल शर्मा, पी.सी. जून, बी.डी. गुप्ता, वाई.के. शर्मा तथा एन.एस. बोर्डिया को भी दिनांक 14.10.1971 से प्रभावी मानकर ''सहायक वाणिज्यिक कर अधिकारी'' पद पर स्थायी कर दिया था। चूँकि यह सभी निरीक्षक गण तथाकथित उच्च हिन्दू जातियों अर्थात् सवर्णों के घराने के थे, इस कारण इनकी मूल पद निरीक्षक की पारस्परिक वरिष्ठता उच्च पद पर स्थायी करने से पूर्ण घोषित नहीं की गई थी।

एक अन्य आदेश दिनांक 29.11.1973 से सरकार ने सर्वश्री बी.बी. सक्सेना, जगदीशलाल माथुर, मदनलाल मित्तल, नन्दलाल मोगरा, तेजचन्द, मुर्रट, विष्णु प्रसाद शर्मा, आर.के. थानवी, एस.सी. भार्गव, बी.एस. माथुर तथा एन.के. शाह को उनका कार्य असन्तोषजनक पाये जाने के कारण से निचले पद वाणिज्यिक कर निरीक्षक पद पर पदावनत कर दिये थे। लेकिन मुझे दलित होने के कारण नियमों के लागू होने के लगभग दो वर्ष से ज्यादा अवधि पूर्व ही गांधी जन्म शताब्दि वर्ष 1969 में गांधी हत्या दिवस दिनांक 30 जनवरी, 1969 को ही निचले पद पर पदावनत कर दिया गया था। बाद में 14½ वर्ष के लम्बे अन्तराल के पश्चात दिनांक 19 जुलाई, 1983 को वर्ष 1971 के रिक्त स्थान पेटे ''सहायक वाणिज्यिक कर अधिकारी'' पद पर मुझे पीछे से पदोन्नति दी गई थी, जिस पर बाद में मैं कार्य करता रहा हूँ।

21 जुलाई, 1983 को सहायक वाणिज्यिक कर अधिकारी पद का कार्यभार संभालने के बाद करीबन ग्यारह माह तक इस पद पर कार्यरत रहने के उपरान्त दिनांक 21.06.84 को इस पद पर स्थायी किया गया तथा 22.06.84 को अस्थायी रूप से अन्य उच्च जाति के सवर्ण अधिकारी गण सर्वश्री हंसराज काबरा, एस.सी. भार्गव, बी.एस. माथुर, रामचन्द्र चौहान तेजराज सिंह, डी.डी. गुप्ता, मित्रपाल सिंह,

एस.एल. दुग्गड़ तथा शिव किशन व्यास सहित वाणिज्यिक कर अधिकारी (साधारण वेतन श्रृंखला) पद पर पदोन्नति दी गई थी, जिस पर दिनांक 25.06.84 को वाणिज्यिक कर अधिकारी, वृत्त धौलपुर के पद का कार्यभार सम्भाला था।

जातीय दुर्भावना का षड्यंत्र

उपायुक्त (प्रशासन) वाणिज्यिक कर जयपुर–प्रथम, जयपुर श्री आर.एस. मित्तल ने दिनांक 05.08.84 से 09.08.84 तक मेरे अवकाश पर रहने के पूर्व आवेदन पत्र दिनांक 01.08.84, जो विशेष वाहक से उनके पास जयपुर भिजवाया गया था, को लेकर मेरे दलित होने के कारण उन्होंने काफी हंगामा मचाया तथा बाद में उनके धौलपुर प्रवास दिनांक 24.8.84 में स्पष्टीकरण प्रस्तुत करने पर श्री मित्तल सन्तुष्ट हुए थे। लेकिन वर्ष 1983 में धौलपुर कार्यालय में हुई चोरी प्रकरण की जांच रिपोर्ट जो दिसम्बर, 1984 के आखिरी सप्ताह में उपायुक्त (प्रशासन) श्री मित्तल के पास जयपुर एक विशेष वाहक से प्रस्तुत की थी जिस पर उनके किसी रिश्तेदार के विरुद्ध जांच पड़ने के कारण वह पुनः उग्र रूप से मेरे विरुद्ध हो गये थे, तथा इस पर बदले की भावना से उन्होंने मेरे ऊपर वर्णित अवकाश आवेदन प्रकरण में अनुशानात्मक कार्यवाही के लिए श्रीमान् आयुक्त वाणिज्यिक कर के समक्ष प्रस्तुत कर दिया था, जिस पर आयुक्त महोदय ने दिनांक 2 मार्च, 1985 से मुझसे स्पष्टीकरण चाहा और मैंने अपने आवेदन दिनांक 15 मार्च, 1985 से उनके समक्ष प्रस्तुत किया था जिस पर तत्कालीन आयुक्त श्री वी.एन. बहादुर साहब संतुष्ट हो गये थे तथा आगामी कोई कार्यवाही नहीं करना चाहते थे।

वर्ष 1984–85 के मेरे कार्य से उपायुक्त (प्रशासन) एवं आयुक्त वाणिज्यिक कर दोनों ने खुश होकर भी श्री आर.एस. मित्तल, उपायुक्त (प्रशासन) ने अपने अर्द्धशासकीय पत्र दिनांक 14.05.1985 से इस प्रकार सूचित किया था–

R.S. Mittal,
Dy-Commissioner (Adm.)-I.

Office of the
Dy. Commissioner (Adm.),
Commercial Taxes, Jaipur-I.

D.O. No. F. 36/Acctts/DG-I/84-85/227

Dated the 14th May, 1985.

My dear Shri Maurya,

I wish to convey my appreciation and also of the Commissioner, Commercial Taxes Department for your circle having achieved the target of revenue collection for the financial year 1984-85 despite unfavourable economic conditions prevailing during the year.

Please convey my appreciation to all the officers and staff members of your circle.

I am positive that you and your colleagues will continue to work hard towards the achievement of revenue targets in the current financial year also.

With best wishes,

Yours Sincerely,

(R.S. Mittal)

Shri P.K. Maurya,
Commercial Taxes Officer,
Dholpur.

इससे स्पष्ट प्रमाणित होता है कि उन लोगों की मेरे वर्ष 84–85 के कार्य से कोई असन्तुष्टि नहीं थी। लेकिन उपायुक्त (प्रशासन) के मस्तिष्क में मेरे प्रति दलित होने के कारण दुर्भावना थी, इसलिए एक तरफ तो उन्होंने मेरे उपरोक्त वर्णित अवकाश प्रकरण में मुझे बदनाम करने की नीयत से एक विशेष गोपनीय पत्र दिनांक 8 मई, 1985 को श्रीमान् आयुक्त महोदय को लिखा, जिसके तथ्यों से मुझे अवगत नहीं कराया था तथा दूसरी तरफ उन्होंने मेरे कार्यालय में एक शराबी कबावी चतुर्थ श्रेणी कर्मचारी श्री बन्सीराम को लगाया, जिसने दिनांक 2 जुलाई, 1985 को मेरे धौलपुर कार्यालय में मेरे कमरे के आगे शराब की बोतल, मीट की प्लेट व रोटियां तथा स्टोव रख कर गाली गलौच किया था, जिस कारण मैंने दिनांक 3 जुलाई, 85 को उसको धौलपुर ड्यूटी से मुक्त करके उपायुक्त (प्रशासन) को इस प्रकार पत्र लिखा था –

प्रदीप के. मौर्य,
वाणिज्यिक कर अधिकारी।

कार्यालय वाणिज्यिक कर अधिकारी
धौलपुर (राजस्थान)

अ.शा. पत्र संख्या : 262

दिनांक : 03.07.1985

विषय : श्री बंसीराम गार्ड के कार्यभार से मुक्त करने बाबत।

आदरणीय श्री मित्तल साहिब,

इस कार्यालय के आदेश क्रमांक 258 दिनांक 03.07.1985 द्वारा श्री बंसीराम गार्ड को इस वृत्त से कार्यभार से मुक्त करके आपके कार्यालय में उपस्थिति देने हेतु निर्देश दिये गये हैं क्योंकि :–

(1) दिनांक 01.07.1985 को कार्यालय भवन में रात्रि 18.00 बजे से ही शराब पीकर गाली–गलौच करता रहा था तथा चौकीदार श्री राम सेवक से झगड़ा किया, जिसकी चौकीदार ने दिनांक 02.07.1985 को प्रातः 8.30 पर मुझे जबानी रिपोर्ट की। 02.07.1985 को प्रातः 10.00 बजे पर जब मैं कार्यालय पहुँचा तो मेरे कमरे के आगे अपने खाना बनाने का सामान व एक प्लेट में मीट डालकर रखा था तथा मेरे मना करने पर के बावजूद एक गिलास शराब पी और खाना खाया तथा असभ्य तरीके से गाली–गलौच करता रहा था, ऐसी स्थिति में मैंने स्थानीय पुलिस अधिकारी व मुख्य चिकित्सा अधिकारी से दूरभाष पर वार्त्ता की। जिसके अन्तर्गत पत्र क्रमांक 225 दिनांक 2.7.85 प्रातः 10 बजे थानाध्यक्ष महोदय को रिपोर्ट की, जब श्री बंशीराम गार्ड को पता चला तो वह कार्यालय से बाहर चला गया तथा मार्केट में दिन के समय में शराब पीकर पड़ा रहा।

(2) दिनांक 03.07.1985 को प्रातः 10 बजे पर दिनांक 2.07.1985 से 06.07.1985 तक का आकस्मिक अवकाश का प्रार्थनापत्र मेरी मेज पर मिला, श्री बंसीराम का पता लगाया तो वह नहीं मिला, इसके बाद बन्सीराम ने शराब के नशे में 10.40 बजे व 11.00 बजे तथा 11.30 बजे पर फिर अवकाश प्रार्थना पत्र दिये, जो अस्वीकार कर दिये गये। इस पर श्री बन्सीराम ने मुझे धमकी दी कि पेपर में निकलवाकर छुट्टी लेकर जाऊँगा वरना डिप्टी कमिश्नर साहब से अवकाश स्वीकृत कराऊँगा, 12 बजे दोपहर को शराब के नशे में मेरे टेबल के पास आया व मुझसे कागज छीनने की अवांछनीय कोशिश की जो भयंकर अनुशासनहीनता का द्योतक रहा है।

(3) दोपहर को पाया कि कार्यालय के पीछे शराब के नशे में सोया हुआ था। ऐसी हालत में कार्यालय की शिष्टता व शालीनता समाप्त हो जाती है। विभाग की छवि खराब होती है।

इन हालातों में मेरे कार्यालय में इससे काम लेना मेरे लिए कतई सम्भव नहीं है। कृपया इसका पदस्थापन कहीं अन्यत्र करने की कृपा करें ताकि मैं अपने कार्यालय का कार्य सुचारू रूप से चला सकूँ। इस प्रकार के व्यक्ति के विरुद्ध गंभीर कार्यवाही किया जाना अत्यन्त ही आवश्यक है।

सादर,

भवदीय

(प्रदीप के. मौर्य)

श्रीमान् आर.एस. मित्तल साहब,
उपायुक्त (प्रशासन) वाणिज्यिक कर,
जयपुर प्रथम, जयपुर।

इसके अलावा श्री बन्शीराम चतुर्थ श्रेणी कर्मचारी ने, मेरे द्वारा उसको धौलपुर कार्यालय से हटाने के कारण नाराज होकर एक मिथ्या शिकायत की कि उसके साथ 2 जुलाई, 85 की रात्रि को मारपीट की तथा श्री धर्मसिंह नामक चतुर्थ श्रेणी कर्मचारी ने उससे रुपये 280/– लूट लिये थे। यह शिकायत कलेक्टर, धौलपुर उपायुक्त (प्रशा.) तथा आयुक्त, वाणिज्यिक कर कार्यालयों को भेजी गई थी। इसने पुलिस में भी केस दर्ज कराया था तथा श्री धर्मसिंह चतुर्थ श्रेणी कर्मचारी को इस दोषारोपण पर पुलिस ने गिरफ्तार भी किया था लेकिन जांच से यह शिकायत मिथ्या प्रमाणित हुई थी तथा श्री धर्मसिंह च.श्रे.क. जो चैक पोस्ट सागरपाडा पर नियुक्त था, वहां के निरीक्षक श्री रामावतार गुप्ता द्वारा शिकायत वाली रात्रि को वह चेक पोस्ट पर ड्यूटी पर था, यह प्रमाणित करने पर पुलिस ने श्री धर्मसिंह च.श्रे.क. को छोड़ दिया था तथा पुलिस केस में एफ.आर. लगा दी थी। बाद में दिनांक 24.7.85 को चैक पोस्ट चम्बल (सागरपाड़ा) पर विस्तृत जांच करने पर उच्च अधिकारियों को दिनांक 3 अगस्त, 85 को लिख दिया था कि यह शिकायत आधारहीन व मिथ्या थी, जिस पर आगामी कार्यवाही बन्द कर दी गई थी।

आयुक्त वाणिज्यिक कर का आदेश दिनांक 27 जुलाई, 1985

चूँकि मैं दलित था तथा ऊपर वर्णित चतुर्थ श्रेणी कर्मचारी श्री धर्मसिंह भी दलित था, इस कारण उपायुक्त (प्रशासन) ने जातीय द्वेष की दुर्भावनापूर्ण मनोभावना के वशीभूत होकर नये आये आयुक्त, वाणिज्यिक कर श्री पी.एन. भण्डारी का मस्तिष्क मेरे खिलाफ भर दिया, जिससे जोश में आकर श्री भण्डारी ने बिना मेरी कोई सुनवाई किये ही तथा उपायुक्त (प्रशासन) का गोपनीय पत्र दिनांक 8 मई, 85 को मुझसे छुपाकर मेरे अवकाश माह अगस्त, 84 के प्रकरण में जिसका स्पष्टीकरण पूर्व में मैंने 15 मार्च, 1985 को प्रस्तुत किया था, को निष्पक्ष विचार न करते हुए दिनांक 27 जुलाई, 85 को परिनिन्दा के दण्ड से मुझे इस प्रकार दण्डित कर दिया था–

राजस्थान सरकार,
वाणिज्यिक कर विभाग

क्रमांक : प.6(303)संस्था/आयुक्त/84/11853 दिनांक : 27.7.85

''आदेश''

श्री पी.के. मौर्य, वाणिज्यिक कर अधिकारी, धौलपुर के पद पर कार्य करते हुए दिनांक 6.8.84 से 12.8.84 तक अवकाश एवं 4.8.84 से 12.8.84 तक मुख्यालय

छोड़ने हेतु उपायुक्त (प्रशासन) प्रथम, वाणिज्यिक कर, जयपुर को प्रार्थना–पत्र विशेष दूत द्वारा भिजवाया था। उपायुक्त (प्रशासन) प्रथम, वाणिज्यिक कर, जयपुर ने दिनांक 2.8.84 को ही उसका अवकाश अस्वीकृत कर वाहक के साथ ही वापस लौटा लिया था। इसके बावजूद भी श्री मौर्य दिनांक 6.8.84 से 12.8.84 तक कर्तव्य से स्वेच्छापूर्वक अनुपस्थित रहे एवं 4.8.84 से 12.8.84 तक मुख्यालय से बाहर रहे। राज्य कार्य के प्रति उदासीनता बरती, जिससे धौलपुर वृत्त की राजस्व आय वसूली में कमी हुई।

श्री मौर्य का उक्त कृत्य अनुशासनहीनता का द्योतक होने के कारण पत्र (क्रमांक प. 6) 303 (संस्था/आयुक्त/83/2695 दिनांक 2.3.85 द्वारा राजस्थान सिविल सेवा) वर्गीकरण, नियंत्रण एवं अपील (नियम के नियम 17) के अधीन नोटिस जारी कर श्री मौर्य से स्पष्टीकरण मांगा गया था। श्री मौर्य ने अपना लिखित अभिकथन प्रस्तुत किया। लिखित अभिकथन पर उपायुक्त (प्रशासन) वाणिज्यिक कर, जयपुर–प्रथम की टिप्पणी भी प्राप्त की गई।

श्री मौर्य ने लिखित अभिकथन एवं सम्बन्धित अभिलेख का अवलोकन कर विचार किया। श्री मौर्य का स्पष्टीकरण संतोषजनक नहीं है। यह प्रमाणित है कि श्री मौर्य अवकाश अस्वीकृत होने की सूचना के बाद भी स्वेच्छापूर्वक अनुपस्थित रह कर अनुशासनहीनता की एवं विशेष वसूली अभियान में धौलपुर वृत्त में वसूली कार्य में उदासीनता बरती। उनको इस अनुशासनहीता एवं कर्तव्य में उदासीनता के लिये उन्हें राजस्थान सिविल सेवा (वर्गीकरण, नियंत्रण एवं अपील) नियम 1958 के नियम 17 के अधीन ''परिनिन्दा'' से दण्डित किया जाता है।

(पी.एन. भण्डारी)
आयुक्त, वाणिज्यिक कर विभाग,
राजस्थान, जयपुर।

क्रमांक : पं. 6(303)संस्था/आयुक्त/84/11853 दिनांक : 27.7.85

प्रतिलिपि निम्नलिखित को सूचनार्थ एवं आवश्यक कार्यवाही हेतु :–

1. उपायुक्त (प्रशासन) वाणिज्यिक कर, जयपुर–प्रथम को उनके पत्र क्रमांक 12(सी) संस्था/उपा–I/85/596 दिनांक 8.5.85 के क्रम में।
2. श्री पी.के. मौर्य, वाणिज्यिक कर अधिकारी, धौलपुर।
3. संस्थापन ''ए'' मुख्यालय को भेजकर निर्देश दिए जाते हैं कि श्री पी.के. मौर्य की सेवा पुस्तिका में आवश्यक इन्द्राज कर एस अनुभाग को सूचित करें।

4. रक्षी पत्रावली।

(पी.एन. भण्डारी)
आयुक्त, वाणिज्यिक कर विभाग,
राजस्थान, जयपुर।

बाद में इसके विरुद्ध अपील प्रतिवेदन दिनांक 21.9.1985 को अ.शा. पत्र संख्या 886 व 887 दिनांक 24.9.85 को पंजीकृत डाक से राज्य सरकार के समक्ष प्रस्तुत की थी, जिसका कोई निर्णय सेवाकाल में नहीं होने दिया था।

रजि.ए.डी.

गोपनीय

पी.के. मौर्य,
वा.क.अ.

कार्यालय वाणिज्यिक कर अधिकारी,
एन्टीइवेजन, बीकानेर।
अ.शा. पत्र सं. 886
दिनांक 24.9.85

विषय : अपील प्रतिवेदन नियम 23(3) राज. सि. सेवा नियम (व.नि. कर अ.) 1958

आदणीय श्री भण्डारी साहिब,

आपके आदेश संख्या प. 6(303)संस्था/आयुक्त/84/11853 दिनांक 27.7.85 के विरुद्ध राजस्थान सिविल सेवा (व.नि. एवं अ.) नियम 1958 के नियम 23(3) के अन्तर्गत अपील प्रतिवेदन दिनांक 21.9.85 की दो प्रतियां यहां संलग्न कर निवेदन है–

(1) कि इस आज्ञा से पूर्व उपायुक्त (प्रशा.) द्वारा दी गई टिप्पणी संख्या 12(सी) संस्था/उपा–I/85/596 दि. 8.5.85 की प्रति मुझे नहीं दी गई तथा इस सम्बन्ध में सुनवाई का अवसर नहीं दिया गया।

(2) कि इस आदेश से मेरी सेवा पर विपरीत प्रभाव पड़ता है अतः व्यक्तिगत सुनवाई का युक्तियुक्त अवसर दिया जाना जरूरी था, जो अपीलार्थी को नहीं दिया गया।

(3) कि उपायुक्त (प्रशा.) ने अपने अ.शा. पत्र संख्या एफ 36 (लेखा / 227 दिनांक 14.5.85) जो उनकी टिप्पणी दिनांक 8.5.85 के ठीक पांच दिन बाद लिखा गया से मेरा वसूली कार्य अच्छा माना गया व मेरी प्रशंसा की गई। इससे प्रतीत होता

है कि इस आज्ञा से पूर्व इस पत्रावली से तथ्य छुपाए गये तथा निष्पक्ष रूप से मस्तिष्क नहीं लगाया गया। यह दूषित प्रक्रिया को प्रमाणित करता है।

इन तथ्यों से यह आज्ञा दि. 27.7.85 एक दूषित आज्ञा है तथा इसमें दिया गया दण्ड निराधार होने के कारण निरस्त योग्य है। कृपया इस दृष्टिकोण से इस अपील प्रतिवेदन को राज्य सरकार के समक्ष प्रस्तुत करें।

सादर।

भवदीय

संलग्न : अपील प्रतिवेदन दि. 21.1.85
दो प्रति में।

ह./–
(पी.के. मौर्य)

श्रीमान् पी.एन. भण्डारी साहिब,
आयुक्त वाणिज्यिक कर विभाग,
राजस्थान, जयपुर।

Registered A/D

सेवा में,
श्रीमान विशेष सचिव महोदय,
वित्त (ग्रुप–4) विभाग,
राजस्थान सरकार, जयपुर।

उचित माध्यम द्वारा

विषय : अपील प्रतिवेदन नियम 23(3) राजस्थान नागरिक सेवायें (व.नि.व.अ.) नियम 1958 के अन्तर्गत विरुद्ध आदेश क्रमांक प. 6(303)/संस्था/आयुक्त/84/11853 दिनांक 27.7.85 आयुक्त, वाणिज्यिक कर, जयपुर।

महोदय,

आयुक्त, वाणिज्यिक कर, राजस्थान, जयपुर के आदेश क्रमांक प. 6(303)/संस्था/आयुक्त/84/11853 दि. 27.7.85 के विरुद्ध अपील प्रतिवेदन सादर प्रस्तुत है कि –

(1) दिनांक 5.8.84 से 12.8.84 तक का अवकाश व मुख्यालय छोड़ने की स्वीकृति हेतु उपायुक्त (प्रशा.) वा. कर, प्रथम, जयपुर को पत्र क्रमांक 1875 दि. 1.7.85 से विशेष वाहक द्वारा भेजा गया था – विशेष वाहक श्री उदयवीर सिंह कनिष्ठ लिपिक दिनांक 4.8.84 को रात्रि को वापिस धौलपुर आया तथा मुझसे

दिनांक 16.8.84 को दोपहर को 1.30 सायंकाल कार्यालय में मिला था – मूल प्रार्थना पत्र दि. 1.8.84 व श्री उदयवीर सिंह क.लि. का हल्फनामा यहां संलग्न है।

(2) कि दिनांक 3.8.84 को उपायुक्त (प्रशा.) वा.कर, जयपुर प्रथम से दूरभाष पर बात करने के लिए टेलीफोन बुक कराया लेकिन लाइन खराब होने के कारण टेलीफोन नहीं मिला–वा.क.अ. धौलपुर की टेलीफोन पंजिका के क्रमांक 97 पर दर्ज है। दिनांक 4.8.84 तक उपायुक्त (प्रशा.) वा.कर, जयपुर प्रथम द्वारा भी दूरभाष से कोई सूचना अपीलार्थी को नहीं दी गई –अतः ऐसे हालात में स्वीकृति मानकर अपीलार्थी अवकाश पर रवाना हो गया।

(3) कि दिनांक 3.8.84 को मेरी पुत्री का बीकानेर में वर्ष 1984–85 में बी.एड. नियमित कक्षा में प्रवेश के लिए साक्षात्कार होना था। अतः मेरा अवकाश पर बीकानेर जाना अत्यंत आवश्यक था। प्राचार्य के पत्र दिनांक 23.7.84 की फोटो प्रति यहां संलग्न है। दिनांक 9.8.84 से 12.8.84 तक स्वयं बीमार रहा जिसका चिकित्सा प्रमाणपत्र की प्रति भी अवलोकनार्थ यहां संलग्न है। अपीलार्थी क्रोनिक कोलेशिस्टीटीस कोलेलीयीयसीस सहित से बीमार पूर्व से ही चल रहा था तथा इसके लिए हल्के कार्य करने को ही चिकित्सा अधिकारी ने सही माना था–इसका प्रमाण यहां संलग्न है। आकस्मिक अवकाश एवं विशिष्ट आकस्मिक अवकाश परिशिष्ट–1 के नियम–1 के निर्देश–I दि. 30.6.70 के अनुसार यथार्थ मामलों में जैसे बीमारी के कारण अवकाश चाहने पर पूर्व स्वीकृति नहीं करने पर भी कार्योत्तर स्वीकृति प्रदान की जा सकती है। अतः इसको स्वयं की इच्छा से अनुपस्थिति नहीं मानी जा सकती है।

(4) कि विशेष वाहक ने मेरे प्रार्थनापत्र दि. 1.8.84 जिस पर दिनांक 2.8.84 को उपायुक्त (प्रशा.) वा.कर जयपुर प्रथम ने अवकाश अस्वीकृत किया था को मूलरूप से दिनांक 16.8.84 को दोपहर को 1.30 बजे दोपहर पर मुझे देने से पहले करीबन 12.30 बजे दोपहर को जयपुर से उपायुक्त (प्रशा.) का दूरभाष आया जिस पर मैंने उन्हें सभो कारण बताये तथा यह भी बताया कि उनका अवकाश अस्वीकृति का दूरभाष पर वार्त्ता तक मुझे नहीं मिला था – अतः अवकाश अस्वीकृति के बावजूद अनुपस्थिति का आरोप प्रमाणित नहीं होता है। इस प्रकार अपीलार्थी ने राजस्थान सेवा नियम 89 का कोई उल्लंघन नहीं किया था – यह आरोप सरासर निराधार व बेबुनियाद है।

(5) कि धौलपुर वृत्त के विशेष महत्वपूर्ण वार्ड 'ब' में दिनांक 4.8.84 से 2.9.84 तक कोई स.वा.क.नि. का पदस्थापन नहीं रहा तथा उपायुक्त (प्रशा.) को अ.शा. पत्र संख्या 2313 दिन. 1.7.84 व 2337 दिन. 17.8.84 द्वारा स्टाफ की कमी के बारे में ध्यान आकर्षित किया था जिस पर कोई कार्यवाही नहीं की गई।

सरमथुरा, बाड़ी व कमेडी का महत्वपूर्ण क्षेत्र वार्ड 'बी' में ही था तथा बकाया भी अधिकतर इसी वार्ड में थी तथा उच्च अधिकारियों के आदेशानुसार समस्त वसूली का मूल्य दायित्व सहायक वाणिज्यिक कर अधिकारियों का ही था–लेकिन इस अभाव में अपीलार्थी ने स्वयं 1.8.84 से 4.8.84 तथा 13.8.84 से 31.8.84 तक लगातार सभी तरह के प्रयत्न किये – इसी के परिणामस्वरूप राजस्व आय गत् वर्ष की तुलना में माह अगस्त, 84 में इस प्रकार रही–

अगस्त, 83 की वास्तविक आय	540912
अगस्त, 84 का लक्ष्य	700000
अगस्त, 84 की वास्तविक आय	851582

गत् वर्ष की तुलना में 58 प्रतिशत तथा लक्ष्य की तुलना में 21.7 प्रतिशत अधिक राजस्व आय रही–बकाया वसूली अभियान में कमी होना स्वाभाविक था जिसके लिए मेरी उदासीनता का कोई सक्षम प्रमाण नहीं है तथा न ही मैंने किसी स्तर पर उदासीनता दिखाई है। अतः यह आरोप निराधार है।

(6) कि यह आश्चर्यजनक है कि उपायुक्त (प्रशा.) अपने पत्र क्रमांक 12/सी/संस्था/उपा–1/85/596 दिनांक 8.5.85 द्वारा आयुक्त महोदय के समक्ष विपरीत टिप्पणी दी तथा इसकी कोई प्रतिलिप मुझे नहीं दी गई जोकि प्राकृतिक न्याय के सिद्धान्त के विपरीत है। इसी टिप्पणी के ठीक 6 दिन पश्चात अ.शा. पत्र संख्या एफ 36/लेखा/डीपी–I/84–85/227 दि. 14.5.85 द्वारा मेरे वसूली कार्य की प्रशंसा की गई (फोटो प्रति संलग्न है)। अतः कार्य में लापरवाही का आरोप निराधार है।

इस प्रकार कार्य में उदासीनता का आरोप व कर्तव्य में स्वेच्छापूर्वक अनुपस्थिति का आरोप निराधार है तथा नियम 17 राजस्थान सिविल सेवा (व.नि.एवं.अ.) नियम 1948 के अधीन दिया गया दण्ड का आदेश निरस्त किया जावे। सादर।

दि. : 21.9.85

भवदीय

संलग्न – नौ

(प्रदीप कुमार मौर्य)
वाणिज्यिक कर अधिकारी
(अतिकरापवंचन) बीकानेर।

गोपनीय

रजि.ए.डी.

क्रमांक : 887

दिनांक 24.9.85

प्रतिलिपि–

श्रीमान् सी.एस. राजन साहिब, उपसचिव, वित्त (ग्रुप–4) राजस्थान सरकार को अग्रिम रूप से अपील प्रतिवेदन दिनांक 21.7.85 की एक प्रति शीघ्र आवश्यक कार्यवाही हेतु प्रेषित है।

ह./–

संलग्न : एक प्रति (पी.के. मौर्य)

अपील प्रतिवेदन 21.9.85 वाणिज्यिक कर अधिकारी,

एन्टीइवेजन,

बीकानेर।

धौलपुर से स्थानान्तरण

माह अगस्त, 1985 में मेरा स्थानान्तरण धौलपुर वृत्त से बीकानेर एन्टीइवेजन वृत्त में हो गया था, इस कारण दिनांक 20 अगस्त, 85 को धौलपुर से कार्यमुक्त होकर दिनांक 24.08.85 को बीकानेर में डयूटी ज्वाइन कर ली थी।

दिसम्बर, 1985 में मेरे विरुद्ध फिर षडयंत्र

धौलपुर वृत्त के नये वाणिज्यिक कर अधिकारी श्री के.सी. गुप्ता उपायुक्त (प्रशासन) श्री आर.एस. मित्तल के सजातीय सम्बन्धी व्यक्ति आये थे, जिनसे मिलकर श्री बन्सीराम चतुर्थ श्रेणी कर्मचारी की मेरे समय में की गई मिथ्या शिकायत दिनांक 3 जुलाई, 1985 को उसको दबाकर पुनः उससे आवेदन लेकर नई जांच मेरे तथा मेरे अन्य स्टाफ, जिसमें दलित कर्मचारी सर्वश्री रामचरण माहौर कनिष्ठ लिपिक, धर्मसिंह चतुर्थ श्रेणी कर्मचारी तथा रामसेवक चतुर्थ श्रेणी कर्मचारी भी शामिल थे, सबके विरुद्ध शुरू कर दी तथा गरीब श्री धर्मसिंह च.श्रे.क. को बाद में आयुक्त श्री पी.एन. भण्डारी के कान भर कर सेवा से निलम्बित भी कर दिया था।

वर्ष 84-85 की गोपनीय रिपोर्ट खराब की

वर्ष 1984–85 की वार्षिक गोपनीय प्रतिवेदन में श्री रामशरण मित्तल उपायुक्त (प्रशासन) ने दुर्भावना से निम्न विपरीत टिप्पणियां अंकित की थीं–

(क्रमांक पी 19/आरपीटीएस/सह/क–I/85 दिनांक 04.01.1986 द्वारा)

1. ड्राइव एण्ड लीडरशिप — औसत से कम
2. इनीशियटिव एण्ड क्रियेटिविटी — औसत से कम
3. कैपासिटी टू हैण्डल पीपुल्स — औसत से कम
4. जजमेन्ट — औसत से कम
5. उसकी कुछ कमियां इस तथ्य से होती थीं कि उसे कार्य धौलपुर में करना होता है तथा उसका परिवार बीकानेर रहता है और वह भौतिक रूप से भी ज्यादा सही नहीं है।

6. बीमार रहने के कारण अधिकतर अवकाश पर रहता है, बिक्री कर विधि की जानकारी बहुत कम है। चैक पोस्ट और फील्ड आफीसर दोनों में अप्रभावशील है, जैसाकि उनको सुधार के लिए कहा गया लेकिन उन्होंने कार्य करने की कोई इच्छा जाहिर नहीं की है तथा अच्छे कार्य और परिणाम प्राप्त नहीं किये हैं।
7. अभी तक वे पदोन्नति के योग्य नहीं है।''

इसके उत्तर में राज्य सरकार को मैंने दिनांक 14 जनवरी, 1986 को अपना प्रतिवेदन प्रस्तुत किया कि स्वयं श्री रामशरण मित्तल ने वर्ष 84–85 के कार्य की अपने अ.शा. पत्र संख्या एफ 36/लेखा/227 दिनांक 14 मई, 1985 से मेरे कार्य की इस प्रकार से प्रशंसा की थी।

''आर.एस. मित्तल,
उप–आयुक्त (प्रशासन)–प्रथम

कार्यालय उप–आयुक्त (प्रशा.)
वाणिज्यिक कर, जयपुर प्रथम
अ.शा. पत्र संख्या प. 36/लेखा/डीसी– I/
84–85/227 दिनांक 14 मई, 1985

प्रिय श्री मौर्य,

मैं और आयुक्त, वाणिज्यिक कर विभाग आपके वृत्त में वर्ष 1984–85 में विपरीत आर्थिक परिस्थितियों के उपरान्त भी लक्ष्य से अधिक आय प्राप्त करने के कारण आपके कार्य की प्रशंसा करते हैं, यह आपको सूचित किया जाता है।

आपके वृत्त के समस्त अधिकारीगण एवं स्टाफ के समस्त सदस्यों को भी कृपया मेरी तरफ से प्रशंसा सूचित करे।

मुझे पूर्ण आशा और विश्वास है कि आप और आपके अधीनस्थ यह कठिन कार्य करने की तथा लक्ष्य प्राप्त करने की प्रवृति चालू वित्तीय वर्ष में भी इस प्रकार चालू रखेंगे।

शुभकामनाओं सहित।

आपका सद्भावी
हस्ताक्षर
(आर.एस. मित्तल)

श्री पी.के. मौर्य,
वाणिज्यिक कर अधिकारी,
धौलपुर।

राज्य सरकार ने इस पर विचार किया और श्री आर.एस. मित्तल के उच्च अधिकारी आयुक्त श्री वी.एन. बहादुर साहब से विचार विमर्श करके उपरोक्त विपरीत

टिप्पणियां *मेरे गोपनीय प्रतिवेदन रिकार्ड 1984–85 से दिनांक 18.09.87 को हटा दी गई।* इस प्रकार श्री मित्तल की दुर्भावंना स्पष्ट प्रमाणित हो चुकी है।

धौलपुर से स्थानानन्तरण के चार माह पश्चात

श्री कैलाशचन्द्र गुप्ता, वाणिज्यिक कर अधिकारी, धौलपुर ने श्री आर.एस. मित्तल, उपायुक्त, (प्रशासन) के दबाव से श्री बन्शीराम चतुर्थ श्रेणी कर्मचारी से उसकी पूर्व शिकायत दिनांक 3 जुलाई, 85 के क्रम में पुनः 21.12.1985 को आवेदन प्राप्त करके पुनः जांच शुरू की। मेरी पूर्व जांच रिपोर्ट दिनांक 03.08.85 को (क्रमांक स्था./सीटीओ/धौलपुर/85/437) अमान्य करते हुए श्री गुप्ता ने दिनांक 08.01.86 को धौलपुर स्टाफ सर्व श्री रामावतार गुप्ता निरीक्षक चेक पोस्ट चम्बल (सागरपाडा), श्री रामचनणलाल महौट, कनिष्ठ लिपिक, हरिओम शर्मा लिपिक, सुल्तान सिंह कनिष्ठ लिपिक, रामसेवक तथा अब्दुल गफूर, चतुर्थ श्रेणी कर्मचारीगणों के बयान लेकर जांच श्री आर.एस. मित्तल उपायुक्त (प्रशासन) के माध्यम से श्री पी.एन. भण्डारी के समक्ष प्रस्तुत करके श्री धर्मसिंह चतुर्थ श्रेणी कर्मचारी (अनुसूचित जाति) को बिना किसी कारण के निलिम्बित कराया तथा उसको मुख्यालय धौलपुर से दूर बीकानेर रखा। इसी को आधारित मानते हुए मेरे विरुद्ध मुख्यालय ने पत्र संख्या एफ 6(76)संस्था/सीसीटी/86/19639 दिनांक 29.10.86 से विभागीय जांच इस प्रकार शुरू की –

राजस्थान सरकार,
वाणिज्यिक कर विभाग

क्रमांक : प.6(76)संस्था/वाक/86/19639 दिनांक : 29.10.86

श्री पी.के. मौर्य,
वाणिज्यिक कर अधिकारी (करापवंचन),
बीकानेर।

विषय : स्पष्टीकरण बाबत।

विषयान्तर्गत लेख है कि आपने दिनांक 24.7.85 को जब वाणिज्यिक कर अधिकारी, धौलपुर के पद पर पदस्थापित थे, तब श्री धर्मसिंह, चतुर्थ श्रेणी कर्मचारी को बचाने के लिए चैक पोस्ट चम्बल के ड्यूटी रजिस्टर पर हस्ताक्षर किये तथा श्री सुल्तान सिंह, कनिष्ठ लिपिक के नाम के सामने लकीरें होते हुए भी इस बाबत कोई जानकारी प्राप्त नहीं की। **ड्यूटी रजिस्टर का पृष्ठ संख्या 26 आपकी शह से हटाया गया** तथा नया पृष्ठ लगवाकर नये सिरे से भरवाया। इस प्रकार आपने **सरकारी रिकार्ड में हेराफेरी करवाई।**

आपने श्री धर्म सिंह, चतुर्थ श्रेणी कर्मचारी को मारपीट व लूटपाट के आरोप से बचाने के लिए गलत तरीका अपना कर ड्यूटी रजिस्टर के बदले हुए पृष्ठ

को प्रमाणित किया जिसके आधार पर पुलिस में प्रमाणपत्र दिए जाने में पुलिस ने एफ.आर. लगाई। इस प्रकार आपने अपने ही अधीनस्थ कर्मचारी बंशीलाल, चतुर्थ श्रेणी कर्मचारी के साथ हुई मारपीट व रुपए छीनने की घटना के प्रमाण को समाप्त करने में सहयोग किया। अतः आप इस नोटिस की प्राप्ति से 15 दिन में अपना स्पष्टीकरण प्रस्तुत करें कि क्यों न आपके विरुद्ध अनुशासनात्मक कार्यवाही की जावे।

उपायुक्त (प्रशासन) मुख्यालय,
वाणिज्यिक कर विभाग,
राजस्थान, जयपुर।

उपरोक्त सम्बन्ध में मैंने अपने आवेदन संख्या 1290 दिनांक 15.1.87, 1695/25.3.87 तथा स्टेनों 181 दिनांक 20.5.89 से स्पष्टीकरण प्रस्तुत किया, लेकिन उस पर निष्पक्ष विचार नहीं किया गया।

श्री बन्शीराम के शपथ-पत्र इस प्रकार प्रस्तुत किया

दिनांक 27.01.1987 को शिकायतकर्ता श्री बन्शीराम चतुर्थ श्रेणी कर्मचारी ने अपना शपथ पत्र इस प्रकार प्रस्तुत किया था–

"कोर्ट स्टाम्प सात रुपये"

शपथ-पत्र

शपथ पत्र–बन्शीराम पुत्र मोटाराम जाति मीना आयु 49 वर्ष हाल चतुर्थ श्रेणी कर्मचारी, सेल्स टेक्स विभाग, धौलपुर।

सील नोटोरी पब्लिक

(1) मैं बहल्फ सही बयान करता हूं कि मैं व धर्मसिंह दोनों सेल्स टैक्स विभाग में कर्मचारी हैं। मेरा व धर्मसिंह का कोई झगड़ा 02.07.85 को नहीं हुआ। न ही मेरे कोई रुपये धर्मसिंह ने छीने थे।

(2) मैं बहल्फ सही बयान करता हूँ कि मेरे व धर्मसिंह के बीच कोई झगड़ा नहीं है, न ही कोई मनमुटाव है, अतः मैं धर्मसिंह के विरुद्ध कोई कार्यवाही नहीं चाहता हूँ। मेरे से किसी ने धोखे से हस्ताक्षर कराकर धर्मसिंह के विरुद्ध शिकायत की है, जो गलत है, क्योंकि यह बिना मेरे को बताये की है।

हस्ताक्षर बन्शीराम

(3) मैं बहल्फ बयान करता हूँ कि शपथ पत्र के पैराग्राफ 1 व 2 मेरे निजी ज्ञान पर आधारित सही है, कोई बात गलत नहीं है, ईश्वर मेरी मदद करें।

तस्दीक आज व मुकाम कचहरी, धौलपुर की गई।

दिनांक 27.1.87

हस्ताक्षर हस्ताक्षर

करोड़ी लाल बन्सी राम"

27.1.87

नौटोरी पब्लिक

जिला – धौलपुर (राजस्थान)

यह शपथ पत्र प्रमाणित करता है कि दिनांक 03.07.85 की बन्शीराम नाम की शिकायत मिथ्या थी।

आयुक्त वाणिज्यिक कर कार्यालय के पत्र दिनांक 29.10.86 के जवाब स्वरूप कई स्पष्टीकरण आवेदन पत्र प्रस्तुत किये लेकिन उन पर निष्पक्ष नजर से विचार नहीं किया गया था।

वर्ष 1982–83 से पदोन्नति

इस बीच दिसम्बर, 1987 में विभागीय पदोन्नति समिति की बैठक के परिणाम स्वरूप वाणिज्यिक कर अधिकारी (साधारण वेतन शृंखला) पद के वर्ष 1982–83 के रिक्त स्थान के पद मेरी व मेरे अन्य सवर्ण (ऊंची जाति) साथी सर्वश्री एम.पी. गुप्ता, डी.एस. भटनागर, फूलसिंह चौहान, जी.आर. चौधरी, वी.एल. सोनी, बी.डी. गुप्ता, एस.के. माथुर, तेजराज सिंह को तथा अनुसूचित जाति के श्री बद्रीप्रसाद तथा अनुसूचित जनजाति के श्री एन.एल. मीना सहित आज्ञा दिनांक 14.12.1987 से पदोन्नति दी गई थी।

राजस्थान सरकार

वित्त (ग्रुप-4) विभाग

क्रमांक : एफ.3(83)वित्त/ग्रुप–4/80 जयपुर, दिनांक 14.12.87

आज्ञा

राजस्थान वाणिज्यिक कर सेवा नियम 1971 के नियम 17(2)(अ) के अन्तर्गत गठित चयन समिति की सिफारिश पर उक्त सेवा में नियुक्त निम्नलिखित स्थाई सहायक वाणिज्यिक कर अधिकारियों को उक्त नियमों के नियम 17(9) के अनुसरण में वर्ष 1982–83 के रिक्त स्थानों के लिए किए गए चयन के आधार पर वाणिज्यिक कर अधिकारी (साधारण वेतन शृंखला) के पद पर स्थानापन्न रूप से नियुक्त किया जाता है:–

1. श्री एम.पी. गुप्ता
2. श्री डी.एस. भटनागर
3. श्री फूल सिह

4. श्री जी.आर. चौधरी
5. श्री बी.एल. सोनी
6. श्री बी.डी. गुप्ता
7. श्री एस.के. माथुर
8. श्री तेजराज सिंह
9. श्री पी.के. मौर्य (अ. जाति)
10. श्री बद्रीप्रसाद (अ. जाति)
11. श्री एन.एल. मीणा (अ. जनजाति)

नव नियुक्त अधिकारियों का वेतन निर्धारण संबंधित वर्ष के पदों के प्रतिकूल नियम 18 के उपनियम 11 (ए) के अन्तर्गत किया जाएगा लेकिन जिस अवधि में उन्होंने वास्तविक रूप से उक्त पदों पर कार्य नहीं किया है उस अवधि का कोई एरियर देय नहीं होगा।

राज्यपाल की आज्ञा से
(सी.एस. राजन)
उप शासन सचिव

दिनांक 20 अप्रैल, 1988 को अचानक

श्री पी.एन. भण्डारी, आयुक्त, वाणिज्यिक कर ने अचानक टेलीग्राम द्वारा दिनांक 20.04.88 को मुझसे वर्ष 1986–87 का गोपनीय प्रतिवेदन सीधा अपने पास मांगा जबकि पूर्व में यह मेरे उच्च अधिकारी को प्रस्तुत कर चुका था।

Text of Telegram

STATE TELEGRAM ORDINARY

SHRI P.K. MAURYA
COMMERCIAL TAXES OFFICER,
SPECIAL CIRCLE
SRIGANGANAGAR

SEND YOUR APAR FORM IMMEDIATELY FOR YEAR 86-87 DIRECT TO ME (STOP)

COMTAX

Not to be telegraphed
dated 20th April, 1988.

Sd/-
(P.N. Bhandari)
Commissioner, Commercial Taxes,
Rajasthan, Jaipur.

No. PA/CCT/88/147 Dated 20.4.88.

Copy by post in confirmation to the above telegram to Shri P.K. Maurya, Commercial Taxes Officer, Special Circle, Sri Ganganagar for necessary action.

(P.N. Bhandari)
Commissioner, Commercial Taxes,
Rajasthan, Jaipur.

फिर भी मैंने पुनः अपना प्रतिवेदन सीधे श्री भण्डारी जी के समक्ष प्रस्तुत कर दिया था। चूँकि दिनांक 31 मई, 1988 को वरिष्ठ वेतन श्रृंखला की पदोन्नति के लिए डी.पी.सी. की बैठक की पूर्व तैयारी के अन्तर्गत ही यह कार्यवाही की जा रही थी।

पदोन्नति समिति दिनांक 31 मई, 1988 में मेरे साथ धोखा

दिनांक 31 मई 1988 को हुई पदोन्नति समिति में वर्ष 1988–89 के रिक्त पद वरिष्ठ वेतन श्रृंखला के लिए पदोन्नति में मेरी पदोन्नति रोक ली गई तथा मेरे से जूनियर अधिकारी सर्वश्री बद्रीप्रसाद, एन.एल. मीना तथा नानगराम मरडिया को पदोन्नति दी गई थी।

राजस्थान सरकार
वित्त (ग्रुप–4) विभाग

क्रमांक : प.3(11) वित्त/ग्रुप–4/87 जयपुर, दिनांक 4 जून, 1988

आज्ञा

राजस्थान वाणिज्यिक कर सेवा नियम 1971 के नियम 17 (2) (अ) के अन्तर्गत गठित विभागीय पदोन्नति समिति की सिफारिश के आधार पर उक्त सवर्ग में नियमित रूप से चयनित निम्नलिखित वाणिज्यिक कर अधिकारियों (कनिष्ठ वेतन श्रृंखला) को, उक्त नियमों के नियम 17(9) के अनुसरण में वर्ष 1988–89 के रिक्त स्थानों के लिए किए गए चयन के आधार पर वाणिज्यिक कर अधिकारी (वरिष्ठ वेतन श्रृंखला) के पद पर, एतद् द्वारा, स्थानापन्न रूप से नियुक्त किया जाता है :–

क्र.सं.	नाम अधिकारी	चयन का आधार
1.	सर्वश्री एल.एन. अजमेरा	वरिष्ठता एवं योग्यता
2.	सर्वश्री बी.एल. सोनी	योग्यता
3.	सर्वश्री बी.डी. गुप्ता	योग्यता
4.	सर्वश्री तेजराज सिंह	योग्यता
5.	सर्वश्री बद्रीप्रसाद (अ.जा.)	वरिष्ठता एवं योग्यता

6.	सर्वश्री एन.एल. मीणा (अ.ज.जा.)	वरिष्ठता एवं योग्यता
7.	सर्वश्री नानगराम मुरडिया (अ.जा.)	वरिष्ठता एवं योग्यता
8.	सर्वश्री के.एल. मीणा (अ.ज.जा.)	वरिष्ठता एवं योग्यता

नवनियुक्त अधिकारियों का वेतन निर्धारण संबंधित वर्ष के पदों के प्रतिकूल उक्त नियमों के नियम 18 के उपनियम 11(ए) के अन्तर्गत किया जाएगा लेकिन जिस अवधि में उन्होंने वास्तविक रूप से रिक्त पदों पर कार्य नहीं किया है उस अवधि का कोई बकाया देय नहीं होगा।

उपरोक्त अधिकारी अपने वर्तमान पद पर वाणिज्यिक कर अधिकारी (वरिष्ठ वेतन शृंखला) के रूप में पदस्थापित किए जाते हैं।

राज्यपाल की आज्ञा से,

(सी. एस. राजन)
उपशासन सचिव

इसके विरुद्ध दिनांक 20 जून, 1988 को मैंने अपनी अपील माननीय राजस्थान सिविल सेवा अपील अधिकरण, राजस्थान, जयपुर के यहां क्रमांक 359/88 से प्रस्तुत की थी।

इसके बाद अगले वर्ष दिनांक 19 जुलाई, 1989 को मुझे वर्ष 1989–90 के रिक्त स्थान के पद वरिष्ठ वेतन शृंखला में अन्य सवर्ण अधिकारी श्री डी.एस. गुप्ता, वी.के. बैजल, हंसराज काबरा, आर.सी. चौहान तथा शिवकिशन व्यास सहित पदोन्नति के आदेश राज्य सरकार ने जारी कर दिये थे–

राजस्थान सरकार
वित्त (ग्रुप–4) विभाग

क्रमांक : प.3(11) वित्त/ग्रुप–4/87 जयपुर, दिनांकः 19 जुलाई, 1989

आदेश

राजस्थान वाणिज्यिक कर सेवा नियम, 1971 के नियम 17(2) (अ) के अन्तर्गत गठित विभागीय पदोन्नति समिति की सिफारिश के आधार पर उक्त सेवा में नियमित रूप से चयनित निम्नलिखित वाणिज्यिक कर अधिकारियों (कनिष्ठ वेतन शृंखला) को, उक्त नियमों के नियम–17(9) के अनुसरण में वर्ष 1989–90 के रिक्त स्थानों के लिए किए गए चयन के आधार पर वाणिज्यिक कर अधिकारी (वरिष्ठ वेतन शृंखला) के पद पर, एतदद्वारा, स्थानापन्न रूप से नियुक्त किया जाता हैः–

क्र.सं.	नाम अधिकारी	चयन का आधार
1.	श्री डी.एस. गुप्ता	वरिष्ठता एवं योग्यता
2.	श्री वी.के. बैजल	वरिष्ठता एवं योग्यता
3.	श्री हंसराज काबरा	वरिष्ठता एवं योग्यता
4.	श्री पी.के. मौर्य (अ.जा.)	वरिष्ठता एवं योग्यता
5.	श्री आर.सी. चौहान	योग्यता
6.	श्री शिवकिशन	योग्यता
7.	श्री मनमोहन चन्द	योग्यत
8.	श्री हिम्मत सिंह चारण	योग्यता
9.	श्री विपिन भटनागर	योग्यता

नवनियुक्त अधिकारियों का वेतन निर्धारण सम्बन्धित वर्ष के पदों के प्रतिकूल उक्त नियमों के नियम–18 के उपनियम–11(ए) के अन्तर्गत किया जायेगा लेकिन जिस अवधि में उन्होंने वास्तविक रूप से उक्त पदों पर कार्य नहीं किया है उस अवधि का कोई बकाया देय नहीं होगा।

उपरोक्त अधिकारी अपने वर्तमान पद पर ही वाणिज्यिक कर अधिकारी (वरिष्ठ वेतन श्रृंखला) के रूप में पदस्थापित किए जाते हैं।

राज्यपाल के आदेश से

(राकेश वर्मा)

उपशासन सचिव

पश्चातवर्ती चयन वेतन श्रृंखला में पदोन्नति

राज्य सरकार ने अक्टूबर, 1990 में पदोन्नति समिति की बैठक बिठाकर वर्ष 1990–91 के रिक्त पद उपायुक्त, वाणिज्यिक कर (चयन वेतन श्रृंखला) में आदेश दिनांक 24 अक्टूबर, 1990 से दिनांक 4 जून, 1988 से पूर्व के जूनियर अधिकारी श्री बद्रीप्रसाद को अनुसूचित जाति के आरक्षित रोस्टर के अनुसार पदोन्नति दे दी तथा मुझे नहीं दी थी।

राजस्थान सरकार
वित्त (ग्रुप–4) विभाग

क्रमांक : प. 3(15) वित्त/ग्रुप–4/89 जयपुर, दिनांक : 24 अक्टूबर, 1990

आदेश

राजस्थान वाणिज्यिक कर सेवा नियम, 1971 के नियम–17(2) के अन्तर्गत गठित विभागीय पदोन्नति समिति की सिफारिश के आधार पर उक्त सेवा में नियमित रूप से चयनित निम्नलिखित वाणिज्यिक कर अधिकारियों (वरिष्ठ वेतन शृखला) की उक्त नियमों के नियम–17(9) के अनुसरण में वर्ष 1990–91 के रिक्त स्थानों के लिए किए गए चयन के आधार पर उपायुक्त, वाणिज्यिक कर विभाग (चयन वेतन शृखला) के पद पर एतद्द्वारा, स्थानापन्न रूप से नियुक्त किया जाता है:–

क्र.सं.	नाम अधिकारी	पदोन्नति का आधार
1.	श्री एन.एल. महावर	योग्यता के आधार पर
2.	श्री हीरालाल माथुर	योग्यता के आधार पर
3.	श्री सी.बी.अग्रवाल	योग्यता के आधार पर
4.	श्री बद्री प्रसाद (अ.जा.)	योग्यता के आधार पर

नव–नियुक्त अधिकारियों का वेतन निर्धारण संबंधित वर्ष के पदों के प्रतिकूल उक्त नियमों के नियम–18 के उपनियम–11(ए) के अन्तर्गत किया जायेगा लेकिन जिस अवधि में उन्होंने वास्तविक रूप से उक्त पदों पर कार्य नहीं किया है उस अवधि का कोई बकाया देय नहीं होगा।

राज्यपाल के आदेश से,
(राकेश वर्मा)
उपशासन सचिव

प्रतिलिप सूचनार्थ एवं आवश्यक कार्यवाही हेतु प्रेषित है :–

1. नजी सचिव, वित्तमंत्री/मुख्यमंत्री/मुख्य सचिव/वित्त सचिव/विशिष्ठ शासन सचिव, कार्मिक एवं वित्त।
2. सचिव, राजस्थान लोक सेवा आयोग, अजमेर।
3. महालेखाकार, राजस्थान, जयपुर

4. विशिष्ठ शासन सचिव, कार्मिक (क–4) विभाग
5. आयुक्त, वाणिज्यिक कर, जयपुर।

इस प्रकार मेरे विरुद्ध उच्च स्तर के प्रशासन में सुनियोजित ढंग से पदोन्नति रोके जाने का षड़यंत्र चल रहा था, जैसे कि वर्ष 1986–87 के गोपनीय रिकार्ड के लिए आयुक्त स्तर पर दिनांक 20 अप्रैल, 1988 के टेलिग्राम से शुरू की गई थी। ऐसा आभास होता था कि श्री पी. एन. भण्डारी, वाणिज्यिक कर आयुक्त अपने सजातीय बन्धु अधिकारी जैसे मेरे स्थानान्तरण धौलपुर के पश्चात वहां आये श्री कैलाश नाथ गुप्ता वा.क. अधिकारी तथा श्री आर.एस. मित्तल, उपायुक्त (प्रशासन) जयपुर जोन प्रथम, जयपुर जो पहले से ही मेरे विरुद्ध थे, उनके कहने पर चल रहे थे, न कि स्वयं के खुले मस्तिष्क से। धौलपुर में श्री बंसीराम च.श्रे.क. का शपथ पत्र दिनांक 27.1.87 इसको स्पष्ट प्रमाणित करती थी, जिसका वर्णन ऊपर किया जा चुका है।

जांच का पश्चातवर्ती प्रभाव

बाद में आयुक्त कार्यालय ने अपने ज्ञापन क्रमांक प. 6(76) संस्था/आयुक्त/86/3837 दिनांक 21.12.90 से राजस्थान असैनिक सेवा (व.नि. एवं अ.) 1958 के नियम 17 के अन्तर्गत मेरे विरुद्ध निम्न दो आरोप लगाये थे –

आरोप विवरण पत्र विरुद्ध श्री पी.के. मौर्य, वाणिज्यिक कर अधिकारी

आरोप विवरण संख्या – 1

यह कि जब आप वाणिज्यिक कर अधिकारी, धौलपुर के पद पर कार्यरत के तब दिनांक 24.7.85 को आपने चैकपोस्ट सागरपाड़ा (चम्बल) के ड्यूटी रजिस्टर पर हस्ताक्षर किये हैं तथा श्री सुल्तान सिंह, कनिष्ठ लिपिक के नाम के सामने लकीरें होते हुए भी इसके सम्बन्ध में कोई जानकारी प्राप्त नहीं की, जब कि उक्त रजिस्टर का पृष्ठ संख्या 26 आपकी सहमति से हटाया जाकर नया पृष्ठ लगवाया जाकर पुनः भरवाया गया। यह सब कार्य आपने श्री धर्म सिंह को पुलिस केस से बचाने के लिए किया गया प्रतीत होता है। अतः आप द्वारा उक्त ड्यूटी रजिस्टर का पृष्ठ संख्या 26 बदलवाने का कृत्य राजकीय अभिलेख को नष्ट करने व बिगाड़ने और झूठा प्रमाण प्रस्तुत करने का प्रतीक है और दण्डनीय है।

आरोप विवरण संख्या – 2

यह कि आपने श्री धर्म सिंह को मारपीट एवं लूटपाट की कार्यवाही के लिए बचाने के उद्देश्य से ड्यूटी रजिस्टर के बदले हुए पृष्ठ को प्रमाणित किया और इस प्रमाण पत्र के आधार पर पुलिस ने श्री धर्मसिंह के विरुद्ध चल रहे केस में एफ.आई.

आर. लगा दी। आपका यह कृत्य आपके पद का दुरुपयोग कर सरकारी अधिकारी से अपेक्षित आचरण के विरुद्ध कृत्य का प्रतीक है और दण्डनीय है।

आयुक्त
वाणिज्यिक कर विभाग,
राज. जयपुर।

इसकी जांच व सुनवाई के पश्चात् श्री अनिल वैश्य आई.ए.एस. आयुक्त, वाणिज्यिक कर राजस्थान ने दिनांक 16.10.1992 को मुझे व मेरे अन्य दलित स्टाफ सबको दोषमुक्त करार इस प्रकार कर दिया था–

राजस्थान सरकार
वाणिज्यिक कर विभाग

क्रमांक : एफ 6(संस्था/आयुक्त/86 दिनांक :

आदेश

सर्वश्री पी.के. मौर्य, वाणिज्यक कर अधिकारी, रामचरण माहौर, कनिष्ठ लिपिक, धर्मसिंह एवं रामसेवक,चतुर्थ श्रेणी कर्मचारी के विरुद्ध वाणिज्यिक कर अधिकारी, धौलपुर के कार्यालय में पदस्थापन के दौरान राजकार्य में अनुशासनहीनता एवं दुराचरण के आरोप में राजस्थान असैनिक सेवा (वर्गीकरण, नियन्त्रण एवं अपील) नियम् 1958 के नियम 17 के अन्तर्गत संयुक्त रूप से अनुशासनात्मक कार्यवाही की गई। इन सभी अधिकारियों को 17 सी.सी.ए. का आरोप पत्र दिनांक 21.12.90 को जारी किया गया और निम्न आरोपों से आरोपित किया गया–

(1) श्री पी.के. मौर्य, वाणिज्यिक कर अधिकारी

आरोप संख्या - 1 :

यह कि जब आप वाणिज्यिक कर अधिकारी, धौलपुर के पद पर कार्यरत थे तब दिनांक 24.7.85 को आपने चैक पोस्ट सागरपाड़ा (चम्बल) के ड्यूटी रजिस्टर पर हस्ताक्षर किये हैं तथा श्री सुल्तान सिंह, कनिष्ठ लिपिक के नाम के सामने लकीरें होते हुए भी इसके सम्बन्ध में कोई जानकारी प्राप्त नहीं की, जबकि उक्त रजिस्टर का पृष्ठ संख्या 26 आपकी सहमति से हटाया जाकर नया पृष्ठ लगवाया पाकर पुनः भरवाया गया। यह सब कार्य आपने श्री धर्मसिंह को पुलिस केस से बचाने के लिए किया गया प्रतीत होता है। अतः आप द्वारा उक्त ड्यूटी रजिस्टर का पृष्ठ संख्या 26 बदलवाने का कृत्य राजकीय अभिलेख को नष्ट करने व बिगाड़ने और झूठा प्रमाण प्रस्तुत करने का प्रतीक है और दण्डनीय है।

आरोप संख्या - 2 :

यह है कि आपने श्री धर्मसिंह को मारपीट एवं लूटपाट की कार्यवाही लिये बचाने के उद्देश्य से ड्यूटी रजिस्टर के बदले हुए पृष्ठ को प्रमाणित किया और इस प्रमाण पत्र के आधार पर पुलिस ने श्री धर्मसिंह के विरुद्ध चल रहे केस में एफ.आई.आर. लगा दी। आपका यह कृत्य आपके पद का दुरुपयोग कर सरकारी अधिकारी से अपेक्षित आचरण के विरुद्ध कृत्य का प्रतीक है और दण्डनीय है।

(2) श्री रामचरण माहौर, कनिष्ठ लिपिक

आरोप संख्या - 1

यह है कि जब आप कार्यालय वाणिज्यिक कर अधिकारी, धौलपुर के कार्यालय में कनिष्ठ लिपिक के पद पर कार्यरत थे तब दिनांक 2.7.85 को आपने ड्यूटी समय में चैक पोस्ट चम्बल (सागरपाडा) पर दो चतुर्थ श्रेणी कर्मचारियों से रसीदें जारी कराई। आप द्वारा ये रसीदें श्री धर्म सिंह को मारपीट व लूट के पुलिस केस से बचाने के लिये जारी करवाई गई है।

आरोप संख्या - 2

यह है कि चैकपोस्ट चम्बल पर आपके ड्यूटी काल में जिन चतुर्थ श्रेणी कर्मचारियों द्वारा रसीदें जारी की गईं उनमें से आपने केवल एक चतुर्थ श्रेणी कर्मचारी का नाम जाहिर किया है परन्तु दूसरे का नाम नहीं बताया क्योंकि वह श्री राम सेवक चौकीदार के पद पर कार्यरत था और उनके द्वारा उक्त चैक पोस्ट पर रसीद जारी करना अवैधानिक था। अतः उसे बचाने के लिये आपने उससे यह रसीद जारी कराई, परन्तु उसका नाम जाहिर नहीं किया। आपका यह कृत्य राज्य कर्मचारी से अपेक्षित कृत्य के प्रतिकूल है एवं दोषी कर्मचारी को बचाने का प्रतीक है।

आरोप संख्या -3

यह है कि आपकी ड्यूटी अवधि में किसी अन्य द्वारा उक्त चैक पोस्ट पर रसीद जारी करना आपका चैक पोस्ट से अनुपस्थिति को प्रमाणित करता है तथा आपका रसीद बुक को अनधिकृत रूप से छोड़कर अनुपस्थित होना आपकी राज्य कार्य के प्रति घोर लापरवाही एवं अकर्मण्यता का प्रतीक है।

आरोप संख्या - 4

यह है कि आपने श्री धर्म सिंह को बचाने के लिए श्री पी.के. मौर्य, वाणिज्यिक कर अधिकारी एवं श्री रामसेवक से मिलकर ड्यूटी रजिस्टर का पृष्ठ 26 फाड़कर फिर उसकी जगह दूसरा पृष्ठ लगाकर उसमें ड्यूटियां अंकित कर रजिस्टर में

अपने हस्ताक्षर किये एवं औरों के हस्ताक्षर कराये। यह सब फर्जी कार्य आपकी साजिश से किया गया। अतः आपका यह कृत्य सरकारी अभिलेख को नष्ट करना एवं फर्जी कार्यवाही कर अभिलेख फर्जी तैयार करने का प्रतीक है जो कि दण्डनीय है।

आरोप संख्या -5

यह कि आपने श्री धर्मसिंह को बचाने हेतु चैक पोस्ट का दिनांक 2.7.85 से सम्बन्धित वाहन इन्द्राज रजिस्टर गायब कर दिया। आपका यह कृत्य आपकी राज्य कार्य के प्रति घोर अनुशासनहीनता एवं दुराचरण का प्रतीक है।

(3) श्री धर्म सिंह, च.श्रे.क.

आरोप संख्या - 1

यह है कि जब आप वाणिज्यिक कर अधिकारी, धौलपुर के कार्यालय में पदस्थापित थे और आपकी ड्यूटी चैकपोस्ट चम्बल पर थी, तब आपने दिनांक 2.7.85 को रात्रि 10 बजे कार्यालय में आकर श्री बन्शी लाल, गार्ड से मारपीट की और उससे रुपये 280/– छीन लिये। आपका यह कृत्य घोर अनुशासनहीनता का प्रतीक है।

आरोप संख्या -2

यह है कि जब आपकी ड्यूटी दिनांक 1.7.85 से 2.7.85 को चैक पोस्ट, चम्बल पर थी तब आपने उक्त चैक पोस्ट पर ड्यूटी नहीं दी। ड्यूटी रजिस्टर में आपकी ड्यूटी भरी हुई नहीं थी परन्तु आपने श्री पी.के. मौर्य तत्कालीन वाणिज्यिक कर अधिकारी एवं श्री रामचरण माहौर से मिलकर ड्यूटी रजिस्टर का पृष्ठ 26 हटवा कर दूसरा पृष्ठ लगवा दिया। जिसमें रात्रि ड्यूटी इन्द्राज श्री रामचरण माहौर के हाथ की है और जिस पर चैकपोस्ट प्रभारी श्री सुलतान सिंह के हस्ताक्षर नहीं हैं। आपका यह कृत्य अपने आपको ड्यूटी पर बताकर मारपीट के पुलिस केस से बचने का प्रयास था। आपका यह कृत्य राज्य कर्मचारी से अपेक्षित कृत्य के प्रतिकूल एवं घोर दुराचरण का प्रतीक है।

आरोप संख्या - 3

यह है कि आपने मारपीट एवं लूटपाट के आरोप से बचने हेतु चैक पोस्ट, चम्बल का वाहन इन्द्राज रजिस्टर गायब कर दिया ताकि उक्त घटना का कोई सबूत नहीं बचे। आपका यह कृत्य घोर दुराचरण का प्रतीक है एवं दण्डनीय हैं।

(4) श्री रामसेवक, च.श्रे.क.

आरोप संख्या - 1

यह है कि जब आप वाणिज्यिक कर अधिकारी, धौलपुर के कार्यालय में चौकीदार के पद पर कार्यरत थे, तब दिनांक 2.7.85 को रात्रि 10 बजे कार्यालय में श्री बन्शीलाल गार्ड के साथ श्री धर्मसिंह चतुर्थ श्रेणी कर्मचारी द्वारा मारपीट करने एवं उनसे रुपये छीनने की घटना आपके समक्ष हुई थी। आपने श्री धर्मसिंह को ऐसा करने से रोकने अथवा अधिकारी को घटना से सूचित करने की कार्यवाही नहीं की। इससे श्री धर्मसिंह के उक्त कृत्य में आपके द्वारा सहयोग किया जाना स्पष्ट होता है। आपका यह कृत्य चौकीदारी कर रहे राज्य कर्मचारियों से अपेक्षित कृत्य के विपरीत है और आपकी कर्तव्य पालन में लापरवाही एवं अनुशासनहीनता का प्रतीक है।

आरोप संख्या - 2

यह है कि दिनांक 2.7.85 को श्री धर्मसिंह के साथ स्वयं चैक पोस्ट, चम्बल पर जाकर आपने श्री धर्मसिंह से रसीद जारी करवाई। जिसके लिये आप एवं श्री धर्मसिंह अधिकृत नहीं थे। आपकी यह कार्यवाही केवल मात्र श्री धर्मसिंह की दिनांक 2.7.85 को कार्यालय में रात्रि 10 बजे किये गये झगड़े एवं रुपये छीनने की घटना से बचाने हेतु की गयी थी। आपका यह कृत्य अनधिकृत कार्य है एवं राज्य कर्मचारी से अपेक्षित कृत्य के विपरीत होने के कारण दण्डनीय है।

आरोप संख्या - 3

यह है कि आप दिनांक 2.7.85 को कार्यालय वाणिज्यिक कर अधिकारी, धौलपुर में चौकीदार के पद पर कार्यरत थे, तब रात्रि 10 बजे कार्यालय में घटित हुई मारपीट एवं रुपये छीनने की घटना की उच्चाधिकारी को सूचना नहीं दी। आपका यह कृत्य राज्य कार्य के प्रति घोर उपेक्षा एवं लापरवाही का प्रतीक है।

आरोप संख्या-4

यह है कि दिनांक 2.7.85 को चैक पोस्ट, चम्बल पर जाकर रसीद काटना आपकी कर्यालय की चौकीदारी से अनुपस्थिति का प्रतीक है। इस प्रकार ड्यूटी से अनुपस्थित होने का आपका यह कृत्य कर्त्तव्य पालन में लापरवाही का प्रतीक है एवं दण्डनीय है।

उक्त आरोप पत्र का श्री पी.के. मौर्य ने दिनांक 24.9.91 को जवाब प्रस्तुत किया और उन पर बनाये गये आरोपों को अस्वीकार करते हुए कार्यवाही निरस्त करने का अनुरोध किया है।

श्री रामचरण माहौर ने आरोप पत्र का जवाब दिनांक 4.11.91 को प्रस्तुत करते हुए उन पर लगाये गये आरोपों को अस्वीकार किया है और कार्यवाही समाप्त करने का निवेदन किया है।

श्री धर्मसिंह ने दिनांक 23.1.92 एवं श्री रामसेवक ने दिनांक 1.11.91 को जवाब प्रस्तुत करते हुए उन पर लगाये गये आरोपों को अस्वीकार कर जाँच निरस्त करने का अनुरोध किया है।

श्री पी.के. मौर्य द्वारा निर्णय से पूर्व व्यक्तिगत सुनवाई का अवसर देने का अनुरोध करने पर उन्हें दिनांक 12.10.92 को व्यक्तिगत रूप से सुना गया।

सर्वश्री पी.के. मौर्य, रामचरण माहौर, धर्मसिंह एवं रामसेवक के विरुद्ध आरोपित आरोपों, उनके जवाब के तथ्यों एवं रिकार्ड का अवलोकन करने तथा श्री मौर्य को व्यक्तिगत रूप से सुनने के पश्चात में इस निष्कर्ष पर पहुंचता हूँ कि श्री मौर्य एवं अन्य द्वारा प्रस्तुत जवाब संतोषप्रद हैं और इनके विरुद्ध आरोपित आरोप सन्देह से परे पूर्णतया प्रमाणित नहीं होते हैं। इसलिए इन सभी के विरुद्ध इस कार्यालय के ज्ञापन दिनांक 21.12.90 द्वारा राजस्थान असैनिक सेवा (वर्गीकरण, नियंत्रण एवं अपील) नियम 17 के अन्तर्गत प्रस्तावित विभागीय जाँच की कार्यवाही एतद्द्वारा समाप्त की जाती हैं।

(अनिल वैश्य)

आयुक्त,
वाणिज्यिक कर विभाग,
राजस्थान, जयपुर।

क्रमांक : एफ.6(76)संस्था/आयुक्त/86/7835 दिनांक 16.10.92

प्रतिलिपि निम्नलिखित को सूचनार्थ एवं पालनार्थ प्रेषित है :

(1) उपायुक्त (प्रशासन) जयपुर जोन–प्रथम
(2) वाणिज्यिक कर अधिकारी, धौलपुर
(3) श्री पी.के. मौर्य, वा.क.अ., वृत्त–बी, बीकानेर
(4) श्री रामचरण माहौर, कनिष्ठ लिपिक, संस्थापन शाखा–मुख्यालय, जयपुर
(5) श्री धर्मसिंह, च.श्रे.क. कार्यालय, वा.क.अ., वृत्त–धौलपुर।
(6) श्री रामसेवक, च.श्रे.क., कार्या.वा.क.अ., शाहजहाँपुर चैक पोस्ट।
(7) रक्षित पत्रावली।

उपायुक्त (प्रशासन) मुख्यालय,
वाणिज्यिक कर विभाग,
राजस्थान, जयपुर।

इससे मेरे विरुद्ध 20 अप्रैल, 1988 को आयुक्त श्री भण्डारी के टेलिग्राम से जो षड्यंत्र चला था उसका प्रभाव अक्टूबर, 1992 तक चलता रहा था तथा इस कारण से उपायुक्त, वाणिज्यिक कर के पद पर मेरी पदोन्नति बार–बार रोकी जाती रही थी।

दलित जातियों की पदोन्नति के लिए निर्धारित रोस्टर के अनुसार वर्ष 1990, 1991 तथा 1992 में रिक्त पद होते हुए भी मुझे उपायुक्त (चयन वेतन श्रृंखला) पद पर जानबूझकर येन केन कारण बताकर प्रशासन पदोन्नति रोकता रहा है।

इसी प्रकार प्रशासन ने जून, 1993 को हुई पदोन्नति समिति की बैठक में उपायुक्त पद पर अनुसूचित जातियों के लिए आरक्षित पद रिक्त होते हुए भी, जबकि अनुसूचित जाति का मैं एकमात्र सदस्य था, पदोन्नति नहीं दी और उसी एक कारण वर्ष 1986–87 के गोपनीय प्रतिवेदन पर, जिस पर दुर्भावनापूर्ण कार्यवाही श्री भण्डारी के टेलिग्राम दिनांक 20 अप्रैल, 1988 से शुरू की थी और वरिष्ठ वेतन श्रृंखला में वर्ष 88–89 के रिक्त स्थान पद दिनांक 31.05.88 की बैठक में लिया गया था, ठीक उसी कारण पर यहां उपायुक्त पद पर पदोन्नति दिनांक 4 जून, 1993 को रोक दी थी, जबकि स्वर्ण जाति के श्री नरेन्द्रसिंह बोर्डिया को इसी पद पर योग्य न होते हुए भी, पदोन्नति दे दी गई थी। दूसरे शब्दों में दलित जातियों के लिए आरक्षित पद पर सवर्ण जाति के ही नरेन्द्र सिंह बोर्डिया को लाभ दिया गया था, जो कि बाद में राज्य सरकार ने अपने आदेश दिनांक 18 जुलाई, 1994 से संशोधित कर दिया था। लेकिन मेरी पदोन्नति के लिए जुलाई, 1994 से संशोधित कर दिया था। लेकिन मेरी पदोन्नति के लिए जुलाई, 1993 से अक्टूबर, 1993 तक लगातार वित्त विभाग व कार्मिक विभाग में नोटिंग का आवागमन चलता रहा और अन्त में कार्मिक विभाग के "ब्राह्मण" सचिव के कारण रिव्यू डीपीसी की बैठक नहीं की जा सकी थी।

मेरी योग्यता के साथ खिलवाड़

अनुसूचित जाति का होने के कारण मेरी योग्यता पर द्वेष व छुआछूत के कारण पानी फेर दिया तथा अन्याय किया गया ताकि अन्य तथाकथित उच्च हिन्दू जातियों के अधिकारियों का मेरे से कम कार्य होने के उपरान्त भी उनकी योग्यता व दक्षता को ऊँचा माना जा सके। इसके सक्षम उदाहरण इस प्रकार है –

वर्ष 1984-85 वाणिज्यिक कर अधिकारी पद पर

नाम अधिकारी व पदस्थापन	लक्ष्य से अधिक (+) प्रतिशत कर निर्धारण प्रकरणों में	मांग वसूली का प्रतिशत	योग्यता (मेरिट) दी गई
पी.के. मौर्य, वृत्त धौलपुर (अनुसूचित जाति)	56.6	60	नहीं दी गई।
एच.एल. माथुर, जयपुर–ई	41.5	51	आउटस्टेडिंग
के.एल. गुप्ता, अलवर	38.4	60	आउटस्टेडिंग
जी.आर. चौधरी, भरतपुर	41.6	60	आउटस्टेडिंग
सी.एस. तिवाड़ी,जयपुर एफ उच्च जाति के (चारों)	49.5	–	आउटस्टेडिंग

सबसे अधिक सर्वोत्तम कार्य के उपरान्त भी मुझे (पी.के. मौर्य) गोपनीय प्रतिवेदन में अनुसूचित जाति के होने के कारण "आउटस्टेडिंग" केटेगरी जातीय द्वेष के कारण नहीं दी गई। जबकि शेष चारों तथाकथित उच्च जाति के होने के कारण "आउटस्टेंडिग" केटेगरी प्रदान करके उनको भारी पदोन्नतियों में विशेष लाभ दिया गया, जो पक्षपात का एक सक्षम प्रमाण है।

वर्ष 1985-86 वाणिज्यिक कर अधिकारी पद पर

नाम अधिकारी व पदस्थापन	कर चोरी अभियोग बनाये गये	विरोधी निस्तारण	कार्यवाहियां परिणाम (आय लाखों में)	(मेरिट) योग्यता गई।
पी.के. मौर्य, बीकानेर ए.ई (अनुसूचित जाति)	422	399	10.64	नहीं
सी.बी. अग्रवाल, अलवर–ए	75	116	01.11	सभी को

सी.एस. तिवारी, जयपुर–एफ	223	214	03.94	उत्कृष्ट
बी.डी. गुप्ता, जयपुर–सी	303	247	01.34	(आउट–
तेजराज सिंह, जोधपुर–सी	163	187	08.40	स्टेडिंग) दी
के.सी. गुप्ता, धौलपुर	345	269	01.92	गई।
(सभी अन्य जातियों के)				

इस प्रकार सर्वोत्तम कार्य के उपरान्त भी मुझे गोपनीय प्रलेख में उत्कृष्ट (आउटस्टेडिंग) केटेगरी अन्य उच्च जातियों के समान प्रदान नहीं की गई।

1986-87 वाणिज्यिक कर अधिकारी पद पर

नाम अधिकारी व पदस्थापन	कर निर्धारण कार्य लक्ष्य से अधिक (+) या कम (–) प्रतिशत	कर चोरी विरोधी कार्यवाहियां का परिणाम (आय लाखों में)	मेरिट योग्यता
पी.के. मौर्य, गंगापुर सिटी व गंगापुर ए ई (अनुसूचित जाति)	+50.67	23.53	नहीं दी गई
एच.एल. माथुर, मुख्यालय ए ई–2	–35.35	09.25	सभी को
एन.एल. महावर, अजमेर	+35.96	शून्य	उत्कृष्ट
जी.पी. शर्मा, झालावाड़	–14.22	00.06	आउट–
बी.एल. सोनी, उदयपुर एई	–	01.78–	स्टेडिंग दी
बी.डी. गुप्ता, जयपुर स्पेशल–5 (सभी उच्च जाति के)	–	शून्य	गई

मेरे अलावा सभी उपरोक्त तथाकथित उच्च जातियों से आये अधिकारियों को गोपनीय प्रतिवेदनों में ''आउटस्टेडिंग'' केटेगरी प्रदान करके भावी पदोन्नतियों के लिए उनके दरवाजे खोल दिये गये थे। ''दलित'' होने के कारण जातीय–द्वेष के कारण इन सबसे ज्यादा कार्य होने के उपरान्त भी समान मापदण्ड न करके अन्याय किया गया है।

1987-88 वाणिज्यिक कर अधिकारी पद पर

नाम अधिकारी एवं पदस्थापन	कर निर्धारण कार्य लक्ष्य से अधिक (+) कम (–) प्रतिशत	मांग वसूली का प्रतिशत	ऑडिट पैरा निस्तारण	मेरिट योग्यता
पी.के. मौर्य, गंगापुर स्पेशल	+85.42	31.88	35	नहीं दी गई
(अनुसूचित जाति)				
जी, पी. शर्मा, भरतपुर स्पेशल	–23.48	–	–	सभी को
पी.सी. शर्मा, जयपुर–ए	+39.19	–	38	उत्कृष्ट
जे.पी. गौड़–कोटा–बी	–12.53	–	05	आउट–
बी.डी. गुप्ता, जयपुर स्पेशल–5	–	22.31	03	स्टेडिंग
बी.एल. सोनी, मुख्यालय–एई।	–	12.00	शून्य	दी गई
तेजराज सिंह नागौर	+ 54.34	25.09	40	
(सभी उच्च जाति के)				

सबसे ज्यादा कार्य करने के उपरान्त भी मेरे गोपनीय प्रतिवेदन में उपरोक्त तथाकथित उच्च जातियों से आये अधिकारियों के समान मुझे दलित वर्ग का होने के कारण उत्कृष्ट (आउटस्टेडिंग) श्रेणी में नहीं लिया ताकि मैं भारी पदोन्नतियों का लाभ न प्राप्त कर सकूँ। श्री बी.एल. सोनी मुख्यालय एई–प्रथम ऐसे अधिकारी रहे हैं, जिनका अभियोग निर्माण व निस्तारण बहुत ही कम रहने के उपरान्त भी उसे ब्राह्मण जाति का होने के कारण उत्कृष्ट श्रेणी का लाभ दिया गया।

अशोक कुमार गुप्ता के प्रकरण में सुप्रीम कोर्ट
(सिविल अपील नं. 2293/97 पृष्ठ 279)

जस्टिस के. रामास्वामी, एस. सागीर अहमद तथा जी.बी. पटनायक की डिवीजन बैन्च ने मार्च 21, 1997 को अनुसूचित जातियों तथा अनुसूचित ट्राइब्स को सेवाओं में पदोन्नति के सम्बन्ध में पूर्व में मण्डल वरडिक्ट की आलोचना की है। इस निर्णय में माननीय कोर्ट ने अशोक कुमार गुप्ता एवं अन्य के कथन को जो

इलाहाबाद उच्च न्यायालय के लखनऊ पीठ के निर्णय को अमान्य कर दिया था। इसमें श्री बी.टी. राजशेखर की पुस्तक ''मैरिट माई फुट'' (दलित साहित्य अकादमी, 1996) को संदर्भित करके विवेचना की है। इसमें श्री वी.टी. राजशेखर ने इस प्रकार कहा है– "Intelligence is determined by environment and not by birth, Genetics, race, skin colour deciding the personality and performance of an individual."

अर्थात् एक व्यक्ति के व्यक्तित्व तथा कार्य सम्पादन के लिए इन्टेलिजेन्स (औचित्य के विवेक समझने की योग्यता) के मापने के लिए वातावरण आवश्यक है तथा जन्म, वंश, नस्ल, चमड़ी का रंग का इसमें कोई सम्बन्ध नहीं है। श्री वी.टी. राजशेखर अपनी पुस्तक में आगे कहते हैं कि (हिन्दी अनुवाद)

''भारत में योग्यता व दक्षता'' को अब इतना ज्यादा महत्व दिया है कि वह अब 120वीं स्थिति पर निम्नतर दुनिया के अंतिम देशों में शामिल किया जाता है। उच्च जाति के भारतीय शासक देश के मूल निवासियों, दलित, जनजातियां, पिछड़ी जातियां तथा अल्पसंख्यक (धार्मिक रूप से) को इस योग्यता के मंत्र से स्थायी रूप से पराधीन (गुलाम) बनाने का है। योग्यता एवं दक्षता से उनका तात्पर्य केवल जन्म से है। जितनी उच्च जाति में जन्म हो उतनी ही योग्यता बढ़ती है। यह साधारण व सही रूप में फासिज्म है। जन्म तथा चमड़ी का रंग योग्यता व दक्षता (मस्तिष्क विचार) से कोई भी सम्बन्ध नहीं रखता है, यह वैज्ञानिक प्रमाणिकता से सिद्ध तथ्य है। आजकल समस्त विश्व में शासक वर्ग विज्ञान को मानता है तथा समस्त प्रगति विज्ञान के आधार पर करते हैं, परन्तु भारत में ऐसा नहीं होता है।

यदि कोई आदमी से आदमी के बीच अमानवीय व्यवहार का नंगा रूप देखना चाहे तो वह भारत आऐ तथा देखे कि असमानता और फासिज्म का मूलधर है, जहां शासक वर्ग या जाति को योग्यता सिद्धान्त को कितना सुन्दर रूप दिया गया है।

पेड़ पौधे व जानवरों सहित विश्व के समस्त जीवित प्राणियों के विकास, तरक्की तथा चरित्र को प्रभावित करने के लिए स्थायी तथा ठोस कार्य के लिए वैज्ञानिकों ने दो शक्तियों को चिन्हित किया है। एक वंशानुक्रम तथा दो – वातावरण। प्रत्येक जीव केवल अपने स्वयं का जीव उत्पन्न करता है जैसा कि जीव विज्ञान 'सैल थ्योरी' पर आधारित मानता है। सैल्स जीते हैं, तथा मरते हैं।

वातावरण का प्रभाव

''योग्यता एवं दक्षता'' वंशानुक्रम नहीं है। यह केवल प्राप्त की जा सकती हैं और वह जर्म प्लास्मा (खून के पीले भाग में) तक नहीं पहुंचता है जो यह निर्णित करता हो कि ब्राह्मण का पुत्र ही केवल ब्राह्मण हो सकता हो और इसलिए ''योग्यता''

एक मंदिर पुजारी (आर्चक) के पास कोई वैज्ञानिक आधार नहीं है, बल्कि अन्य प्रभावशील तथ्य वंशानुक्रम में शामिल मानते हैं, वह है सही वातावरण, भोजन, शिक्षा, स्वतंत्र वातावरण की परिस्थितियां। यह ब्राह्मणों की तुलना में दलित (अछूत) ज्यादा प्रमाणित कर सकते हैं।

जैविक तथ्य केवल यह प्रमाणित करते हैं कि मानव विकास के लिए पितृत्व क्या हैं?, जबकि यह परिस्थितियों के तथ्य हैं जो वंशानुक्रम पितृत्व को पूर्ण व्यक्तित्व को फलने–फूलने के पूर्णता में परिवर्तित कर देता है। एक साथ जन्मे दो व्यक्तियों के परीक्षण चयनित जन्म ब्रीडिंग तथा अध्ययन से स्थापित हुए व्यवहार पर लम्बे समय तक जैविक प्रभाव रहता है लेकिन जहां तक व्यक्तित्व के तुरन्त नापने का प्रश्न है, अन्तर तथ्यात्मक वंशानुक्रम और परिस्थितियों के प्रभावों से होता है।

प्रभावों को बढ़ना और बढ़ाना (इन्सपिरेशन और परस्पीरेशन)

श्री वी.टी. राजशेखर पृष्ठ 15 पर लिखते हैं कि–

"वंशानुक्रम मां–बाप द्वारा होती है लेकिन यह एक आदर्श परिस्थिति (वातावरण) नहीं है। योग्यता एवं दक्षता के लिए अवसर परम आवश्यक है। एक जैविक प्रभाव 10 प्रतिशत तथा 90 प्रतिशत प्रभाव (परस्पीरेशन) बाहरी वातावरण का होता है। जैविक जन्म से इसका कोई सम्बन्ध नहीं है। रामानुजम भारतीय गणित विशेषज्ञ को ब्रिटिश शासन ने अवसर दिया था, असाधारण बनने के लिए सही वातावरण प्रदान किया था। यद्यपि उनका जन्म असाधारण (जीनियस) है लेकिन बिना अवसरों के उनको यह मान्यता नहीं मिल सकती थी। वी.टी. राजशेखर बताते हैं कि – "सभी शासक जातियों ने अपनी आवश्यकताओं की पूर्ति को सहूलियतों के लिए योग्यता एवं दक्षता को वैज्ञानिक रूप देने का प्रयास किया है। आर्यों ने इसको अपना एकाधिकार बनाये रखने के लिए इसका आविष्कार किया है। मानव अधिकारों का सम्मिश्रण वंशानुक्रम और अधिक महत्वपूर्ण परिस्थितियों (वातावरण) की शक्तियों से ही है। दी व्हाइट मेरिटोक्रेटस् हमें यह विश्वास दिलाते हैं कि ब्लेक नीग्रो एक पिछड़ी नस्ल है।"

इसके आधार पर माननीय जस्टिस रामास्वामी ने इस प्रकरण पर अपने अनुसंधान से इस प्रकार से पारित किये हैं–

"In a clash of competing claims between general category employees on the one hand and the Dalits and Tribes on the other what the authorities need to take into consideration is the aforesaid factors and their service record with an objective and dispassionate form of mind.

What needs to be achieved by the Dalits and Tribal officers so promoted is that they should be on par with others, assiduously devote themselves with character, integrity and honesty in the discharge of the duties of the post with added willingness and dedication to improve excellence. Thereby the efficiency of administration would automatically get improved and the nation rise to higher levels of achievement. Therefore, it can not be that reservation in promotion is bad in law or unconstitutional.

Therefore, the right to promotion continues as a constitutionally guaranteed fundamental right. In adjusting the competing rights of the Dalits and Tribes on the one hand and the employees belonging to the general category on the other, the balance is required to be struck by applying the egalitarian protective discrimination in favour of the Dalits and Tribes to give affect to the constitutional goals, The judges observed."

(Law and Justice— The Hindustan Times, New Delhi Monday, April 28, 1997 page-8 'Quota in promotion was a non-issue'— By Bal Krishana)

हिन्दी अनुवाद

"सामान्य श्रेणी के कर्मचारियों का एक तरफ तथा दलित एवं ट्राइब्स का दूसरी तरफ अपने स्पर्धा क्लेमों के झगड़े में, निर्णायक अधिकारियों को उनके सेवा रिकार्ड के आपत्तिजनक व कठोरपन की मस्तिष्क प्रवृति व यहां बताये तथ्यों पर विचार करने की आवश्यकता है। दलित एवं ट्राइब्स अधिकारियों की पदोन्नति के लिए क्या आवश्यकताएं प्राप्त होनी चाहिएं कि वे साधारण ठीक हो, और उनके कर्तव्यों में चरित्र, सत्यनिष्ठा तथा ईमानदारी से सतर्क कार्य करते हों और उत्कृष्ठता में सुधार के प्रति मेहनत व इच्छा उस पद के लिए हो। इससे प्रशासन में स्वमेव ही दक्षता बढ़ती जायेगी और राज. उच्चस्तरीय परिणाम की ओर अपने आप उठता चला जावेगा। इसलिए यह नहीं कहा जा सकता है कि पदोन्नति में आरक्षण एक बुरा कांनून या संविधान विरोधी है।

इसलिए संवैधानिक स्वीकृत मूल अधिकार पदोन्नति के अधिकार चालू रहेगा। समायोजन में एक तरफ दलितों एवं ट्राइब्स के स्पर्धा अधिकारों की रक्षा एवं सामान्य श्रेणी के कर्मचारियों की दूसरी तरफ की सभ्यता, सभी के अधिकारों की रक्षा करते हुए, दलितों एवं ट्राइब्स के पक्ष में बचावी भेदभाव, न्यायाधीशों द्वारा संविधानिक उद्देश्यों को प्रभावित करते हुए कार्य करना होगा।"

राज्य आज्ञा दिनांक 4 जून, 1988 -भेदभावपूर्ण प्रभाव

श्री वी.एल. सोनी, बी.डी. गुप्ता तथा तेजराजसिंह (तीनों उच्च जाति से) को योग्यता के आधार पर चयन करके वाणिज्यिक कर अधिकारी (वरिष्ठ वेतन श्रृंखला) के पद पर वर्ष 1988–89 के रिक्त स्थानों के लिए पदोन्नति राज्य आज्ञा संख्या प. 3(11)वित्त/ग्रुप–4/87 दिनांक 4 जून, 1988 से ही दी गई थी। लेकिन यहां योग्यता का मापदण्ड कार्य नहीं था, जैसा कि मैंने अपने वर्ष 1984–85, 1985–86, 1986–87 तथा 1987–88 के कार्यों की तुलनात्मक विवेचना ऊपर की है, इन तीनों उच्च जातियों से आये अधिकारियों का कार्य मेरे से ज्यादा नहीं है फिर भी इनकी पहुंच व ऊँची जाति में जन्म को आधारित मानकर गोपनीय प्रतिवेदनों में उत्कृष्ट (आउटस्टेडिंग) श्रेणी आवंटित की गई जो स्पष्ट समानता पर एक कुठाराघात है जबकि इनसे ज्यादा कार्य करने के उपरान्त भी दलित होने के कारण मुझे उत्कृष्ट श्रेणी से उनके समान श्रेणीबद्ध नहीं किया गया। यह स्पष्ट संविधान की समानता व मातृत्व की भावना के विपरीत है, तथा स्पष्टरूपेण जन्म व जाति के आधार पर भेदभाव किया गया है। मेरी पदोन्नति रोककर इनको लाभ दिया गया है। इन तीनों में प्रथम दो व्यक्ति वर्ष 1964 बैच तथा तीसरा 1965 बैच के द्वितीय श्रेणी में लोक सेवा आयोग से चयनित निरीक्षक पद से राज्य सेवा प्रारम्भ की थी जबकि मैंने वर्ष 1960 बैच का चयनित निरीक्षक से सेवा प्रारम्भ की। दलित होने के कारण मेरे साथ समान व्यवहार नहीं किया गया है, जो स्पष्ट संविधान की आत्मा के विरुद्ध है। "मनुस्मृति" के जाति भेद को राजस्थान सरकार ने यहां पर संविधान से ऊँचा माना गया है, जो लोक कल्याण व प्रजातंत्रिक दर्शन के विपरीत है। इस पर अब गंभीरता से विचार करना होगा।

बाद में राज्य आदेश संख्या पं. 3(11)वित्त/ग्रुप–4/87 दिनांक 19 जुलाई, 1989 से वर्ष 1989–90 के रिक्त स्थान के लिए वरिष्ठता एवं योग्यता के आधार पर चयन पर वाणिज्यिक कर अधिकारी (वरिष्ठ वेतन श्रृंखला) के पद पर स्थानापन्न नियुक्त करके पदोन्नति स्वीकार की। लेकिन इसके बावजूद भी मेरा वरिष्ठता क्रम उन कनिष्ठ अधिकारियों से निम्नतर कर दिया गया जिनको "योग्यता" के आधार पर वर्ष 1988–89 के रिक्त स्थानों के लिए 4 जून, 1988 को मेरे पहले पदोन्नति दी गई और उस समय मेरी पदोन्नति भेदभावपूर्ण तरीके से अवांछनीय तरीके से रोक दी गई थी।

आदेश दिनांक 24 अक्टूबर, 1990 "योग्यता" की आड़ में ऊँची जातियों से आये अधिकारियों की अवांछनीय पदोन्नति - मेरे साथ स्पष्ट भेदभावपूर्ण षडयंत्र

राज्य सरकार ने अपने आदेश क्रमांक प. 3(15) वित्त/ग्रुप–4/8७ दिनांक 24 अक्टूबर, 1990 से निम्न तथाकथित ऊँची जातियों से आये व्यक्तियों की भारी

पहुंच के कारण दलितों के लिए निर्धारित रोस्टर की स्पष्ट अवहेलना करते हुए वर्ष 1990–91 के रिक्त स्थानों के लिए उपायुक्त वाणिज्यिक कर विभाग (चयन वेतन शृंखला) के पद पर पदोन्नतियां स्वीकार की–

	नाम अधिकारी	पदोन्नति का आधार
1.	श्री एन.एल. महावर	योग्यता के आधार पर
2.	श्री हीरालाल माथुर	योग्यता के आधार पर
3.	श्री सी.बी. अग्रवाल	योग्यता के आधार पर
4.	श्री बद्रीप्रसाद (अ.जा.)	योग्यता के आधार पर

इससे पूर्व वर्ष 89–90 के रिक्त स्थान के लिए इसी पद पर श्री पी.सी. शर्मा (ब्राह्मण) को योग्यता के आधार पर पदोन्नति दी गई थी। आश्चर्य है कि–

1. श्री पी.सी. शर्मा, हीरालाल माथुर, एन.एल. महावर तथा सी.बी. अग्रवाल का कार्य मेरे से (पी.के. मौर्य) वर्ष 1984–85, 85–86, 86–87 तथा 87–88 में कम था तथा मेरा कार्य अधिक था।

2. गोपनीय प्रलेखों में कार्य पर निष्पक्ष समीक्षा नहीं की गई बल्कि जन्म व जाति को आधार मानकर इनको उत्कृष्ट कार्य की श्रेणी में लिया गया था ताकि उपरोक्त पदोन्नति का लाभ दिया जा सके।

3. श्री बद्री प्रसाद (अ.जा.) का कार्य भी किसी भी वर्ष में मुझसे अच्छा या ज्यादा नहीं रहा था।

4. राज्य सरकार ने दिनांक 4 जून, 1988 को वरिष्ठ वेतन शृंखला में तथा चयन वेतन शृंखला में इस आदेश से मेरी पदोन्नति रोकने के पीछे कोई वैज्ञानिक आधार नहीं था बल्कि गोपनीय प्रलेखों में जानबूझकर दुर्भावना से इन्द्राज करना है, जिसके पीछे पदोन्नति रोकने का पूर्व नियोजित सोचा समझा षड़यंत्र था।

माननीय अधिकारण की निर्णय
दिनांक 4 नवम्बर, 1993

दिनांक 4.6.88 के आदेश से राज्य सरकार ने मुझे "वरिष्ठ वेतन शृंखला" में पदोन्नति नहीं दी थी, उसकी दिनांक 20.6.88 को माननीय राजस्थान सिविल सेवा

अपील अधिकरण, जयपुर में अपील प्रस्तुत की थी, जिसको दिनांक 4.11.93 के निर्णय से अपील इस प्रकार स्वीकार की थी–

राजस्थान सिविल सेवा अपील अधिकरण, राजस्थान, जयपुर।

समक्ष : श्री माणाक मोहता, सदस्य
श्री आर.एस. सिंघी, सदस्य

अपील संख्या :– 359/88

श्री प्रदीप कुमार मौर्य
विरुद्ध
राजस्थान सरकार

प्रस्तुतीकरण की दिनांक : 20.6.88

विनिश्चय की दिनांक : 4.11.93

उपस्थित :

अपीलार्थी की ओर से : श्री मानसिंह गुप्ता अभिभावक

राज्य सरकार की ओर से : श्री एल.एन. माथुर, स्थाई राजकीय अधिवक्ता

आदेश

1. अपीलार्थ ने यह अपील कार्यालय आदेश दिनांक 4.6.88 के विरुद्ध, जिससे उससे वरिष्ठता में कनिष्ठ व्यक्तियों को वाणिज्यिक कर अधिकारी (कनिष्ठ वेतन शृंखला से वरिष्ठ वेतन शृंखला) के वर्ष 1988–89 के रिक्त पदों के पेटे पदोन्नतियाँ दी हैं दिनांक 20.6.88 को प्रस्तुत करते हैं। अपील में उठाये गये विवादों से सम्बन्धित तथ्य संक्षिप्त में इस प्रकार हैं कि अपीलार्थ की शुरू में आबकारी एवं कर विभाग में दिनांक 15.2.60 को निरीक्षक ग्रेड के पद पर नियुक्ति हुई तत्पश्चात् इसी पद पर सेवाओं में स्थाई होने, फिर विभागीय पदोन्नति समिति की सिफारिशों के आधार पर वर्ष 1971 की रिक्तियों के पद सहायक वाणिज्यिक कर अधिकारी के पद पर नियुक्ति होने एवं उसी पद पर बाद में स्थाई होने तत्पश्चात् विभागीय पदोन्नति समिति द्वारा नियमित रूप से वाणिज्यिक कर अधिकारी के पद पर साधारण वेतन शृंखला में वर्ष 1982–83 की रिक्तियों के पद पदोन्नति दिये जाने को अपील में वर्णित किया है, जिसके अनुसार अपीलार्थी का नाम क्रम संख्या 9 पर वरिष्ठता सूची में दर्शाया गया है और उससे वरिष्ठता में कनिष्ठ व्यक्तियों, जिनका कि जिक्र आगे आया है, श्री बद्रीप्रसाद का नाम क्रम संख्या–10 पर दर्शाया है। अपीलार्थी ने अपील में यह भी स्पष्ट किया है कि उससे पहले सहायक

वाणिज्यिक कर अधिकारियों की वरिष्ठता सूची प्रकाशित हुई है जिसमें अपीलार्थी का नाम क्रम संख्या–46 पर एवं बद्री प्रसाद और रामनारायण का नाम क्रम संख्या–59 एवं 94 पर दर्शाया गया, जिसकी पुष्टि अपील के साथ प्रस्तुत किये प्रदर्श–4 से होती है। इसी प्रकार वाणिज्यिक कर अधिकारियों (साधारण वेतन श्रृंखला) की भी अन्तिम वरिष्ठता सूची प्रदर्श–5 प्रकाशित हुई है जिसमें भी अपीलार्थी को क्रम संख्या–21 पर दर्शाय हुआ है जबकि बद्रीप्रसाद एवं नानगराम के नाम क्रम संख्या 22 एवं 33 पर दर्शाये गये हैं।

अपीलार्थी ने अपील में निवेदन किया है कि विभागीय पदोन्नति समिति ने वाणिज्यिक कर अधिकारियों (वरिष्ठ वेतन श्रृंखला) की वर्ष 1988–89 की रिक्तियों के पद पदोन्नतियां करने के लिए वाणिज्यिक कर अधिकारी (साधारण वेतन श्रृंखला) के नामों पर विचार किया लेकिन अपीलार्थी का सेवा अभिलेख साफ सुथरा होने के बाबजूद उसे पदोन्नति के सम्बन्ध में जारी किये गये आदेश दिनांक 4.6.88 से पदोन्नति नहीं दी गई, जिसे अपीलार्थी ने अपील में चुनौती दी है।

3. विपक्षी की ओर से लिखित जवाब पेश करते हुए बतलाया है कि अपीलार्थी के नाम पर पदोन्नति देने हेतु विचार किया गया था लेकिन वर्ष 1986–87 एवं 1987–88 के वर्षों की प्रतिकूल प्रविष्टियां मौजूद होने की वजह से उसे पदोन्नति नहीं दी गई। वर्ष 1986-87 की प्रतिकूल प्रविष्टियां उसे दिनांक 9.5.88 की एवं वर्ष 1987–88 की प्रतिकूल प्रविष्टियां 5.8.89 को अपीलार्थी को पेश की गई है। उक्त प्रतिकूल प्रविष्टियों के कारण उसे पदोन्नति नहीं दी गई है, अपील खारिज करने की प्रार्थना करें।

4. अपीलार्थी ने प्रतिउत्तर में निवेदन किया कि वर्ष 1986–87 से सम्बन्धित प्रतिकूल प्रविष्टि मात्र उसके बिना अनुमति के मुख्यालय छोड़ने से संबंधित हैं, जो अव्वल तो प्रतिकूल प्रविष्टि की तारीख में ही नहीं आती, द्वितीय वह किसी प्रकार पदोन्नति में बाधा नहीं डालती है, एवं तृतीय उक्त प्रविष्टि भी सही नहीं है। अपीलार्थी सदैव अनुमति लेकर ही मुख्यालय छोड़ता रहा है एवं अवकाश स्वीकृत होने पर ही अवकाश पर रहा है। इस संबंध में प्रदर्श-2 एवं उसके साथ छुट्टियों से संबंधित विवादों के प्रलेख प्रस्तुत किये और जिनके आधार पर उक्त प्रविष्टि निराधार होना बताया। इसी प्रकार वर्ष 1987–88 की प्रतिकूल प्रविष्टि के सम्बन्ध में प्रतिउत्तर में तथ्य रखे कि उक्त प्रतिष्टि भी स्वयं विपक्षी द्वारा सलाहकारी प्रविष्टि के रूप में दी गई है, जो कि उसके कार्य निष्पादन के बारे में दी हुई है, तथ्यात्मक रूप से सही नहीं है। निवेदन किया कि अपीलार्थी की कार्य निष्पादन के बारे में सदैव समय–समय पर प्रशंसा पत्र मिले हैं एवं वर्ष 1986–87 एवं 1987–88 से संबंधित

कार्य प्रगति विवरण के स्वयं विभाग द्वारा अपीलार्थी के संबंध आकड़े प्रस्तुत किये गये हैं, उन्हें देखते हुए अपीलार्थी का कार्य निष्पादन किसी भी रूप में अन्य व्यक्तियों से, जिन्हें पदोन्नतियां दी गई हैं, कतई कम नहीं है बल्कि अधिक ही है, इस संबंध में प्रतिउत्तर के साथ प्रदर्श–11,12,13 प्रलेख प्रस्तुत कर ध्यान आकर्षित किया। निवेदन किया कि उपरोक्त स्थिति को मद्देनजर रखते हुए अपील में मांगे गये अनुतोष दिलाये जावें।

5. अन्तिम बहस के दौरान अपीलार्थी पक्ष की ओर से विद्वान अभिभावक श्री मानसिंह गुप्ता एवं राज्य सरकार की ओर से विद्वान अस्थाई राजकीय अभिभावक श्री एल.एन. माथुर को सुना एवं पत्रावली पर प्रस्तुत लेख–पत्रों का ध्यानपूर्वक अवलोकन किया।

6. अपील के समुचित विचारण एवं निस्तारण के लिए निम्न बिन्दु कायम किया जाता है:–

क्या अपीलार्थी के नाम पर वर्ष 1988–89 में वाणिज्यिक कर अधिकारी, वरिष्ठ वेतन शृंखला के पद पर पदोन्नति दिये जाने के लिए पुनः विचार किये जाने हेतु निर्देश दिये जाने के ठोस आधार मिलते हैं, एवं कार्यालय आदेश दिनांक 4.6.88 निरस्त अथवा संशोधित किये जाने योग्य है? अगर हाँ तो अपीलार्थी के पक्ष में क्या एवं किस तरह के अनुतोष दिये जावें?

अपीलार्थी द्वारा मांगे गये अनुतोषों को मद्देनजर रखते हुए एवं पत्रावली पर उपलब्ध सामग्री के अवलोक से निर्विवाद रूप से यह उजागर होता है कि विपक्षी की ओर से दिनांक 10 नवम्बर, 1987 को प्रदर्श–4 जारी किया गया है, जिसमें 1.1.88 के रोज की स्थाई सहायक वाणिज्यिक कर अधिकारियों की वरिष्ठता सूची अपीलार्थी का नाम क्रम संख्या–46 पर दर्शाया गया है एवं जिन व्यक्तियों को दिनांक 4.6.88 से पदोन्नति दी गई है उनमें क्रम संख्या 5 एवं 7 पर दर्शाये गये व्यक्ति उससे वरिष्ठता सूची में नीचे दिखलाये गये हैं। तत्पश्चात प्रदर्श–7 वाणिज्यिक कर अधिकारियों की वरिष्ठता सूची में भी अपीलार्थी को क्रम संख्या 21 पर दर्शाया गया एवं सर्वश्री बद्री प्रसाद एवं नानगराम को क्रम संख्या 22 एवं 33 पर दर्शाया गया है। इस प्रकार यह स्पष्ट है कि अपीलार्थी से वरिष्ठता में कनिष्ठ व्यक्तियों को आलोच्य आदेश दिनांक 4.6.88 से नियमित वाणिज्यिक कर अधिकारियों (वरिष्ठता वेतन शृंखला) को पदोन्नति दी गई है और अपीलार्थी की वर्ष 1986–87 एवं 1987–88 की प्रतिकूल प्रविष्टियों के आधार पर पदोन्नति से वंचित रखा गया है। वर्ष 1986–87 की प्रतिकूल प्रविष्टि जो प्रर्दश–8 में दर्शाई गई है, उसके साथ अपीलार्थी पक्ष की ओर से प्रस्तुत किये। प्रदर्श–9 के अवलोकन से हमारे विनम्र मत

में उक्त प्रविष्टि अपना प्रतिकूल स्वभाव खत्म कर देता है। यह भी विचारणीय बिन्दु है कि उक्त प्रविष्ट मात्र वार्षिक कार्य मूल्यांकन प्रतिवेदन में अंकित की गई है लेकिन वास्तव में अपीलार्थी बिना अनुमति लिये मुख्यालय छोड़ता रहा हो अथवा बिना अवकाश स्वीकृत कराये अवकाश पर रहा हो, तो उसके विरुद्ध कोई ठोस विभागीय कार्यवाही की गई हो ऐसा प्रतीत नहीं होता है। वर्ष 1987–88 के संबंध में दी गई प्रतिकूल प्रविष्टि जो प्रदर्श–10 में अंकित की गई है उसका संबंध मात्र अपीलार्थी द्वारा कार्य निष्पादन से संबंधित है। स्वयं विभाग द्वारा उक्त प्रतिष्टियों को सलाहकारी प्रविष्टियां मानते हुए ही उसे भेजी गई हैं। इस संबंध में विभाग के उच्च अधिकारियों द्वारा समय–समय पर उसके कार्य निष्पादन की प्रशंसा की गई है, इसके अलावा अपीलार्थी की ओर से प्रस्तुत किये राज्य सरकार के ही पत्र प्रदर्श ए–12 में विभाग द्वारा जो आंकड़े संकलित कर दर्शाये गये हैं उन्हें देखते हुए उक्त प्रविष्टि हमारे विनम्र मत में तथ्यों से मेल नहीं खाती। इसके अलावा उक्त दोनों प्रविष्टियों को देखते हुए एवं समय–समय पर प्रतिपादित हुए न्याय दृष्टान्तों में सिद्धान्तों को मद्देनजर रखते हुए वे किसी प्रकार से पद्दोन्नति में बाधा उत्पन्न होने योग्य नहीं रहती है।

8. उपरोक्त विवेचन के आधार पर हमारे विनम्र मत में इस बात के ठोस आधार मिलते हैं। जहाँ अपीलार्थी से वरिष्ठ में कनिष्ठ व्यक्तियों को वरिष्ठता सह योग्यता के आधार पर वाणिज्यिक कर अधिकारी (साधारण वेतन श्रृंखला से वरिष्ठ वेतन श्रृंखला) के पदों पर पद्दोन्नति देने हेतु विभागीय पद्दोन्नति समिति ने उनके नामों पर विचार कर पद्दोन्नति के लिए सिफारिशें देते हैं और उसके अनुसरण में दिनांक 4.6.88 को आदेश पारित हुआ है निश्चय ही अपीलार्थी के नाम पर उचित तरीके से विचार नहीं हुआ, इसलिए उसके नाम पर पद्दोन्नति देने के लिए पुनः विचार हेतु रिव्यू विभागीय पद्दोन्नति समिति की बैठक आयोजित की जाये और उसमें वर्ष 1986–87 व 1987–88 के वार्षिक मूल्यांकन प्रतिवेदन में दी गई प्रविष्टियों को प्रतिकूल न मानते हुए अपीलार्थी के नाम पर विचार किया जाये। ऐसे निर्देश दिये जाने के आधार मिलते हैं।

9. परिणामस्वरूप अपील अपीलार्थी स्वीकार की जाकर विपक्षी को यह आदेश दिये जाते हैं कि **वह रिव्यू विभागीय पद्दोन्नति समिति की बैठक आयोजित करें, एवं वर्ष 1987-88 व 1986-87 की प्रतिकूल प्रविष्टियों को नजरन्दाज करते हुए अपीलार्थी के नाम पर वाणिज्यिक कर अधिकारी (वरिष्ठ वेतन श्रृंखला) के पद हेतु पुनः विचार करे एवं पद्दोन्नति योग्य पाये जाने पर उसे उसी रोज से पदोन्नति, आर्थिक लाभ एवं भावी पद्दोन्नति दी जाये जिस रोज से उससे**

कनिष्ठ कर्मचारियों को पद्दोन्नतियां दी गई हैं। यह कार्यवाही आवश्यक रूप से तीन माह में संपन्न कर ली जाये।

(आर.एस. सिंघी)
सदस्य

(माणक मोहता)
सदस्य

वित्त सचिव का आश्वासन

दिनांक 18 मई, 1994 को वित्त सचिव डा. आदर्श किशोर ने अधिकारियों की मीटिंग में यह आश्वासन दिया था कि अच्छा कार्य करने वाले अधिकारियों के विरुद्ध किसी प्रकार की विपरीत कार्यवाही के क्रियाशील करने के लिए वित्त मंत्रालय उसको आगे अग्रप्रेषित नहीं करेगा।

मेरी अपील संख्या 359/88 के निर्णय दिनांक 4 नवम्बर, 1993 की पालना में रिव्यू डी.पी.सी. बैठाकर तीन माह के भीतर निर्णय क्रियान्वित करना था लेकिन नहीं किया गया, इस कारण दिनांक 9 मार्च, 94 को कानूनी नोटिस दिया था, जिस क्रम में दिनांक 31 मई, 94 को डा. आदर्श किशोर वित्त सचिव का व्यक्तिगत ध्यान आकर्षण हेतु इस प्रकार निवेदन किया था–

व्यक्तिगत ध्यान आकर्षण

(न्यायालय आदेश की अवमानना)

श्री आदर्श किशोर सक्सैना,
प्रमुख वित्त सचिव,
राजस्थान सरकार, जयपुर।

महोदय,

वाणिज्यिक कर विभागीय सम्मेलन दिनांक 18.05.94 में आप द्वारा दिये गये आश्वासन के अन्तर्गत प्रार्थी की अपील संख्या 359/88 के निर्णय दिनांक 04.11.93, वित्त (विधि प्रकोष्ठ) विभाग के निर्णय दिनांक 07.02.94 तथा प्रार्थी के वकील द्वारा न्यायालय अवमानना का नोटिस दिनांक 09.03.94 के संदर्भ में आपका व्यक्तिगत ध्यान निम्न महत्वपूर्ण बिन्दुओं की तरफ आकर्षित करता हूँ–

(1) कि राजस्थान सिविल सेवा अपील अधिकरण ने अपने निर्णय में तीन माह में रिव्यू डी.पी.सी. बैठाकर प्रार्थी की पद्दोन्नति सीनियर स्केल में वर्ष 88–89 से तथा सलेक्शन स्केल में वर्ष 90–91 से देने हेतु स्पष्ट निर्देश दिये हैं। यह अवधि दिनांक 22.02.94 को समाप्त हो चुकी है।

(2) कि प्रार्थी के वकील द्वारा कानूनी नोटिस दिनांक 08.03.94 दिये जाने के उपरान्त भी न्यायालय द्वारा निर्धारित अवधि समाप्ति के बाद 3½ महीने की लम्बी अवधि में व्यतीत हो चुकी है, लेकिन अभी तक रिव्यू डीपीसी नहीं बिठाई गयी है। आपके आश्वासन दिनांक 18.05.94 के उपरान्त भी अभी तक कोई ठोस प्रभावी कार्यवाही नहीं हो पाई है।

मान्यवर,

प्रार्थी उपरोक्त कारण से मानसिक वेदना एवं उत्पीड़न से प्रभावित है क्योंकि पिछले चार वर्ष से लंबे समय से (01.04.90 से) चयन वेतन श्रृंखला में कार्य करने के बजाय सीनियर स्केल में निचले पद पर कार्य कर रहा है, जो प्रार्थी के अनुसूचित जाति होने के कारण गरिमाहीन स्थिति में रखा जाना लोककल्याण नीति व मानवीय गरिमा पर एक कुठाराघात है। कृपया शीघ्र कार्यवाही करावें। सादर।

प्रार्थी

ह./–
प्रदीप कुमार मौर्य, सहायक आयुक्त,
वाणिज्यिक कर विभाग, विशेष वृत्त–6,
जयपुर।

लेकिन दिनांक 18 जुलाई, 1994 को

आदेश क्रमांक प. 3(1) वित्त/ग्रुप 4/पार्ट–II से वर्ष 1964 के आर पी एस सी चयनित वाणिज्यिक कर निरीक्षकों सर्वश्री शिवकिशन, पी. सी. जैन, नन्द लाल जागीड़ तथा वाई.के. शर्मा तथा इसी प्रकार 1965 के बैच के निरीक्षकगण सर्वश्री रामरतन चौधरी, मेघराज जैन, अमरचंद व्यास, गोपाल लाल शर्मा, आनन्दीलाल गुप्ता तथा फूलचंद चौधरी को दिनांक 14.10.1971 से प्रभावशील मानते हुए सहायक वाणिज्यिक कर अधिकारियों के पद पर स्थाई नियुक्त कर दिया था। इसी दिन एक अन्य आदेश क्रमांक प 3(1)वित्त/ग्रुप–4/83 से श्री शिवकिशन व्यास तथा श्री गोपाल लाल शर्मा को वर्ष 1983–84 के रिक्त पद तथा शेष को वर्ष 1982–83 के रिक्त पद वाणिज्यिक कर अधिकारी (साधारण वेतन श्रृंखला) पर स्थानापन्न रूप से नियुक्त किया था। ठीक उसी दिन एक और अन्य आदेश समसंख्यक क्रमांक से श्री शिवकिशन व्यास को छोड़कर शेष में श्री पी.सी. जैन तथा नन्द लाल जांगीड़ को वर्ष 88-89 के रिक्त पद श्री फूलचन्द चौधरी को वर्ष 89-90 के रिक्त पद तथा शेष सबको वर्ष 1990–91 के रिक्त पद ''वाणिज्यिक कर अधिकारी'' (वरिष्ठ वेतन श्रृंखला) पर स्थानापन्न रूप से नियुक्त किया गया था। इसी दिन एक अन्य आदेश समसंख्यक क्रमांक से श्री पी.सी. जैन को वर्ष

1993–94 के रिक्त पद उपायुक्त (चयनित वेतन शृंखला) में पद्दोन्नत कर नियुक्ति दी गई थी तथा इसी आदेश में सर्वश्री एन.एस बोर्डिया, पी.सी. पालीवाल, तेजराज सिंह तथा एन एल मीना (अ.ज.जा.) को पुनरीक्षण एवं परिशोधन की शर्त को आधारित मानते हुए उपायुक्त, वाणिज्यिक कर विभाग (चयनित वेतन शृंखला) के पद पर अस्थाई रूप से नियुक्त किया गया था, जबकि दलित (अनुसूचित जाति) के आरक्षित दो पद उपायुक्त के रोस्टर के अनुसार रिक्त होते हुए भी मुझे या किसी अन्य अनुसूचित जाति के सहायक आयुक्त को उपायुक्त पद पर पद्दोन्नति प्रशासन में नहीं दी जो भेदभाव का प्रतीक था।

मेरे अलावा उपरोक्त सभी अधिकारीगण तथाकथित हिन्दू उच्च जातियों (सवर्ण) से थे। वाणिज्यिक कर निरीक्षक पद पर दिनांक 21.07.1975 को घोषित पारस्परिक वरिष्ठता को दिनांक 14.10.1971 की स्थिति मेरी तुलना में इस प्रकार रही थी–

निरीक्षक पद पर 14.10.1971 की वास्तविक पारस्परिक वरिष्ठता

नाम निरीक्षक ऊपर तर्णन के अनुसार	वरिष्ठता क्रमांक	विशेष चयनित बैच वर्ष
प्रदीप कुमार मौर्य (मैं दलित)	31	1960
शिवकिशन व्यास	44	1964
पी.सी. जैन	54	1964
नंदलाल जांगीड़	64	1964
नरेन्द्र सिंह बोर्डिया	79	1965
पी.सी. पालवाल	85	1965
तेजराज सिंह	89	1965
पी.सी. चौधरी	87	1965
रामरतन चौधरी	75	1965
मेघराज जैन	77	1965
वाई.के. शर्मा	65	1964
अमरचंद व्यास	80	1964

आनंदीलाल गुप्ता	84	1965
गोपाललाल शर्मा	83	1965

(सभी सवर्ण हिन्दू उच्च जाति)

सभी उपरोक्त उच्च हिन्दू जातियों से आये निरीक्षकों को निरीक्षक पद की वरिष्ठता की अवहेलना करके सहायक वाणिज्यिक कर अधिकारियों की वरिष्ठता मेरे (दलित–चयनित वर्ष 1960) से ऊपर हो गयी थी। समझ में नहीं आता है कि ऐसा क्या कानून है जो जाति आधार पर वरिष्ठता निर्धारित कर रहा था।

दूसरी तरफ मानवीय राजस्थान सिविल सेवा अपील अधिकरण के मेरी अपील नम्बर 359/88 के निर्णय दिनांक 4 नवम्बर, 93 की पालना नहीं करने पर–

विधिपूर्ण नोटिस दिनांक 23 जुलाई, 1994

नोटिस आंशिक हिन्दी अनुवाद इस प्रकार है–

''01 डा. आदर्श किशोर सक्सेना,
वित्त सचिव, राजस्थान सरकार,
जयपुर (राजस्थान)।

02 श्री ए.के. पाण्डे
कार्मिक सचिव, राजस्थान सरकार,
जयपुर (राजस्थान)।

श्री प्रदीप कुमार मौर्य पुत्र श्री बक्सारामजी वर्तमान कार्यरत, सहायक आयुक्त वाणिज्यिक कर विशेष वृत्त–6, जयपुर की तरफ से उनके निर्देशनों के अनुसार विधिपूर्ण सूचना निम्न प्रकार से आपको बताई जाती है–

01 कि उपरोक्त क्लाइन्ट के कनिष्ठ अधिकारियों को वर्ष 1988–89 के रिक्त पदों के विपरीत वरिष्ठ वेतन शृंखला में पद्दोन्नतियां दी गई थीं। श्री पी.सी. जैन को वर्ष 1982–83 के रिक्त स्थान के लिए वाणिज्यिक कर अधिकारी (साधारण वेतन शृंखला) पदोन्नति दी गई है, जो उपरोक्त क्लाइन्ट से कनिष्ठ था।

02 कि आदेश संख्या एफ 3(83) वित्त/ग्रुप 4/78 दिनांक 18 अक्टूबर, 1993 की सीनियोरिटी लिस्ट में मेरे क्लाइन्ट का नाम क्रमांक 17 पर तथा उसका जूनियर श्री पी.सी. जैन पुत्र बाबूलाल जैन का क्रमांक 26 पर है। इसलिए उपरोक्त क्लाइन्ट की वर्ष 1988–89 के रिक्त स्थान के लिए वरिष्ठ वेतन शृंखला में पद्दोन्नति पर निष्पक्ष और औचित्यपूर्ण विचार नहीं किया गया था।

03 कि उपरोक्त क्लाइन्ट को दिनांक 4 जून, 1988 के आदेश से वरिष्ठ वेतन शृंखला में पद्दोन्नति से वंचित रखा गया था। इससे बुरी तरह से प्रभावित होने के कारण अपील संख्या 359/1988 राजस्थान सिविल सर्विसेज अपील अधिकरण, जयपुर में प्रस्तुत की थी, जिसके अनुसार राज्य सरकार के पास उसको वर्ष 1988–89 के रिक्त स्थान के लिए वरिष्ठ वेतन शृंखला में पद्दोन्नति न देने का कोई औचित्य नहीं था।

04 कि उपरोक्त क्लाइन्ट वर्ष 1989–90 के रिक्त स्थान के लिए वरिष्ठ वेतन शृंखला में आदेश दिनांक 19 जुलाई, 1989 के अनुसार पद्दोन्नति प्राप्त कर चुका है।

05 कि अपील नम्बर 359/1988 से अधिकरण ने दिनांक 4 नवम्बर, 1993 से स्वीकार कर ली है जिसको राज्य सरकार ने भी पूर्ण रूपेण मान लिया है तथा इसके विरुद्ध रिट पीटिशन नहीं करने का निर्णय किया है। उपरोक्त क्लाइन्ट श्री पी.सी. जैन पुत्र श्री बाबूलाल जैन जिसको आदेश क्रमांक एफ 3(1) वित्त/ग्रुप 4/83 दिनांक 18.7.94 से चयनित वेतन शृंखला में "योग्यता एवं वरिष्ठता" के आधार पर पद्दोन्नति दी गई है, तथा निष्पक्षता एवं न्याय का तकाजा है कि तुरन्त उपरोक्त क्लाइन्ट को वर्ष 1988–89 के रिक्त स्थान पेटे वरिष्ठ वेतन शृंखला में पद्दोन्नति देकर उपायुक्त वाणिज्यिक कर पद पर वरिष्ठता एवं योग्यता के आधार पर श्री पी.सी. जैन के समान विचार किया जाये। अधिकरण के निर्देशानुसार विचार न करके ऐसा दिखता है कि उपरोक्त क्लाइन्ट के प्रकरण में न्याय की हत्या की जा रही है, जो कि सात महीने पश्चात् सेवा निवृत होने वाला है। ऐसी स्थिति में, उपरोक्त क्लाइन्ट के पास न्याय की अवमानना की कार्यवाही प्रारम्भ करने के अलावा कोई विकल्प नहीं रहता है।

06 कि ऐसा दिखता है कि राज्य सरकार ने उपरोक्त क्लाइन्ट का वरिष्ठ वेतन शृंखला के रिक्त पद वर्ष 1988–89 की पद्दोन्नति स्वीकार न करना कोई आकस्मिक तरीका नहीं है क्योंकि उसका भावी पदोन्नति चयन वेतन शृंखला के वर्ष 1993–94 के रिक्त पद पर उसके जूनियर श्री पी.सी. जैन तथा श्री बद्रीप्रसाद को दी गई है, वह भी उसके साथ एक अन्याय है।

इस तीन दिवस के नोटिस से निवेदन किया जाता है कि उक्त क्लाइन्ट को तुरन्त वर्ष 88–89 के रिक्त पद वरिष्ठ वेतन शृंखला में तथा उसके जूनियर्स श्री बद्रीप्रसाद तथा पी.सी. जैन को उपायुक्त, वाणिज्यिक कर पद पर पद्दोन्नति दी गई है, उसी प्रकार समस्त भावी लाभों सहित बिना किसी हानि के तुरन्त पद्दोन्नति दी जाए।

यह आशा की जाती है कि माननीय राजस्थान सिविल सर्विसेज अपील अधिकरण के अपील नं. 359/1988 के निर्णय दिनांक 4 नवम्बर, 93 की पालना में उक्त क्लाइन्ट को न्याय दिया जावे अन्यथा वह बाध्य होगा कि अवहेलना की प्रक्रिया प्रारम्भ करें तथा उपरोक्त के विरुद्ध अन्य आवश्यक प्रक्रियायें करें। यदि उसकी पद्दोन्नति स्वीकार नहीं की जाती है या उसका कोई औचित्यपूर्ण कारण इस नोटिस की समय सीमा में नहीं बताया जाएगा, तो वह मजबूर होगा।

ह./–
23.7.94
मानसिंह गुप्ता, एडवोकेट

न्यायालय की अवमानना

राजस्थान सिविल सेवा अपील अधिकरण, राजस्थान के आदेश दिनांक 4 नवम्बर, 1993 की अवमानना होने के कारण वित्त सचिव एवं कार्मिक सचिव के विरुद्ध आवेदन दिनांक 4 अगस्त, 1994 को प्रस्तुत किया था। इसके अलावा हो रहे भेदभाव के डा. आदर्श किशोर सक्सेना, वित्त सचिव को व्यक्तिगत रूप से दिनांक 27 अगस्त, 1994 को सेविग्राम से इस प्रकार भी निवेदन किया था

U.P.C.

Dated : 27.08.94

SAVINGRAM

Dr. Adarsh Kishore Saksena
Administrative Secretary,
Finance Deptt.,
Govt. of Rajasthan,
Jaipur.

Discrimination done to scheduled caste officer in DPC held on 4th June, 93 and 20th June, 94. Undue favour of high caste junior officers Narendar Singh Bordia, Prem Chand Jain, Puran Chand Paliwal and Tejraj Singh were taken– Two reserved posts of Deputy Commissioner in year 1993-94 (For Scheduled Castes) are filled up by High Caste Junior Officers-Giving them undue benefits.

Sh. Tejraj Singh, N.S. Bordia, Prem Chand Jain and P.C. Paliwal are unduly favoured by non-considering seniority as Inspector on 01.09.1967 vide order dated 22.12.1967 and ad-hoc ACTO order Dated 27.12.1967. They had no lien either as inspector or as ACTO prior to confirmation order Dt. 08.03.1980 - Seniority as inspector as on

14.10.1971 was not taken in to consideration prior to promotion finalisation in review DPCS as ACTO. of these High Caste Junior Officers.

26 years retrospective effect promotion as ACTO w.e.f. 27.12.1967 based on Ad-hoc confirmation as inspector vide order dt. 22.12.67. They are retrospectively promoted as ACTO and are confirmed as ACTO w.e.f. 14.10.1971 based on wrong promotion of very much Junior officers Shri Mohan Prakash Vyas, Tejraj Singh and others on 27.12.67. ignoring their lien and conditions of appointment as inspector dt. 25.12.1965– probation period of Mohan Prakash Vyas and Tejraj Singh ended on 04.02.68 and 21.02.68– prior to this they cannot be confirmed. They were benefitted against the procedure established by the constitution of India, ignoring the seniority.

On appliant appeal dt. 23.06.1993, the commissioner requested on 15.07.1993 to Goverment for review DPC–File was moved between finance and Karmik Deptt. in 1993–Dishonestly not reviewed similar to Sh. J.G.R. Shahani– Appellant requested personally to Shri C.K. Methew Commissioner on 25.06.1994 but it was dishonestly ignored with the motive to give special benefit to the high caste junior officers Narendar Singh Bordia, Tejraj Singh and others.

Kindly do justice with the appellant similar to other high caste junior officers by declaring their seniority of inspectors as on 01.09.67 and as on 27.12.67 in compliance to commissioner's order dt. 22.12.67 and 27.12.67 confirmation of inspectors and appointment of Ad-hoc ACTOS.

Pradeep Kumar Maurya

Copy to confirmation to Dr. Adarash Kishore Saksena, Adm. Secretary, Finance Deptt. Govt. of Rajasthan, Jaipur.

Pradeep Kumar Maurya

Asstt. Commissioner, Commercial Taxes, Spl. Circle - 6, Jaipur.

आवेदन दिनांक 8 सितम्बर, 1994

पद्दोन्नतियों में हो रहे भारी भेदभाव के कारण प्रशासनिक सचिव वित्त विभाग, डा. आदर्श किशोर का व्यक्तिगत ध्यान आवेदन दिनांक सितम्बर, 1994 से उनके कार्यालय में इस प्रकार प्रस्तुत किया था–

Jaipur

Dated : 08.09.94

The Administrative Secretary,
Finance Department,
Govt. of Rajasthan,
Jaipur.

Through : The Commissioner, Commercial Taxes, Rajasthan, Jaipur.

Sub:- Representation dated 23.06.1993 to the Commissioner for the promotion as Dy. Commissioner against reserved quota of Scheduled Caste for the year 1993-94.

Ref:- CCT's recommendation letter dated 15.07.1993 to the Finance (Group-4) Deptt. for the Review D.P.C.

Sir,

With respectfully I beg to state as under:-

(1) That there were two type of Review D.P.C. to be held as (1) In persuance to the decision of the Rajasthan Appellate Service Tribunnel dated 4.11.93 for the promotion for Senior Scale against vacant post of the year 1988-89. No result is intimated to the undersigned so far. (2) In persuance of my representation dt. 23.06.93 for the promotion of Dy. Commissioner (Selection Scale) against vacant post of the year 1993-94 of Schedule Caste Quota. The result of my representation dated 23.06.93 for which the regular correspondence was being done between the Finance (Group-4) Deptt. and the Department of Personnel from July, 93 to November, 93. I presumed that this review DPC was held either in November'93 similar to Sh. J.G.R. Shahani or on 20th June, 94 similar to Sh. Shiva Ram Shivir and Sh. P.C. Jain, but I can not say anything about the result of these two DPC held particular in my case, I think no fair consideration is done in these DPCs.

(2) That some fraudulent conspiracy was done in this case for which I met to the present Commissioner, Commercial Taxes on 25.06.94 and requested him to give fair justice in my case. I have been facing heavy tension from last 2½ months for want of the result of these two type review DPCs and the regular DPCs for the year 1994-95 but now it seems that the fabric of the belief in this administration has been torned down by taking undue favour of so called high caste officers as I have sent the Savingram to your honour and requested personally vide the letter dated 27th August, '94. The latest evidence for the undue favour of so called high caste officers against the public policy is as under:–

(a) Sh. Narendra Singh Bordia was promoted as Dy. Commissioner vide order dt. 4.6.93 by DPC and opportunity to work on higher post was allowed as he was not found suitable by review DPC held in June '94 for the year 1993-94.

(b) Sh. D.S. Gupta was promoted as Dy. Commissioner in his last day of his service, without having vacant post ignoring the promotion claim of undersigned against reserved quota for Scheduled Castes.

(c) Sh. Tejraj Singh was unduly benefited in Plan firstly he was appointed as Dy. Commissioner subject to review and revision vide order dated 18.07.94, ignoring the rightful claim of the undersigned Scheduled Caste Officer under the policy of the reservation as per roster vide DOP (A-II) order dated 9th July, 1985 and now the whole proceedings of the DPC held on 8th August, 1994, is being kept in abeyance till the favourable action is completed in favour of Sh. Tejraj Singh as an individual interest.

No such type of interest in favour of the undersigned is taken as the constitution directs to the state for special interest in well being of the Schedule Castes be taken in every stage.

(3) That the undersigned has been deprived and his representations were always ignored and fair justice was never allowed. He was eagerly looking forward that justice will be done to him but at last nothing came out and all benefits subsequent to these remained in doldrums. Sh. N.S. Bordia, Sh. P.C. Paliwal, Sh. P.C. Choudhary and Sh. Rameshwar Chhaparwal whose appointment as Inspector vide dated 25.12.67 denoted two years probation period but unduly without observing the service rules, they were confirmed as Inspectors w.e.f. 1.9.67 whereas their probation not completed and was to be completed earliest possible on 27th Dec., 1967. Now, they are about to be selected as Dy. Commissioner and on the other side the appellant was appointed as Inspector after RPSC selection on 5.2.1960. SIX YEARS SENIOR to these junior persons but no benefit is/was allowed and discrimination on every step was/is being faced regularly.

(4) That Sh. B.D. Gupta, B.L. Soni, N.S. Bordia, P.C. Paliwal, Prem Chand Jain, Phool Chand Choudhary, Rameshwar Lal Chhaparwal, R.B. Choudhary and Tansukhdas Sharma are benefitted by various civil writ petitions decided by the Hon'ble High Court,

because of giving wrong benefit to Sh. Mohan Prakash Vyas, Sh. Tejraj Singh and Sh. S.K. Mathur vide the then Commissioner's order dated 22.12.1967 ad-hoc confirmation as Inspector w.e.f. 1.9.67 without declaring the Seniority against the rules of substantive appointment. But the High Court never ordered for not declaring the seniority of Inspector as on 1.9.67. The benefit of Sh. Mohan Prakash Vyas and Sh. Tejraj Singh were granted in planned way, contrary to the law, justice and procedure established by the Constitution. After 5 days confirmation as Inspector, they were promoted as ad-hoc Asstt. Commercial Taxes Officers vide order dt. 27.12.1967. The rule 5 of the R.C.T.S. Rules is framed and amended in the personal interest of Sh. Mohan Prakash Vyas and Sh. Tejraj Singh (Change of dates 1.1.68 or 11.1.68 and non-considering the seniority and probation period as Inspectors as on 1.1.1968).

(5) That on other side, the undersigned was behaved discriminatory as in the capacity of ad-hoc ACTO. Formerly he was promoted ad-hoc A.C.T.O. alongwith other 29 collegues vide order dt. 10.12.1964 and after lapse more than four years, he was reverted as Inspector vide order dt. 30.1.1967 in the list of 101 ad-hoc A.C.T.Os. Similarly situated, 2½ years prior to Rules, 1971 come into force (w.e.f. 14.10.1971). The review petition before his excellency, the Governor of Rajasthan, submitted through proper channel vide No. 1628/Estt. dt. 6.8.1970 by the C.T.O., Udaipur which is still lying pending as undecided under the want of heavy pressure by the powerful person. However, the DPC held in July, 1983, selected the undersigned as Asst. Commercial Taxes Officer w.e.f. 1.1.1971 vide order dt. 19.7.1983 and granted the consequent benefits on the basis of the Service record of the year 1964 to 1970. Besides this if the screening committee under rule 5(4) of RCTs Rules 1971 raises the question of unsuitability, then the reversion order dt. 30.1.1969 a penal order and fit for review under rule 34 of the R.C.S. (CCA) Rules, 1958 under the principle decided by the Hon'ble Supreme Court in the case of State of U.P. Vs. Kaushal Kishore Sukla (1991) (1) SCC 691) and State of U.P. and another Vs. Km. Premlata Misra and others (1994) (2) SLJ 167).

(6) That the undersigned have regularly persued and requested to the higher officers time to time but instead of deciding the Review Petition under rule 34 of R.C.S. (CCA) Rules, he was victimised as under–

(a) The applications of further study in LL.B. during the year 1974-75 and 1975-76 were ignored and shaped it as indeciplined Act and awarded the penalty of the stoppage of one grade increment vide No. F./DC/AE/Estt/75/6072 dt. 22.10.75 and no further appeal or request were considered in fair eye in view of Article 46 of Constitution.

(b) The undersigned was forced to do work on the lower most post as Inspector since 13.2.69 to 20.7.1983 (14 years long period) ignoring his claims to further promotion whereas more than 100 inspectors (so called high caste) were promoted as ad-hoc A.C.T.Os.

(c) The undersigned was kept under suspension w.e.f. 25.3.1976 to 30.7.1977 (15 months long period) due to further study in LL.B. classes at Bikaner and Sri Ganganagar. False 12 allegations charge sheet issued on 17.11.1977 but at last after enquiry the undersigned was exonerated vide order dt. 17.11.1980 with no fault.

(d) As the result of submitting enquiry report of the theft of Rs. 4770.49, occured in C.T.O. Dholpur Office in 11.7.83 (Vide No. Estt/2589 dt. 28.12.84) before Sh. R.S. Mittal, then D.C. (Adm.), The conspiracy against the undersigned was fabricated with the motive to stop the promotions from September, 1985 by Sh. K.C. Gupta, then C.T.O. Dholpur, Sh. R.S. Mittal and Sh. R.R. Gupta, then Dy. Commissioners (Adm.) Jaipur Zone-I and created false fabricated allegations charge sheet from which the undersigned was exonerated with no fault vide No. F.6(4)Estt/83/8962 dt. 21.5.84 and F.6(76) Estt/CCT/86/7835 dt. 16.10.92.

Sir,

As above mentioned circumstances, I have faced heavy odd situations of victimisation. Now, have hope for fair justice within the period of 15 days otherwise I am bound to publish these all treating it as the sanction of under rule 10(2) (B) of the Rajasthan Civil Service (Conduct) Rule, 1971 for which the undersigned has already intimated to the Commissioner, Commercial Taxes, Rajasthan, Jaipur vide dated 31.12.1982 registered post in view of Article 46 of the Constitution of India.

Kind regards,

Yours faithfully

Dated : 8th Sept., 1994.

(P.K. Maurya)
Asstt. Commissioner,
Commercial Taxes,
Spl. Circle - 6,
Jaipur (Raj.).

Dt. 8.9.94

Advance Copy to

Hon'ble Dr Adarsh Kishore Saksena, Finance, Secretary to the Govt. of Rajasthan, Jaipur for early action.

Kind regards

(Pradeep Kumar Maurya)

बाद में मुझे कुछ भी मालूम नहीं हुआ कि माननीय डा. आदर्श किशोर ने क्या किया। बाद में इस सम्बन्ध में दिनांक 12 सितम्बर, 1994 को मैं वाणिज्यिक आयुक्त श्री सी.के. मैथ्यू साहिब से भी मिला और अपना दर्द इस प्रकार प्रस्तुत किया था–

Personal visit
12.9.94

Hon'ble Snri C.K. Methew,
Commissioner, Commercial Taxes,
Rajasthan, Jaipur.

Sub: - Deprevation from opportunities as fraud in promotions-Disturbance to personal liberty and human dignity.

Ref. :- Deptt. promotion Committee held on 20th June, 1994 and 8th August, 1994.

Sir,

In continuation of the representation dated 23rd June, 1993 and 8th September, 1994, the undersigned has the honour to attract your attention towards as below:

1. That the undersigned was firstly turned down among 101 officers on 30th Jan. 69 without any procedure established by law and secondly he was again turned down in equals on 4th June, 88

for which the Rajasthan Civil Service Appellate Tribunal Order dated 4th Nov. 93 is ignored and lastly in D.P.C. held on 4th June, 93. His claim to promotion as Dy. Commissioner against Scheduled Caste reserved quota for the year 1993-94 was purposely ignored for the benefit of so-called high caste officer Shri N.S. Bordia. It effects the dignity and the income of the undersigned. Income is the foundation of many fundamental rights when work is the sole source of income, the right to work becomes as much fundamental. The right to life includes right to livelihood. The right to livelihood, therefore, cannot hang on the fancies of individulas in authority. As in the past, the undersigned suffered heavy loss as–

(i) he was victimised since 30.1.69 to 20.7.83 for about 14 years and was kept under the juniors with terrible fear.

(ii) conspiracies were fabricated with the motive to spoil service roll.

The employment is not a bounty from them, nor can its survival be at their mercy. Such deprivation would not only denude the life of its effective content and meaningfulness but it would make life impossible to live. And yet such deprivation would not have to be in accordance with the procedure established by law. The word 'Law' should be understood not in the sense of an enactment but as signifying the immutable and universal principles of natural justice. Law passed by the legislature and executive does not transgress, any of the fundamental rights declared in part III of the Constitution.

2. That the illigal confirmation prior to completion of probation period as Inspector of Sh. Mohan Prakash Vyas and Sh. Tajraj Singh vide order dated 22.12.1967 and after FIVE DAYS Ad-hoc promotion as A.C.T.O. w.e.f. 22.12.67, without declaring any list of SENIORITY. This created the whole problem before the Department. On the same basis, (under direction of High Court) Shri Prem Chand Jain S/o Sh. Baboo Lal, Narendra Singh Bordia, Sh. Puran Chand Paliwal, Sh. Phool Chand Chaudhari and so many others are benefitted by the Government, ignoring the status and seniority as Inspector as on 27.1.67 and 1.1.68 of the undersigned who was the Substantive Inspector w.e.f. 05.02.1960 (R.P.S.C. Selection in 1960). Thus he is much too senior than Shri P.C. Jain and others.

3. That the suspension of the claim of the undersigned who had the right to get promotion first rather than Shri P.C. Jain and others

which is the sole property and the means of livelihood, for long period without concluding the departmental proceedings within a reasonable period and with reasonable diligence was held to be violative of the personal liberty enshrined in the Constitution as human dignity (Protection against unjust, unfair and unreasonable proceedings.) The rule making power under Article 309 is also subject to Article 14, 16 and 21 of the Constitution. The rule 5(4) of the R.C.T. Service Rules, 1971 is therefore, not above the Constitution, as it deprived the status of the undersigned who is not allowed the opportunity of the natural justice.

Kindly do justice and be obliged.

Yours faithfully,

Sd/-

(P.K. Maurya)

A.C. Sp. Gr-6, Jaipur

लेकिन ऐसा दिखता था कि श्री सी.के. मैथ्यू भी किसी दबाव में चल रहे थे और स्वतंत्र रूप से कुछ भी करने की स्थिति में नहीं थे। शायद डा. आदर्श किशोर वित्त सचिव के दबाव में थे।

श्री तेजराज सिंह की पद्दोन्नति दिनांक 18.07.94 तथा पद्दोन्नति समिति की बैठक दिनांक 08.08.94

दिनांक 8 अगस्त, 1994 को पद्दोन्नति समिति में श्री तेजराज सिंह जिनको दिनांक 18.07.94 को दलित के लिए रोस्टर के अनुसार आरक्षित पद, उपायुक्त पद पर अस्थाई पद्दोन्नति दे दी गई थी, इस पद्दोन्नति के योग्य नहीं पाये गये तथा इस अयोग्यता के कारण उनको वापिस सहयाक आयुक्त पद पर पदावनत करना था, लेकिन बड़ी चालाकी से उनके त्याग पत्र को स्वीकार कर लिया गया तथा समस्त पेन्शन लाभ उपायुक्त पद पर (चयनित वेतन श्रृंखला) स्वीकार कर दिये गये थे जबकि वह इसके अयोग्य पाये गये थे। यह घटना बड़ी चालाकी से मुझ से छुपा कर रखी गई थी। क्योंकि यदि प्रशासन चालाकी नहीं करता तो दिनांक 18.7.94 के अस्थाई पद्दोन्नति दलित के आरक्षण रोस्टर के अनुसार श्री तेजराज सिंह के बजाय मेरी पद्दोन्नति की जाती। लेकिन श्री तेजराज सिंह को लाभ देने के लिए मेरे साथ अन्याय किया गया था। कहते हैं कि इसके पीछे डा. आदर्श किशोर, वित्त सचिव का तानाशाही रवैया था, जिस पर वाणिज्यिक कर आयुक्त श्री सी.के. मैथ्यू भी परेशान थे। पद्दोन्नति समिति की दिनांक 8 अगस्त, 94 की सिफारिश के बावजूद

भी आरक्षित रोस्टर की पालना में मेरी पद्दोन्नति उपायुक्त पद पर के आदेश जानबूझ कर निलम्बित किये जा रहे थे।

डा. आदर्श किशोर का अधिकरण में जवाब

एक तरफ जहां दिनांक 12 सितम्बर, 94 को श्रीमान् सी.के. मैथ्यू वाणिज्यिक कर आयुक्त से मेरे निवेदन पर वे कुछ करना चाह रहे थे, वहीं दूसरी तरफ माननीय अधिकरण में डा. आदर्श किशोर, वित्त सचिव में अपील संख्या 359/88 के निर्णय दिनांक 4 नवम्बर, 93 को पालना के सम्बन्ध में निम्न जवाब दिनांक 14.09.94 को इस प्रकार प्रस्तुत किया था।

Before the Rajasthan Civil Services Appellate Tribunal Rajasthan, Jaipur

Contempt Petition in Appeal No. 359/88

Shri Pradeep Kumar Maurya ... Petitioner

V/s

Dr. Adarsh Kishore,
Secretary to the Government,
Finance Department,
Rajasthan, Jaipur ...Non-Petitioner

MAY IT PLEASE YOUR HONOUR,

The reply of contempt petition on behalf of non-petitioner is submitted as follows—

1. In para No. 1 of the petition this fact is admitted that the appellant had filed an appeal against his non-promotion in the senior scale of Commercial Taxes Services because he was not found suitable by the DPC on the basis of adverse service record.

2. In para No. 2. of the petition, this fact is admitted that the appeal of the appellant was accepted vide order dated 4th November, 1993 and directions were given for reviewing the recommendations of the DPC as per observations of the Hon'ble Tribunal against the vacancies for the year 1988-89.

3. In para No. 3 of the petition this fact is admitted that the appellant will attain the age of superannuation in the month of June, 1995.

4. In para No. 4 of the petition this fact is admitted that the appellant was selected and promoted on the post of senior scale of

Commercial Taxes Services against the vacancies for the year 1989-90. Fact is not admitted and it is submitted that in compliance of the Hon'ble Tribunal's decision dated 4th November, 1993 the Review DPC was held for reviewing the candidature of the appellant for the senior scale of Commercial Taxes Officers/Services on 2.7.94 against the vacancy for the year 1988-89. The DPC after considering the ACH and *other service records* of the appellant have not found the appellant suitable for promotion against the vacancies for the year 1988-89. It is wrong to say that the answering non-petitioner has scant regard for the decision of the Hon'ble Tribunal. The delay in the matter is regretted, since the review DPC could not be convened in the stipulated period given by the Hon'ble Tribunal in its decision. *The decision of the Hon'ble Tribunal has already been implemented.*

5. Prayer of the contempt petition is not admitted. The answering non-petitioner has not committed any contempt of the order of the Hon'ble Tribunal.

Submitting this reply of contempt petition it is humbly prayed that it be rejected and the answering non-petitioner be discharged from the contempt proceedings.

Humble Non-Petitioner

(Dr. Adarsh Kishore)
Secretary to Government,
Finance Department,
Rajasthan, Jaipur

Through Counsel

(L.N. Mathur)
Advocate

Jaipur
Dated the 14.9.1994

इसमें मुख्य बात यह कही थी कि दिनांक 2 जुलाई, 94 को रिव्यू पद्दोन्नति समिति ने मेरे गोपनीय रिकार्ड व अन्य सेवा रिकार्ड.के आधार पर पद्दोन्नति के योग्य नहीं समझा था, लेकिन इसका ब्यौरा उन्होंने नहीं दिया था। वह यह तथ्य नहीं बता

पा रहे थे कि अपील संख्या 359/88 में दिये गये जवाब व इस जवाब के मध्य क्या नया कारण आया जो मूल पद्दोन्नति समिति दिनांक 31.5.88 की तथा अधिकरण में प्रस्तुत पूर्व जवाब के समय प्रस्तुत नहीं किया गया था। ऐसा प्रतीत होता था कि डा. आदर्श किशोर ने अपने इस नये कथन से माननीय अपील अधिकरण को अस्पष्ट स्थिति में डाल दिया था।

दुर्भावना पूर्ण आधार

जानकार सूत्रों ने बताया था कि डा. आदर्श किशोर, वित्त सचिव के सलाहकार, वाणिज्यिक कर आयुक्त कार्यालय के उपायुक्त स्थापना शाखा श्री डी.पी. शर्मा एक आई.ए.एस. अधिकारी थे, जिन्होंने जून, 1993 की पद्दोन्नति समिति में अनुसूचित जाति के लिए रोस्टर के अनुसार आरक्षित पद व उपायुक्त (चयनित वेतन श्रृंखला) के रिक्त पद पर सवर्ण व्यक्ति श्री नरेन्द्र सिंह बोर्डिया को पद्दोन्नति दिलवाई थी, तथा मेरी (दलित) होने वाली पद्दोन्नति इसी रिक्त पद पर के रुकवाने में उनका सक्रिय हाथ था। इस संबंध में बाद में मुख्यालय के कर्मचारियों की एक एन्टी–कोरप्शन समिति ने श्री डी.पी. शर्मा के विरुद्ध शिकायत भी की थी जिस पर वित्त विभाग ने पत्र संख्या प 3(1) वित्त/ग्रुप 4/92 दिनांक 7 दिसम्बर, 1993 को आयुक्त कार्यालय से इसकी जांच चाही थी, जो शायद तत्कालीन वाणिज्यिक कर आयुक्त श्री अनिल वैश्य से श्री डी पी शर्मा ने जानबूझकर छुपाई थी। यह अत्यन्त ही गंभीर प्रकरण था, जहां दलितों के आरक्षण की संपूर्ण राज्य नीति की ही हत्या की जा चुकी थी। श्री पी.सी. शर्मा, एम.एल. पारीक तथा श्री जी.पी. शर्मा को योग्यता का रंग देकर आरक्षित रिक्त पदों उपायुक्त, वाणिज्यिक कर पद पर पद्दोन्नति दिलवाई थी, जबकि इन पदों पर अनुसूचित जातियों के अधिकारियों को पद्दोन्नति दी जाती थी।

26 अक्टूबर, 1994 को जब राज्य में नये वित्त मंत्री श्री हरिशंकर भाभड़ा ने चार्ज संभाला, तो विभाग में ''ब्राह्मणवाद'' का जोर हो गया था, तथा इस नीति के अंतर्गत एक ब्राह्मण अधिकारी श्री पुरूषोतम शर्मा को अवांछनीय लाभ पहुंचाने के लिए मेरा स्थानान्तरण सर्किल विशेष वृत्त–6, जयपुर से मुख्यालय पर कर दिया तथा मेरे स्थान पर श्री पुरूषोतम शर्मा को नियुक्त कर दिया था, जबकि वह ''सहायक आयुक्त'' से निचले पद पर के ही अधिकारी थे तथा उच्च उत्तरदायित्व निभाने के उपयुक्त पात्र नहीं थे। लेकिन ब्राह्मण जाति के थे, इस कारण यह गाज मुझ पर (दलित) ही डाली गई थी। श्री सी.के. मैथ्यू, वाणिज्यिक कर आयुक्त भी इस नीति से अपने आपको काफी परेशान महसूस कर रहे थे तथा उनकी राय को उपयुक्त वजन नहीं दिया जा रहा था, क्योंकि डा. आदर्श किशोर वित्त सचिव श्री

डी.पी. शर्मा, उपायुक्त (संस्थापना) मुख्यालय की सलाह पर "ब्राह्मणवाद" के चश्मे से दलितों को देख रहे थे।

अधिकरण का निर्णय दिनांक 21 नवंबर, 94

दिनांक 4 अगस्त, 94 को राजस्थान सिविल सेवा अपील अधिकरण में प्रस्तुत अवमानना आवेदन (अपील संख्या 359/88) के निर्णय दिनांक 4 नवंबर, 1993 की पालना न होने पर) संख्या 45/94 के निर्णय दिनाक 21 नवंबर, 1994 को यह निर्देशन दिया था कि –

"If the applicant is aggrieved by non-selection by review DPC, it gives a fresh cause of action to the applicant to agitate the matter afresh at an appropriate forum."

इसकी पालना में अधिकरण में नई अपील संख्या 302/94 प्रस्तुत की जिसकी सुनवाई दिनांक 20.09.1995 को (मेरे सेवानिवृत होने के बाद) माननीय अपील अधिकरण ने राज्य सरकार को, जब आयुक्त द्वारा दिनांक 27 जुलाई, 1985 को दी गई "परिनिन्दा" के दण्ड को सरकार ने आधार रिव्यू डीपीसी में मानने का तथ्य नये सिरे से उजागर किया तो मेरी 10 वर्ष पूर्व से लंबित इस दण्ड के विरुद्ध अपील दिनांक 21 सितम्बर, 1985, इसका पहले निर्णय करने पर दवाब डाला। इस पालना में श्रीमान् विशिष्ट शासन सचिव, वित्त विभाग ने दिनांक 19 जनवरी, 1996 को (मेरे सेवानिवृति के 6 माह पश्चात) व्यक्तिगत सुनवाई की जिसमें मैंने अपने तर्क इस प्रकार प्रस्तुत किये थे – (मूल अवकाश आवेदन दिनांक 01.08.84 की मूल प्रति प्रस्तुत करते हुए)

व्यक्तिगत सुनवाई दिनांक 19.01.1996

समक्ष – विशिष्ठ शासन सचिव,
वित्त विभाग, राजस्थान सरकार,
जयपुर। (कमरा नं. 185 मुख्य भवन)

अपील दिनांक 21.09.1985

तर्क

1. कि दिनांक 6.8.1984 से 7.8.1984 दो दिवस का आकस्मिक अवकाश तथा दिनांक 5.8.1984 (रविवार) राजकीय अवकाश का उपभोग व मुख्यालय छोड़ने की स्वीकृति हेतु आवेदन पत्र क्रमांक 1875 दिनांक 1.8.1984, विशेष वाहक श्री उदयवीर सिंह क.लिपिक के साथ, उपायुक्त (प्रशासन) जयपुर प्रथम के यहां भेजा था। (परिशिष्ट "च" संलग्न)

(क) चूंकि मेरी पुत्री का बी.एड. में एडमिशन कराने का एक आवश्यक कार्य बीकानेर में था। (परिशिष्ट "क" संलग्न) इसके सम्बन्ध में आवश्यक आगामी कार्यवाही हेतु बीकानेर जाना परम आवश्यक था।

(ख) इस सम्बन्ध में उपायुक्त (प्रशासन) से दूरभाष से वार्त्ता करने हेतु दिनांक 3.8.1984 को प्रयत्न किया था, लेकिन दूरभाष लाईन खराब होने के कारण वार्त्ता नहीं हो सकी। कार्यालय दूरभाष पंजिका क्रमांक 67 (वर्ष 1984–85) इसका सक्षम प्रमाण है।

(ग) उपायुक्त (प्रशासन) द्वारा अवकाश अस्वीकृति का कोई निर्देशन या सूचना दिनांक 3.8.1984 व दिनांक 4.8.1984 को अवकाश पर जाने से पूर्व दूरभाष या अन्य साधनों से अपीलार्थी को नहीं दी थी।

राजस्थान सेवा नियमों में वर्णित आकस्मिक अवकाश के सम्बन्ध में परिशिष्ट 1 के नियम 1 के निर्देश–1 दिनांक 30.6.1970 के अनुसार पूर्व स्वीकृति जरूरी नहीं थी तथा यथार्थ कारण पर ऐसी स्थिति में जब उच्च स्तर से कोई नकारात्मक सूचना नहीं है, अवकाश स्वीकृति की मान्यता का आदर करते हुए, अपीलार्थी दिनांक 4.8.1984 को सायंकाल अवकाश पर रवाना हो गया था।

2. कि दिनांक 7.8.1984 को अचानक बीमार होने के कारण पी.बी.एम. अस्पताल बीकानेर की मेडीकल यूनिट एक से परीक्षण करने तथा उनके निर्देशन पर दि. 12.8.1984 तक अवकाश पर रहना पड़ा। (परिशिष्ट "ख" व "ग" संलग्न) यह अवकाश तत्समय उपायुक्त (प्रशासन) जयपुर प्रथम ने उपरोक्त तथ्यों की सत्यता को मान्यता देते हुए राज्यहित में स्थिति को उचित समझाते हुए अपने आदेश क्रमांक 1977 दिनांक 11.9.86 से अन्य अवकाशों के साथ इस अवकाश अवधि की भी स्वीकृति दी थी। (परिशिष्ट "घ")

3. कि विशेष वाहक श्री उदयवीर सिंह क. लिपिक दिनांक 1.8.1984 के जयपुर जाने के पश्चात् वापिस दिनांक 16.8.1984 को अपीलार्थी से मिला व उपायुक्त (प्रशासन) द्वारा लौटाया गया, अवकाश आवेदन पत्र दिनांक 1.8.1984 वापिस दिया जिस पर उपायुक्त (प्रशासन) श्री आर.एस. मित्तल ने स्वयं की हस्तलिपि से दिनांक 2.8.1984 को लिखा था कि "रिटन्र्ड रिकवरी ड्राइव इज ऑन. नो सच लीव केन बी ग्रान्टेड"।

लेकिन यह आश्चर्यजनक था कि –

(क) कनिष्ठ लिपिक को आवेदन पत्र लौटा दिया इसकी सूचना दूरभाष से अपीलार्थी को नहीं दी।

(ख) दिनांक 2.8.1984 को उपायुक्त (प्रशासन) ने अवकाश आवेदन लौटाने के तथ्य तथा इसके राज्यहित के विपरीत प्रभावशील परिणामों के बारे में दिनांक 2.8.1984 से 4.8.1984 तक अपीलार्थी को कोई निर्देशन नहीं दिये।

(ग) अपीलार्थी द्वारा अवकाश पर रवाना होने से पूर्व अवकाश स्वीकृति की जानकारी उसको देना प्राकृतिक न्याय के अनुसार आवश्यक था जो उपायुक्त (प्रशासन) ने अपीलार्थी को नहीं दी थी।

(घ) श्री उदयसिंह क.लिपिक विशेष वाहक ने भी अपीलार्थी अवकाश आवेदन पत्र लौटाये जाने के बारे में दिनांक 16.8.1984 से पूर्व नहीं बताया था।

(परिशिष्ट "च" व "छ" संलग्न)

इस प्रकार जानबूझकर अनुपस्थिति का आरोप मिथ्या तथा द्वेषपूर्ण है क्योंकि अवकाश अस्वीकृति की जानकारी अपीलार्थी को नहीं थी। इस प्रकार अपीलार्थी इस प्रकरण में प्रारम्भ से ही निर्दोष था।

कि माह अगस्त, 1984 में विशेष वसूली अभियान के परिणाम अन्य समान सर्किलों की तुलना में इस प्रकार रहे थे।

(राशि लाखों में) (वर्ष 1984–85 में)

सर्किल	सृजित मांग	वसूली योग्य	वसूली	शेष प्रतिशत	वसूली
धौलपुर	17.83	15.57	09.06	06.51	60
अलवर–बी	31.16	27.70	17.86	09.84	60
भरतपुर	39.83	39.24	26.40	12.84	60
जयपुर–ई	162.96	130.31	66.43	63.88	51

इस प्रकरण वर्ष 1984–85 में अपीलार्थी के सर्किल धौलपुर की वसूली अन्य सर्किलों से कम नहीं थी तथा अन्य महत्वपूर्ण सर्किलों अलवर–बी व भरतपुर के समान तथा जयपुर ई सर्किल से कहीं ज्यादा वसूली रही थी।

5. कि अपीलार्थी के सर्किल धौलपुर की माह अगस्त, 1984 की गत् वर्ष की तुलना में तथा निर्धारित लक्ष्य की तुलना में इस प्रकार रही थी–

	अगस्त,83 में आय	अगस्त,84 में आय	प्रतिशत वृद्धि %
(क) वास्तविक आय	05.41	08.52	58
लक्ष्य अगस्त, 84	07.00	–	22

(ख) कर निर्धारण प्रकरण वर्ष 1984–85 में निस्तारण अन्य सर्किलों की तुलना में इस प्रकार रही थी–

सर्किल	निर्णित किये प्रकरण	डिस्पोजल प्रतिशत %
धौलपुर	1416	56.6
अलवर–बी	2342	38.8
भरतपुर	4304	41.6
जयपुर–ई	3282	41.5

इस प्रकार अपीलार्थी के सर्किल का डिस्पोजल सबसे अधिक रहा था।

(ग) वर्ष 1984–85 से पूर्व के तीन वर्षों की तुलना में अपीलार्थी के समयावधि में राजस्व इस प्रकार रहा था–

वर्ष	आय लाखों में	
1981–82	62.43	–
1982–83	76.65	(+) 14.22
1983–84	75.81	(–) 00.84
1984–85	87.59	(+) 21.78
		अधिक 29 प्रतिशत

वर्ष 1984–85 में लक्ष्य से काफी अधिक राजस्व आय प्राप्ति के कारण तत्समय आयुक्त, वाणिज्यिक कर राजस्थान, जयपुर तथा उपायुक्त (प्रशासन) जयपुर प्रथम ने प्रशंसा पत्र जारी किया था। अ.शा. पत्र संख्या एफ 36(लेखा/डीसी I/84–85/227 दिनांक 14.5.1985 (परिशिष्ट– ज संलग्न)

6. कि निर्णय आदेश दिनांक 27.7.85 मनमाने ढंग से इकतरफा सुनवाई पर आधारित था क्योंकि –

(क) अपीलार्थी को व्यक्तिगत सुनवाई का कोई अवसर नहीं दिया गया था।

(ख) उपायुक्त प्रशासन की टिप्पणी दि. 8.5.85 उनके स्वयं द्वारा जारी प्रशंसा पत्र दिनांक 14.5.85 के विपरीत थी। (परिशिष्ट ज संलग्न)

इस प्रकार आयुक्त, वाणिज्यिक कर, राजस्थान का आदेश दिनांक 27.7.1985 आधारहीन एवं द्वेषपूर्ण होने के कारण निरस्त योग्य है। अपीलार्थी की अपील स्वीकार की जावे।

सादर।

संलग्न : परिशिष्ट ''क'' ''ख'' ''ग'' व ''च'' ''छ'' तथा ''ज''

भवदीय
ह./–
(पी.के. मौर्य)
तत्समय – वाणिज्यिक कर अधिकारी, धौलपुर।
वर्तमान सेवानिवृत उपायुक्त, वाणिज्यिक कर। ई–18, बीकानेर–334003।

सेवा में–

श्रीमान उपायुक्त (प्रशासन) महोदय,
वाणिज्यिक कर विभाग, जयपुर–एक

विषय – आकस्मिक अवकाश

महोदय,

सविनय निवेदन है कि मेरी पुत्री का बी.एड. कॉलेज में एडमीशन कराना है जिसके लिए मेरा बीकानेर पहुंचना अति आवश्यक है अतः **दिनांक 5.8.84 का राजकीय अवकाश का उपयोग की स्वीकृति तथा दिनांक 6.8.84 व 7.8.84 दो दिवस का आकस्मिक अवकाश स्वीकृत करने की कृपा करें सादर।**

भवदीय
पी.कुमार मौर्य
वा.क. अधिकारी,
धौलपुर।

दिनांक : 1.8.84

राज्य सरकार ने इसका निर्णय दिनांक 8 फरवरी, 1996 को किया और मेरी अपील खारिज कर दी थी, जिसके विरुद्ध मैंने माननीय राज्यपाल महोदय को नियम 34 के अंतर्गत पुनरीक्षा आवेदन दिनांक 26 फरवरी, 1997 को प्रस्तुतं किया था, जो इस प्रकार था, जिसको राज्यपाल महोदय ने जांच हेतु अपने पत्र संख्या प. 10(2)(41)रा भ/97/220 दिनांक 5 मार्च, 1997 से कार्यवाही कर रहे हैं, अभी परिणाम तक नहीं पहुंचे हैं।

राजस्थान सरकार
वित्त विभाग
करअनुभाग

क्रमांक : प.3(31)वित्त/ग्रुप–4/83 जयपुर, दिनांक 8 फरवरी 1996

आदेश

श्री पी.के. मौर्य ने वाणिज्यिक कर अधिकारी, धौलपुर के पद पर कार्य करते हुए दिनांक 6.8.1984 से 12.8.1984 तक अवकाश एवं 4.8.1984 से 12.8.1984

तक मुख्यालय छोड़ने हेतु उपायुक्त (प्रशासन) प्रथम, वाणिज्यिक कर, जयपुर को प्रार्थना पत्र विशेष दूत द्वारा भिजवाया था। जिसे दिनांक 2.8.1984 को ही अस्वीकृत कर वाहक के साथ वापस लौटा दिया था। इसके बावजूद श्री मौर्य 6.8.1984 से 12.8.1984 तक अनुपस्थित रहे तथा मुख्यालय से बाहर रहे।

श्री मौर्य का उक्त कृत्य अनुशासनहीनता का द्योतक होने के कारण उनके विरुद्ध सी.सी.ए. रुल्स 1958 के नियम 17 के अन्तर्गत जांच की जाकर दोषी पाये जाने पर आयुक्त, वाणिज्यिक कर विभाग के आदेश सं. 6(303) संस्था/आयुक्त/84/11853 दिनांक 27.7.1985 से "परिनिन्दा" के दण्ड से दण्डित किया गया।

आयुक्त, वाणिज्यिक कर विभाग के दण्डादेश के विरुद्ध विशिष्ठ शासन सचिव वित्त (ग्रुप–4) विभाग को अपील किया जाना श्री मौर्य द्वारा बतलाया जाता है कि यह अपील विभाग में प्राप्त नहीं हुई।

राजस्थान सिविल सेवा अपीलेंट ट्रिब्यूनल, जयपुर ने अपील सं. 302/94 श्री प्रदीप कुमार मौर्य बनाम राजस्थान सरकार व अन्य में सुनवाई के दौरान दिनांक 20.09.1992 को (अधिकरण) ने आबजर्वेशन दिया है कि अपीलार्थी की अपील दिनांक 21.9.1985 को समय सीमा में मानते हुए राज्य सरकार इस अपील को निर्णित करें एवं निर्णय से प्रार्थी को अवगत कराएं।

उक्त परिपेक्ष्य में अपील दिनांक 21.9.1985 पर श्री मौर्य को व्यक्तिगत रूप से दिनांक 19.1.1996 को सुना गया व उनके द्वारा प्रस्तुत दस्तावेजों का अवलोकन किया गया। जिसमें दिनांक 2.8.1984 को उपायुक्त (प्रशासन) प्रथम, जयपुर द्वारा अस्वीकृत किया गया मूल अवकाश प्रार्थना पत्र भी सम्मिलित है। श्री मौर्य ने अपनी अपील में कहा है कि :–

1. अवकाश अस्वीकृति की सूचना उन्हें दिनांक 16.8.1984 को मिली।

2. उपायुक्त (प्रशासन) प्रथम, जयपुर से दूरभाष पर बात टेलीफोन खराब होने के कारण नहीं हो सकी।

3. उनकी पुत्री का दिनांक 3.8.1984 को बीकानेर में बी.एड. में प्रवेश के लिए साक्षात्कार होना निर्धारित था इसलिए उन्हें वहां जाना जरूरी था। वहां दिनांक 6.8.1984 से 12.8.1984 तक स्वयं बीमार हो गये।

श्री मौर्य का विशेष मांग वसूली अभियान के दौरान पूर्वानुमति और अवकाश पर मुख्यालय से बाहर चले जाना व अपने उच्च अधिकारियों से प्रस्थान से पूर्व सम्पर्क नहीं करना (विशेष कर रास्ते में उनके उच्च अधिकारियों का मुख्यालय होते हुए भी) निश्चय ही अनुशासनहीनता व गैर जिम्मेदाराना है।

अतः आयुक्त, वाणिज्यिक कर विभाग के आदेश दिनांक 27.7.1985 द्वारा श्री पी.के. मौर्य को दिये गये "परिनिन्दा" के दण्ड में इस स्तर पर हस्तक्षेप संशोधन किया जाना उचित नहीं है। अतः श्री पी.के. मौर्य की आयुक्त, वाणिज्यिक कर विभाग के आदेश दिनांक 27.7.1985 के विरुद्ध प्रस्तुत अपील दिनांक 21.9.96 निरस्त योग्य होने के कारण एतदद्वारा निरस्त की जाती है।

(श्याम एस. अग्रवाल)
विशिष्ठ शासन सचिव

प्रतिलिपि निम्नलिखित को सूचनार्थ एवं आवश्यक कार्यवाही हेतु प्रेषित है :–

1. आयुक्त, वाणिज्यिक कर विभाग, राजस्थान, जयपुर।
2. श्री पी.के. मौर्य, 1–ई–18, पावनपुरी, बीकानेर (राजस्थान)।
3. व्यक्तिगत पत्रावली श्री पी.के. मौर्य।
4. रक्षित पत्रावली।

(बी.एस. आचार्य)
शासन उप सचिव

गुप्ता/3.2.96

रिव्यू पटीशन - बीकानेर से रजिस्टर्ड ए.डी.डाक से प्रस्तुत

दिनांक – फरवरी 26,1997

प्रेषक –

प्रदीप कुमार मौर्य, सेवानिवृत उपायुक्त, वाणिज्यिक कर
1 ई 18, पवनपुरी हाउसिंग बोर्ड, बीकानेर–334003

प्रेषित :

महामहिम राज्यपाल महोदय,
राजस्थान – राज्य, राज्यपाल हाउस,
जयपुर।

उचित माध्यम - **(आयुक्त, वाणिज्यिक कर, राजस्थान, जयपुर) द्वारा**

विषय – आदेश क्रमांक प0. 3(31)वित्त/ग्रुप–4/83 दिनांक फरवरी 8, 1996 के विरुद्ध राजस्थान सिविल सेवा (सी.सी.ए.) नियम 1958 के नियम 34 के अन्तर्गत पुनरीक्षा आवेदन (रिव्यू–पटीशन)

आदरणीय महामहिम,

आवेदन के साथ न्यायिक प्रक्रिया के विरुद्ध लम्बे अंतराल 10 वर्ष से भी अधिक समय तक मानसिक यन्त्रणा देते हुए तथा बिना किसी दोष के निर्दोष के विरुद्ध **द्वेषपूर्ण भावना के अंतर्गत एक दण्डादेश पर पांच बार डी.पी.सी. में पद्दोन्नतियाँ रोकी गई हैं।** आयुक्त वाणिज्यिक कर, राजस्थान जयपुर के दण्डादेश क्रमांक प. 6(303) संस्था/आयुक्त/84/11583 दिनांक 27.07.1985 (प्रदर्श ब–13) पर केवल मात्र इसलिए कि एक चतुर्थ श्रेणी कर्मचारी **द्वारा शराब के नशे में वाणिज्यिक कर अधिकारी, धौलपुर कार्यालय भवन में दिनांक 02.07.1985 को मीट व शराब बिखेर कर कार्यालय की शालीनता भंग करने पर उसे** धौलपुर कार्यालय से रिलीव करके उपायुक्त (प्रशासन) जयपुर प्रथम कार्यालय में भेज दिया था, इस पर विषवमन के परिणामस्वरूप **बिना आरोप-पत्र जारी तथा बिना सुनवाई का अवसर दिये ही यह दण्डादेश पारित** किया गया व **पांच बार आवेदक की पद्दोन्नतियाँ निम्न प्रकार** से रोकी गई :–

1. दिसम्बर, 1987 में वाणिज्यिक कर अधिकारी साधारण वेतन श्रृंखला के वर्ष 1981–82 के रिक्त पद के विरुद्ध डी.पी.सी. में पदोन्नति रोकी गई।

2. मई, 1988 में वाणिज्यिक कर अधिकारी वरिष्ठ वेतन श्रृंखला के वर्ष 1988–89 के रिक्त पद के विरुद्ध डी.पी.सी. में पद्दोन्नति रोकी गई।

3. अक्टूबर, 1990 में चयन वेतन श्रृंखला के वर्ष 1989–90 के रिक्त पद के विरुद्ध डी.पी.सी. में पदोन्नति रोकी गईं।

4. जून, 1993 में चयन वेतन श्रृंखला के वर्ष 1993–94 के रिक्त पद के विरुद्ध डी.पी.सी. में पद्दोन्नति रोकी गई।

5. दिनांक 2.7.1994 को सीनियर स्केल पद वर्ष 1988–89 के रिक्त पद के विरुद्ध **रिव्यू.डी.पी.सी.** में पद्दोन्नति रोकी गई।

इस प्रकार जातीय द्वेष (कास्ट डिस्क्रीमिनेशन) पर आधारित दण्डादेश न्यायिक प्रक्रिया के विपरीत पारित किये आदेश दिनांक 27.07.1985 (प्रदर्श ब–13) व दिनांक 08.02.1996 (प्रदर्श ब–17) को निरस्त कर न्याय को जिन्दा रखने की भावना के अंतर्गत यह पुनरीक्षा–आवेदन श्रीमान् के समक्ष विचार हेतु सादर प्रस्तुत है।

परिवाद के तथ्यों का ब्यौरा

1. मेरी पुत्री का बी.एड. में प्रवेश का साक्षात्कार के कारण (प्रदर्श–ब–1) बीकानेर जाना आवश्यक होने के कारण तथा आकस्मिक अवकाश एवं विशिष्ट

आकस्मिक अवकाश (परिशिष्ट–1) के पैरा 15 (नियम–1 निर्देश–1 दिनांक 30. 06.1970) के अनुसार "आकस्मिक अवकाश की यथार्थ मामलों में उपस्थित हेतु अवकाश चाहने पर पूर्व स्वीकृति नहीं कराने पर भी कार्योत्तर स्वीकृति प्रदान की जा सकेगी" (लेखाविज्ञ–जनवरी, 1985 पृष्ठ 39) की भावना के अन्तर्गत दो दिवस दि. 06.08.84 व दिनांक 07.08.1984 के आकस्मिक अवकाश हेतु आवेदन क्रमांक 1875 दि. 01.08.1984 से (प्रदर्श – ब–2) श्री उदयवीर सिंह, कनिष्ठ लिपिक विशेष वाहक से उपायुक्त (प्रशासन), जयपुर प्रथम के यहां भेजा जो उन्हें दिनांक 02.08.1984 को मिल गया था। उपायुक्त (प्रशासन) से दूरभाष से भी संपर्क करने का प्रयत्न किया था, लेकिन दूरभाष लाईन खराब होने के कारण वार्त्ता नहीं हो सकी थी। धौलपुर कार्यालय के दूरभाष पंजिका के क्रमांक 67 (वर्ष 1984–85) इसका सक्षम प्रमाण है।

2. उपरोक्त अवकाश के संबंध में विशेष वाहक श्री उदयवीर सिंह ने मेरे द्वारा अवकाश पर **लौटने के पश्चात** दिनांक 16.08.1984 को दोपहर को उपायुक्त (प्रशासन) द्वारा वापिस किया गया मूल आवेदन प्रस्तुत किया था (प्रदर्श–ब–2) क्योंकि दिनांक 11.08.1984 से 15.08.1984 तक श्री उदयवीर सिंह स्वयं अवकाश पर था। यद्यपि बीच में दिनांक 04.08.1984 को रात्रि को वह जयपुर से वापिस धौलपुर लौट आया था लेकिन इस बीच मैं अवकाश पर बीकानेर रवाना हो चुका था। इस कारण मेरा सम्पर्क उदयवीर सिंह से दिनांक 16.08.1984 से पूर्व नहीं हो पाया था। इस संबंध में श्री उदयवीर सिंह का मूल शपथ–पत्र दिनांक 21.08.1984 के मूल रूप में उपायुक्त (प्रशासन) जयपुर प्रथम को प्रस्तुत किया जा चुका था। (प्रदर्श–ब–3–शपथ–पत्र की छाया प्रति)

3. दिनांक 04.08.1984 को अवकाश पर वाया देहली ट्रेन से बीकानेर जा रहा था, तब देहली स्टेशन पर ट्रेन लेट हो जाने के करण बीकानेर जाने वाली ट्रेन नहीं मिली थी तथा देहली से दिनांक 05.08.1984 को दिन की ट्रेन से रात्रि को बीकानेर पहुंचा था। इस परेशानी से मैं बीमार हो गया था, जिसकी सूचना उपायुक्त (प्रशासन) जयपुर–प्रथम को टेलीग्राम से दी थी तथा तीन दिन का अवकाश दिनांक 10.08. 1984 तक बढ़ाया तथा बाद में दिनांक 13.08.1984 को धौलपुर कार्यालय में उपस्थित होकर क्रमांक 1041/स्थापना दिनांक 13.08.1984 से मय चिकित्सा प्रमाण–पत्रों के अवकाश आवेदन उपायुक्त (प्रशासन) जयपुर प्रथम को भिजवाया था (प्रदर्श–ब–4) जो बाद में दिनांक 11.08.86 को स्वीकृत हो चुका था। (प्रदर्श–ब–5)

4. अगस्त, 1984 में विशेष वसूली अभियान में दिनांक 01.08.1984 से 04.08.1984 तक तथा दिनांक 13.08.1984 से 31.08.1984 तक मेरे द्वारा विशेष प्रयत्न किये गये थे जबकि–

(क) वार्ड ''बी'' के सहायक वाणिज्यिक कर अधिकारी श्री भोलाराम के स्थानान्तरण पर दिनांक 03.08.1984 को कार्यमुक्त हो गये थे तथा उनके स्थान पर पूरे माह अगस्त, 1984 में अधिकारी नहीं आया था। उनके स्थान पर श्री रामजीलाल मीना स.वा.क.अ. दिनांक 03.09.1984 को ड्यूटी पर आये थे।

(ख) वार्ड ''बी'' तहसील बसेडी, सरमथुरा व महसील बाड़ी का महत्वपूर्ण क्षेत्र था, जिससे सम्पूर्ण धौलपुर वृत्त का विशेष वसूली अभियान प्रभावित होना स्वाभाविक था। माह अगस्त, 1984 में स.वा.क.अ. न होने के कारण दिनांक 04.08.1984 से दिनांक 02.09.1984 तक विभिन्न मदों में रखी गई नीलामी नहीं हो सकीं और वसूली अभियान पर विपरीत प्रभाव पड़ा था।

श्रीमान् उपायुक्त (प्रशासन) को अ.शा. पत्र संख्या 2313 दिनांक 21.7.84 से विशेष निवेदन किया गया था, लेकिन उनका कोई प्रतिउत्तर नहीं आया था। फिर भी वर्ष 1984–85 में बकाया वसूली की तुलनात्मक स्थिति अन्य समान वृत्तों से इस प्रकार रही थी–

वृत्तों के नाम

बिक्री कर मांग	(राशि लाखों रु. में)			
वसूली स्थिति	धौलपुर	भरतपुर	अलवर ''बी''	जयपुर–''ई''
सृजित मांग	17.83	39.83	31.16	162.96
वसूली योग्य	15.57	39.24	27.70	130.31
वसूली	09.06	26.40	17.86	66.43
अन्त में शेष	06.51	12.84	09.84	63.88
वसूली प्रतिशत %	60	60	60	51
मनोरंजन कर मांग वसूली स्थिति				
सृजित मांग	0.73	4.13	0.17	0.72
वसूली योग्य	0.48	3.80	0.17	0.72

वसूली	0.33	1.93	शून्य	0.14
अन्त में शेष	0.15	1.87	0.17	0.58
वसूली प्रतिशत %	70	55	0	19

धौलपुर वृत्त की पुरानी बकाया की वसूली प्रगति वर्ष 1984-85 में

	एरियर बकाया 01.04.84 को	वर्ष में वसूली योग्य राशि	ऐरियर वसूल किये	अन्त में शेष	वसूली प्रतिशत %
बिक्री कर	18.22	01.69	00.97	00.72	57.5
मनोरंजन कर	01.16	00.79	00.79	शून्य	100

सम्पूर्ण राज्य (राजस्थान) का वसूली प्रतिशत—

बिक्री कर	32.5 प्रतिशत
मनोरंजन कर	28.3 प्रतिशत

धौलपुर वृत्त का वर्ष 1984-85 के राजस्व प्राप्ति की स्थिति

(लाखों में)

	गत वर्ष 1983–84	वर्ष 1984–85	प्रतिशत अधिक (+) %	
बिक्री कर राजस्व प्राप्ति अगस्त 84 तक	27.82	35.91	29 (+)	
पूर्ण वर्ष में 1984–85 में	05.81	87.59	21.8 (+)	
		लक्ष्य	प्राप्ति	
केवल मात्र माह अगस्त, 84 की स्थिति	05.41	07.00	08.52	58 (+)
	लक्ष्य से अधिक (+)		30 प्रतिशत	

5. माह अगस्त, 1984 तथा वर्ष 1984–85 वर्ष में राजस्व लक्ष्य प्राप्ति व वर्ष में विपरीत वित्तीय परिस्थितियों के बावजूद लक्ष्य प्राप्ति से खुश होकर तत्कालीन आयुक्त, वाणिज्यिक कर श्री वी.एन. बहादुर साहिब ने तत्कालीन उपायुक्त (प्रशासन) जयपुर–प्रथम श्री आर.एस. मित्तल ने अपने अ.शा. पत्र संख्या एफ 36/एकाउण्टस/डी.सी.–प्रथम–I/84–85/227 दिनांक 14 मई 1985 से **विशेष प्रशंसा** की है, जो यहां विचारणीय है। (प्रदर्श–ब–6)

6. तत्कालीन उपायुक्त (प्रशासन) श्री आर.एस. मित्तल ने दिनांक 13.08.1984 को तीन दिन में स्पष्टीकरण चाहा, जो दिनांक 24.08.1984 को आवेदक का मिला (प्रदर्श–ब–7) था और उसी दिन उनके धौलपुर प्रवास में दिनांक 06.08.1984 से दिनांक 10.08.1984 के अवकाश के सम्बन्ध में व्यक्तिशः लिखित में स्पष्टीकरण दिया (प्रदर्श–ब–8) जिसको उन्होंने सहर्ष स्वीकार किया था। मानवीय दृष्टि से आगामी कार्यवाही न करने का भी उन्होंने प्रार्थी को पूर्ण आश्वासन दिया था।

7. वाणिज्यिक कर अधिकारी, वृत्त धौलपुर कार्यालय में दिनांक 11.07.1983 को तत्कालीन अधिकारी श्री दयाशंकर गुप्ता के समय में राजकीय राशि 4770.49 की चोरी हो गई थी, इस क्रम में तत्कालीन उपायुक्त (प्रशासन) श्री आर.एस. मित्तल ने इसकी जांच हेतु अ.शा. पत्र संख्या प. 4(3)संस्था/उपा–I/84/398 दि. 21.09.1984 से प्रार्थी पर दबाव डाला। इस पालना में अ.शा. पत्र संख्या स्था./2589 दिनांक 28.12.1984 से जांच प्रतिवेदन उनके सम्मुख प्रस्तुत किया था। पता नहीं श्री आर.एस. मित्तल मुझसे क्या चाहते थे? लेकिन यह सत्य है कि यह जांच प्रतिवेदन उनकी इच्छानुसार नहीं होने के कारण वे प्रार्थी से **नाराज होकर,** अपने दिनांक 24.08.1984 को धौलपुर प्रवास में दिये गये आश्वासन से मुकर गये तथा श्रीमान् आयुक्त वाणिज्यिक कर, राजस्थान जयपुर दिनांक 06.08. 1984 से 12.08.1984 के अवकाश व बकाया वसूली की प्रगति के विरुद्ध विषवमन कर दिया था, परिणाम आयुक्त ने पत्र संख्या प. 6(303)संस्था/आयुक्त/84/2695 दिनांक 02.03.1985 से प्रार्थी से अनुशासनात्मक कार्यवाही के संबंध में स्पष्टीकरण सात दिवस में मांगा। (प्रदर्श–ब–9) यह पत्र दिनांक 12.03.1985 को प्रार्थी को मिला व इसका जवाब पत्र संख्या 2875/स्था. दिनांक 15.03.1985 से रजिस्टर्ड डाक से भेजा गया। (प्रदर्श–ब–10) इस संबंध में उपायुक्त (प्रशासन) श्री मित्तल ने फिर द्वेष भावना से अपने पत्र संख्या 12(सी.)संस्था/उपा–प्रथम/85/596 दिनांक 08.05.1985 को पुनः प्रार्थी के विरुद्ध विषवमन करके श्रीमान् उपायुक्त महोदय को टिप्पणी दी जिसकी जानकारी प्रार्थी को नहीं दी गई थी।

8. तत्कालीन उपायुक्त (प्रशासन) श्री आर.एस. मित्तल ने दुर्भावनावश प्रार्थी की मानहानि की नियम से एक चतुर्थ श्रेणी कर्मचारी श्री बंशीराम का जयपुर से धौलपुर कार्यालय में स्थानांतरण किया, जिसने दिनांक 02.07.1985 को प्रातः 8.30 बजे से कार्यालय की व प्रार्थी की प्रतिष्ठा, शिष्टता व शालीनता को **बिगाड़कर कार्यालय भवन में शराब की बोतल व मीट (बकरे का मांस) प्लेट में रखते हुए इस ढंग से बिखेर रखा था,** जिसको देखने से अधिकारी की प्रतिष्ठा व मानहानि बिगड़ती नजर आती हो। भद्दे ढंग से गाली–गलौच करने की स्थिति में मुख्य चिकित्साधिकारी धौलपुर व थानाध्यक्ष को पत्र क्रमांक 225 दिनांक 2.7.85 से रिपोर्ट की। बाद में वह कार्यालय से गायब हो गया था तथा दिन भर कार्यालय **भवन में मीट व शराब बिखरी पड़ी रही थी।** इसी प्रकार दिनांक 03.07.1985 को अगले दिन अवकाश प्रार्थना–पत्र मेरी मेज पर रखकर बाहर भद्दे ढंग से धमकियां देता रहा था। ऐसी स्थिति में पत्र क्रमांक 258 दिनांक 03.07.85 से श्री बन्शीराम च.श्रे.क. को धौलपुर कार्यालय से रिलीव कर दिया गया और वापिस उपायुक्त (प्रशासन) कार्यालय में भेज दिया। **अ.शा. पत्र संख्या 262 दिनांक 03.07.85 से** श्री आर.एस. मित्तल, उपायुक्त (प्रशासन) को समस्त स्थिति से अवगत कराया (प्रदर्श–ब–11)

9. धौलपुर कार्यालय से दिनांक 03.07.85 को श्री बन्शीराम च.श्रे.क. को रिलीव करने के पश्चात, उसने श्री आर.एस. मित्तल, उपायुक्त (प्रशासन) की राय से सुनियोजित योजना के अंतर्गत दिनांक 02.07.1985 की रात्रि को 10.00 बजे पश्चात **श्री धर्म सिंह गार्ड द्वारा मारपीट व 280.00 रुपये की लूटपाट की मिथ्या कहानी गढ़ते हुए जिला कलेक्टर, धौलपुर व उपायुक्त (प्रशासन), जयपुर आदि कार्यालयों में फर्जी शिकायतें की** जबकि धर्म सिंह गार्ड अपने कर्तव्य चेक पोस्ट चम्बल, सागरपाड़ा, धौलपुर पर दिनांक 02.07.1985 की शाम व रात्रि को 4.00 बजे से रात्रि 12.00 बजे तक ड्यूटी पर था। यह प्रभारी जाँच चौकी श्री रामावतार गुप्ता, निरीक्षक ने स्वयं प्रमाणित किया था। यह समस्त कार्यवाही मिथ्या होने के कारण जैसा कि बाद में **बन्शीराम च.श्रे.क. ने दिनांक 27.01.87 को शपथ-पत्र द्वारा मिथ्या होना प्रमाणित किया था।** श्री धर्मसिंह गार्ड निर्दोष के विरुद्ध पुलिस कोतवाली में दिनांक 12.07.85 को परिवाद भी दर्ज किया गया था, जो वाद निरीक्षक श्री रामावतार गुप्ता की रिपोर्ट थानाधिकारी को लिखा गया, तब उस पर एफ.आई.आर. लगाई गई थी। (प्रदर्श–ब–12) दूरभाषा पर जुलाई, 85 के प्रथम सप्ताह में श्री आर.एस. मित्तल, उपायुक्त (प्रशासन), जयपुर को समस्त स्थिति अवगत कराने पर वे और भी नाराज हो गये थे तथा तत्कालीन आयुक्त श्री पी.एन. भण्डारी साहिब को मेरे विरुद्ध विष वमन किया, जो पूर्ण दुर्भावना से ओत–प्रोत था। इसका परिणाम यह हुआ कि श्रीमान् आयुक्त, वाणिज्यिक कर राजस्थान ने दिनांक

02.03.1985 के स्पष्टीकरण पत्र के पश्चात् बिना किसी सुनवाई का अवसर दिये, राजस्थान सिविल सेवा (सी.सी.ए.) नियम 1958 के नियम 17 (1) (सी) व नियम 17(2)(प्रथम) से (षष्टम) तक के विरुद्ध अपने आदेश क्रमांक प. 6(303)संस्था/आयुक्त/84/11853 दिनांक 27.07.85 को अचानक प्रार्थी को "परिनिंदा" से दण्डित कर दिया था। (प्रदर्श–ब–13) जो न्यायिक प्रक्रिया के विरुद्ध था। इसकी दिनांक 21.09.85 से विशिष्ट शासन सचिव, वित्त के यहां अपील प्रतिवेदन प्रस्तुत किया था। (प्रदर्श–ब–14) जिसकी सुनवाई वित्त विभाग, राजस्थान द्वारा 10 वर्ष के अन्तराल तक नहीं की गई जो स्पष्ट अन्याय का प्रतीक था।

10. श्री आर.एस. मित्तल, तत्कालीन उपायुक्त (प्रशासन) जयपुर प्रथम प्रार्थी से दुर्भावनापूर्ण तरीके से धौलपुर वृत्त से अगस्त, 1985 में **बीकानेर स्थानान्तरण होने के पश्चात षडयन्त्र किया था।** श्री बन्शीराम च.श्रे.क. द्वारा की गई मारपीट व लूटमार की मिथ्या शिकायत की पत्रावली पर जांच पत्र संख्या स्था./वाकअ/85/437 दिनांक 03.08.1985 द्वारा कार्यवाही समाप्ति की सूचना उनको भेज दी थी। यह उनकी इच्छानुसार उचित कार्यवाही नहीं थी क्योंकि इसी आधार पर उन्होंने तत्कालीन आयुक्त श्री पी.एन. भण्डारी को प्रार्थी को दिनांक 27.07.85 से दण्डित करने से पूर्व विषवमन किया था, जो योजना असफल हो गयी थी। **इससे नाराज हो श्री आर.एस. मित्तल ने निम्न मिथ्या कार्यवाही की थी-**

(क) उक्त श्री मित्तल ने प्रार्थी की वर्ष 1984–85 की गोपनीय प्रतिवेदन ए. सी.आर. मे **नाराज होकर आधारहीन विपरीत टिप्पणियां अंकित की थी।** (प्रदर्श–ब–15) जिसको कार्मिक (क–1) विभाग ने प्रार्थी का जवाब क्रमांक 104 दि. 14.1.1986 पर विचार करके **दिनांक 18.09.1987 को रिकार्ड से हटा दी थीं।**

(ख) उक्त श्री मित्तल ने मेरे स्थानान्तरण के **4½** महीने पश्चात् श्री कैलाशचन्द्र गुप्ता, वाणिज्यिक कर अधिकारी पर दबाव डालकर दिनांक 21.12.85 को श्री बन्शीराम च.श्रे.क. से पुनः जांच का आवेदन लेकर दिनांक 08.01.86 से **फर्जी शिकायत मारपीट व लूटमार पर पुनः जांच की,** जिस पर प्रार्थी एवं तीन अन्य कर्मचारियों पर अनुशासनात्मक कार्यवाही की गई, जिसके परिणाम में **आयुक्त वाणिज्यिक कर,** राजस्थान, जयपुर ने अपने आदेश क्रमांक एफ. 6(76) संस्था/आयुक्त/86/7835 दिनांक 16.10.1992 से **कार्यवाही समाप्त की थी।** (प्रदर्श–ब–16)

इस प्रकार श्री आर.एस. मित्तल, तत्कालीन उपायुक्त (प्रशासन) ने प्रार्थी के विरुद्ध **गंभीर षड्यन्त्र करके आठ वर्ष तक भयंकर मानसिक यन्त्रणा से परेशान किया था।**

11. वित्त विभाग, राजस्थान ने आदेश क्रमांक एफ 3(11)वित्त/ग्रुप–4/27 दिनांक 04.06.1988 द्वारा अनुसूचित जाति के वरिष्ठ वेतन श्रृंखला रिक्त पद, वर्ष 1988–89 के स्थान पर प्रार्थी को **पद्दोन्नति न देकर उच्च वर्ग के श्री तेजराज सिंह को पद्दोन्नति दी।** इसके विरुद्ध दिनांक 20.06.1988 को अपील अधिकरण में अपील संख्या 359/88 प्रस्तुत की गई थी जिसका निर्णय दिनांक 04.11.1993 की पालना में **दिनांक 02.07.1994 को रिव्यू डी.पी.सी. में इस प्रकरण में विचाराधीन दण्डादेश दिनांक 27.07.1985 के आधार पर फिर पद्दोन्नति रोकी गई।** इसके विरुद्ध प्रस्तुत अपील संख्या 302/94 के विचाराधीन पेशी दिनांक 20. 09.1994 को अधिकरण द्वारा की गई ऑब्जर्वेशन की पालना में अपील प्रतिवेदन दिनांक 21.09.1985 पर प्रार्थी की व्यक्तिगत सुनवाई दिनांक 19.01.1996 10 वर्ष पश्चात् श्रीमान विशिष्ट शासन सचिव, वित्त ने अपने निर्णय क्रमांक प.3(31) वित्त/ग्रुप–4/83 दिनांक 08.02.1996 द्वारा अपील दिनांक 21.09.1985 निरस्त कर दी। (प्रदर्श–ब–17) **इसके विरुद्ध यह पुनरीक्षा-आवेदन (रिव्यू-पटीशन) विचारार्थ श्रीमान् की सेवा में प्रस्तुत है।**

पुनरीक्षा आवेदन (रिव्यू-पटीशन) का आधार

1. दण्डादेश दिनांक 27.07.1985 का मुख्य आधार उपायुक्त (प्रशासन), वाणिज्यिक कर जयपुर प्रथम की रिपोर्ट क्रमांक 12 (सी) संस्था/उपा–प्रथम/85/596 दिनांक 08.05.1985 है, जिस पर बिना सुनवाई के दण्डादेश जारी किया गया था। राजस्थान सिविल सेवा (सी.सी.ए.) नियम 1958 के नियम 17(1)(सी) तथा नियम 17(2)(प्रथम) से (षष्टम) की पालना भी नहीं की गई थी। उपायुक्त (प्रशासन) जयपुर–प्रथम की उक्त जांच रिपोर्ट प्रार्थी को नहीं बताई गई थी। माननीय उच्चतम न्यायालय, भारत के वाद गोपालकृष्ण नायडू (1968)/एस.सी.आर.355, बी.डी. गुप्ता बनाम हरियाणा राज्य 1970 लैब आई.सी. 170 (सुप्रीम कोर्ट), मालविन्दर सिंह बनाम पंजाब राज्य 1970 (2) आई.एल.आर. (पंजाब) 580 तथा 1972 एस. एल.आर. 879 में **परिपादित सिद्धान्तों के विपरीत प्रक्रिया से प्रार्थी के साथ अन्याय किया गया है।**

2. दण्डादेश दिनांक 27.07.1985 तथा अपील आदेश दिनांक 08.02.1996 से **पूर्व खुले मस्तिष्क से तथ्यों पर विचार नहीं किया गया था।** नियमों की अवहेलना व तथ्यों को तोड़मरोड़ कर प्रस्तुत करके स्पष्ट रूप में न्याय का हनन किया गया था। सद्भावनापूर्ण विचार नहीं किया गया था। माननीय सुप्रीम कोर्ट के निर्णयों आर.पी.भट्ट बनाम भारत संघ ए.आई.आर. 1986, एम.सी. 1040, रामचन्द्र बनाम भारत संघ ए.आई.आर. 1986, एस.सी. 1173 तथा राजस्थान उच्च न्यायालय

के निर्णय वासुदेव के. हरदासानी बनाम राजस्थान राज्य 1989(1) राज.एल.आर. 99 (डबल बैंच) में **प्रतिपादित सिद्धांतों का हनन किया गया है।** प्राकृतिक न्याय की स्पष्ट अवहेलना की गई है। **दुर्भावनापूर्ण कार्यवाही की गई है।**

3. एक ही दण्डादेश दिनांक 27.07.1985 से प्रार्थी को एक बार से ज्यादा **पांच बार (ऊपर बताये अनुसार) पदोन्नतियां रोकने की सजा दी गई है।** यह स्पष्ट भारतीय संविधान की अवहलेना है। माननीय उच्च न्यायालय राजस्थान के हेमुन्द्र कुमार बनाम राजस्थान राज्य (1991)(1)डब्लूएलसी (राज.)(614) के बाद में पारित आदेश के अनुसार इस ढंग का **दण्डादेश स्वमेव ही निरस्त योग्य है।**

4. आयुक्त, वाणिज्यिक कर राजस्थान के स्पष्टीकरण मांगने के नोटिस दिनांक 02.03.1985 (प्रदर्श–ब–7) के पश्चात सी.सी.ए. नियम 17(2)(द्वितीय) के अनुसार आरोप व उनके विवरण जो प्रार्थी को देना मेन्डेटरी था, नहीं दिये गये तथा नियम 17(2)(तृतीय) व (चतुर्थ) के अनुसार **जांच में बचाव का अवसर नहीं दिया गया था।** नियमों की स्पष्ट अवहेलना की गई थी। विशिष्ट शासन सचिव वित्त ने अपील निर्णय दिनांक 08.02.1996 से पूर्व इसका अवलोकन न करके न्याय प्रक्रिया का स्पष्ट विरोधाभास प्रकट किया है तथा प्रार्थी के साथ हुए मानसिक यन्त्रणा व उत्पीड़न का जरा भी भावात्मक अहसास नहीं किया, जोकि प्राकृतिक न्याय के विपरीत कृत्य है।

5. तत्कालीन उपायुक्त (प्रशासन) श्री आर.एस.मित्तल ने दिसम्बर, 85 में श्री कैलाशचन्द गुप्ता तत्कालीन वाणिज्यिक कर अधिकारी, धौलपुर से मिलकर प्रार्थी के **विरुद्ध भयंकर षड़यन्त्र किया था,** जिसके अन्तर्गत प्रार्थी की वर्ष 1984–85 की ए.सी.आर. में विपरीत टिप्पणिया तथा फर्जी विभागीय जांच कायम करना जिसका अन्त कार्मिक (कन) विभाग के दिनांक 18.09.1987 को तथा श्रीमान अनिल वैश्य, तत्कालीन आयुक्त वाणिज्यिक कर, राजस्थान के **आदेश दिनांक 16.10.1992 की कार्यवाही से हुआ था।** (प्रदर्श–ब–16) विशिष्ट शासन सचिव, वित्त ने अपील निर्णय दिनांक 08.02.1996 से पूर्व ध्यान नहीं दिया तथा न्याय की अवहेलना की है।

6. विशिष्ट शासन सचिव वित्त ने अपील निर्णय दिनांक 08.02.1996 से पूर्व व्यक्तिगत सुनवाई दिनांक 19.01.1996 पर बताये अनुसार निष्पक्ष रूप से खुले मस्तिष्क से तथ्यों एवं नियमों का परीक्षण नहीं किया। धौलपुर कार्यालय में **दिनांक 02.07.1985 को श्री बन्शीराम च.श्रे.क. का शराब व मीट बिखेरने का अभद्र व्यवहार व उसकी फर्जी शिकायतों के अन्त** (प्रदर्श–ब–11,12 व 16) की तरफ नहीं देखा तथा आकस्मिक अवकाश स्वीकृति के नियम। निर्देश–1 दिनांक 30.06.

1970 (लेखाविज्ञ–जनवरी, 1985 पृष्ठ 39), श्री उदयवीर सिंह, कनिष्ठ लिपिक विशेष वाहक का शपथ–पत्र (प्रदर्श–ब–3) **तथा वसूली कार्य प्रशंसा में श्री आर. एस. मित्तल उपायुक्त (प्रशासन) द्वारा दिनांक 14.5.1985 को जारी** (प्रदर्श–ब–6) जिनकी प्रतियां व्यक्तिगत सुनवाई दिनांक 19.01.1996 को श्री श्याम एस. अग्रवाल, विशिष्ट शासन सचिव, वित्त ने प्रार्थी से ली थीं, को उन्होंने जानबूझकर दुर्भावना से अपने आदेश दिनांक 08.02.1996 से छुपा लिया था। यह स्पष्टतः दुर्भावना के वशीभूत होकर न्यायिक प्रक्रिया के विपरीत किया गया था।

7. श्री श्याम एस. अग्रवाल, विशिष्ट शासन सचिव, वित्त ने अपने आदेश दिनांक 08.02.1996 में बताया कि – "दोषी पाये जाने पर दिनांक 27.07.1985 को "परिनिदा" से दण्डित किया गया था" लेकिन उन्होंने यह नहीं बताया कि इसकी जांच किस प्रकार की गई तथा उपायुक्त (प्रशासन) के **पत्र संख्या 12(सी) संस्था/उपा-प्रथम/85/596 दिनांक 08.05.1985 से की गई जाँच से प्रार्थी को अवगत क्यों नहीं कराया गया** तथा विशेष वाहक श्री उदयवीर सिंह के शपथ–पत्र (प्रदर्श–ब–3) को **महत्व क्यों नहीं दिया गया था।** इस प्रकार दुर्भावनापूर्ण बन्द मस्तिष्क से दिनांक 08.02.1996 को अपील निरस्त की गई, जो केवल मात्र अन्याय को प्रमाणित करती है।

प्रार्थना

1. दण्डादेश दिनांक 27.07.1985 आधारहीन व मिथ्या तथा दुर्भावनापूर्ण कार्यवाही पर आधारित होने के कारण जैसा कि श्री अनिल वैश्य साहिब (तत्कालीन आयुक्त, वाणिज्यिक कर, राजस्थान) **अपने विभागीय जांच के निर्णय दिनांक 16.10.1992 (प्रदर्श-ब-16) को दिया था, समाप्त करने की कृपा करें।**

2. अपील निर्णय दिनांक 08.02.1996 भी दुर्भावना पर आधारित व बन्द मस्तिष्क से विचार करते हुए **सही तथ्यों की अवहेलना कर, व्यक्तिगत द्वेष को सर्वोपरि मानकर किया गया है जिसको समाप्त करके न्याय की रक्षा करने की कृपा करें।**

सादर।

भवदीय

(प्रदीप कुमार मौर्य)
बीकानेर। दिनांक फरवरी 26, 1997

अग्रिम प्रति सूचनार्थ व शीघ्र कार्यवाही करने हेतु सादर प्रस्तुत है–

1. महामहिम, राज्यपाल, राजस्थान राज्य, जयपुर। (मूल प्रति आयुक्त, वाणिज्यिक कर, राजस्थान, जयपुर के माध्यम से प्रस्तुत की जा चुकी है।)

2. श्रीमान् विशिष्ट शासन सचिव, वित्त, राजस्थान–सरकार, जयपुर उनके आदेश क्रमांक प.3(31) वित्त/ग्रुप–4/83 दिनांक 08.02.1996 के क्रम में शीघ्र कार्यवाही हेतु सादर प्रस्तुत है।

(प्रदीप कुमार मौर्य)
सेवानिवृत्त उपायुक्त,
वाणिज्यिक कर।

राज्यपाल सचिवालय
राजभवन, जयपुर

प्रेषक : सचिव
राज्यपाल, राजस्थान
राजभवन, जयपुर।

प्रेषित : श्री प्रदीप कुमार मौर्य, सेवानिवृत्त
उपायुक्त वाणिज्यिक कर, 1 ई 18,
पवनपुरी, हाउसिंग बोर्ड, बीकानेर
बीकानेर–334003 (राज.)

क्रमांक प. 10(2)41 (राभ)97/220 जयपुर, दिनांक 5.3.97

महोदय,

आपके पुर्नावलोकन प्रतिवेदन दिनांक 26.2.97 के संदर्भ में निर्देशानुसार लेख है:–

1. इस संबंध में आवश्यक जांच की जा रही है। राज्यपाल महोदय के निर्णय से आपको यथासमय सूचित कर दिया जायेगा।

2. कृपया भविष्य में पत्र व्यवहार करते समय पत्र संख्या दिनांक (पूर्ण) अवश्य अंकित करें।

भवदीय,
उप सचिव
राज्यपाल, राजस्थान
Camp : Jaipur
Dated : 16th Sept, 97

IN THE HONOUR OF

The Secretary,
Rajyapal, Rajasthan,
Raj Bhawan,
Jaipur

Subject : Review Petition U/R 34 of the RCS (CC&A) Rules, 1958 dated 26th Feb., 1997 - A request for the opportunity of *Personal Hearing.*

Reference: Your No. F.10(2)41/GS/97/220 dt. 5th March, 1997.

Honourable Sir,

The Commissioner, Commercial Taxes, Rajasthan, Jaipur through Shri R.S. Mittal, then Dy. Commissioner (Adm), appreciated the performance of the target of revenue collection for financial year 1984-85, vide D.O. letter No. F.36/Acctt/DC-I/84-85/227 dated 14th May, 1985. It was not considered prior to pass the penal order on 27th July, 1985 and no hearing was allowed to the petitioner on the enquiry vide No. 12 (C) Estt/DC-I/85/596 dated 8th May, 1985, reported by the Dy. Commissioner (Adm), Jaipur-I. Besides this, at the time of personal hearing on 19th January, 1996 before the Special Secretary to the Finance Department, Government of Rajasthan Jaipur, these papers regarding the enquiry reported dated 8th May, 1985 were also not shown to the petitioner.

It is, therefore, requested that an opportunity of the personal hearing may kindly be allowed to the petitioner for fair justice, prior to the final decision of this petition.

Kind regards,

Yours faithfully,

(Pradeep K. Maurya)
Dy. Commissioner
Commercial Taxes (Retd.)
1-E-18, Pawanpuri,
Bikaner-334 003

राज्यपाल कार्यालय को व्यक्तिगत सुनवाई हेतु निवेदन

दिनांक 16 सितम्बर, 1997 को व्यक्तिगत रूप से उपस्थित होकर माननीय सचिव, राज्यपाल सचिवालय, जयपुर को व्यक्तिगत सुनवाई कर शीघ्र निर्णय मेरे पुनरीक्षा प्रतिवेदन दिनांक 26 फरवरी, 1997 का करने हेतु इस प्रकार आवेदन प्रस्तुत किया, जिसका अभी तक कोई उत्तर मुझे नहीं प्राप्त हुआ है, तथा न ही इसमें कोई आगे जांच में की गई प्रगति की सूचना ही मुझे मिली है। ऐसा समझा जाता है कि दण्डात्मक आदेश दिनांक 27.07.1985 की मूल पत्रावली कार्यालय आयुक्त, वाणिज्यिक कर विभाग से उनके पास न पहुंचने के कारण आगे जाच कार्य रुका पड़ा है।

अपील संख्या 302/94 का निर्णय

दिनांक 25 जनवरी, 1999 को माननीय राजस्थान सिविल सेवा अपील अधिकरण, जयपुर ने मेरी अपील संख्या 302/94 जो डा. आदर्श किशोर के अवमानना प्रकरण में दिनांक 14 सितम्बर, 1994 को प्रस्तुत जवाब में नये तथ्य प्रस्तुत करने तथा दिनांक 18 जुलाई, 1994 को कनिष्ठ व्यक्तियों को दिये गये पक्षपातपूर्ण अवांछनीय लाभ के विरुद्ध प्रस्तुत की गई थी का निर्णय निम्न प्रकार से किया है–

अपील संख्या 302/94
दिनांक 25.1.99

समक्ष : श्री पी.एन. भण्डारी, अध्यक्ष
श्री लीलाधर, सदस्य

अपीलार्थी के अधिवक्ता उपस्थित स्थायी राजकीय अधिवक्ता उपस्थित बहस उभय पक्ष सुनी गई।

यह अपील अपीलार्थी द्वारा आदेश अनेक्सचर ए/8 एवं ए/9 के संबंध में इस अधिकरण के समक्ष प्रस्तुत की गई है जिसके अन्तर्गत उसने वाणिज्यिक कर अधिकारी (वरिष्ठ वेतन श्रृंखला) एवं उपायुक्त (चयन वेतन श्रृंखला) में पद्दोन्नति हेतु निवेदन किया है।

हमने विद्वान अधिवक्ता उभय पक्ष की ओर से रखी गई दलीलों पर गौर किया एवं उपलब्ध अभिलेख सामग्री का अवलोकन किया।

अधिकरण द्वारा मामले की समस्त परिस्थितियों पर विचार किया गया। इस अपील में अधिकरण के समक्ष विनिश्चय के लिए बिन्दु यह है कि क्या अपीलार्थी के सम्बन्ध में वर्ष 1988–89 की रिक्तियों के विरुद्ध वाणिज्यिक कर अधिकारी

(वरिष्ठ वेतन श्रृंखला) में पद्दोन्नति के लिए समुचित रूप से विचार किया गया या नहीं? अपीलार्थी पहले भी अधिकरण के समक्ष अपील में आया था और अधिकरण ने इस सम्बन्ध में यह निर्देश दिए थे कि अपीलार्थी के वार्षिक कार्य मूल्यांकन वर्ष 1986–87 एवं 1987–88 में जो प्रतिकूल प्रविष्टियां हैं, उनकी अनदेखी की जाये और अपीलार्थी के मामले पर उपरोक्तानुसार विचार किया गया और तब विभाग के अनुसार अपीलार्थी को पद्दोन्नति के लिए उपयुक्त नहीं पाया गया था। अब इस पर अपील उल्लेख अनेक्सचर ए/8 के सम्बन्ध में पद्दोन्नति नहीं दिए जाने के कारण अधिकरण के समक्ष लायी गई है।

विद्वान अधिवक्ता प्रत्यर्थी पक्ष की ओर से प्रकट किया गया कि अपीलार्थी के सम्बन्ध में दिनांक 27.7.85 के दण्ड का इन्द्राज उसके सेवा पुस्तिका में किया गया है और इसकी वजह से वह वर्ष 1988–89 की रिक्तियों के विरुद्ध वरिष्ठ वेतन श्रृंखला में पद्दोन्नति के लिए उपयुक्त नहीं था।

अधिकरण द्वारा अभिलेख सामग्री का अवलोकन किया गया और ऐसा करने पर यह पाया जाता है कि अपीलार्थी को जो दण्ड परिनिंदा का दिया गया था उसमें दो आधार थे। प्रथम, अपीलार्थी ने विशेष वसूली अभियान में वूसली कार्य में उदासीनता बरती एवं द्वितीय अपीलार्थी अवकाश अस्वीकृत हो जाने के पश्चात भी अनुपस्थित रहा। अधिकरण द्वारा उक्त दोनों आरोपों के संबन्ध में अभिलेख सामग्री का अवलोकन किया गया। अभिलेख सामग्री का अवलोकन करने पर यह पाया गया कि संबंधित वर्ष में वसूली कार्य के बारे में अपीलार्थी काम की प्रशंसा की गई है तथा बाद में उसका अवकाश भी स्वीकार कर दिया गया।

अधिकरण में अपीलार्थी के सम्बन्ध में पारित किये गये दण्डादेश और उसके स्वरूप की प्रकृति पर विचार किया। अधिकरण के मत में अपीलार्थी को जो परिनिंदा का दण्ड दिया गया है, उस आधार पर उसकी पद्दोन्नति नहीं रोकी जा सकती। अतः अधिकरण यह निर्धारित करता है कि अपीलार्थी को आदेश दिनांक 27.7.85 से जो दण्ड परिनिंदा का दिया गया है, उसकी अनदेखी की जावे। अधिकरण द्वारा इन हालात पर भी विचार किया गया ताकि अपीलार्थी के संबंध में पुनः मामला अधिकरण के समक्ष लाने की आवश्यकता न रहे। अतः अधिकरण द्वारा अपीलार्थी की वर्ष 1988–89 की वाणिज्यिक कर अधिकारी (वरिष्ठ वेतन श्रृंखला की रिक्तियों के विरुद्ध पद्दोन्नति के लिए भी विचार किया गया तो यह माना जाता है कि अपीलार्थी वर्ष 1988–89 की वाणिज्यिक कर अधिकारी (वरिष्ठ वेतन श्रृंखला) में पद्दोन्नति पाने के लिए उपयुक्त पात्र है।

उपरोक्त निवेदन के आधार पर अधिकरण के निष्कर्ष को ध्यान में रखते हुए अपीलार्थी के सम्बन्ध में वाणिज्यिक कर अधिकारी (वरिष्ठ वेतन शृंखला के पद पर वर्ष 1988–89 को रिक्तियों के लिए पद्दोन्नति करने के सम्बन्ध में 2 माह में आदेश परित किये जायें एवं अपीलार्थी को वे सभी वास्तविक लाभ प्रदान किये जाये, जो कि उसके कनिष्ठ अधिकारियों को इस पद्दोन्नति के फलस्वरूप प्रदान किये गये हैं। उपरोक्त पद्दोन्नति के परिणामस्वरूप अपीलार्थी को यदि चयन वेतन शृंखला में पद्दोन्नति का पात्र पाया जाता है तो उस पर विचार कर आदेश पारित किये जाये।

उपरोक्त प्रकार से अपील अपीलार्थी स्वीकार की जाती है।

ह.	ह.
(लीलाधर)	(पी.एन. भण्डारी)
सदस्य	अध्यक्ष

इस प्रकार यह अपील स्वीकार की गई थी, तथा इसकी पालना में आदेश 2 माह में राज्य सरकार को करने थे, लेकिन राजस्थान सरकार ने उच्च न्यायालय में इसके विरुद्ध रिट याचिका प्रस्तुत कर, इस पर अस्थायी स्थगन प्राप्त कर लिया है। मेरी तरफ से अभी सुनवाई बाकी है, अभी प्रार्थी के रूप में उच्च न्यायालय में कार्यवाही बाकी है।

इस प्रकार ''सात महारथियों द्वारा अकेले अभिमन्यु की हत्या'' पद्धति पर सरकार के उच्च प्रशासकों ने मेरा एक दलित के रूप में उपरोक्त वर्णन के आधार पर एक तरह से शिकार ही किया है, जो स्पष्ट भेदभाव जाति आधारित द्वेष तथा शोषण का प्रतीक है।